SARMATIA
Mare
Caspium
Dacia
Pontus Euxinus
Armenia
Thracia
Pontus
Bithynia
Galatia
Samosata
Asia
Phrygia
Cappadocia
Athenae
Laodiceia
Cilicia
Antiochia
Mesopotamia
Achaia
Sparta
Pamphylia
Tigris
REGNUM PARTHORUM
Rhodos
Syria
Babylon
Babylonia
Creta
Cyprus
Damascus
Euphrates
Palaestina
Caesarea
Jerusalem
Gaza
Lacus Asphaltites
Alexandria
Petra
Arabia
Memphis
Aegyptus
Nilus
Thebae

Gerhard Prause

Herodes der Große

König der Juden

Hoffmann und Campe

Für Bildvorlagen und Erteilung der Nachdruckrechte danken wir: Bavaria Verlag, Gauting vor München: Nr. 10b, 21, 23, 29; Bildarchiv Preußischer Kulturbesitz, Berlin: Nr. 1, 4, 8, 10a, 11a, 12, 13, 18, 19, 20, 22, 24, 25, 27a/b, 28, 30; Umschlagfoto: Ausschnitt aus Nr. 1; Bilderdienst Süddeutscher Verlag, München: Nr. 3, 9b, 11b; Bruckmann KG., München: Nr. 2, 5, 32; dpa-Bild, Frankfurt: Nr. 17; Interfoto Friedrich Rauch, München: Nr. 6; Internationales Bildarchiv Horst v. Irmer, München: Nr. 26; National Maritime Museum, Haifa: Nr. 9a; Staat Israel, Botschaft, Bonn-Bad Godesberg: Nr. 31; Ullstein-Bilderdienst, Berlin: Nr. 7; Prof. Dr. Yigael Yadin, Universität Jerusalem: Nr. 14–16. Entnommen aus: Masada. Der letzte Kampf um die Festung des Herodes, Hamburg 1967, S. 44, 57, 94, 129, 171.

1. bis 30. Tausend 1977

Gestaltung des Bildteils Jan Buchholz
Gesetzt aus der Korpus Garamond-Antiqua
Satz A. Utesch, Hamburg
Druck- und Bindearbeiten Welsermühl, Wels
ISBN 3-455-08936-4 · Printed in Austria

Inhalt

Für Brett,
Christiane, Axel und Nicola

PALÄSTINA
UNTER HERODES DEM GROSSEN
COELESYRIEN
Berytus
Chalkis
SYRIEN
Damaskus
Sidon
PHÖNIKIEN
Tyrus
TRACHONITIS
GAULANITIS
Ekdippa
Gischala
Ptolemais Akko
SEE
GENE-
ZARETH
Bathyra
GALILÄA
BATANÄA
KARMEL-
GEBIRGE
Sepphoris
Hippos
AURANITIS
Taricheae
Kanatha-Kanata
Dora
Abila
Gadara
DEKAPOLIS
Caesarea
Dion
Skythopolis
Pella
SAMARIA
GALAADITIS
Samaria
(Sebaste)
Gerasa
Amathus
Apollonia
Antipatris
Alexandreion
Joppe
Ramathaim
Phasaëlis
JORDAN
Philadelphia
Hafen von Jamnia
Lydda
Isana
Ephraim
PERÄA
Jamnia
JUDÄA
Jericho
Esbon
Hafen von Azotus
Azotus
Jerusalem
Medaba
Askalon
Hyrkania
Kallirrhoë
Lemba-Libba
Anthedon
Marissa
Herodeion
Machaerus
Gaza
TOTES MEER
Engeddí
IDUMÄA
Masada
Raphia
NABATÄER-REICH
Reich des Herodes
0 10 20 30 40 50
Kilometer

Vorwort

Warum heute, zweitausend Jahre nach seinen weltbekannten Verbrechen, eine Biographie über Herodes, jenes »Untier« auf dem Königsthron, das seine Frau Mariamme[1] und drei seiner Söhne und noch weitere Verwandte umbringen ließ, den brutalen Tyrannen, der als »größtes Scheusal der Welt«, als blutgieriger »Kindermörder« in die Geschichte eingegangen ist?

Die Antwort ist einfach: Weil dieser Mann einer der bedeutendsten Herrscher des jüdischen Volkes war, der in enger Zusammenarbeit mit dem römischen Kaiser Augustus den Juden nach jahrhundertelangen Unruhen einen mehr als dreißigjährigen Frieden ermöglichte, ihr Reich vergrößerte, es gegen äußere Feinde schützte und im Innern nach langen Jahren blutiger Bürgerkriege für Ruhe und Ordnung sorgte, der Festungen, Städte und Häfen anlegen und den Jerusalemer Tempel aufs herrlichste ausbauen ließ und für einen nie dagewesenen wirtschaftlichen Wohlstand sorgte.

Fast zweitausend Jahre lang ist Herodes verleumdet worden. Ihm wurden Verbrechen angelastet, die er nicht begangen hat. Und immer wieder wurden ihm für viele seiner erfolgreichen Unternehmungen niedrige Motive unterstellt.

Erst seit dem neunzehnten Jahrhundert, entschieden jedoch erst seit Beginn unseres Jahrhunderts, bemüht sich die Geschichtsforschung, durch dieses dicht verfilzte Lügengespinst, das ihn seit so langer Zeit umgibt, an die Wahrheit heranzukommen. Das aber ist ein mühseliges Unterfangen. Stück für Stück muß von jenem altbekannten Schreckensbild abgenommen und geprüft werden. Jede Aussage über Herodes muß auf ihre Tendenz, ihre Herkunft, ihre Absicht und Glaubwürdigkeit befragt werden. Es ist wie bei einem absichtlich verfälschten Puzzle, bei dem man mit Sicherheit nur weiß, daß die meisten der so oft verbauten Teilchen in Wahrheit gar nicht zum Bild gehören, sondern erst aussortiert werden müssen, um dann aus den echten Teilen das richtige Bild zusammensetzen zu können.

Heute läßt sich das Leben dieses Mannes nicht mehr als das altbewährte Gruselmärchen vom grausamen Bösewicht, der am Ende zur Strafe für seine Verbrechen bei lebendigem Leibe von Würmern gefressen wird, darstellen. Heute muß ein Bericht über das Leben des Herodes notwendigerweise zugleich ein Bericht über den Gang der Forschung sein, der zumindest die wichtigsten Arbeiten über Herodes berührt. Und diesen manchmal komplizierten Gang, der noch dazu häufig korrigiert werden muß, weil auch die moderne Forschung noch allzuoft in die Irre geht, muß der Leser mitgehen, wenn er die Problematik begreifen will: die Schwierigkeit der Wahrheitsfindung.

Vor allem muß der Leser immer wieder an die ersten Herodes-Darstellungen herangeführt werden, die wenige Jahrzehnte nach dessen Tod entstanden sind, auf denen alle folgenden beruhen und die, geschrieben von Flavius Josephus, die wichtigsten Quellen für Herodes sind. Josephus kommt folglich ganz zwangsläufig immer wieder zu Wort, häufig in längeren Passagen. Oft jedoch müssen seine widersprüchlichen Angaben, Behauptungen, Schilderungen gegeneinandergestellt und miteinander verglichen werden; denn nur auf diese Weise wird deutlich, wie das Bild des Herodes so sehr verzerrt, so oft und falsch überzeichnet werden konnte. Nur so kann gezeigt werden, daß hier, für jeden nachprüfbar, eine Restaurierung versucht wird, keinesfalls jedoch eine neue Übermalung mit neuen Farben. Das heißt: hier soll nicht noch einmal, wie schon allzuoft, lediglich Josephus mit all seinen Fehlern und Übertreibungen nacherzählt werden.

Das ursprüngliche Bild von Herodes, sein Leben, wie es wirklich war, ist das Hauptanliegen dieses Buches. Zugleich aber soll dargelegt werden, wie es zu jenem falschen Bild kommen konnte. Und zum dritten soll demonstriert werden, wie ungeheuer schwierig es sein kann, Lügen und Legenden nach so langer Zeit zu entlarven.

Herodes der Große, König der Juden in den Jahrzehnten vor Christi Geburt, dessen Name vom griechischen Heroides, das heißt »Heldensproß«, kommt, war – um nur dies vorauszunehmen – kein strahlender Held, kein Schlachtensieger, keiner, dem die Herzen der Massen zuflogen. Er war ein kluger, nüchterner Politiker, geschmeidig, doch im Notfall hart bis zur Grausamkeit. Aber er war kein Teufel, sondern ganz einfach ein Mensch.

Dies darzustellen wäre ohne die bereits erschienenen Arbeiten einer Reihe deutscher, englischer, französischer und neuerdings der beiden israelischen Althistoriker Abraham Schalit und Samuel Sandmel schlechterdings unmöglich gewesen. Diese Gelehrten, denen ich mich zu großem Dank verpflichtet fühle, werden im Verlauf meiner Arbeit mit ihren teils recht unterschiedlichen Auffassungen zu Wort kommen. Dankbar bin ich ebenso den Herausgebern und Übersetzern der Hauptquellen für Herodes, des ›Jüdischen Kriegs‹ und der ›Jüdischen Altertümer‹ von Flavius Josephus, insbesondere Professor Dr. Otto Michel und Dr. Otto Bauernfeind, sowie der Wissenschaftlichen Buchgesellschaft, Darmstadt, für die freundliche Genehmigung der Übernahme von Zitaten.[2]

Dank gilt ebenso meinen Freunden und Kollegen von der ZEIT, die mir Mut machten, ein solches Unternehmen überhaupt zu wagen, und mir mit Rat und Tat, mit Kritik und entlastender Hilfe zur Seite standen, so insbesondere Uta Wagner, Haug v. Kuenheim, Dr. Rudolf Walter Leonhardt, Dr. Gerhard Seehase, Margrit Gerste, Ben Witter, um nur diese zu nennen. Und schließlich danke ich Dr. Anneliese Schumacher-Heiss für die sorgfältige redaktionelle Betreuung.

Ehestorf bei Hamburg, im Sommer 1977 — Gerhard Prause

[1] Abweichend von der vor allem in der Literaturgeschichte verbreiteten Schreibweise Mariamne ist in der Herodes-Forschung die Schreibweise Mariamme üblich; die Historiker folgen dabei dem ersten Herodes-Biographen, Flavius Josephus, und seinen griechischen Handschriften. Die griechische Form Mariamme entspricht dem hebräischen ›Mirjam‹. Die vor allem durch Friedrich Hebbels Drama ›Herodes und Mariamne‹ popularisierte Form Mariamne ist Korruptel später Handschriften.

[2] Die genaue Herkunft der Quellenzitate ist leicht zu erkennen, und zwar an der jeweils angegebenen Quelle, den Buch-, Kapitel- und Absatzzahlen; wo diese – aus Gründen besserer Lesbarkeit – weggelassen wurden, findet sich das Zitat im Original grundsätzlich in unmittelbarer Folge des zuvor gegebenen Zitats. Abkürzungen der Quellenangaben erfolgen nach den deutschen Bezeichnungen, also ›J. K.‹ für ›Jüdischer Krieg‹ und ›J. A.‹ für ›Jüdische Altertümer‹.

I. Kapitel
Zu Unrecht verdammt

Wie die Legende vom bethlehemitischen Kindermord entstand · Herodes und die christliche Tradition · Korrekturen durch die moderne Geschichtsforschung · Die wichtigsten Quellen: zwei widersprüchliche Darstellungen des Herodes aus der Feder des altjüdischen Historikers Flavius Josephus · In der Dichtung immer wieder als »größtes Scheusal der Welt«, als grausamer und mordlustiger Tyrann gezeigt

Er ist bekannt wie kaum ein anderer Politiker aus der Geschichte der Menschheit. Und doch wissen die meisten nur wenig von ihm. Das Wenige aber hat die Menschen über viele Jahrhunderte immer von neuem entsetzt. So ist er gleichsam durch die Faszination des Bösen unsterblich geworden: Seit nahezu zweitausend Jahren gilt Herodes I., der Große, als einer der bösesten Menschen, die es je gab, und dies deswegen, weil er Jesus Christus, den neugeborenen Messias, den Heiland, habe töten lassen wollen.

So behauptet es jedenfalls die christliche Überlieferung. Ihr zufolge stand hinter diesem Mordanschlag die egoistische Furcht, durch den geweissagten neuen »König der Juden«, der da in Bethlehem auf die Welt gekommen sein sollte, die eigene Herrschaft zu verlieren. Da Herodes nicht wußte, bei welchem der Neugeborenen es sich um den Messias handelte, habe er, um sein Ziel ganz sicher zu erreichen, in Bethlehem alle Kinder im

Alter bis zu zwei Jahren umbringen lassen. Für diesen angeblichen Mord gilt Herodes in der christlichen Tradition als einer der drei auf ewige Zeiten verdammten Sünder, für die es niemals eine Erlösung gibt; wie der Brudermörder Kain und der Verräter Judas Ischariot, der Jesus Christus den Häschern auslieferte, sei auch Herodes zu ewigen Höllenqualen verurteilt.

Bekannt ist der bethlehemitische Kindermord durch die Bibel, und zwar einzig und allein durch sie, also durch keine andere Quelle. Im Evangelium des Matthäus (2. Kapitel, 1 bis 18) heißt es (nach der deutschen Übersetzung Martin Luthers):

»Da Jesus geboren war zu Bethlehem im jüdischen Lande, zur Zeit des Königs Herodes, siehe, da kamen die Weisen vom Morgenland gen Jerusalem und sprachen: Wo ist der neugeborne König der Juden? Wir haben seinen Stern gesehen und sind kommen, ihn anzubeten. Da das der König Herodes hörete, erschrak er und mit ihm das ganze Jerusalem. Und ließ versammeln alle Hohepriester und Schriftgelehrten unter dem Volk und erforschete von ihnen, wo Christus sollte geboren werden. Und sie sagten ihm: zu Bethlehem im jüdischen Lande; denn also stehet geschrieben durch den Propheten: ›Und du, Bethlehem im jüdischen Lande, bist mitnichten die kleinste unter den Fürsten Judas; denn aus dir soll mir kommen der Herzog, der über mein Israel ein Herr sei.‹

Da berief Herodes die Weisen heimlich und erlernte mit Fleiß von ihnen, wann der Stern erschienen wäre, und wies sie gen Bethlehem und sprach: Ziehet hin und forschet fleißig nach dem Kindlein; und wenn ihr's findet, so saget mir's wieder, daß ich auch komme und es anbete. – Als sie nun den König gehöret hatten, zogen sie hin. Und siehe, der Stern, den sie im Morgenland gesehen hatten, ging vor ihnen hin, bis daß er kam und stand oben über, da das Kindlein war. Da sie den Stern sahen, wurden sie hoch erfreuet und gingen in das Haus und fanden das Kindlein mit Maria, seiner Mutter, und fielen nieder und beteten es an und taten ihre Schätze auf und schenkten ihm Gold, Weihrauch und Myrrhe.

Und Gott befahl ihnen im Traum, daß sie sich nicht sollten

wieder zu Herodes lenken; und zogen durch einen anderen Weg wieder in ihr Land. Da sie aber hinweggezogen waren, siehe, da erschien der Engel des Herrn dem Joseph im Traum und sprach: Stehe auf und nimm das Kindlein und seine Mutter zu dir und fleuch nach Ägyptenland und bleib allda, bis ich dir sage; denn es ist vorhanden, daß Herodes das Kindlein suche, dasselbe umzubringen. Und er stund auf und nahm das Kindlein und seine Mutter zu sich bei der Nacht und entwich nach Ägyptenland. Und blieb allda bis nach dem Tod des Herodes, auf daß erfüllet würde, das der Herr durch den Propheten gesagt hat, der da spricht: ›Aus Ägypten hab ich meinen Sohn gerufen.‹

Da Herodes nun sah, daß er von den Weisen betrogen war, ward er sehr zornig und schickte aus und ließ alle Kinder zu Bethlehem töten und an ihren ganzen Grenzen, die da zweijährig und drunter waren, nach der Zeit, die er mit Fleiß von den Weisen erlernet hatte. Da ist erfüllet, das gesagt ist von dem Propheten Jeremia, der da spricht: ›Auf dem Gebirge hat man ein Geschrei gehöret, viel Klagens, Weinens und Heulens; Rahel beweinte ihre Kinder und wollte sich nicht trösten lassen, denn es war aus mit ihnen.‹«

Schon früh kam die Geschichte vom bethlehemitischen Kindermord auf die Bühne. Und mit ihr natürlich Herodes. In mittelalterlichen Magier-, Weihnachts- und Mysterienspielen wurde er zum Prototyp des Bösewichts. Diese Tradition wurde im Zeitalter des Barock, das so viel Sinn für die Welt des Theaters hatte, fortgesetzt. Der Stoff vom bethlehemitischen Kindermord hat immer wieder neue Bearbeiter gefunden. Die bedeutendsten Dramatiker und Erzähler griffen ihn auf.

Im Jahre 1538 schrieb Xystus Betuleius sein Drama ›Herodes sive innocentes‹, dem Heinrich Ziglers ›Infanticidium‹ folgte. 1620 schrieb der Italiener Giambattista Marino das Epos ›Die Hinmordung der Unschuldigen‹. Und zwei Jahre nach ihm beendete Jacob Bidermann, der stärkste deutsche Vertreter des lateinischen Jesuitendramas, sein Epos ›Herodiados sive innocentes Christo-Martyres‹. Auch Andreas Gryphius nahm den Stoff in Form eines Epos auf, im Jahre 1635 (›Dei vindices impetes et Herodis interitus‹). Zehn Jahre später schrieb Johann Klaj das Drama ›Herodes der Kindermörder‹. Und 1670 bearbeitete der Dichter und Musiker Constantin Christian Dedekind die altbewährte Gruselgeschichte, und zwar in dem Drama ›Stern aus Jakob und Kindermörder‹. ›Herodes der Kindermörder‹ hieß auch ein Drama von J. L. Faber, das 1675 auf die Bühne kam.

In all diesen Dichtungen, die das aus der Bibel bekannte Bild vom Bösewicht Herodes im Bewußtsein der Allgemeinheit bestärkten und verbreiteten und überdies eine Reihe heute nicht mehr erhaltener Puppen- und Jahrmarktstücke für die breite Masse inspirierten, wird der Kindermord als historisches Faktum kritiklos hingenommen. Das gilt ebenso für spätere Dichtungen, auf die wir in anderem Zusammenhang noch eingehen werden. Und es gilt auch für Goethe, der in seinen ›Noten und Abhandlungen zu besserem Verständnis des west-östlichen Divans‹ über Herodes schrieb: »Ein durch Weissagung merkwürdiges Kind erregt seine Sorgen und veranlaßt eine allgemein verbreitete Grausamkeit unmittelbar vor seinem Tode.« Das schrieb Goethe im Jahre 1818 oder 1819.

Indessen ist die Vorstellung, Herodes habe den Massenmord tatsächlich befohlen und durchführen lassen, noch heute weit verbreitet, und sogar einige Wissenschaftler halten an dieser christlichen Tradition fest. So zum Beispiel der Theologe und Jesus-Biograph Ethelbert Stauffer. Aber weder er noch überhaupt irgend jemand konnte die Geschichtlichkeit belegen. Für den bethlehemitischen Kindermord gibt es – wie schon gesagt – nur eine einzige Quelle, eben die hier wörtlich und ungekürzt zitierte Stelle im Matthäus-Evangelium. In anderen Quellen über die Geburt Christi und seinen weiteren Lebensweg, etwa in der berühmten »Weihnachtsgeschichte« des Evangelisten Markus – »Es begab sich aber zu der Zeit, daß ein Gebot von dem Kaiser Augustus ausging, daß alle Welt geschätzet würde ...« –, ist von dem Kindermord nicht die Rede. Von Matthäus abgesehen, gibt es im ganzen Neuen Testament nicht den geringsten Hinweis auf dieses Ereignis. Und ebensowenig wird es in außerbiblischen Quellen erwähnt, auch nicht in den ausführlichen Darstellungen über Herodes von dem aus Jerusalem stammenden Historiker Flavius Josephus, der im ersten nachchristlichen Jahrhundert lebte und der doch Herodes – worauf wir noch zurückkommen werden – als grausamen und mordlustigen Tyrannen beschrieb.

Wenngleich Herodes in der Tat grausam sein konnte und, wenn es um die Verteidigung seiner Herrschaftsansprüche ging, auch vor Todesurteilen gegen nahe Angehörige seiner Familie nicht zurückschreckte, sehen doch heute nahezu alle Historiker in der Matthäus-Darstellung vom bethlehemitischen Kindermord eine Legende. Das heißt, er ist kein historisches Faktum, sondern eine literarische Erfindung, für die es eine Reihe literarischer Vorbilder gibt. Auch Ethelbert Stauffer gibt zu: »Die Bedrohung und wunderbare Errettung kleiner Kinder, aus denen später große Männer werden, ist ein Lieblingsthema der Weltliteratur.«

Das wohl berühmteste Vorbild für die Legende vom bethlehemitischen Kindermord ist die Erzählung von der Bedrohung und wunderbaren Errettung des kleinen Moses. Moses, der Gründer der Jahwe-Religion und Befreier der Israeliten aus ägyptischer Knechtschaft, wurde in Ägypten geboren, wo seine Eltern wie viele andere Israeliten damals als Fremdarbeiter lebten. Die Ägypter brauchten sie als Arbeitskräfte, aber nicht in unbegrenzter Zahl, und genau wie heute warfen schon damals die Kinder der Fremdarbeiter Probleme auf. Deswegen wollten die Ägypter die Vermehrung der Israeliten beschränken: »Wir wollen sie mit Listen dämpfen, daß ihrer nicht so viel werden«, heißt es im Zweiten Buch Mose, »denn wo sich ein Krieg erhübe, möchten sie sich zu unseren Feinden schlagen und wider uns streiten ... « Aber die in Ägypten unter ziemlich harten Bedingungen arbeitenden Israeliten ließen sich offenbar nicht »dämpfen«, im Gegenteil: »Das Volk mehrte sich und ward sehr viel«, heißt es weiter. Und da habe der Pharao befohlen, alle neugeborenen Knaben der Israeliten sofort zu töten: »Alle Söhne, die geboren werden, werft ins Wasser, und alle Töchter laßt leben.« Moses wurde nach seiner Geburt von seiner Mutter drei Monate lang verborgen gehalten. »Und da sie ihn nicht länger verbergen konnte, machte sie ein Kästlein von Rohr und verklebte es mit Erdharz und Pech und legte das Kind drein und legte ihn in das Schilf am Ufer des Wassers ... « Dort – so geht die Erzählung weiter – fand ihn die Tochter des Pharao; sie rettete ihn, indem sie ihn seiner Mutter vorübergehend zurückgab und ihn später zu sich nahm und am Hofe aufziehen ließ.

Soweit die Moses-Tradition, die für Matthäus und seine Erzählung von der Bedrohung des neugeborenen Heilands durch den bethlehemitischen Kindermord wahrscheinlich das Vorbild war. Aber auch mit anderen Großen der Weltgeschichte ist dieses Schema verknüpft worden. Eine Parallele findet sich zum Beispiel in der Kindheitsgeschichte des Kaisers Augustus. Sie spielt zu einer Zeit, in der die republikanischen Römer sich nichts Schlimmeres vorstellen konnten, als irgendwann wieder einmal einen König ertragen zu müssen. Überliefert hat sie der römische Schriftsteller Sueton, der zu Beginn des zweiten nachchristlichen Jahrhunderts die Biographien der ersten zwölf römischen Kaiser (von Cäsar bis Domitian) schrieb. Da heißt es:

»Wenige Monate vor der Geburt des Augustus beobachtete man in Rom ein öffentliches Wunderzeichen, aus dem man erkannte, daß die Natur dem römischen Volke demnächst einen König gebären werde. Voller Schrecken beschloß der Senat, es dürfe kein kleiner Junge aufgezogen werden, der in diesem Jahr zur Welt komme. Aber die Senatoren, die zu Hause ein freudiges Ereignis erwarteten, sorgten dafür, daß dieser Senatsbeschluß keine Gesetzeskraft erhielt. Denn jeder von ihnen bezog die Verheißung in der Stille auf sein eigenes Haus.«

Und zugleich erzählt Sueton eine andere Anekdote von der Geburt des Augustus, nämlich wie der Senator Gaius Oktavius eines Tages, am 23. September 63 v. Chr. (dem Geburtstag des Augustus), ein wenig verspätet in die Senatssitzung kam und sich damit entschuldigte, daß ihm soeben ein Sohn geboren worden sei. Da habe sich sein Kollege, der Senator Nigidius Figulus, nach der genauen Geburtszeit erkundigt und sogleich das

Horoskop gestellt und ausgerufen: »Dem Erdkreis ist heute der Herr geboren worden!«

Etwa hundert Jahre nach Sueton hat der aus Griechenland stammende Historiker Dio Cassius in seiner ›Geschichte Roms‹ die beiden Anekdoten miteinander verbunden und dieser neuen Kombination folgenden Schluß gegeben: »Als Nigidius die Ursache der Verspätung erfuhr, brach er in den Ruf aus: ›Du hast uns den Herrn geschenkt.‹ Da geriet Oktavius außer sich vor Schrecken und wollte das Kindchen töten. Aber Nigidius hielt ihn zurück: So etwas kann ihm gar nicht geschehen.«

Nie hat irgend jemand in diesen Anekdoten etwas anderes gesehen als eben Anekdoten oder Legenden. Niemand hat sie je für bare Münze genommen. Es ist ja auch ganz und gar unwahrscheinlich, daß der römische Senat – noch dazu lediglich aufgrund einer Weissagung – zu irgendeiner Zeit befohlen oder auch nur überlegt haben könnte, alle neugeborenen Knaben eines ganzen Jahres töten zu lassen. Diese Legenden sind ein literarisches Motiv, nichts weiter. Bei Herodes jedoch ist dasselbe literarische Schema von vielen Menschen als historische Wahrheit angenommen worden.

Das ist nun allerdings kein Zufall. Denn wichtig ist in diesem Zusammenhang, daß die Behauptung in der Bibel steht. Nun ist die Bibel zwar nur mit Vorbehalt als historische Quelle zu benutzen, und sie ist auf gar keinen Fall als Geschichtsdarstellung geschrieben worden. Sie ist also – wissenschaftlich gesehen – weniger als eine Geschichtsquelle; aber sie ist andererseits – jedenfalls für Christen – sehr viel mehr, nämlich Offenbarung und Wort Gottes. Hieraus folgte der Unbedingtheitsanspruch der Bibel, wie er jahrhundertelang feststand, und der einen Irrtum von vornherein ausschloß. Doch seit geraumer Zeit sieht man das anders. Aufgrund sorgfältiger Forschungen über die Entstehungsgeschichte werden die einzelnen Bücher und Schriften der Bibel heute unterschiedlich beurteilt. So gilt etwa die alte Überlieferung, derzufolge das Matthäus-Evangelium von Matthäus, einem der zwölf Jünger Jesu, geschrieben wurde, als unmöglich. Es spricht nämlich alles dafür, daß der Verfasser des

Matthäus-Evangeliums später gelebt hat als Jesus, denn er blickt auf die Zerstörung Jerusalems im Jahre 70 n. Chr. bereits zurück und er hat offenbar das Markus-Evangelium als Quelle benutzt. Das bedeutet indessen nichts weniger, als daß das Matthäus-Evangelium zu Unrecht an der ersten Stelle im Neuen Testament steht. Denn dort steht es ja vor allem deswegen, weil man glaubte, es sei von einem Apostel und Zeitgenossen, einem Augenzeugen und Mitstreiter Jesu geschrieben worden. Aus diesem Grunde war das Matthäus-Evangelium in der alten Kirche das am häufigsten angeführte Buch des Neuen Testaments, und es hatte das höchste Ansehen. Wer sollte da zu sagen gewagt haben, der Bericht vom bethlehemitischen Kindermord sei eine Legende?

Hinzu kommt, daß der Vorwurf Herodes traf, von dem bekannt war, daß er hart und erbarmungslos durchgreifen konnte. Er ließ seine Frau Mariamme und deren Großvater, er ließ sogar drei seiner Söhne hinrichten, weil er überzeugt war, daß sie gegen ihn konspirierten. Überdies hat er in seiner langen Regierungszeit viele, die gegen seine Politik opponierten und seine Macht zu beschränken versuchten, mit dem Tode bestrafen lassen. Also meinte man – wie es der Theologe Ethelbert Stauffer noch heute tut – ganz einfach folgern zu können: »In diesem Herrscherleben ist eine Aktion wie der Kindermord von Bethlehem nur eine kleine Episode, wie sie der unaufhörliche Kampf um die Macht so mit sich bringt.« Aber eine solche Folgerung ist in sich nicht schlüssig. Wenn der Jesus-Biograph Stauffer sie dennoch zieht, so hat das in Wahrheit einen ganz anderen Grund: Ihm geht es nicht um Herodes, sondern um die Lebensgeschichte Jesu Christi.

Der angebliche Kindermord ist literarischer Bestandteil der Jesus-Tradition, so wie der legendäre Befehl des römischen Senats, alle neugeborenen Knaben eines Jahrgangs zu töten, um keinen König aufwachsen zu lassen, ein literarischer Bestandteil der Lebensgeschichte des Kaisers Augustus ist. In einer kritischen Geschichte des römischen Senats hätte jene Legende aber genausowenig zu suchen wie der bethlehemitische Kindermord in einer kritischen, wissenschaftlich hieb- und stichfesten Geschichte Herodes des Großen. Dennoch reicht dies allein nicht aus, um die Legende vom Kindermord einfach ausklammern zu können. Einer der führenden Herodes-Biographen, der israelische Historiker Abraham Schalit, Professor emeritus der Hebräischen Universität zu Jerusalem, vertritt in seiner umfangreichen Herodes-Biographie aus dem Jahre 1959 (deutsche Ausgabe 1969) die Ansicht, der Mordbefehl habe »nichts Unmögliches« an sich. Aber gegen die denkbare Möglichkeit des bethlehemitischen Kindermords spricht praktisch zweierlei: Erstens gilt es gar nicht als sicher, daß Jesus in Bethlehem auf die Welt gekommen ist, und zweitens steht ebensowenig fest, daß seine Geburt noch zu Lebzeiten des Herodes erfolgt ist, wie es im Neuen Testament behauptet wird.

Herodes I. – das ist sicher – starb im Jahre 4 vor der Zeitenwende. Nach den Angaben im Matthäus- und im Lukas-Evangelium wurde Jesus noch während der Regierungszeit Herodes I. geboren. Dies hielt man lange Zeit für eine historische Tatsache. Nur scheinbar gestützt wurde dies durch die Erwähnung des »Sterns von Bethlehem«, der angeblich den Königen aus dem Morgenland den Weg wies. Der Astronom Johannes Kepler, von 1601 bis 1612 Kaiserlicher Mathematiker und Hofastrologe in Prag, bezog den »Stern der Magier« auf eine auffallende Konstellation der Planeten Jupiter und Saturn im Jahre 7 vor unserer Zeitrechnung. Diese von Kepler angenommene Gleichsetzung jener Planetenkonstellation mit dem wandernden Stern bei Matthäus (» . . . der Stern, den sie im Morgenland gesehen hatten, ging vor ihnen hin, bis daß er kam und stund oben über, da das Kindlein war . . . «) gilt heute als höchst fragwürdig, ja als unwahrscheinlich.

Aber selbst wenn Keplers Gleichsetzung berechtigt sein sollte, wäre das durchaus noch kein Beweis dafür, daß Jesus, wie in zahlreichen Jesus-Biographien behauptet wird, im Jahre 7 ante geboren wurde. Die historische Logik spricht vielmehr dafür, daß die Legende – und die Geburtsgeschichten Jesu sind nun einmal Legenden – nachträglich auf jene auffällige Erscheinung am Sternenhimmel bezogen wurde. Auf gar keinen Fall ist Keplers astronomische Berechnung ein Beweis für das Jahr 7 ante als Geburtsjahr Jesu Christi.

Eher ließe sich Christi Geburt durch die im Lukas-Evangelium erwähnte Volkszählung errechnen, die der römische Statthalter von Syrien, der bei Lukas erwähnte P. Sulpicius Quirinus, durchführte. Sie fand jedoch erst im Jahre 6 nach der Zeitenwende statt. Das bedeutet, Jesus könnte im Jahre 6 oder 7 post geboren worden sein. Indessen läßt sich weder dieses Datum noch das Jahr 7 ante mit jener Angabe im Lukas-Evangelium in Übereinstimmung bringen, nach der Jesus im fünfzehnten Regierungsjahr des Tiberius (28/29 post), als er sich von Johannes dem Täufer taufen ließ, etwa dreißig Jahre alt gewesen sei.

Wie bereits gesagt, bestehen nun aber nicht allein für das Geburtsjahr so große Unsicherheiten, sondern ebenso für den Geburtsort. Nach den Geburtsgeschichten bei Matthäus und Lukas wurde Jesus in Bethlehem geboren. Sehr viel wahrscheinlicher aber ist, daß er in Nazareth in Galiläa auf die Welt kam; man nannte ihn ja auch den Nazarener. Bethlehem wurde als Geburtsort erst später aus dem Alten Testament erschlossen, als man Jesus Christus in die Nachkommenschaft und die Tradition Davids einreihte. Denn das neun Kilometer südlich von Jerusalem liegende Bethlehem, das um die Zeitenwende ein Dorf mit höchstens tausend Einwohnern gewesen sein dürfte, gilt als Geburtsort des Königs David, der dort auch gesalbt wurde. Weil prophezeit war, daß der Messias aus der Stadt Davids kommen würde, konstruierten die Evangelisten für Jesus einen Stammbaum, der dessen Herkunft von David und Abraham über Joseph belegen sollte. Daß dies mit der Jungfrauengeburt Jesu in Widerspruch steht, hat seltsamerweise niemand gestört.

So gesehen, ist der »Bethlehemitische Kindermord« nichts anderes als ein Teil der christlichen Geburtslegende. Da sich nun jedoch weder die örtlichen noch die zeitlichen Daten der Geburt Jesu exakt festlegen lassen, kann andererseits nicht mit endgültiger Sicherheit ausgeschlossen werden, daß die Geburt doch in die Regierungszeit des Herodes fiel, so unwahrscheinlich dies auch sein mag. Und gänzlich unberührt bleibt davon ja die Frage, ob man Herodes den Befehl zum Kindermord zutrauen kann.

Abraham Schalit bejaht diese Frage. Und er begründet dies so: »Der argwöhnische Despot spürte überall Verrat und Feindschaft, und ein vages zu ihm gedrungenes Gerücht kann seinem kranken Geist sehr wohl den Gedanken eingegeben haben, die neugeborenen Kinder zu töten.« Schalit geht davon aus, daß Herodes gegen Ende seines Lebens »nicht mehr im Vollbesitz seiner Sinne und dicht am Rande des Irrsinns« gewesen sei. Zwar behauptet Schalit nun nicht, der Kindermord habe stattgefunden, er sagt lediglich, er sehe »in dem Befehl als solchem kein Ding der Unmöglichkeit«.

Aber schon damit weicht Schalit von der Meinung aller anderen Herodes-Forscher ab. Seltsamerweise verschweigt Schalit, daß – wie bereits gesagt – der Hauptzeuge für Herodes, der schon genannte jüdische Historiker Flavius Josephus, den Kindermord überhaupt nicht erwähnt und daß dieser nur bei Matthäus vorkommt. Und noch ein zweites Argument läßt Schalit außer acht, nämlich die Tatsache, daß Herodes, mag er vielleicht wirklich gegen Ende seines Lebens nicht mehr zurechnungsfähig gewesen sein, mag er sogar an Verfolgungswahn gelitten haben, weder befugt war, einen solchen Befehl zu geben, noch dazu die Macht hatte.

Denn Herodes durfte zwar den Titel »König der Juden« führen, aber er war als König keineswegs absolut, vielmehr war er immer von Rom und dem dortigen Imperator, dem Kaiser, abhängig. Palästina gehörte zum Römischen Reich, von Rom aus war Herodes als König der Juden mit dem Titel »Rex socius et amicus populi Romani« – »Verbündeter König und Freund des römischen Volkes« – eingesetzt worden, und in Rom, beim Kaiser Augustus, mußte Herodes bei wirklich entscheidenden Unternehmungen um Erlaubnis nachkommen. Zwar mußte der jüdische König von Roms Gnaden nicht für jedes Todesurteil, das in Jerusalem gesprochen wurde, um ausdrückliche Genehmigung nachkommen – immerhin hat Herodes dies in besonderen Fällen, zum Beispiel bei seinen Söhnen, sehr wohl getan –, doch konnte er auch nicht etwa auf eigene Faust und nach eigenem Gutdünken Todesurteile fällen und vollstrecken lassen. Dazu bedurfte es der Teilnahme des Synedrion, des obersten jüdischen Gerichts, oder eines Sondergerichts. Einige Jahrzehnte später stand dann das Synedrion vollends unter römischer Kontrolle, wie der Prozeß gegen Jesus Christus zeigt: Ohne die Zustimmung des römischen Prokurators Pilatus wäre eine Hinrichtung unmöglich gewesen.

Und Herodes, zu dessen Regierungszeit es allerdings noch keinen Prokurator gab, hat sich an diese Rechtslage stets sehr sorgfältig gehalten. Nur einmal hat er auf eigene Faust Todesurteile gesprochen, doch das war ganz am Anfang seiner politischen Laufbahn, und dies brachte ihm eine Anklage vor dem Synedrion ein. Das hat er sich offenbar sehr zu Herzen genommen; über römische Gesetze, die auch für sein Land galten, hat er sich jedenfalls nie wieder hinweggesetzt, auch nicht in seiner Spätzeit. Rom hätte den Befehl zum Kindermord, der ja über ein Todesurteil weit hinausgegangen wäre, der also ein glatter Mordbefehl gewesen wäre, für die Tötung von vielen und einwandfrei Unschuldigen, nicht hingenommen. Und wenn ein Wahnsinniger ihn gegeben hätte und der Befehl aus Furcht vor weiteren Wahnsinnsbefehlen ausgeführt worden wäre, dann hätte Augustus diesen Wahnsinnigen vor Gericht gestellt; der Weltherrscher hätte darin einen Bruch der »pax Augusta«, des heiligen augusteischen Weltfriedens, gesehen.

Zwischen jenen ersten Todesurteilen und seiner späten Rolle als Messias, als »Wohltäter«, liegt das Leben des Herodes, oder vielmehr liegen die dreiundfünfzig Jahre, die von seinem Leben bekannt sind: Jahre voller Mühen und Anstrengungen, Jahre, in denen es nicht immer nur nach oben ging, Jahre voll bewundernswerter Leistungen, Jahre des Glücks, mehr aber des Leids und tiefster Enttäuschungen, besonders im Familienkreis, Jahre des Reichtums und der politischen Macht, die er mit Entschlossenheit verteidigte, Jahre zugleich, in denen Intrigen ihm das Leben zur Hölle machten, Jahre, die immer stärker von wachsendem Mißtrauen geprägt wurden und von dem Mangel an Liebe, unter dem Herodes in zunehmendem Maße litt, kurz, das Leben eines Mannes, der ein Liebling Gottes sein wollte und der schon zu Lebzeiten mißverstanden, später verleumdet und schließlich zu Unrecht in alle Ewigkeit verdammt wurde.

Wer war Herodes nun wirklich? Wie war er? Auf diese Fragen soll dieses Buch Antwort geben. Hier zunächst nur soviel: Der Mann, der in der christlichen Überlieferung, aber auch in den jüdischen Quellen als blutrünstiger Tyrann dargestellt wurde, der um sich nur Angst, Schrecken, Haß verbreitet habe, gilt in der neueren und neuesten Geschichtsforschung als einer der bedeutendsten Herrscher, die das jüdische Volk in seiner langen Geschichte gehabt hat und der – so Abraham Schalit – »wirklich Großes für das jüdische Volk geleistet hat«. Er gilt als ein »Mann von mutigem Herzen und scharfem Verstand«, der »eine große politische Erbschaft« hinterließ. Abraham Schalit bescheinigt dem Herrscher »Überlegung und Besonnenheit in all seinem Tun«. Auch der andere israelische Historiker, Samuel Sandmel, Professor am Hebrew Union College, der ebenfalls in jüngster Zeit eine Herodes-Biographie vorlegte, ist überzeugt, daß man Herodes Größe und Verdienst nicht absprechen kann.

Schon vor mehr als sechs Jahrzehnten kam der deutsche Historiker Walter Otto, Professor für alte Geschichte an der Universität Greifswald, in seiner bahnbrechenden und noch heute weithin gültigen und in jeder Hinsicht vorbildlichen Arbeit über Herodes (für Pauly-Wissowas Realencyklopädie der klassischen Altertumswissenschaften) zu dem Ergebnis, daß Herodes »nicht nur als Herrscher, sondern sogar als Mensch zu den bemerkenswertesten Erscheinungen der hellenistischen Zeit, die wahrlich an bedeutenden Männern nicht arm ist«, gehört; er bezeichnet ihn als »das Muster eines geschmeidigen Diplomaten« und sagt weiter: »Von allen jüdischen Königen kann ihm nur David gleichgestellt werden« und: »Er, der absolute Herrscher, war ein wahrhaft großer innerer König«, der »seinem Land einen fast dreißigjährigen Frieden und alle dessen Segnungen verschafft« hat.

Und noch früher, vor nahezu einem Jahrhundert, hatte Leopold von Ranke, der »Vater der kritischen Geschichtswissenschaft«, bereits erkannt, daß Herodes keineswegs nur der Schurke war, als der er so lange galt; in Rankes berühmter Weltgeschichte heißt es: »Nicht ganz zu Unrecht ist Herodes in der Reihe der Beherrscher von Judäa als der Große bezeichnet worden.«

Übrigens: Wie er aussah, ist nicht bekannt. Es gibt von ihm keine Beschreibung, es gibt von ihm auch keine Büste, kein zeitgenössisches Porträt, keine Darstellung auf einer Münze; an das jüdische Bilderverbot hat Herodes sich streng gehalten.

Über sein Leben, von etwa 73 bis 4 v. Chr., oder – wie man genauer sagen müßte – über seine Zeit als Politiker, von 47 v. Chr. bis zu seinem Tode, wissen wir vor allem aus dem Werk des Flavius Josephus Bescheid. Josephus, der im Jahre 37 oder 38 n. Chr. in Jerusalem geboren wurde und um das Jahr 100 in Rom starb, schrieb das ›Bellum Judaicum‹, den ›Jüdischen Krieg‹, der in sieben Büchern den Krieg der Römer gegen die Juden behandelt, bis zum Fall der Festung Masada (73 n. Chr.), und die ›Antiquitates Judaicae‹, die ›Jüdischen Altertümer‹, die in zwanzig Büchern die Geschichte der Juden von der Urzeit bis 66 n. Chr. wiedergeben. Obwohl Jude und sogar von priesterlicher Herkunft, schrieb Josephus seine Darstellungen aus römischer Sicht, das heißt im Sinn der römischen Politik. Zwar hatte er im Jüdischen Krieg, der als Aufstand der Juden gegen die römische Besatzungsmacht begann, anfänglich auf seiten der Juden aktiv gegen die Römer gekämpft, doch entschied er sich dann, nachdem er in Gefangenschaft geraten war, für die Römer und ihre Politik. Kaiser Vespasian schenkte ihm die Freiheit und nahm ihn in Dienst, und nach Beendigung des Krieges ging Josephus nach Rom, wo er sich, durch eine kaiserliche Pension finanziell gesichert, ganz der Geschichtsschreibung widmete.

In beiden seiner Werke, dem zuerst geschriebenen ›Jüdischen Krieg‹ und den späteren ›Jüdischen Altertümern‹, die beide vollständig überliefert sind, stellt Josephus in mehreren Büchern auch Herodes und seine Zeit dar. Aber die zwei Darstellungen stimmen nicht überall miteinander überein. Sie weichen in wesentlichen Punkten sogar entschieden voneinander ab. Darüber ist in der Forschung mit viel Scharfsinn und philologischer Akribie gestritten worden, was hier im einzelnen nicht dargelegt werden soll. Wesentlich ist lediglich die Tatsache, daß Josephus jeweils unterschiedliche Quellen benutzt haben muß, Darstellungen von Herodes, die heute nicht mehr erhalten sind, von denen jedoch bekannt ist, daß sie zu seiner Zeit existiert haben.

Die zweifellos wichtigste Herodes-Darstellung, auf die Josephus sich im ›Jüdischen Krieg‹ weithin stützt, ist die Weltgeschichte des Nikolaos von Damaskus in 144 Büchern, die von den Anfängen der Menschheit bis in die Zeit des Nikolaos reichte und von der lediglich Bruchstücke erhalten geblieben sind. In den Mittelpunkt seiner Weltgeschichte stellte Nikolaos den König Herodes und seine Taten; darauf verwendete er 20 bis 25 Bücher seines Gesamtwerks. Das ist kein Zufall, denn Nikolaos hat sein Werk im Auftrag des Herodes geschrieben, er war dessen Hofhistoriograph und überdies mit dem König persönlich befreundet. Für seine Arbeit über Herodes standen ihm nicht nur die königlichen Archive zur Verfügung, sondern darüber hinaus die nicht mehr erhaltenen Memoiren des Königs, die dieser irgendwann zu schreiben begonnen hatte und die Nikolaos wohl in seine Darstellung mit eingebaut haben dürfte. Diese Darstellung des Nikolaos von Damaskus hat Josephus für sein eigenes Geschichtswerk weitgehend ausgeschlachtet, wobei hier nicht entscheidend ist, ob er – worüber in der Forschung ebenfalls erbittert gestritten wurde – die Bücher des Nikolaos direkt oder in einer bereits überarbeiteten Form benutzt hat. Wichtig aber ist in diesem Zusammenhang, daß Nikolaos von Damaskus im Auftrag des Herodes schrieb; seine Darstellung fiel infolgedessen herodesfreundlich aus, und diese Grundeinstellung wurde von Josephus, jedenfalls im ›Jüdischen Krieg‹, weitgehend übernommen.

Anders ist es mit der Herodes-Darstellung in den ›Jüdischen Altertümern‹. Für sie hat Josephus neben dem Werk des Nikolaos eine zweite Quelle benutzt, und zwar eine von

Ptolemäus von Askalon verfaßte Herodes-Biographie, die in der Grundhaltung gegen Herodes war. So kam es, daß Josephus' zweite Darstellung des Herodes an vielen Stellen herodesfeindlich ausfiel. Da Josephus die ›Jüdischen Altertümer‹ zeitlich nach dem ›Jüdischen Krieg‹ verfaßt hat, könnte man fragen, ob er nicht das zuerst gezeichnete, freundliche Bild des Herodes habe korrigieren wollen. Das ist möglich, aber wahrscheinlicher ist, daß sich hier lediglich die veränderte Quellenlage widerspiegelt. Wie sehr viele Schriftsteller des Altertums hat auch Josephus seine Werke mehr zusammengestellt als genuin gestaltet. Das heißt, es wurden – und für Josephus konnte das nachgewiesen werden – aus bereits vorliegenden Darstellungen ganze Partien einfach übernommen, wodurch es dann zwangsläufig zu Widersprüchen und mancherlei Ungereimtheiten kam.

Um solche Widersprüche auflösen zu können, im Falle Herodes' nach nahezu zwei Jahrtausenden, mußte die ursprüngliche Quellenlage möglichst weitgehend rekonstruiert werden. Erst danach wurden Behauptungen verständlich, wurden ihre Motivationen sichtbar. Und erst dann konnte versucht werden, aus aneinandergereihten, getrennten und sorgfältig geprüften und gleichsam gereinigten Einzelteilen wieder ein Ganzes zusammenzufügen: das Leben Herodes I., wie es wirklich war. Auch in dieser Darstellung muß immer wieder auf Josephus verwiesen werden, müssen wir uns mit ihm, aber zugleich mit der ja allein auf ihm beruhenden Herodes-Forschung auseinandersetzen. Es muß gezeigt werden, wo Josephus tendenziös wird, wo er übertreibt, verschweigt, vielleicht gar zu fälschen versucht, wo er unseriös und unglaubwürdig wird und sich in Sex-and-Crime-Geschichten verliert. Und immer wieder wird Josephus selbst zu Wort kommen müssen, denn für Herodes ist er nun einmal die einzige Quelle, die übrigens lange Zeit verkannt wurde.

Zunächst wirkte Josephus, dessen Werk über anderthalb Jahrtausende verschollen war und erst im sechzehnten Jahrhundert wieder auftauchte, dann aber rasch verbreitet wurde, keineswegs korrigierend auf das allgemein bekannte Herodes-

Bild, sondern im Gegenteil enorm verschlimmernd. Daß Josephus vom Kindermord überhaupt nichts berichtete, focht niemanden an – diese Geschichte stand ja in der Bibel –, vielmehr war man geradezu glücklich, daß Josephus nun von Herodes eine neue, bis dahin unbekannte und für das Theater ergiebigere Schauergeschichte nachlieferte, nämlich die Liebes- und Ehegeschichte des Tyrannen mit der jungen Hasmonäer-Prinzessin Mariamme – in älteren Darstellungen Mariamne –, die damit endete, daß Herodes diese Frau, die ihm drei Söhne und zwei Töchter geschenkt hat, aus Eifersucht töten ließ.

Diese Geschichte, auf deren historisch wahren Ablauf wir in einem anderen Kapitel ausführlich eingehen werden, wurde nun durch die Jahrhunderte hin immer von neuem bearbeitet, unter stets anderen Aspekten. Der Kindermord spielte dabei nicht mehr die führende Rolle, das Hauptinteresse galt in zunehmendem Maße Herodes und Mariamme, wobei an den bösen Taten des Herodes jedoch nie gezweifelt wurde, auch nicht am Kindermord.

Als einer der ersten hat Hans Sachs die von Josephus überlieferte Ehetragödie dramatisiert, und zwar schon 1552 in seinem Stück ›Der Wüterich Herodes‹. Während Hans Sachs die Geschichte noch ganz einseitig sah, bemühten sich viele der nachfolgenden Bearbeiter, die hier nicht alle einzeln aufgeführt werden sollen, die Tat des Herodes zu erklären, ja, sie verständlich zu machen. In Frankreich lenkte Alexandre Hardy in seinem Drama ›Mariamne‹ (um 1610) das Interesse von der Verfolgten auf den Verfolger, wobei er in Herodes einen »gemischten Charakter« sah. In dem 1636 entstandenen Drama ›La Mariane‹ von Tristan L'Hermite wurde diese Tendenz noch vertieft: Da handelt Herodes aus einer höheren Notwendigkeit, die ihn zwingt, nicht nur die Umwelt, sondern sich selbst zu quälen. Nur als Liebenden stellte schon im Jahre 1613 die Engländerin Elizabeth Cary in ihrem Drama ›Tragedy of Mariam‹ Herodes dar, wobei sie den unbeugsamen Stolz Mariammes verurteilte.

Auch der große spanische Dramatiker Pedro Calderón de la

Barca hat sich des Stoffes angenommen, und zwar in dem Drama ›El mayor Monstruo del Mundo‹ – ›Das größte Scheusal der Welt‹ (1637). Calderón zeigte die Geschichte als Dreiecksverhältnis. Ausgehend von einer Weissagung, die Mariamme zuteil wird, ihr stehe ein gewaltsamer Tod durch das größte Scheusal der Welt bevor, stellte er die Tragödie – darin Josephus sehr frei bearbeitend und ihn sogar entschieden verändernd – folgendermaßen dar: Vor dem Aufbruch zu einem Feldzug gegen Oktavian, den späteren Kaiser Augustus, gibt Herodes für den Fall seines Todes den Befehl, Mariamme umzubringen, damit sie nicht die Frau eines anderen werden könne. Mariamme erfährt von diesem Befehl und sinnt auf Rache. Als Herodes zurückkommt, schließt sie sich in ihren Gemächern ein. Oktavian, der sich in sie verliebt hat, nachdem Mariamme ihm ihr Bildnis hatte zukommen lassen, dringt nachts in das Schloß ein, weil er Mariamme von Herodes bedroht glaubt. Der Dolch, den Herodes gegen den Eindringling wirft, trifft Mariamme. Danach stürzt Herodes sich verzweifelt ins Meer und ertrinkt.

Während es Calderón darum ging, Herodes in seiner ganzen Maßlosigkeit zu zeigen, die durch keine vernünftige Einsicht zu bändigen ist, wird in anderen Stücken – so 1636 in ›La vida de Herodes‹ von Tirso Molina, in ›Marina‹ von Giacinto Andrea Cicognini (1670), in der Oper ›La Mariane‹ des Italieners Giambattista Lalli (1724) und in zahlreichen anderen Darstellungen – das Dreiecksverhältnis variiert und in seiner Bedeutung vertieft, und zwar so, daß nun wenigstens ein Teil der Schuld auch auf Mariamme fällt. Auch Voltaire (›Hérode et Mariamme‹, 1725) hielt an der Dreieckssituation fest, die im Prinzip von Josephus tatsächlich vorgegeben ist. Doch wird bei Voltaire der römische Feldherr Varus, der später Oberbefehlshaber in Germanien wurde, zum Nebenbuhler des Herodes, und die Geschichte wird zu einem Intrigenstück. Auf Voltaire beruhen die Dramen ›Marianne‹ (1751) von Gasparo Gozzi und ›Mariamne und Herodes‹ (1754) von Christian O. v. Schönaich sowie ›Marianne‹ von G. A. Bianchi (1761)

Auch im neunzehnten Jahrhundert ist der Stoff noch häufig

dichterisch behandelt worden. So von Franz Grillparzer, der allerdings über die Planung nicht hinausgekommen ist. Für ihn scheint die durch Mariammes Kühle bis zum Wahnsinn gesteigerte Leidenschaft des Herodes entscheidend gewesen zu sein. Dann von Friedrich Rückert, der sein Drama ›Herodes der Große‹ (1844) zum romantischen Geschichtsbild erweiterte. Und wohl am eindrucksvollsten von Friedrich Hebbel in seiner 1849 im Wiener Burgtheater uraufgeführten Tragödie ›Herodes und Mariamne‹.

Hebbel zeigt die tragische Situation, in die diese Ehe trotz der Liebe beider Partner gerät, als die Frau in entwürdigender Weise vom Mann »zum Ding herabgesetzt« wird, indem der mißtrauische Despot über seinen eigenen Tod hinaus über sie verfügen will, wie über einen kostbaren Gegenstand, den er mit ins Grab nehmen möchte. Das Motiv, eine Gewalttat über den eigenen Tod hinaus wirksam werden zu lassen, bringt Hebbel in dieser Tragödie gleich ein zweites Mal: Er läßt Herodes in Mariammes Todesstunde durch die drei Weisen aus dem Morgenland erfahren, daß der kommende König der Juden geboren sei; um seine Krone, »die jetzt an Weibes Statt mir gelten soll«, zu retten, gibt er den Befehl zum bethlehemitischen Kindermord. Zwar ist Herodes bei Hebbel geprägt von der historischen Situation, die durch die gespannte und unsichere politische Lage des von Messiaserwartungen beunruhigten Landes gegeben ist, aber er bleibt dennoch wie schon bei Calderón das größte Scheusal.

Absoluter Bösewicht bleibt Herodes letztlich auch für den Dänen Kaj Munk, obgleich dieser ihn in seinem Schauspiel in zehn Akten ›Ein Idealist. Einige Eindrücke aus dem Leben eines Königs‹ (1928) unter anderen Aspekten sieht. Für ihn ist Herodes der einsame, geniale Willensmensch, der nur für eine Idee lebt, der er sein Glück und alles unterstellt, für die Idee der Macht. Als Herodes merkt, daß seine Liebe zu Mariamme dieser Idee hinderlich ist, läßt er Mariamme wegen Untreue, an die er selbst nicht einmal glaubt, enthaupten und wähnt sich erst dann ganz frei für seine Idee der Macht. Seine letzte Grausamkeit ist auch in Munks Drama der Befehl zum Kindermord.

Alle diese und weitere Dichtungen über und um Herodes haben das schon in der Bibel angelegte Bild vom grausamen Tyrannen verbreitet. Hinzu kommt, daß auf das Konto Herodes' I. nicht selten noch – zwar nicht in der Forschung, aber doch im allgemeinen Bewußtsein – die Enthauptung Johannes des Täufers kommt; in Wahrheit war es Herodes Antipas, ein Sohn Herodes' I., der sich von Salome erpressen ließ und, wenn auch widerstrebend, jenen Mord befahl. Weil Herodes Antipas als Herrscher nur den Namen Herodes führte, ist zwar durchaus zu Recht, aber eben verwirrend in den weitverbreiteten dichterischen Darstellungen dieser Geschichte – zum Beispiel von Stéphan Mallarmé, Gustave Flaubert, Oscar Wilde, Hugo v. Hofmannsthal/Richard Strauss – stets von Herodes statt von Herodes Antipas die Rede, und so glauben viele Leute, es handle sich auch hier um den bekannten »Kindermörder«. Auch Goethe nennt in seiner ›Italienischen Reise‹ den Mörder Johannes des Täufers nur Herodes, ohne ihn von Herodes I. zu unterscheiden, in dessen »jammervolles Familienlabyrinth« er sich ein anderes Mal, in den ›Noten und Abhandlungen‹, so gut hineinfühlen konnte, indem er meinte, »die Seinigen hielten ihn für immer in schwebender Gefahr«.

Aber Goethe hat ihn nicht gerettet. Auch er hat das Bild vom ewig Verdammten nicht korrigiert. Das gelang erst der Geschichtsforschung des neunzehnten und zwanzigsten Jahrhunderts. Doch wurde diese Korrektur von der Allgemeinheit bis heute nicht angenommen.

II. Kapitel
Die Voraussetzungen

Herodes war Nichtjude · Wie die Kinder Israels nach Palästina, ins »Gelobte Land« eindrangen · Salomon baut in Jerusalem für Gott Jahwe den ersten Tempel · Die babylonische Gefangenschaft · Wie die Thora entsteht und das Leben der Juden bis in letzte Einzelheiten festlegt · Alexander der Große erobert auch Palästina · Die große Versuchung durch den Hellenismus · Aufstand der Makkabäer und Gründung der Hasmonäer-Dynastie · Sadduzäer und Pharisäer

Als Herodes im Jahre 47 v. Chr. die politische Bühne betrat, war er fünfundzwanzig Jahre alt. Aus seiner Jugend und Kindheit ist wenig bekannt. Herodes – und das blieb für sein ganzes Leben und Wirken von entscheidender Bedeutung – war kein Jude; er entstammte einer vornehmen, wohlhabenden und einflußreichen idumäischen Familie. Die Idumäer, die Edomiter der Bibel, wo sie ihre Herkunft von jenem Sohn Isaaks herleiten, der die Namen Esau und Edom trug, lebten zunächst südlich des Toten Meeres und zogen dann in das südliche Judäa. Dort wurden sie – um 130 v. Chr. – von dem Makkabäer Johannes Hyrkanos, dem regierenden Fürsten des Staates Judäa-Israel, unterworfen und zwangsweise zum Judentum bekehrt. Wie diese Bekehrung vor sich ging, ist ungewiß, und es bleibt fraglich, ob die Bekehrten vom Volk der Juden wirklich integriert wurden. Zwar galt nach rabbinischem Gesetz als Jude, wer von einer jüdischen Mutter stammte oder zum Judentum übergetreten war, aber andererseits ist es Herodes von den Juden immer wieder vorgehalten worden, daß er Idumäer und folglich eigentlich kein Jude war.

Das Wort Jude (hebräisch Jehudi) meinte ursprünglich einen Angehörigen des Stammes Juda. Zum Volksnamen wurde die Bezeichnung erst nach der Rückkehr der Juden aus dem babylonischen Exil im sechsten vorchristlichen Jahrhundert. Bis dahin hatten die Juden sich Israeliten, Kinder Israels, genannt. Und in noch weiterer Vergangenheit waren sie als Hebräer bezeichnet worden, als »Ibri«, entweder wegen ihrer Abstammung von ihrem sagenhaften Stammvater Ewer oder – so eine andere Deutung – weil sie »von jenseits des großen Flusses« kamen, denn Ewer hieß auch der »Jenseitige«. Und mit »jenseits des großen Flusses« war das Land nördlich des Euphrat gemeint, das Zweistromland.

Von dort waren sie gekommen, unter der Führung ihres Erzvaters Abraham, der angeblich aus Ur in Chaldäa stammte. Mit Herden und Zelten, mit Frau, Nebenfrauen und seiner ganzen Sippe soll Abraham tausend Kilometer weit bis nach Palästina gezogen sein, und dann weiter bis ins Land Kanaan am Mittelmeer, wo die handeltreibenden Kanaaniter lebten und ihre Nachbarn, die Phönizier. Aber wenn Abraham sich schon in seiner Heimat über die Unzulänglichkeiten der vielen kleinen Götter und Gottheiten geärgert hatte, die religiösen Sitten der wohlhabenden Kanaaniter gefielen ihm ebensowenig. Abraham hörte einzig und allein auf seinen Gott, auch als der ihm befahl, seinen einzigen Sohn Isaak, den seine Frau Sara als Neunzigjährige zur Welt gebracht hatte, zu opfern. Doch zum Glück vernahm Abraham noch rechtzeitig ein zweites Mal die Stimme seines Gottes, als der ihm nämlich das Opfer, für das Abraham schon alles vorbereitet hatte, im letzten Augenblick erließ: »Lege deine Hand nicht an den Knaben und tu ihm nichts«, heißt es bei Mose (1. Buch, Kapitel 22), der die Geschichte der Kinder Israels auf sagenhafte Weise erzählt, »denn nun weiß ich, daß du Gott fürchtest und hast deines einzigen Sohns nicht verschonet um meinetwillen.« Zum Dank für die gottesfürchtige Haltung segnete der Herr Abrahams Nachkommen.

Der nächste Führer des Stammes war Abrahams Sohn Isaak. Ihm folgte Jakob, der dritte der israelischen Erzväter; er wurde berühmt wegen des Streits mit seinem Bruder Esau. Weil er Esau gegen ein Linsengericht das Erstgeburtsrecht abgekauft hatte und deswegen dessen Rache fürchtete, floh Jakob vorübergehend in die alte Heimat des Stammes, nach Mesopotamien, kehrte dann aber wieder nach Palästina zurück, wo er nach einem Kampf mit einem Engel den Namen Israel annahm und sich mit Esau wieder versöhnte. Jakob hatte zwölf Söhne, mit denen die zwölf Stämme Israels ihren Anfang nahmen: Ruben, Simeon, Levi, Juda, Isaschar, Sebulon, Joseph, Benjamin, Dan, Naphtali, Gad, Asser.

Jakobs Sohn Joseph wurde von seinen Brüdern an durchziehende Händler verkauft und kam auf diese Weise nach Ägypten. Dort herrschte zu jener Zeit die Hyksos-Dynastie, die möglicherweise semitischen Ursprungs gewesen ist. Dadurch mag es Joseph erleichtert worden sein, sich bei Hofe eine einflußreiche Stellung zu verschaffen; jedenfalls heißt es, daß Joseph bald seine ganze Sippe nachkommen lassen konnte, auch seinen alten Vater Jakob. Sie durften sich in der Provinz Goschen niederlassen.

Aber nach dem Ende der Hyksos-Dynastie (im Jahre 1583 v. Chr.) scheint sich die Stellung der Israeliten in Ägypten immer weiter verschlechtert zu haben, bis sie schließlich fast die Stufe gewöhnlicher Sklaverei erreichte. Und dann sind die Israeliten (oder doch viele von ihnen) wieder zurückgewandert in die alte Heimat, in das Gebiet zwischen Mittelmeer und Jordan, das einst Abraham schon so sehr gefallen hatte. Das Vordringen semitischer Stämme von Süden und Osten nach Palästina vollzog sich in mehreren Wellen vom fünfzehnten bis ins dreizehnte Jahrhundert v. Chr. Überliefert ist nur, und zwar im Alten Testament, der Einbruch der aus Ägypten zurückkommenden Stämme unter der Führung von Moses, der sie im Glauben an den einen Gott, Jahwe, geeint hatte, ins »Gelobte Land«. Der Gott Jahwe, sagte Moses seinen Leuten, habe ihnen dieses Land der Verheißung, das zwischen der Wüste und dem Meer liegt, zugewiesen. Im 5. Buch Mose, Kapitel 34, heißt es:

»Und Mose ging von dem Gefilde der Moabiter auf den Berg Nebo, auf die Spitze des Gebirgs Pisga, gegen Jericho über. Und der Herr zeigte ihm das ganze Land Gilead bis gegen Dan und das ganze Land Naphtali und das Land Ephraim und Manasse und das ganze Land Juda bis an das Meer gegen Abend und das Mittagsland und die Gegend der Ebene Jerichos, der Palmenstadt bis gen Zoar. Und der Herr sprach zu ihm: Dies ist das Land, das ich Abraham, Isaak und Jakob geschworen habe und gesagt: ›Ich will es Deinem Samen geben.‹ Du hast es mit deinen Augen gesehen; aber du sollst nicht hinübergehen.«

Unmittelbar nachdem ihm das verheißene Land gezeigt worden war, starb Moses, der große Führer, der »Gott von Angesicht zu Angesicht gekannt hatte«. Er selbst hat jenes Land nicht betreten, sollte es ja auch nicht: »Du aber sollst nicht hinübergehen«, nicht über den Jordan nämlich, von dem aus gesehen Moses mit seinen Hirten im Osten stand. Das sollte erst sein Nachfolger Josua. Ihm sagte der Herr (Buch Josua, 1. Kapitel):

»Mein Knecht Mose ist gestorben; so mache dich nun auf und zeuch über diesen Jordan, du und dies ganze Volk, in das Land, das ich ihnen, den Kindern Israel, gegeben habe. Alle Stätten, darauf eure Fußsohlen treten werden, hab ich euch gegeben, wie ich Mose geredet habe. Von der Wüste an und diesem Libanon bis an das große Wasser Euphrat – das ganze Land der Hethiter –, bis an das große Meer gegen Abend sollen eure Grenzen sein.«

Dies ist nichts anderes, als ein nachträglich formulierter Rechtsanspruch (das Alte Testament entstand ja erst später), der das israelitische Eindringen in das Gebiet zwischen Jordan und Mittelmeer legitimieren sollte. Was sich bei Moses und Josua so einfach liest, war in Wahrheit höchst problematisch, und das Problem, das damals bestand, ist bis hinein in die Gegenwart ein Grundproblem geblieben: Das Gelobte Land, in das die Kinder Israels nun eindrangen, war nicht unbewohnt. Dieser fruchtbare und seit eh und je begehrte Landstreifen gehörte längst anderen. Da wohnten die Phönizier und die Kanaaniter, und kürzlich waren auch noch die Philister hinzugekommen und hielten den südlichen Teil der Küste besetzt. Sie alle waren keine Nomaden, keine Hirtenstämme mehr, sondern wohlhabende, kultivierte und technisch versierte Völker, die zum großen Teil in Städten lebten und die ihr Land nun keineswegs anderen überlassen wollten.

Für die Israeliten, die zunächst im Wüstenrandgebiet geblieben waren, erwies sich schon das Eindringen nach Palästina und das Vordringen über den Jordan als schwierig. Es ging dabei keineswegs friedlich zu. Das befestigte Jericho mußte im Kampf erobert werden. Und als die Israeliten von dort aus weiter nach Norden vordrangen, wurden sie durch eine Reihe befestigter Stellungen aufgehalten, die die Ebene von Jesreel (Esdraelon) schützten. Die Eroberung des Gelobten Landes war ein langsamer und mühevoller Prozeß. Erst nach Generationen wurde die Küste erreicht. Doch war damit noch keineswegs das ganze Gebiet besetzt. Denn die Besitzer behaupteten noch lange ihre Städte und Festungen. Erschwerend kam hinzu, daß immer wieder auch andere Grenzvölker in dieses Gebiet eindrangen und dabei oft zum Angriff gegen die Israeliten übergingen, so zum Beispiel aus dem Süden die Edomiter und Amalektiter, zwei arabische Stämme, und von Osten aus die den Israeliten verwandten Moabiter und Ammoniter.

Trotz aller Schwierigkeiten, trotz vieler Rückschläge und auch mancher Streitereien zwischen den israelitischen Stämmen nahm die Eroberung ihren Gang. Gegen Ende des zwölften vorchristlichen Jahrhunderts war immerhin schon die Einnahme Palästinas vollzogen. Die ehemaligen Wanderhirten waren nun seßhaft geworden; sie wohnten in kleinen Städten und Dörfern, und mit einem Terrassierungssystem, das noch heute erkennbar ist, machten sie sich die steinigsten Bergabhänge fruchtbar. Der Handel aber lag noch immer in den Händen der kanaanitischen Kaufleute. Und die Küstenebene hielten noch die wohl indogermanischen und recht kriegerischen Philister besetzt, die sich in den folgenden Jahren die Kinder Israels manchmal sogar tributpflichtig machten.

Gegen die Philister und andere kriegerische Nachbarn konnten die israelitischen Stämme nur durch enges Zusammengehen bestehen. Zunächst banden sie sich unter sogenannten »Richtern« lose aneinander. Doch dann, wohl so gegen das Jahr 1000 v. Chr., schlossen sie sich fest unter dem zum König gewählten Saul zusammen. Zu einer wirklichen Einheit jedoch wurden sie erst unter ihrem König David aus dem Stamme Juda, dem bedeutendsten aller jüdischen Könige. Unter ihm gelang den Israeliten die Eroberung Jerusalems, das von da an ihre Hauptstadt war, und der Sieg über die Philister. Und weiter eroberten sie das Ostjordanland, dann sogar Damaskus und große Teile Syriens.

Damit war Israel überraschend zu einem Großreich geworden. Seine Grenzen lagen im Süden am Wadi El Arisch, dem »Bach Ägyptens«, auf der Halbinsel Sinai, und an der Nordseite im Bereich des Euphrat; außerdem unterstand den Israeliten ein weites Gebiet östlich des Jordan. Aber ein neues Problem lag nun darin, dieses ziemlich plötzlich entstandene Großreich mit dem Geist des israelitischen Glaubens zu durchdringen. Dieses Problem, das letztlich für alle Zeiten bestand, hat nicht nur der persönlich fromme David, der freilich auch viele Schwächen hatte, nicht lösen können, auch sein Sohn und Nachfolger Salomo schaffte es nicht. König Salomo konnte sogar schon den äußeren Umfang des Reiches nicht halten, doch schuf er andererseits durch ausgedehnten Handel mit den Arabern, auch durch gemeinsam mit den Phöniziern betriebenen Seehandel, große Reichtümer. Das wiederum ermöglichte ihm die Einrichtung einer starken Streitwagentruppe, so wie sie die anderen Großmächte jener Zeit unterhielten; es erlaubte ihm eine prunkvolle Hofhaltung; und er konnte nun endlich dem Gott Jahwe, dem die Kinder Israels ihre großen Erfolge und insbesondere die Landnahme verdankten, seinen ersten großen Tempel bauen, und zwar in Jerusalem.

Dieser Tempel, dessen Bau schon König David geplant und

sogar vorbereitet hatte, sollte religiöses und politisches Zentrum des Reiches sein, und er hat in der Geschichte des jüdischen Volkes, auch und gerade unter Herodes, eine große Rolle gespielt. Im Tempel von Jerusalem sollte Gott immer wohnen, so wie er selbst es ja gesagt hatte: »Ich werde inmitten der Israeliten wohnen« (I Könige 6, 13).

Sieben Jahre betrug die Bauzeit für den Tempel. Dennoch war das Ergebnis nicht gerade überwältigend, zumindest dann nicht, wenn man es mit ägyptischen oder griechischen Tempeln vergleicht. Wie der salomonische Tempel allerdings genau ausgesehen hat, weiß niemand mit Sicherheit zu sagen, da die Beschreibungen, die es im Alten Testament gibt, aus späterer Zeit stammen und ihn wahrscheinlich darstellen, wie er im sechsten vorchristlichen Jahrhundert aussah, das heißt kurz vor seiner Zerstörung durch die Babylonier. Er dürfte etwa 45 Meter lang und halb so breit gewesen sein und allenfalls 15 Meter hoch. Seine Fundamente bestanden aus behauenen Steinen und aus Zedernholz, das heißt aus Pfosten auf der steinernen Unterlage, die das Mauerwerk zusammenhielten.

Der Grundriß war in drei Teile gegliedert: Vorhalle, Heiligtum mit dem Altar und Allerheiligstes, wo allein Gott sich aufhielt. Das Allerheiligste, ein Raum von zehn mal zehn Metern, der etwas höher lag als die anderen Räume, hatte keine Fenster. Dort wohnte Gott, der zwar für die Menschen das Licht geschaffen hatte, selbst aber in der Finsternis blieb. In der Mitte des Raums stand die Bundeslade, die die Gesetzestafeln enthielt und vielleicht dem Gott Jahwe als Thron diente.

Von drei Seiten, nicht an der Vorderfront, war der Tempel von Seitengebäuden eingerahmt. Sie bestanden jeweils aus drei Stockwerken; die oberen waren etwas breiter als die darunterliegenden. Insgesamt waren die Seitengebäude niedriger als der Mittelteil. Jedes Stockwerk enthielt etwa dreißig Räume, in denen die für die Opferriten benötigten Gefäße und Werkzeuge sowie die Weihgeschenke für den Tempeldienst aufbewahrt wurden.

Während der Gott Jahwe da nun in der Finsternis wohnte, wo

die Israeliten ihn meist in Ruhe ließen und ihn zeitweise fast vergaßen, rückte der König Salomo mehr und mehr an dessen Stelle. Das war kein Zufall. Denn der Tempel war keineswegs allen zugänglich, im Gegenteil, er war abgesperrt, und nur die Priester konnten hinein und Gott anbeten und von Gott erfahren, was er wollte und was gut und richtig war. Einst, als Gott noch im Zelt wohnte, konnte jeder Zugang zu ihm finden. Jetzt aber gehörte er allein den Priestern und allenfalls dem König, vorausgesetzt, daß dieser die Priester und vor allem den Hohepriester, den Obersten aller Priester, nicht mächtiger sein ließ als sich selbst. Auf jeden Fall wurde Gott so zum Bundesgenossen der Regierenden.

Das ist vom jüdischen Volk frühzeitig erkannt worden. Schon unter David bildete sich eine starke Opposition, die aus religiösen Gründen im Königtum eine für die Israeliten nicht angemessene Institution sah. Es kam sogar zu Aufständen. Und als dann (um das Jahr 930 v. Chr.) König Salomo starb, wollten nicht alle Israeliten wieder einen so mächtigen König haben, der den ganzen Staat zentralistisch regierte und ständig Steuern eintreiben ließ. So kam es zur Teilung des Reiches in das Nordreich Israel mit der Hauptstadt Sichem (später Samaria) unter Jerobeam I. und das kleinere Südreich Juda mit der alten Hauptstadt Jerusalem unter Salomos Sohn Rehabeam. Zu Rehabeam hatte sich nach Salomos Tod eine Delegation der Nordstämme begeben und erklärt: »Dein Vater hat uns ein hartes Joch auferlegt. Mildere du nun die Fron deines Vaters und das schwere Joch, das er uns auflud, dann wollen wir dir dienen« (I Könige 12). Aber Rehabeam hatte nicht Erleichterungen versprochen, sondern noch härtere Fron angekündigt. Da war es zur Spaltung des Reiches gekommen. Das heißt aber zugleich: Der Tempel mit der berühmten Bundeslade, die die einst von Moses aufgezeichneten Gebote enthielt und die die Kinder Israels so viele Jahre mit sich umhergetragen hatten, erwies sich nach so kurzer Zeit seines Entstehens schon nicht mehr als das zentrale Bindeglied.

Andererseits jedoch gab es in den folgenden Jahrhunderten

der jüdischen Geschichte, die wir hier im einzelnen nicht mehr zu verfolgen brauchen, immer wieder starke Kreise, die an der Jahwe-Tradition unbedingt festhielten. Da lag eines der Grundprobleme des jüdischen Volkes, das auch für Herodes und seine Zeit von ungeheurer Bedeutung blieb. Stets fürchteten jene Juden, die fest an die Verkündigung des Gotteswillens und seine Verwirklichung glaubten, den Untergang des jüdischen Volkes durch diejenigen, die in dieser Hinsicht lässiger, bequemer, letztlich wohl realistischer lebten. Und diese wiederum hielten jene anderen oft für rückständig und wirklichkeitsfremd.

Diese Grundspannung war immer vorhanden, und zwar in vielen, wenn nicht in allen Lebensbereichen. Und die entstehenden Probleme waren keineswegs so einfach zu lösen, wie es das Alte Testament (4. Buch Mose, Kapitel 25, 6ff.), zum Beispiel in der Frage der nicht erlaubten Vermischung mit der Urbevölkerung des eroberten Landes, darstellt: »Da kam ein Israelit und brachte eine Midianiterin in sein Zelt, und zwar im Angesicht des Moses und der ganzen Gemeinde der Israeliten. Pinchas, der Enkel des Aaron, stand auf und griff nach einem Speer. Er ging dem israelitischen Mann in das Zelt nach und durchbohrte beide, den Israeliten und die Frau, durch den Bauch. Daraufhin war der Unzucht unter den Israeliten Einhalt geboten.«

In Wahrheit war die Eroberung des Gelobten Landes ohne jegliche Vermischung mit der Urbevölkerung schlechterdings unmöglich. Sie fand auch später noch statt, zum Beispiel mit den Kanaanäern. Ja, da war die Gefahr immer weiterer Vermischung und immer tiefergreifender Beeinflussung durch die hochzivilisierten und wohlhabenden Küstenvölker sogar noch viel größer, und es mußte ihr schon einiges entgegengesetzt werden, wenn die Israelstämme nicht aufgehen wollten in anderen Völkern. Einige der ursprünglichen Stämme oder Familienverbände sind ja tatsächlich verschwunden, aber insgesamt konnte ein solches Aufgehen verhindert werden. Die Gefahr blieb trotzdem über viele Jahrhunderte, ja über Jahrtausende bestehen.

Und dann gab es da noch eine andere große Gefahr, die für die Israeliten und später für die Juden ebenfalls immer gegeben blieb und heute noch besteht, nämlich in die Interessensphäre der großen politischen Mächte zu geraten. Genaugenommen saßen die Juden von Anfang an in einem solchen Interessengebiet oder vielmehr: sie hatten sich mitten hineingesetzt. Das ganze Gebiet zwischen Mittelmeer und Jordan, zwischen Euphrat und Rotem Meer war ja niemals ein politisches Vakuum. Dort haben sich von jeher die Ägypter gegen Eindringlinge aus dem Norden abschirmen müssen, gegen Meder, Perser, Syrer, später gegen die Griechen, dann gegen die Römer, was ihnen aber keineswegs immer gelang. Und umgekehrt mußten sich die nördlich des Euphrat lebenden Völker hier gegen die Ägypter absichern.

Daß die israelitischen Stämme in dieses teils von Süden, teils von Norden stark befestigte Gebiet, das zugleich die Brücke zwischen Nord und Süd darstellte, über die ein beträchtlicher Teil des damaligen Handels abgewickelt wurde, überhaupt hatten eindringen können, war letztlich nur deswegen möglich gewesen, weil zu jener Zeit die Ägypter und auch die nördlichen Völker außenpolitisch schwach waren. Aber das änderte sich wieder, und in der Folgezeit mußten sich die Israeliten mal an die Ägypter, mal an die Phönizier oder die Assyrer halten, um nicht von anderen Mächten überrollt zu werden.

Solche Anlehnungen ließen aber stets die andere Grundgefahr anwachsen, von der bereits die Rede war: die Gefahr der Fremdbeeinflussung. Da wurden dann die mosaischen Gesetze kaum noch beachet, und statt dessen beteiligten sich die Israeliten an heidnischen Kulten, wie zum Beispiel am kanaanitischen Baalskult. Das rief dann wieder die Propheten auf den Plan, die als Strafe schweres Unheil verkündeten. Zu ihnen gehörten Amos, Hosea und Jesaja, deren Prophezeiungen und Warnungen zum Teil schriftlich festgehalten wurden. Später kamen Josia, der in Jerusalem eine durchgreifende Kultreform in Gang setzte, und Jeremia, der den ethischen Monotheismus zu vertiefen und das Reich Davids zu erneuern suchte, dessen Unheilsprophezeiungen jedoch bei den meisten auf Unglauben und Ablehnung stießen. Sie sollten sich aber rasch erfüllen.

Zu jener Zeit – gegen 600 v. Chr. – wurden nämlich die

Ägypter außenpolitisch wieder aktiv; nach dem Zerfall des Assyrerreiches drangen sie nach Norden vor. Dabei gerieten sie jedoch mit den Babyloniern in Konflikt. Und in diese Auseinandersetzung wurden die Israeliten mit hineingezogen; über sie brach nun das von Jeremia vorausgesagte schwere Unheil herein. Im Jahre 605 wurden die Ägypter bei Karkemich am Euphrat von den Babyloniern unter Nebukadnezar geschlagen. Und Nebukadnezar eroberte nach diesem Sieg Syrien und den ganzen »Fruchtbaren Halbmond«, also das kultivierte Land zwischen Tigris, Euphrat, der Mittelmeerküste und dem Nil. Alle, die dort lebten, mußten sich ihm unterwerfen, auch der König von Juda, Jojachin, der sich freiwillig als Geisel in Nebukadnezars Gefangenschaft begab, zusammen mit seiner Mutter und dem gesamten Hofstaat.

Aber König Jojachin und die hohen Staatsbeamten waren nicht die einzigen, die in Gefangenschaft und schließlich ins Exil mußten. Nebukadnezar, der seine Hauptstadt Babylon zur schönsten Stadt ausbauen wollte, brauchte daheim alle möglichen Experten und überhaupt Arbeitskräfte. Deswegen nahm er einen Teil der judäischen Bevölkerung, vor allem Handwerker, mit nach Babylon. Für sie begann schon damals die berühmte babylonische Gefangenschaft.

Die meisten Bewohner von Juda, die Bauern und Hirten, blieben jedoch im Land. Ihnen geschah zunächst nichts; König Jojachin hatte sich bei seiner Unterwerfung ausbedungen, daß nicht nur die Hauptstadt Jerusalem geschont werden, sondern daß der Staat Juda als solcher weiterexistieren sollte, wenn auch in einer gewissen Abhängigkeit von Babylon. An die Stelle des erst achtzehnjährigen Jojachin trat dessen Onkel Zedekia. Als dieser aber eines Tages die Ägypter um Hilfe anging, schickte Nebukadnezar eine Strafexpedition ins Land. Das geschah im Jahre 588 v. Chr. Zedekia wurde bei einem Fluchtversuch gefangengenommen. Er mußte der Hinmetzelung seiner Familie und seines ganzen Hofstaats zusehen. Dann wurde er geblendet und in Ketten nach Babylon gebracht. Im folgenden Jahr, 587 v. Chr., wurde Jerusalem zerstört und geplündert, auch der

Tempel wurde zerstört. Diesmal mußten noch mehr Einwohner von Juda in die babylonische Gefangenschaft.

Dort, im Exil, sind die Juden – wie sie sich nun bald nannten – nicht etwa untergegangen. Im Gegenteil haben sie sich wieder enger zusammengeschlossen und sich, was entscheidend war, auf ihre religiöse Tradition besonnen. Sie hörten nun wieder auf ihre Propheten, auf das, was die alten Propheten schriftlich niedergelegt hatten, und auf neue Propheten, die besonders in der Zeit des Exils an die mosaischen Gesetze mahnten und darüber hinaus die religiöse Entwicklung vorantrieben. Der Prophet Hesekiel betonte die persönliche Verantwortung eines jeden Menschen vor Gott. Durch ihn und den zweiten Jesaja, der damals in den Liedern vom »Knecht Gottes« dem Gedanken vom stellvertretenden Leiden des Sündlosen Ausdruck verlieh, und durch die Psalmdichtung erreichte die religiöse Entwicklung innerhalb des Judentums ihren Höhepunkt.

Etwa ein halbes Jahrhundert dauerte die babylonische Gefangenschaft der Juden. Länger hat das babylonische Reich nicht bestanden. Der persische Herrscher Kyros eroberte Babylon im Jahre 539 und erlaubte den Juden sogleich die Rückkehr in ihre Heimat. Vierzigtausend Juden – so die Überlieferung – kehrten aus Babylon zurück. Daß sie dort nicht gedarbt hatten, daß viele von ihnen sogar zu Wohlstand gekommen waren, zeigt die hohe Zahl von siebentausend Sklaven, die sie aus dem Exil mit nach Hause brachten.

Daheim, in Judäa, das allerdings nunmehr zu Persien gehörte, begannen die Juden mit dem Wiederaufbau ihrer Hauptstadt Jerusalem und – mit Förderung der persischen Behörden – ihres Tempels. Doch der Wiederaufbau ging nicht reibungslos vor sich. Es kam nämlich allenthalben zu Spannungen zwischen den Heimkehrern und denen, die seinerzeit hatten daheim bleiben können, beziehungsweise deren Nachkommen. Diese hatten sich inzwischen viel Land angeeignet, auch Häuser, worauf die Heimkehrer jetzt ihre alten Besitzansprüche geltend machten, die die neuen Eigentümer jedoch nicht anerkennen wollten. Solche Streitereien um den Besitz spalteten die Bevölkerung in zwei Lager, die »Kinder der Gefangenschaft« und die Zurückgebliebenen, denen sich die Heimkehrer überlegen dünkten. Nicht nur, daß diese Spaltung den Wiederaufbau des Tempels für mehrere Jahre unterbrach, sie bestimmte für ein ganzes Jahrhundert die jüdische Innenpolitik.

Im Jahre 515 v. Chr. war der Tempel endlich fertig. Er war sehr viel kleiner als der alte Tempel, und es fehlte ihm jegliche Pracht, die das Heiligtum einst ausgezeichnet hatte. Es fehlte auch die Bundeslade mit den mosaischen Gesetzestafeln; sie war damals mit zerstört worden. Doch der Gott Jahwe hatte nun in Jerusalem wieder eine Heimat. Und von Jerusalem aus wurde in den folgenden Jahrzehnten das von dem Priester und Schriftgelehrten Esra neu verfaßte Gesetzbuch, das »Gesetz des Himmelsgottes«, die fünf Bücher Mose, die auf hebräisch Thora und auf griechisch Pentateuch genannt werden, zur Basis für das theokratische jüdische Gemeinwesen. Dieses Gesetz, die jetzt abschließend formulierten fünf Bücher Mose, wurden für alle Juden Syriens und Palästinas verbindlich.

Überwacht wurde die Thora (dieses hebräische Wort meint eigentlich »Lehre«) von der Priesterschaft. Sie bildete sich in den kommenden Jahrhunderten zu einem geschlossenen Stand heraus, der an Einfluß ständig gewann. Von nun an galt der Glaube, daß Gott vor allem die peinlich genaue Erfüllung der vielen Einzelbestimmungen der Thora verlangt. Damit gewann die Bewahrung des Volkstums, das strenge Mischehenverbot, eine religiös zentrale Bedeutung. Und damit war der Maßstab gefunden, an dem alle gemessen werden konnten und an dem später auch Herodes gemessen wurde.

Theoretisch konnte jeder den für alle gültigen Maßstab anwenden, praktisch jedoch nur der, der die Lehre beherrschte. Und das war letztlich der Hohepriester, der Oberpriester zu Jerusalem. Sein Amt wird zwar bis auf die Zeit Mose zurückgeführt, dessen Bruder Aaron der erste Hohepriester gewesen sein soll. Tatsächlich aber wuchs das Amt des Hohepriesters erst in der nachbabylonischen Zeit über eine auf den Tempel beschränkte Zuständigkeit hinaus. Allmählich übernahm der

Hohepriester, der Vermittler zwischen Jahwe und dem Volk, neben der Oberleitung des religiösen Kults auch die politische Führung.

Die Stabilisierung der jüdischen Theokratie ging nun nicht immer gleichmäßig weiter. Verschiebungen im weltpolitischen Machtgefüge brachten neue Gefährdungen. Die wohl folgenschwerste Veränderung war die Eroberung Persiens, Ägyptens, ja fast der ganzen damaligen Welt durch Alexander den Großen von Makedonien. Damit wurde auch Palästina (im Jahre 332 v. Chr.) an das alexandrinische Weltreich angeschlossen. Das schien zunächst nichts Besonderes zu sein; schon mehrmals hatten ja die Hebräer fremde Herrscher erdulden müssen. Aber dann zeigte sich das grundsätzlich Neue: Alexander war nicht nur ein Welteroberer, sondern ein Weltveränderer.

Zwar blieb ihm selbst kaum noch Zeit, nachdem er sich zum Herrn der Welt gemacht hatte, sie auch noch umzukrempeln. Eben 22 Jahre alt, war er losgezogen, um zunächst ganz Griechenland zu erobern, dann, nach dem Sieg über den Perserkönig Darius, Kleinasien und Syrien, danach Ägypten, wo er sich zum Sohn des Ammon weihen ließ, zum Göttersohn, zog dann wieder durch den Fruchtbaren Halbmond über Jerusalem und Damaskus nach Mesopotamien, wo er bei Gaugamela noch einmal über Darius siegte und dann das gesamte Perserreich besetzte, nahm danach Baktrien und Sogdiana ein, überschritt den Indus und gelangte im Kampf gegen Indien bis an den Hyphasis, wo sein Heer den Unersättlichen zum Rückzug zwang. Und er hat dieses ganze gewaltige Gebiet neu geordnet und eine Reihe von Städten gegründet. Wichtig war dabei, daß Alexander diesen unvergleichlichen Siegeszug nicht allein mit Soldaten und hervorragend ausgebildeten Offizieren führte und nicht nur Spezialisten für Kriegsmaschinen und Wegebau, Ärzte, Verwaltungsexperten, Kanzleibeamte und Archivare, sondern auch Wissenschaftler, Philosophen, Dichter und Historiker mitgenommen hatte. Darin zeigte sich nicht nur der Einfluß seines Lehrers, des griechischen Philosophen Aristoteles, der ihn erzogen hatte, sondern zugleich Alexanders Ziel, nämlich der ganzen Welt die griechische Kultur zu vermitteln, sie zu hellenisieren.

Ihm selber, der im Alter von nur 33 Jahren in Babylon starb, blieb dazu – wie schon gesagt – keine Zeit mehr, aber er hatte den Anstoß gegeben. Seine Generäle und Nachfolger, die »Diadochen«, die das Weltreich unter sich aufteilten, führten diesen weltbewegenden Prozeß weiter. So kam es zu einer Kulturepoche, in der das Griechentum in die östlichen Länder eindrang, wobei eine starke Vermischung griechischen und orientalischen Wesens erfolgte. Diese prägende Kraft der griechischen Kultur, die bis dahin an Griechenland, ja, an einzelne griechische Städte gebunden gewesen war, sich nun aber zu einer bis nach Ostasien ausstrahlenden Weltkultur weitete, hielt über Jahrhunderte an. Geistesgeschichtlich reichte die Kulturepoche des Hellenismus bis zum Ausgang der Antike. Das wohl stärkste Zentrum dieser Kraft war neben Pergamon, Antiochia, Rhodos und Athen das von Alexander gegründete Alexandria, das schon bald die größte Bibliothek hatte, die es im Altertum je gab, und wo sich die bedeutendsten Gelehrten einfanden. Von Alexandria aus drang die griechische Kultur auch nach Palästina ein.

Denn nach Alexanders Tod gehörte das Land der Hebräer wieder einmal zur Einflußsphäre der Herrscher am Nil, ja, seit 320 v. Chr. war es an Ägypten direkt angeschlossen, wo nun für lange Zeit die Ptolemäer herrschten, die in gerader Linie von Alexanders Freund, dem Feldherrn und Historiker Ptolemäus I., abstammten. Dieser erste Ptolemäus hatte Alexandria zur Hauptstadt des Landes erklärt, das nun rasch aufblühte und auch auf die jüdischen Kaufleute, die von Jerusalem dorthin kamen, großen Eindruck machte. In Alexandria, wo hundertfünfzigtausend Griechen wohnten, entstanden große, hohe, von Säulen gestützte Gebäude, da gab es ein Theater und das Museion mit der schon erwähnten Bibliothek zur Förderung der Wissenschaften, da gab es Gymnasien, wo die jungen Leute Sport trieben, und da entstand bald eine bedeutende jüdische Auslandskolonie.

Gesprochen wurde Griechisch, und wer etwas erreichen

wollte in dieser Stadt, wer auch nur einigermaßen mithalten wollte, der mußte diese elegante und bewegliche Sprache, die sich auch in anderen Städten des einstigen Alexander-Reiches mehr und mehr durchsetzte, erlernen. In den jetzt entstehenden Judengemeinden in Ägypten und in Syrien, das unter den Seleukiden ebenfalls stark hellenisiert wurde, scheint man bald nur noch oder zumindest überwiegend Griechisch gesprochen zu haben. Denn für die Mitglieder der Gemeinden wurden im zweiten vorchristlichen Jahrhundert die Schriften des Alten Testaments von siebzig Dolmetschern ins Griechische übersetzt; so entstand die sogenannte Septuaginta.

Etwa zu jener Zeit kam der Staat Juda mit seiner Hauptstadt Jerusalem, wo sich griechische Lebensgewohnheiten auch schon durchgesetzt hatten, an Syrien. Von dort aus hatte Antiochus III. versucht, das Großreich Alexanders wiederherzustellen. Er hatte deswegen im Osten und auch gegen Ägypten Kriege geführt, und sein Sohn, Antiochus IV., der sich Epiphanes, das ist »der Erlauchte«, nannte, hatte Ägypten bis nach Memphis unterworfen. Er eroberte dann auch Jerusalem. Unter Antiochus IV., der in Athen auf die Welt gekommen war und der in der griechischen Kultur den Höhepunkt menschlichen Fortschritts und menschlicher Vollkommenheit sah, ging die Hellenisierung des ganzen Gebiets zwischen Euphrat und Nil erst richtig los. Jetzt nahm die Bevölkerung alle äußeren Merkmale der neuen Herren bereitwillig an: ihre Sprache, ihre Kleidung, ihre Bauweise, ihre Unterhaltungsform, ihre sozialen und häuslichen Gewohnheiten.

Dies geschah nicht allein deswegen, weil – wie Cecil Roth es darstellt – die eingeborene Bevölkerung dabei von dem Eindruck ausging, daß all dies zum wesentlichen Bestandteil einer Zivilisation gehörte, die höher zu stehen schien, indem sie materiell mächtiger war als die eigene. Das allein erklärt nicht den ungeheu en Elan, mit dem das Griechentum sich überall durchsetzte, und schon gar nicht die Bereitschaft, es anzunehmen. Hinzu kam etwas anderes, Wesentlicheres. Es lag in dem Jugendlich-Schwungvollen der griechischen Lebensweise, im

Sportlich-Eleganten, im Ästhetischen; in dieser bewußten, ehrgeizigen, stolzen Art zu leben war sehr viel Fröhlichkeit, auch Mut zum Genuß; man lebte leichter, man liebte, trank, spielte, man erfreute sich aber ebenso an geistigen Dingen, an Theater und Dichtung, an Musik und Philosophie. Das alles hatte eine enorme Ausstrahlung, auch und vielleicht ganz besonders auf die jungen Juden, die sich nicht immer nur mit der Strenge und dem Muff ihrer religiösen Gesetze konfrontiert sehen wollten. Griechenlands Götter waren weniger streng, waren menschlicher, freundlicher, und sie ließen ihre Kinder, die Griechen, sehr viel unbefangener und freier leben als der alte, rachsüchtige Jahwe die seinen.

Vielleicht am eindrucksvollsten zeigten sich die Unterschiede zwischen jüdischen und griechischen Sitten auf sexuellem Gebiet. Die Juden hatten äußerst strenge Gebote, die auf Abschreckung berechnet waren. Nicht nur die »Entblößung der Scham«, sondern jede Nacktheit, die unerlaubte Sinnlichkeit wecken konnte, war als gefährliche Versuchung verpönt. Und die jüdischen Gesetze zogen alle nur erdenklichen Möglichkeiten in Betracht, um für nichts und niemanden eine Lücke zu lassen:

»Niemand soll sich zu seiner nächsten Blutsverwandten tun, ihre Blöße aufzudecken ... Du sollst deines Vaters und deiner Mutter Blöße nicht aufdecken ... Du sollst deiner Schwester Blöße, die deines Vaters oder deiner Mutter Tochter ist, daheim oder draußen geboren, nicht aufdecken ... Du sollst die Blöße der Tochter deines Sohnes oder deiner Tochter nicht aufdekken ... Du sollst die Blöße der Tochter deines Vaters Weibes, die deinem Vater geboren ist und deine Schwester ist, nicht aufdecken ... Du sollst die Blöße der Schwester deines Vaters nicht aufdecken ... Du sollst deiner Mutter Schwester Blöße nicht aufdecken ... Du sollst deines Vaters Bruders Blöße nicht aufdecken, daß du sein Weib nähmest, denn sie ist deine Base ... Du sollst deiner Schwiegertochter Blöße nicht aufdekken ... Du sollst auch deines Weibes Schwester Blöße nicht neben ihr aufdecken, ihr zuwider ... «

Auf die Verletzung solcher und anderer Vorschriften standen strenge Strafen. Wer ein Weib nahm und ihre Mutter dazu, den sollte man »mit Feuer verbrennen und sie beide auch«. Wenn ein Mann »beim Vieh lag«, sollten er und das Tier erwürgt werden. Ebenfalls mit dem Tode sollte bestraft werden, wer »beim Knaben schläft wie beim Weibe«, denn dies galt als ein »Greuel«. Und ein »Greuel« war es schon, wenn Männer sich als Frauen verkleideten und Frauen als Männer.

Zwar wurden die Gebote nicht immer befolgt. Vor allem die Männer erlaubten sich manche Freiheiten, zumal es in dieser Hinsicht an Vorbildern nicht fehlte. Da war zum Beispiel König David, von dem die Geschichte mit Bathseba erzählt wurde: »David sah vom Dach des Königshauses ein Weib sich waschen, das war von sehr schöner Gestalt . . . « Es war Bathseba, die Frau des in Kriegsdiensten stehenden Uria. »David ließ sie holen und schlief bei ihr.« Und seinem Heerführer Joab schrieb er in einem Brief: »Stellet Uria an den Streit, da er am härtesten ist, daß er erschlagen werde«, was dann auch so kam, so daß David die Bathseba heiraten konnte, die die Mutter von Salomo wurde.

Aber die Mehrheit konnte sich solche Freiheiten nicht herausnehmen, schon gar nicht die Frauen. Für sie waren die Gesetze besonders streng. Ein Schwangerschaftsabbruch zum Beispiel galt als Verbrechen gegen das Eigentum des Mannes, gegen seinen Samen; es war ein Frevel, der »zum Himmel stank«, hieß es.

Die Griechen und ihre Götter nahmen all dies weniger ernst. Und gegen ihre leichtere und fröhlichere Art zu leben, war bald auch Jerusalem nicht mehr gefeit. Hier kam freilich noch hinzu, daß es seit langem keine eigenständige politische Führung mehr gab. Dadurch hatte die Priesterschaft, hatte insbesondere der Hohepriester an Macht und Einfluß gewonnen. So war die Lebenshaltung betont konservativ geworden. Eben dies aber fand auch Kritik, und sogar der Hohepriester hatte Gegner, die sich nun für die fortschrittliche und diesseitsbetonte Politik der neuen Herren entschieden. Jetzt wurde Jerusalem fast in eine griechische Stadt verwandelt. Auch hier sprachen viele Leute

Griechisch, Familiennamen wurden hellenisiert, es entstanden Gebäude im hellenischen Stil, und im Schatten der Festung wurde ein Gymnasium angelegt, wo junge Männer nach griechischem Vorbild nackt Leibesübungen machten. Dies war zwar nach alter jüdischer Auffassung von der Sündhaftigkeit des Leibes geradezu abscheulich, doch beteiligten sich trotzdem schließlich sogar Priester an den sportlichen Wettkämpfen. Ein Teil der Priesterschaft hatte am Ende nicht einmal etwas dagegen, als der jüdische Gott Jahwe mit dem griechischen Obergott Zeus gleichgesetzt und im Tempel griechische Kulte eingeführt wurden.

Allerdings geschahen so weitgehende Veränderungen nicht mehr ganz freiwillig. Zwar stimmte der Hohepriester Menelaos sogar zu, daß im Tempel ein Dionysos-Altar errichtet wurde und daß das Allerheiligste, wo Jahwe in völliger Dunkelheit seinen Wohnsitz hatte, Fenster und damit Tageslicht erhielt. Aber dieser Hohepriester Menelaos, der die traditionelle Religion als rückständig und fortschrittsfeindlich anprangerte und sogar den uralten Ritus der Beschneidung verbieten ließ, war von Antiochus eingesetzt worden, und er gehörte nicht jener alten Familie an, die seit Generationen den Hohepriester gestellt hatte. Immerhin kam Menelaos aus der Priesterschaft, er war lange Zeit der engste Mitarbeiter seines Vorgängers, des von Antiochus abgesetzten Hohepriesters Jason, gewesen.

Und dies zeigt denn doch mit besonderer Eindringlichkeit, wie weit die Hellenisierung gehen konnte, welche Kraft, welche Ausstrahlung sogar auf Priester sie gehabt haben muß. Es ist wichtig, sich diesen Prozeß deutlich zu machen. Er spielt nämlich auch noch für Herodes eine sehr erhebliche Rolle. Denn auch Herodes war ein großer Verehrer des Griechentums. Er hat einmal viel Geld für Olympia gespendet und damit die Tradition der Olympischen Spiele in Griechenland gerettet. Und er hat sich – was noch zu zeigen sein wird – eigentlich immer als hellenistischer Herrscher gefühlt.

Aber zu seiner Zeit war es schon wieder sehr viel problematischer, sich zum Hellenismus zu bekennen. Denn inzwischen war das Hohepriestertum und mit ihm die alte jüdische Religion, das Gesetz Gottes, wieder erstarkt, ja, es hatte eine Macht erreicht wie kaum je zuvor. Das hing mit dem Ende des Großreichs Antiochus IV. zusammen, auf das wir hier noch kurz eingehen müssen.

Mit der gewaltsamen und zweifellos viel zu weit gehenden Hellenisierung unter Antiochus IV. von Syrien waren keineswegs alle Juden einverstanden. Die altgläubige Landbevölkerung, die am wirtschaftlichen Aufstieg des hellenisierten Besitzbürgertums keinen Anteil hatte, war mit der ganzen Entwicklung höchst unzufrieden. Aber auch unter den »Griechlingen« waren viele der Meinung, daß Antiochus mit der Einführung neuer religiöser Kulte die alte Tradition geschändet habe. So bildete sich eine allmählich wachsende Gegenbewegung. Ihre Führung übernahm ein alter Priester namens Mattathias aus der Familie Hasmon. Seine Nachkommen bildeten wenig später die Hasmonäer-Dynastie. Mattathias führte seine Anhänger, die sich Hassidim nannten, die »Frommen«, zum Aufstand. Das heißt, die Hassidim unter Mattathias und später unter dessen Söhnen Judas Makkabäus, Jonathan und Simon führten einen Guerillakrieg: Sie schwärmten bei Nacht in die Täler aus und überfielen Dörfer und Landstädte, wo sie die im Dienst der Syrer stehenden Verwaltungsbeamten und die mit ihnen sympathisierenden Juden niedermachten.

Allein hätte dieser Makkabäeraufstand gegen Antiochus wohl kaum jemals siegreich ausgehen können. Aber da Antiochus noch weitere und größere Schwierigkeiten hatte und am Euphrat gegen die Parther Krieg führen mußte, gelang es Makkabi und seinen Männern, einen Teil von Jerusalem zu erobern, und zwar jenen Teil, wo der Tempel stand. Sie restaurierten ihn, und im Jahre 164 v. Chr. wurde der alte Jahwe-Kult wiederhergestellt.

Es dauerte noch viele Jahre – Jahre harter, blutiger, wechselvoller Kämpfe, in denen Judas Makkabi sein Leben lassen mußte, bis sich die Syrer mit dem Sieg der Makkabäer abfanden. Kurz vor seinem Tode hatte Makkabi eine neu aufgekommene Weltmacht um Hilfe im Kampf gegen die Syrer gebeten: Rom, das in den folgenden Jahrhunderten im ganzen Gebiet zwischen Nildelta und Zweistromland die entscheidende Rolle spielen sollte. Die Römer hatten sich nach Makkabis Hilferuf zunächst nur an diplomatischen Beziehungen interessiert gezeigt. Jedenfalls intervenierten sie nicht, als die Syrer noch einmal versuchten, die Makkabäer niederzuschlagen. Aber in ihrer abwartenden Haltung waren sie für die Syrer dennoch ein Risikofaktor. Und letztlich ist es doch wohl ihnen zu danken, daß sich im Jahre 141 v. Chr. die letzte syrische Garnison aus Jerusalem vertreiben ließ.

Unmittelbar danach gründete Simon, einer der Söhne des Mattathias von Hasmon, die Dynastie der Hasmonäer, wobei die weltliche und die geistliche Gewalt in einer Person vereinigt wurden. Zwar kehrte nun doch noch einmal ein syrisches Heer nach Jerusalem zurück, belagerte die Stadt ein ganzes Jahr lang und eroberte sie dann. Aber nach einer entscheidenden Niederlage der Syrer in Medien (129 v. Chr.) blieb das einst so mächtige Seleukidenreich auf das Gebiet von Syrien beschränkt. Und nun waren die Juden unter der Führung der Hasmonäer wieder frei.

In den folgenden Jahren erweiterten sie ihr Land. Sie eroberten die Küstenstädte zurück und große Teile des Ostjordanlandes. Dabei zahlten sich die Kontakte aus, die Makkabi zu den Römern hergestellt hatte. Rom sah der Expansionspolitik der Juden wohlwollend zu, und als die Syrer Klage erhoben, wurde ihnen zu verstehen gegeben, daß diese Politik die volle Billigung des römischen Senats habe.

Die Expansionspolitik erfolgte während der langen Regierungszeit des Johannes Hyrkanos (135 bis 104). Er war Simon, dem Gründer der Hasmonäer-Dynastie, als Hohepriester gefolgt, nachdem dieser nach nur kurzer Regierungszeit ermordet worden war. Bei der Expansion gingen die Juden keineswegs zimperlich vor. Viele Besiegte wurden von ihren Besitzungen vertrieben, andere mit Gewalt zum Judentum bekehrt. Zu diesen gehörten damals auch die Idumäer, die uralten Widersacher der Juden, von denen wenige Jahrzehnte später Herodes kam, und die Samaritaner.

So entstand noch einmal ein jüdisches Reich, das in seiner Ausdehnung dem Reich Davids vergleichbar war. Ja, es übertraf im Küstenbereich sogar noch die Grenzen zur Zeit Davids. Dort, im Westen, gehörte jetzt mit Ausnahme von Askalon die gesamte Küstenebene dazu, deren sich die alten israelitischen Königreiche nie hatten bemächtigen können. Im Osten gehörten zum Staat weite Gebiete Transjordaniens, die Peräa genannt wurden. Und der Mittelteil bestand aus dem gesamten eigentlichen Palästina und den benachbarten Gebieten vom Meromsee im Norden bis hinunter zu den Grenzen Ägyptens. Jerusalem mit dem Tempel war wieder religiöser und politischer Mittelpunkt. Und die theokratische Ordnung war völlig wiederhergestellt; jetzt erreichte sie ihre reinste Form: Der Hohepriester war Regierungschef und geistliches Oberhaupt zugleich.

Es hätte also endlich einmal eine Zeit des ruhigen Ausbaus und der Erholung für die Juden kommen können. Aber dann zeigte es sich, daß dieses von dem Hasmonäer Johannes Hyrkanos und seinen Brüdern so rasch zusammeneroberte Reich keineswegs einheitlich war. Da gab es zum Beispiel noch griechische Städte, so Apollonia und Skythopolis, die nur einen kleinen jüdischen Bevölkerungsanteil hatten. Auch in Jerusalem gab es ein griechisches Viertel; achtzehn Jahre lang widerstanden seine Bewohner den Makkabäern, und sie wollten auch nach ihrer Kapitulation nicht sofort jüdisch sein. Ähnliches galt für die Samaritaner; auch sie leisteten der Assimilation zunächst noch Widerstand. Aber während sich diese Unterschiede im Jahrhundert nach dem Makkabäeraufstand doch allmählich abschliffen und sich schließlich eine ziemlich einheitliche Volkstumsgruppe bildete, kam es auf andere Weise zu gefährlichen Spannungen. Und zwar bildeten sich im Staat zwei Parteien.

Es begann damit, daß – wie eigentlich zu allen Zeiten in der hebräisch-jüdischen Geschichte – wieder einmal große Teile des Volkes mit den herrschenden Zuständen unzufrieden waren. Voller Unbehagen sahen viele die überwältigende Konzentration von Macht in der Person des Hohepriesters. Diese Hasmonäer-Dynastie war zwar mit Hilfe der armen Landbevölkerung, der Hassidim, der »Frommen«, an die Macht gekommen, fand aber dann ihre Stütze vor allem in der Priesterschaft und bei den Wohlhabenden. Dies war die eine Partei. Sie war zutiefst konservativ. Ihre Anhänger wurden Sadduzäer genannt. Diese Bezeichnung kam wahrscheinlich von dem Namen des Hohepriesters Zadok aus der Zeit des Königs David; sie knüpfte also bewußt an die alte Tradition der mosaischen Gesetze an.

Die Anhänger der anderen Partei, die Unzufriedenen, die noch vor kurzem als die »Frommen« bezeichnet worden waren, galten als Abgesonderte, Separatisten, Dissidenten, also nun gar als Religionslose, und man faßte sie zusammen unter dem Namen Pharisäer. Den Vorwurf der Religionslosigkeit machte man ihnen, weil sie sich die religiösen Gesetze der Thora nicht mehr von Angehörigen der Priesterklasse erklären und interpretieren ließen, sondern von volkstümlichen Lehrern, den »Rabbi«. Die rabbinische Bibelinterpretation, die jetzt entstand, war weniger schematisch als die der Tempelpriester; sie war lebensnäher, praktischer, großzügiger in der Auslegung. Zugleich jedoch brachte die rabbinische Lehre, die von den Priestern radikal abgelehnt wurde, einen ganz neuen Aspekt, der für die Zukunft entscheidend werden sollte. Das war die Vorstellung von der Unsterblichkeit der Seele und der Auferstehung der Toten für ein Weiterleben nach dem Tode. Diese Lehre, für die es nach Meinung der sadduzäischen Priester in der ganzen Bibel keinerlei Grundlage gab, setzte sich gerade in den ärmeren Bevölkerungsschichten rasch durch, da sie ihnen Trost gab für die Widerwärtigkeiten und Ungerechtigkeiten dieser Welt.

Doch konnte dieser Trost wiederum nicht so groß sein, daß er ihre Unzufriedenheit hätte ausgleichen können. Sie wurde im Gegenteil immer größer, zumal die Nachfolger des Johannes Hyrkanos, die sich nun nicht mehr nur Hohepriester, sondern auch Könige nannten (seit dem Jahre 105 v. Chr.), sich bald wie orientalische Despoten benahmen. Die Pharisäer warfen ihnen ganz öffentlich Machtmißbrauch vor und forderten sie auf, die weltliche und religiöse Macht wieder zu teilen, doch die

Regierenden antworteten lediglich mit vermehrter Strenge und Rücksichtslosigkeit. So kam es im Volk immer häufiger zu Unruhen und sogar zu Aufständen. Nicht immer konnten sie gleich erstickt werden, denn schon bald war man sich auch in der Hasmonäer-Familie nicht mehr einig. Im Palast kam es zu Intrigen und sogar zu Mord.

Im Jahre 76 v. Chr. ging die Erbfolge an eine Frau über, Salome Alexandra, die Witwe des Königs und Hohepriesters Alexander Jannai. Ihr Bruder stand der Pharisäer-Partei nahe, und unter seinem Einfluß kam Salome Alexandra der von den Pharisäern seit langem erhobenen Forderung nach, die weltliche und die religiöse Gewalt wieder zu teilen. Sie selbst konnte beide Gewalten ohnehin nicht behalten, da eine Frau nicht Hohepriester sein durfte. So wurde ihr ältester Sohn Hyrkanos zum Hohepriester berufen, und dessen jüngeren Bruder Aristobulos ernannte sie zum militärischen Befehlshaber. Sieben Jahre lang ging das gut, und Königin Salome Alexandra konnte auf diese Weise zwischen den rivalisierenden Parteien der Sadduzäer und Pharisäer ausgleichen. Aber als sie im Sterben lag, hielt Aristobulos sich nicht mehr an die Abmachungen, sondern setzte sich auf den Thron seiner Mutter, und nach ihrem Tode ging er mit militärischer Gewalt gegen seinen Bruder, den Hohepriester Hyrkanos, vor, weil Hyrkanos als der ältere den Thron beanspruchte. Hyrkanos unterlag und mußte seinen jüngeren Bruder als König anerkennen. Doch offenbar wollte er seine Ansprüche nicht so leicht aufgeben, jedenfalls floh er außer Landes und bat die nabatäischen Araber unter ihrem König Aretas um Hilfe, die ihm auch zugesagt wurde. Aretas fiel in Palästina ein und belagerte Jerusalem.

Noch bevor dort etwas Entscheidendes geschah, wurde in dem jüdischen Thronstreit noch eine zweite ausländische Macht zu Hilfe gerufen, nämlich Rom. Diese Möglichkeit bot sich gerade an, denn eine starke römische Streitmacht unter dem Feldherrn und Oberbefehlshaber Ost, Gnäus Pompeius, stand ganz in der Nähe. Pompeius, der im Jahre 67 das östliche Mittelmeer von den immer lästiger werdenden Seeräubern, von denen einmal der junge Cäsar gefangen worden war und dann ausgelöst werden mußte, gesäubert hatte, war vom römischen Senat beauftragt worden, auch in Asien für Ordnung zu sorgen und den dritten Mithridatischen Krieg zu einem Ende zu bringen. Nach ersten Erfolgen in Kämpfen gegen Mithridates, die ihn bis in den Kaukasus zwangen, stand er nun in Syrien. Dorthin schickten die verfeindeten Hasmonäer-Brüder Delegationen mit Geschenken zu ihm, und beide baten ihn um Hilfe. Pompeius hat nach einigem Zögern wirklich interveniert, und zwar letztlich zugunsten des Hyrkanos.

Durch die römische Intervention begann in der jüdischen Geschichte ein neuer Abschnitt. Die kleinlichen Thronstreitereien wurden beendet, aber nun wurde das Land der Juden römische Provinz. Und damit begann zugleich das Zeitalter Herodes' des Großen.

III. Kapitel
Freundschaft mit den Römern

Cäsar verleiht dem Vater des Herodes das römische Bürgerrecht · Der fünfundzwanzigjährige Herodes wird Statthalter von Galiläa und läßt eine »Räubergruppe« hinrichten · Als Angeklagter vor dem obersten jüdischen Gericht · Flucht nach Damaskus · Die Ermordung Cäsars wirkt sich auf Palästina aus · Herodes' Verlobung mit der Hasmonäerin Mariamme: sein größter Fehler oder der erste Schritt zur Königsherrschaft? · Herodes gewinnt den Römer Antonius für sich

Herodes war zehn Jahre alt, als der Hasmonäer-Staat – und damit ja auch seine Heimat – dem römischen Weltreich angegliedert wurde. Ob es ihn berührte, wissen wir nicht, da aus seiner Kindheit so gut wie nichts bekannt ist. Aber daß diese weltgeschichtlich bedeutsame Entscheidung von ihm gar nicht bemerkt worden wäre, ist unwahrscheinlich. Denn immerhin war es sein Vater, Antipatros, der am Zustandekommen der römischen Intervention einen wesentlichen Anteil hatte.

Antipatros war königlicher Statthalter seiner Heimatprovinz Idumäa, jenes Landes also, das erst ein halbes Jahrhundert zuvor von den Juden erobert und dessen Bevölkerung dann gewaltsam zum Judentum bekehrt worden war. Auf diesem Posten war Antipatros seinem Vater Antipas gefolgt, und Antipas war dort von dem König und Hohepriester Alexander Jannai eingesetzt worden. Es scheint, als habe sich Antipatros nach dem Tode der

Königin Salome Alexandra auf seinem Posten nicht mehr sicher gefühlt, sondern gefürchtet, von Aristobulos abgesetzt zu werden. Jedenfalls hielt er sich in dieser Zeit mehr an Aristobulos' Bruder Hyrkanos und wurde zu dessen engstem Vertrauten und Ratgeber. Ohne Antipatros hätte Hyrkanos seine Ansprüche auf den Thron vermutlich schon nach der ersten Niederlage, die Aristobulos ihm beibrachte, für immer aufgegeben. Aber Antipatros machte ihm wieder Mut.

Er begleitete Hyrkanos auch zu Pompeius nach Damaskus. Und er brachte dorthin – so heißt es bei Josephus – mehr als tausend, das meint eine große Anzahl, der vornehmsten Juden mit, die die Aussagen des Hyrkanos bestätigten. Hyrkanos klagte seinen Bruder Aristobulos bei Pompeius nicht nur an, weil er ihm, dem Älteren, mit Gewalt sein Erbe genommen hatte, sondern er beschuldigte ihn darüber hinaus, für die Seeräubereien vor der östlichen Mittelmeerküste verantwortlich zu sein, Raubüberfälle in benachbarte Länder unternommen zu haben und daheim »gewalttätig und tyrannisch« zu regieren. Das war es, was Antipatros' Zeugen bestätigen konnten.

Aristobulos, der ebenfalls anwesend war, verteidigte sich, er habe die Regierung nur deswegen selbst in die Hand genommen und seinen Bruder von der Herrschaft ausgeschlossen, weil der »zu träge sei und sich kein Ansehen zu verschaffen wisse«. Im übrigen führe er die Regierungsgeschäfte nicht anders als zuvor sein Vater. Aber, heißt es nun bei Josephus in den ›Jüdischen Altertümern‹ (14,3,2): »Als Zeugen dafür rief er einige stutzerhaft gekleidete Jünglinge auf, deren Purpurkleider, Haarschmuck und sonstiger lächerlicher Putz Anstoß erregten, da sie nicht aussahen, als wenn sie vor Gericht, sondern als wenn sie bei einem prunkvollen Aufzuge hätten erscheinen sollen.«

Antipatros, dessen Zeugen den weitaus besseren Eindruck gemacht hatten, blieb auch in der Folgezeit, nachdem die Römer Jerusalem und das ganze jüdische Reich besetzt und neu geordnet hatten, der Ratgeber des Hyrkanos, ja, er war der entscheidende Mann im Hintergrund. Daß Pompeius sich schließlich ganz und gar gegen Aristobulos entschied und ihn und seine Familie sogar als Gefangene mit nach Rom nahm, als er sich mit seinen Truppen aus dem Osten wieder zurückzog, war nun jedoch keineswegs auf Antipatros' geschicktes Auftreten in Damaskus zurückzuführen, sondern darauf, daß Aristobulos sich den Römern gegenüber zwiespältig verhielt.

Nachdem Pompeius Jerusalem eingenommen hatte, wobei er sich bei seinem Besuch des Tempels gewundert haben soll, daß dort keine Götterstatuen standen, beendete er die Unabhängigkeit der Hasmonäer-Dynastie und verkleinerte das jüdische Reich um einen Teil jener Gebiete, die in den vergangenen Jahrzehnten von den Juden erobert worden waren. Die ganze Küstenebene mit ihrer Kette von Hafenstädten kam zusammen mit Samaria und Skythopolis an die neue römische Provinz Syrien. Vom Hasmonäer-Reich blieben jetzt nur die Gebiete Judäa, Idumäa, Galiläa und Peräa übrig. Davon bildeten nur Judäa, das Land um Jerusalem, das südlich anschließende Idumäa und das auf der Ostseite des Jordans liegende Peräa eine territoriale Einheit; das im Norden an den See Genezareth grenzende Galiläa war von diesem größeren Teil des Landes durch das dazwischenliegende Samaria getrennt. Diese Territorien beließ Pompeius unter der Herrschaft des Hohepriesters Hyrkanos, der aber nicht den Königstitel führen durfte. Hyrkanos regierte das Land als tributpflichtiger Untertan Roms.

Ihm zur Seite stand als zweitmächtigster Mann Antipatros, der Vater des Herodes. Die ersten Jahre unter römischer Oberhoheit waren für sie nicht leicht. Mehrmals kam es zu Unruhen und Aufständen, die zum Teil von den aus Rom geflohenen Söhnen des Aristobulos initiiert wurden. Andere Aufstände entstanden dadurch, daß die Römer aus der Bevölkerung Geld herauszupressen versuchten. Im Jahre 53 kam der römische Prokonsul Crassus nach Jerusalem und nahm dort – wie Josephus berichtet – für seinen Feldzug gegen die Parther aus dem Tempel »das ganze Gold, auch die 2000 Talente, die Pompeius nicht angerührt hatte«, weg. Pompeius hatte sich im Tempel nur alles angesehen, »Leuchter samt Lampen, Tisch und Opferschalen und Räuchergefäße, alles ganz aus Gold, große

Vorräte an Räucherwerk und den heiligen Schatz, an 2000 Talente; weder diesen noch etwas anderes von den heiligen Kostbarkeiten rührte er jedoch an; im Gegenteil, er gebot am ersten Tag nach der Eroberung den am Tempel Bediensteten, das Heiligtum zu reinigen und die gewohnten Opfer darzubringen.« Crassus aber nahm alles mit. Und deswegen kam es zu einem Aufstand, der sich über mehrere Jahre hinzog. In dieser schwierigen Zeit hat Antipatros den Hyrkanos immer wieder überredet, sich den Römern gegenüber loyal zu verhalten.

An der römerfreundlichen Politik hielten Hyrkanos und Antipatros auch dann noch fest, als es in Rom zum Bürgerkrieg kam, indem Cäsar mit seiner Armee von Gallien nach Italien eindrang, den Rubikon überschritt und nach Rom marschierte, wo ein Teil des Senats und Pompeius vor ihm flohen. In diesem Konflikt zwischen Cäsar und Pompeius, der schließlich zu einem wesentlichen Teil im Osten ausgetragen wurde, gelang es Antipatros, für sich und die Juden jeweils die Gunst der im Moment überlegenen Partei zu gewinnen.

Dazu gehörte viel Geschick, auch Glück. Denn die Situation und der Ausgang des Konflikts waren ja keineswegs klar. Fast wäre die Lage für Hyrkanos und Antipatros noch dadurch erschwert worden, daß Cäsar in Rom dem von Pompeius gefangengehaltenen Aristobulos die Freiheit schenkte und ihn mit zwei Legionen ausrüstete, mit denen Aristobulos nach Syrien sollte, um dort gegen die Anhänger des Pompeius zu kämpfen. Bestimmt hätte Aristobulos sofort versucht, mit den römischen Legionen gegen seinen Bruder Hyrkanos zu marschieren. Aber – zum Glück für Hyrkanos und Antipatros – wurde Aristobulos noch in Rom von Freunden des Pompeius umgebracht.

Antipatros hatte außerdem das Glück, am Ende rechtzeitig auf den Sieger im römischen Bürgerkrieg zu setzen, also auf Cäsar, der den flüchtigen Pompeius bis nach Ägypten verfolgte. Dabei wurde Cäsar von Antipatros militärisch unterstützt. Und Hyrkanos sorgte als Hohepriester dafür, daß auch die jüdischen Gemeinden im Nildelta sich Cäsar gegenüber loyal verhielten.

Cäsar hat sich für diese Hilfe dankbar gezeigt. Den Hyrkanos bestätigte er in seinem Amt als Hohepriester, während er dem Antipatros das römische Bürgerrecht und den Namen Julius verlieh, den nach ihm auch seine Söhne, Enkel und Urenkel tragen durften. Und als einige Zeit später der Sohn des Aristobulos, Antigonos, bei Cäsar erschien, um Ansprüche auf den Thron Judäas anzumelden, wies er ihn ab. Bei dieser Gelegenheit bestätigte er Hyrkanos erneut als Hohepriester und gestand ihm zugleich einen Teil politischer Rechte zu, indem er ihn zum »Ethnarchen« ernannte, zum Herrscher über das Volk. Es ist allerdings unklar, wie weit die Rechte des Ethnarchen gingen; möglicherweise war das nicht viel mehr als eine Titelverleihung, und von da an wird Hyrkanos bei Josephus oft sogar als »König« bezeichnet. Aber die eigentliche Macht übertrug Cäsar dem Antipatros. Josephus sagt sogar, Cäsar habe ihm jede gewünschte Machtbefugnis gegeben, was wohl bedeutet, daß Antipatros innerhalb des gegebenen Rahmens ein Amt wählen durfte. Da er das jedoch nicht tat, ernannte Cäsar ihn zum »Epitropos« von Judäa, was wohl am besten mit dem Wort »Sachwalter« zu übersetzen ist. Klar umrissen war dieses Wort keineswegs, doch eben dies dürfte Antipatros angenehm gewesen sein; denn so konnte er sich um alles kümmern und sich in alles einmischen. Und dies stets im Namen des Hyrkanos.

Nichts deutet übrigens darauf hin, daß Antipatros beabsichtigt oder auch nur mit dem Gedanken gespielt haben könnte, sich selbst an die Stelle des Hasmonäers zu setzen. Seine Stellung als Hauptratgeber des Hohepriesters scheint ihm durchaus genügt zu haben. Allerdings war sie ja praktisch die höchste Machtposition, denn Hyrkanos war wirklich, wie sein Bruder Aristobulos einst vor Pompeius gesagt hatte, ziemlich träge. Deswegen erscheint es als durchaus natürlich, daß Antipatros immer mächtiger wurde, was indessen vielen schon bald nicht mehr behagte, zumal seine Position – Antipatros scheint zugleich Steuerpächter gewesen zu sein – mit dem Erwerb von Reichtum verbunden war. Es kam schließlich für ihn darauf an, seine Stellung zu festigen.

Dies tat er, indem er im Jahre 47 v. Chr. seinen beiden ältesten Söhnen, Phasael und Herodes, wichtige Ämter übertrug. Phasael machte er zum Gouverneur von Jerusalem, den jüngeren Herodes zum Statthalter von Galiläa. Wie bereits gesagt, war Herodes fünfundzwanzig Jahre alt, als ihm dieser wichtige Posten anvertraut wurde. Daß er dort nicht etwa zur Erholung sitzen konnte, war von vornherein klar. In Galiläa hielten sich noch immer viele Anhänger des Hasmonäers Aristobulos und seiner Söhne auf und bildeten Widerstandsgruppen gegen die Regierung des Hyrkanos und des Antipatros.

Eine solche Gruppe hat Herodes gleich zu Beginn seiner neuen Tätigkeit aufgebracht. Nach der Darstellung des Flavius Josephus hat es sich dabei zwar nur um eine »Räuberbande« unter dem »Räuberhauptmann« Ezechias gehandelt, aber die andere Deutung ist wahrscheinlicher. Wichtig ist zunächst, daß Herodes hart und rücksichtslos durchgriff. Er machte kurzen Prozeß und ließ die ganze Gruppe einfach hinrichten.

Über die Hinrichtung zeigten sich vor allem die benachbarten Syrer erfreut, weniger die Juden: »Wegen dieser Tat hielten ihn die Syrer in hohen Ehren«, heißt es bei Josephus; »hatte er ihnen doch das Land gesäubert, das sie so sehr von den Räubern befreit zu sehen wünschten. In Stadt und Dorf feierte man ihn, weil er Frieden und Sicherheit geschaffen hatte. So kam es, daß er auch dem Sextus Cäsar, einem Verwandten des großen Cäsar und Landpfleger in Syrien, bekannt wurde.«

Von Anerkennung seitens der Juden aber ist nicht die Rede. Sie sahen die Sache offenbar anders. Vor allem die konservativen Kreise in Jerusalem und die Angehörigen der Hingerichteten zeigten sich besorgt. Und dies macht es wahrscheinlich, daß es sich bei den Hingerichteten doch nicht nur um Räuber, sondern um politische Gegner handelte, die mit der romfreundlichen Haltung der Regierung nicht einverstanden waren. Wie es wirklich war, läßt sich heute mit Sicherheit indessen kaum noch sagen.

Fest steht, daß sich auch die Mitglieder des Synedrion, des obersten jüdischen Gerichts, von Herodes düpiert, ja übergangen fühlten; ohne sie durften Todesurteile nicht gefällt werden. Sie und viele andere meinten, daß der alten Ordnung wieder einmal Gefahr drohte, und zwar diesmal von Antipatros und seinen Söhnen. Deswegen gingen sie zu Hyrkanos und klagten (›Jüdische Altertümer‹ XIV, 9,4):

»Wie lange willst du denn noch ruhig zusehen? Merkst du nicht, daß Antipatros und seine Söhne alle Gewalt in Händen haben und dir selbst nur noch den Namen eines Königs lassen? Du darfst hiergegen nicht blind sein, noch dich selbst außer Gefahr wähnen, wenn du so leichtsinnig an dir und dem Reiche handelst. Denn nicht deine Verwalter sind Antipatros und seine Söhne, wie du dir vielleicht trügerischerweise einredest, sondern sie werden für die wirklichen Herrscher gehalten. Herodes hat zudem den Ezechias und dessen Genossen in durchaus gesetzwidriger Weise hinrichten lassen. Denn das Gesetz verbietet ausdrücklich, einen wenn auch noch so verbrecherischen Menschen umbringen zu lassen, ehe er vom Synedrion zum Tode verurteilt ist. Und doch hat Herodes das ohne deine Ermächtigung gewagt.«

Die Klage war nicht unberechtigt. Tatsächlich lag die Gerichtsbarkeit seit eh und je beim Synedrion. Erst später wurde sie ihm entzogen und den römischen Prokuratoren übertragen, und bisher hatte offenbar niemand das alte Vorrecht des Synedrion angetastet. Für die Konservativen, die Gesetzestreuen, war das ein ungeheuerlicher Vorgang, und daß diese Mißachtung des obersten Gerichts von einem Mitglied jener Familie kam, die ohnehin schon so viel Macht gewonnen hatte, einer Familie von Nichtpriestern und Halbjuden, ließ alles weitaus schlimmer erscheinen. Im ›Jüdischen Krieg‹ meint Josephus, daß dabei auch und vor allem der Neid eine große Rolle spielte: »Wenn man Erfolg hat, ist es eben unmöglich, dem Neid zu entgehen«, und weiter schrieb er, daß zahlreiche Neider am Hofe gegen Antipatros und seine Söhne hetzten, weil sie erfolgreich waren.

Was eigentlich der junge Herodes gedacht haben mag, als er Ezechias und seine Gruppe (über deren Größe es keine Zahlenangaben gibt) auf eigene Faust hinrichten ließ, weiß man nicht. Der Historiker Abraham Schalit meint, Herodes habe sich auf den Rechtsstandpunkt eines römischen Beamten gestellt, indem er etwa folgendermaßen dachte: Er, Herodes, hatte sein Amt vom Vater bekommen, der seinerseits sein Amt nicht vom Hohepriester Hyrkanos und nicht vom Synedrion, sondern von Julius Cäsar erhalten hatte; folglich konnte Herodes glauben, als Statthalter von Galiläa niemand anderem Rechenschaft schuldig zu sein als dem Legaten Julius Cäsars, also dem römischen Statthalter von Syrien, Sextus Cäsar. An Sextus Cäsar hat sich Herodes in der nächsten Zeit, als er Hilfe brauchte, auch wirklich gehalten. Das spricht für die Ansicht Schalits.

Andererseits jedoch ist zu bedenken, daß Herodes damit einen eigentlich recht eigenwilligen Standpunkt eingenommen haben würde, der sich von der Grundeinstellung seines Vaters wesentlich unterschied. Antipatros selbst hat sich nie gegen die Interessen des Hyrkanos und schon gar nicht gegen die Vorrechte des Synedrion gestellt. Da nun Herodes eng mit seinem Vater zusammengearbeitet haben dürfte – auf jeden Fall ist überliefert, daß er seinen Vater sehr schätzte, ja verehrte –, hat er wahrscheinlich auch in dessen Rechtsvorstellungen gehandelt.

Vielleicht war sein Entschluß, die Gefangenen hinrichten zu lassen, einfach nur unüberlegt. Vielleicht hat er in ihnen wirklich nur eine Räuberbande gesehen, wie es sie in jenen unsicheren und noch weithin ungeordneten Zeiten ja tatsächlich gegeben hat. Wie oder was der junge Herodes, der sich auf seinem neuen Posten erst einmal bewähren wollte, indem er Ordnung und Sicherheit herstellte, gedacht hat, ist heute kaum noch herauszufinden. Dafür ist aus seiner Jugend zu wenig bekannt. Wir wissen nicht, wie er erzogen wurde, welchen Bildungsstand er hatte. Eine Bemerkung des Josephus zeigt, daß er in jungen Jahren sehr sportlich und kräftig gewesen sein muß. Jedenfalls heißt es im ›Jüdischen Krieg‹ (I, 21,13) noch von dem Erwachsenen:

»Er verfügte über einen Leib, der seiner Seele entsprach; stets war er ein ausgezeichneter Jäger, dabei kam ihm seine Fertigkeit im Reiten in hohem Maße zustatten. So erlegte er einmal an einem einzigen Tage vierzig Stück Wild. Das Land hegt ja auch Schweine, vor allem aber ist es an Hirschen und Wildeseln reich. Als Krieger war er unüberwindlich. Auch schon bei den Wettspielen waren viele betroffen, wenn sie ihn sahen, wie sicher er den Speer warf und wie glücklich er als Bogenschütze sein Ziel traf.«

Vermutlich wurden Herodes und seine Brüder – Antipatros und seine arabische Frau Kypros hatten vier Söhne und eine Tochter – zusammen mit anderen Söhnen der herrschenden Kreise erzogen, was durch die hohe und vertraute Stellung Antipatros' bei Hyrkanos wahrscheinlich ist. Herodes scheint dem Hyrkanos früh aufgefallen zu sein, und zwar in positivem Sinne. Er wurde dessen erklärter Liebling. Allerdings hat Herodes keineswegs seine ganze Kindheit in Jerusalem bei Hofe verbracht, sondern kam dorthin wohl nur zeitweise, vielleicht ein oder das andere Mal für ein Jahr. Denn Antipatros lebte mit seiner Familie meistens in Galiläa.

Im Jahre 67 v. Chr., als die Auseinandersetzung der Hasmonäer-Brüder Hyrkanos und Aristobulos zum Bürgerkrieg führte, schickte Antipatros seine Frau mit den Kindern nach Petra, der nabatäischen Hauptstadt, wo die Familie der Kypros zu Hause war. In Nabatäa galten die Kinder des Antipatros als Juden, in Jerusalem als Halbjuden. Und Samuel Sandmel meint: »Es wäre denkbar, daß diese Ausnahmestellung jenes starke Familienbewußtsein entwickelte, das wir später bei Herodes und seinen Geschwistern beobachten können und bei dem es sich wahrscheinlich um mehr als bloße Solidarität handelte. Die gegenseitige Zuneigung der Kinder Antipatros' war grenzenlos wie ihre Fürsorge füreinander; auch ließen sie sich voneinander alles sagen.«

Daß Herodes schon in seiner Jugend mit griechischem Bildungsgut in Berührung kam, ist nicht sicher. Es ist sogar eher unwahrscheinlich, denn in jene Zeit fiel ja der Gegenschlag gegen die Hellenisierungstendenzen. Und es sieht eher so aus, als habe sein Hofhistoriker, Nikolaos von Damaskus, ihn erst in späteren Jahren in das – so sagte er selbst – Studium der Philosophie, der

Rhetorik und der Geschichte eingeführt. Vermutlich hat Herodes auch erst später Griechisch gelernt. Von Haus aus dürfte er Aramäisch gesprochen haben, das zu jener Zeit die Umgangssprache war und das Hebräische weitgehend verdrängt hatte. Hebräisch spielte jedoch als Schriftsprache bei den Gelehrten und den Priestern eine entscheidende Rolle. Ob Herodes es beherrschte, ob er also die Thora in der Originalsprache lesen konnte, ist nicht bekannt. Ebensowenig weiß man, ob Herodes jüdisch erzogen wurde, ob er sich in jungen Jahren mit dem Judentum identifizierte, oder ob da von Anfang an eine Kluft bestand.

Diese und viele andere Fragen anläßlich des ersten politischen Auftritts von Herodes bleiben ebenso offen wie die Ausgangsfrage nach dem Grund seines Verhaltens gegenüber Ezechias und dessen Genossen. Vielleicht war es doch nur jugendlicher Leichtsinn. Manche haben das offenbar so gesehen, und einmal, in den ›Jüdischen Altertümern‹, scheint auch Josephus dieser Ansicht zuzuneigen. Da sagt er nämlich, Herodes sei damals »noch sehr jung«, und zwar erst fünfzehn Jahre alt gewesen. In Wahrheit war er zehn Jahre älter und schon verheiratet, was indessen jugendlichen Leichtsinn keineswegs ausschließt.

Möglicherweise wollte auch Hyrkanos die Sache unter diesem Aspekt auf sich beruhen lassen. Zumindest sieht es nicht so aus, als ob er von sich aus irgend etwas gegen Herodes unternommen haben würde. Erst unter dem massiven Druck des Synedrion und jener Kreise, die der Sadduzäer-Partei nahestanden, nicht zuletzt auch deswegen, weil die Mütter der Hingerichteten Tag für Tag im Tempel gegen Herodes klagten, befahl er Herodes, sich vor dem Synedrion zu verantworten. Auch Antipatros sah keinen anderen Ausweg für seinen Sohn. Aber weil in diesem Fall ein Prozeß vor dem Synedrion nicht ungefährlich war, da die Anklage nur auf Mord lauten konnte und eine einfache Mehrheit der einundsiebzig Synedrion-Mitglieder für einen Schuldspruch ausgereicht hätte, gab Antipatros seinem Sohn insgeheim den Rat, nicht ohne Leibwache nach Jerusalem zu kommen.

Herodes befolgte den Rat seines Vaters. Zuvor jedoch traf er noch eine weitere Sicherheitsmaßnahme. Und zwar setzte er sich mit Sextus Cäsar in Verbindung, dem römischen Statthalter von Syrien, der über die Ausschaltung der Ezechias-Bande so froh gewesen war. Sextus schickte einen Brief an Hyrkanos mit dem ausdrücklichen Befehl, Herodes von der Anklage des Mordes freizusprechen. In den ›Jüdischen Altertümern‹ schrieb Josephus später: »Dem Hyrkanos bot dieses Schreiben einen erwünschten Vorwand, den Herodes, den er wie einen Sohn liebte, zu entlassen, ohne daß das Synedrion eine Strafe über ihn verhängte.«

Aber zunächst mußte Herodes vor dem Synedrion überhaupt erst einmal erscheinen, und das hat Josephus so geschildert (J. A. XIV, 9,4): »Als nun Herodes sich mit seiner Bedeckung vor dem Synedrion stellte, erzitterte alles, und keiner seiner Ankläger, die ihn vorher geschmäht hatten, wußte etwas vorzubringen, sondern es herrschte tiefes Schweigen. Dann aber erhob sich der gerechte und deswegen über alle Furcht erhabene Sameas und sprach: ›Weder habe ich selbst jemals einen Menschen gesehen, o König und ihr Richter, noch glaube ich, daß ihr mir einen nennen könnt, der so als Angeklagter vor euch aufzutreten gewagt hätte. Wer sonst vor den Gerichtshof des Hohen Rates kam, erschien in demütiger und zaghafter Haltung, als wenn er unser Mitleid herausforderte, mit lang herabhängendem Haar und in schwarzem Kleide. Unser Freund Herodes aber, der des Mordes beschuldigt und eines so schweren Verbrechens angeklagt ist, steht da in Purpur, mit geschniegeltem Haupthaar und von Bewaffneten umgeben, um uns, wenn wir ihn dem Gesetze gemäß verurteilen, niederzumachen und alles Recht zu verhöhnen. Doch ich will Herodes keinen Vorwurf daraus machen, daß er mehr auf seinen Vorteil als auf die Gesetze achtet. Euch vielmehr und den König muß ich tadeln, daß ihr euch so etwas bieten laßt. Denkt aber daran, daß es einen allmächtigen Gott gibt, und daß der, den ihr jetzt dem Hyrkanos zu Gefallen freisprechen wollt, einst euch und den König züchtigen wird.‹ . . . «

Ob diese Rede nun wirklich so gehalten wurde oder nur eine

literarische Ausschmückung ist, mag dahingestellt bleiben. Fest steht, daß sich schließlich im Synedrion gegen Herodes eine Mehrheit abzuzeichnen begann. Daraufhin hat Hyrkanos eingegriffen. »Als Hyrkanos merkte«, schreibt Josephus weiter, »daß die Mitglieder des Synedrion den Herodes zum Tode verurteilen wollten, verschob er die Gerichtsverhandlung auf den folgenden Tag und ließ dem Angeklagten heimlich den Rat geben, er solle sich aus der Stadt fortmachen und so der Gefahr aus dem Wege gehen.«

Herodes floh nach Damaskus zu Sextus Cäsar. Dort trat er in römische Dienste, indem er gegen Geld einen Posten in der syrischen Provinzialverwaltung erwarb. Bei Josephus heißt es, er sei als Landpfleger von Coelesyrien und Samaria eingesetzt worden. Aber diese Angabe ist mit Vorsicht aufzunehmen. In Wahrheit dürfte der Posten, den Sextus ihm gab, bescheidener gewesen sein.

Über das Verhalten des Synedrion, auch das des Hyrkanos, hat Herodes sich offenbar sehr geärgert. Er fühlte sich gekränkt. In der Herodes-Literatur ist es oft so dargestellt worden, als habe Herodes eigentlich dankbar sein müssen, weil er mit dem Leben davongekommen war. Herodes sah das sicher anders. Immerhin hatte er ja aufgrund des Schreibens von Sextus Cäsar an Hyrkanos mit einem Freispruch rechnen können. Statt dessen hatte er fliehen müssen. Das bedeutete – zumindest für den Augenblick – nicht weniger als das Ende seiner eben noch so glänzenden Karriere. Überdies war die ganze Geschichte jetzt noch keineswegs abgeschlossen; Herodes konnte jederzeit erneut vor das Synedrion zitiert und dann möglicherweise doch noch zum Tode verurteilt werden. Und dies alles als bitteren Lohn dafür, daß er in Galiläa für Ordnung zu sorgen versucht hatte.

Inzwischen erhoben sich in Jerusalem wieder viele Stimmen gegen ihn, was ihm natürlich nicht verborgen blieb. Deswegen erklärte er schon prophylaktisch, einer nochmaligen Vorladung des Synedrion nicht mehr Folge leisten zu wollen, wodurch er die Situation seinerseits verschärfte. Denn, sagt Josephus,

»hierüber entrüsteten sich die Mitglieder des Hohen Rates und suchten dem Hyrkanos begreiflich zu machen, daß er sein eigenes Interesse verkenne«, und an anderer Stelle (J. K. I, 10,8): »Und wiederum suchten die Ränkeschmiede den Hyrkanos aufzureizen; sie sagten, Herodes sei im Zorn geschieden und rüste gegen ihn.«

Das war nun nicht etwa aus der Luft gegriffen. Wirklich marschierte Herodes im Jahr 46 v. Chr. mit Truppen, die ihm als Strategen von Coelesyrien unterstanden, und mit Erlaubnis des Sextus Cäsar gegen Jerusalem, um seine Feinde zu strafen. Und zu diesen zählte er jetzt auch Hyrkanos. Er kam bis vor die Stadt. Da aber gingen sein Vater und sein Bruder Phasael zu ihm und überredeten ihn zum Abzug. Sie »hielten ihn von einem Angriff auf Jerusalem ab«, heißt es bei Josephus in den ›Jüdischen Altertümern‹ (XIV, 10,5) und ganz ähnlich im ›Jüdischen Krieg‹, »beschwichtigten seinen Groll und baten ihn, nichts Feindseliges zu unternehmen und den König, durch dessen Güte er doch zu seiner Würde gelangt sei, mit dem bloßen Schrecken davonkommen zu lassen. Wenn er sich darüber entrüste, daß man ihn vor Gericht geladen habe, so müsse er doch auch bedenken, daß er entkommen sei, und er solle sich für seine Rettung dankbar erweisen, statt sich durch Gewalttätigkeiten unerkenntlich zu zeigen. Auch solle er erwägen, daß Gott die Wechselfälle des Krieges lenke, so daß der Ausgang seines Feldzugs unsicher sei und er auf den Sieg nicht rechnen könne, wenn er den ihm befreundeten König angreife, der ihm nur Wohltaten erwiesen und nicht das Geringste gegen ihn verbrochen habe ... «

Herodes hörte auf diese Vorhaltungen. Er ließ sich »erweichen«, sagt Josephus, und er »hielt seine Zukunftspläne schon hinreichend dadurch gefördert, daß er dem Volke wenigstens seine Macht gezeigt habe«. Von irgendwelchen Beschwerden gegen ihn war nun nicht mehr die Rede, schon gar nicht von einer neuerlichen Anklage vor dem Synedrion. Offenbar war Herodes – zusammen mit seinem Vater und seinem Bruder Phasael, vor allem aber mit dem Römer Sextus Cäsar hinter sich – schon zu stark geworden.

Allerdings bahnten sich eben zu jener Zeit wichtige politische Veränderungen an, die das Interesse der Juden von innenpolitischen Machtfragen auf die außenpolitischen Verhältnisse lenkte. In Syrien flammte der alte Streit zwischen Anhängern Cäsars und den Pompejanern noch einmal auf. Und zwar wurde der römische Statthalter Sextus Cäsar von dem Pompeius-Freund Cäcilius Bassus ermordet, worauf die cäsartreuen Offiziere gegen Bassus vorgingen. Antipatros unterstützte sie, um wieder einmal seine Loyalität gegenüber Cäsar unter Beweis zu stellen. Das geschah sicherlich im Einverständnis mit Hyrkanos und wohl auch der Mehrheit der Bevölkerung. Denn Cäsar galt als Wohltäter der Juden. Nicht nur hatte er ja Hyrkanos in seinem Amt als Hohepriester bestätigt, er hatte auch erlaubt, daß die von Pompeius zerstörten Befestigungsanlagen von Jerusalem wiederaufgebaut wurden, und vor allem hatte er die Juden – und zwar in mehreren Erlassen – von besonderen Leistungen und Abgaben befreit:

»Kein Beamter, Feldherr oder Legat darf im Gebiet der Juden Hilfstruppen ausheben, noch ist es den Soldaten erlaubt, von den Juden Geld, sei es für Überwinterung, sei es unter irgendeinem anderen Vorwand, einzutreiben; dieselben sollen vielmehr von allen Plackereien verschont bleiben. Alles, was sie in der Zukunft besitzen, kaufen oder sonstwie erwerben werden, bleibt in ihrem ungestörten Besitz.« (Josephus, J. A. XIV, 10,6)

Der Krieg in Syrien zwischen Pompejanern und Cäsar-Anhängern, an dem Antipatros' Söhne mit ihren Truppen auf seiten der letzteren teilnahmen, zog sich hin. Im März 44 v. Chr. kam es zu einer Wende. Da wurde in Rom Gaius Julius Cäsar ermordet. Einer der Cäsar-Mörder, Cassius Longinus, kam nach Syrien, wo es ihm gelang, die römischen Truppen geschlossen hinter sich zu bringen. Aber dann brauchte Cassius Geld, um die Truppen weiterhin unterhalten zu können. Deswegen zwang er die Einwohner von Syrien, aber auch die Juden, die unter Cäsar von Abgaben befreit gewesen waren, zu entsprechenden Zahlungen. Judäa sollte siebenhundert Talente aufbringen; das entsprach gut achtzehn Tonnen Silber – für das kleine, verarmte

Land eine gewaltige Summe. Aber sie mußte beschafft werden. Für die Eintreibung des Geldes war eigentlich Hyrkanos verantwortlich, der dies jedoch, wie ja auch alle anderen politischen Geschäfte, Antipatros überließ. Antipatros setzte dafür seine Söhne ein und einen gewissen Malichus, einen alten Freund und Kampfgenossen des Hyrkanos. Als erster hatte Herodes seinen Anteil zusammen; er »hielt es nämlich« – meint Josephus in den ›Jüdischen Altertümern‹ (XIV, 11,2) – »für klug, den Römern diesen Dienst zu erweisen und sich ihr Wohlwollen auf fremde Kosten zu erringen«.

Die Unterstellung, Herodes habe sich auf diese Weise die Gunst des Römers erkaufen wollen, mag die Wahrheit treffen, doch darf die einzige mögliche Alternative mit den sich aus ihr ergebenden Konsequenzen dabei nicht außer acht gelassen werden. Als vier judäische Städte die Zahlung verzögerten beziehungsweise verweigerten, hat Cassius sie hart bestraft, indem er ihre männlichen Bewohner in die Sklaverei verkaufte. Dies geschah mit den Städten Gophna, Emmaus, Lydda und Thamma. Und als Malichus seinen Anteil nicht schnell genug zusammenbrachte, ging der Römer – so wieder Josephus – »in seinem Zorn so weit, daß er den Malichus, gegen den er aufgebracht war, getötet haben würde, wenn Hyrkanos ihm nicht aus seinen Mitteln auf Antipatros' Bitten hundert Talente geschickt und dadurch seinen Groll beschwichtigt hätte«!

Antipatros ahnte nicht, daß er in Malichus seinen eigenen Mörder rettete. Malichus stellte sich nämlich wenig später an die Spitze jener Kreise, die Antipatros' römerfreundliche Politik, zumal die Bereitschaft, Tribute an die Römer zu zahlen, für falsch hielten und nicht mitmachen wollten. Malichus ging so weit, daß er Truppen zusammenstellte, um gegen Antipatros und Hyrkanos einen Aufstand in Gang zu bringen. Doch bekam er es im letzten Moment mit der Angst zu tun, vielleicht weil Antipatros seinerseits Truppen gegen ihn in Bereitschaft brachte, und leistete vor Antipatros einen Reinigungseid, in dem er behauptete, niemals einen Aufstand geplant zu haben. Der römische Prätor in Syrien glaubte ihm nicht; »er hätte ihn töten lassen«, schreibt Josephus, »wenn er nicht durch Antipatros' Bitten veranlaßt worden wäre, ihm das Leben zu schenken«. Antipatros hatte sich also ein zweites Mal für Malichus eingesetzt, freilich wohl kaum aus Liebe zu ihm, sondern vielmehr in der richtigen Erkenntnis, daß dessen Bestrafung durch die Römer in Judäa zu neuen Unruhen hätte führen können.

Herodes hielt sich damals in Syrien auf, wo Cassius ihn auf seinem Posten, den er schon unter Sextus Cäsar erworben hatte, bestätigte, ja, ihm jetzt sogar die gesamte Verwaltung von Coelesyrien übertrug und ihm eine Flotte und ein aus Reiterei und Fußvolk bestehendes Landheer anvertraute. Josephus behauptet sogar, Cassius habe ihm versprochen, ihn später zum König von Judäa machen zu wollen. Das gilt zwar in der modernen Herodes-Forschung als höchst unwahrscheinlich, doch könnten immerhin entsprechende Gerüchte damals in Jerusalem in Umlauf gewesen sein, von wo aus Malichus die Karriere von Antipatros' Sohn mit großem Mißtrauen und nicht ohne Furcht beobachtete.

»So sollten«, heißt es im ›Jüdischen Krieg‹ (I, 11,4), »für Antipatros die Macht und die Hoffnung seines Sohnes zum Verderben werden.« Bei einem Essen, zu dem Antipatros und Malichus von Hyrkanos geladen waren, bestach Malichus den Mundschenk, seinen Gegenspieler Antipatros zu vergiften. »So kam Antipatros ums Leben, der sich stets durch Frömmigkeit, Gerechtigkeit und Vaterlandsliebe ausgezeichnet hatte«, sagt Josephus und läßt nicht den geringsten Zweifel daran aufkommen, daß es sich um Mord handelte.

Wenn man bedenkt, wieviel Wirbel die Hinrichtung des Ezechias und seiner Genossen einige Jahre zuvor ausgelöst hatte, dann ist es eigentlich seltsam, daß der Mord an Antipatros, dem mächtigsten Mann im Staat, nicht einmal eine Untersuchung nach sich zog. Nun hat freilich Malichus die Tat abgestritten, doch eben dies setzt ja voraus, daß in aller Öffentlichkeit von Mord die Rede war. »Das Volk, das ihn des Giftmordes verdächtigte und ihm deswegen zürnte, suchte Malichus durch

Leugnen zu beschwichtigen«, heißt es bei Josephus. Daß dies gelang, läßt erkennen, wie mächtig die Anhängerschaft des Malichus zu jener Zeit gewesen sein muß. Und es läßt darüber hinaus den Verdacht aufkommen, daß Hyrkanos, wenn er auch an dem Mordplan selbst nicht beteiligt war, an der Aufklärung der Tat, geschweige deren Ahndung, nicht interessiert war.

So jedenfalls könnten Herodes und Phasael es gesehen haben. Vielleicht wagten sie es deswegen nicht sofort, den Tod ihres Vaters zu rächen. Der impulsivere Herodes, der sich, wie schon gesagt, damals in Syrien aufhielt, wollte zwar sofort mit den ihm unterstehenden Truppen gegen Malichus losschlagen, aber Phasael verhinderte das, indem er ihn für seinen eigenen Plan gewann: Er schlug vor, den Mörder ihres Vaters »lieber mit List« zu erledigen, um sich nicht dem Vorwurf auszusetzen, einen Bürgerkrieg heraufbeschworen zu haben.

Der zunächst beschwichtigte Herodes ging nun ganz auf Nummer Sicher. Schriftlich fragte er bei dem Römer Cassius an, ob er, Herodes, das Recht habe, den Mord an seinem Vater zu rächen. Cassius gab sein Einverständnis und sagte ihm überdies für den Fall einer Auseinandersetzung mit Malichus' Anhängern Unterstützung zu. So abgesichert, ließ Herodes den Malichus während eines Besuches in der Stadt Tyrus in Phönikien durch eine Gruppe römischer Offiziere umbringen.

Hyrkanos soll über diesen Racheakt entsetzt gewesen und bei der Nachricht in Ohnmacht gefallen sein. Aber als er auf seine Nachfrage bei Herodes, wie es dazu gekommen sei, die Antwort erhielt, dies sei auf Befehl des Cassius geschehen, soll er zu Herodes gesagt haben: »Dann hat ja Cassius auch mich und mein Vaterland gerettet, indem er den Feind, der uns beiden nachstellte, töten ließ.« Josephus, der das erzählt und diese Stelle möglicherweise von Nikolaos von Damaskus übernommen hat, fügt allerdings hinzu: »Ob Hyrkanos wirklich so gedacht hat oder ob er aus Furcht so gesprochen hat, indem er sich mit der Tat abfand, ist unklar.«

Es blieb dem Hyrkanos gar nichts anderes übrig, als sich mit diesem Mord abzufinden, den Herodes so geschickt auf das

Konto der Römer verbucht hatte. Gegen die Römer konnte er nichts unternehmen, wollte es auch gar nicht. Und ebensowenig gegen Herodes, der sich mit den Römern immer enger verbündete. Herodes lief allerdings Gefahr, bei den Römern auf die falsche Partei zu setzen. Bei ihnen war nämlich jetzt – im Jahre 43 v. Chr. – der Kampf um die Nachfolge und das Erbe Cäsars in vollem Gange. Marc Antonius und Cäsars Großneffe und Erbe C. Oktavius kämpften gegen die Cäsar-Mörder für die Vollstreckung von Cäsars Testament. Oktavian, wie Oktavius sich als Erbe von nun an nannte, erzwang nach seinem Marsch auf Rom die Verurteilung der Cäsar-Mörder, die in den Osten geflohen waren, wo sie in Syrien und Makedonien stark gerüstet hatten. Dorthin verfolgte Antonius sie. Und wegen der bevorstehenden militärischen Auseinandersetzung verließ der mit Brutus verbündete Cassius mit seinem Heer Syrien. Dies wiederum bedeutete für Herodes und Phasael Verlust an Rückhalt, was deren innenpolitische Gegner sogleich auszunutzen versuchten. An mehreren Stellen des Landes kam es jetzt zu Aufständen.

An der Spitze der Aufständischen stand ein Bruder des ermordeten Malichus. Er hieß Helix, und er schlug in Jerusalem gegen Phasael los. Herodes wollte von Syrien aus, wo ebenfalls Unruhen entstanden, seinem Bruder zu Hilfe eilen, konnte dies jedoch nicht, weil er krank wurde. Als er wieder genesen war, zog er sofort nach Judäa, wo er alle Plätze, die den Aufständischen in die Hände gefallen waren, in kurzer Zeit zurückeroberte.

Unterdessen war Phasael in Jerusalem mit den Aufständischen allein fertig geworden. Dort scheint es dann zwischen Phasael und Hyrkanos zu einer verbalen Auseinandersetzung gekommen zu sein. Im ›Jüdischen Krieg‹ (I, 12,1) heißt es: »Phasael schalt den Hyrkanos wegen seines Undanks, weil er mit Helix gemeinsame Sache gemacht habe und untätig zusähe, wie der Bruder des Malichus die Festungen besetze, darunter die stärkste von allen, Masada.« Dies läßt vermuten, daß der Hohepriester Hyrkanos innerlich auf seiten der Aufständischen stand, deren

Ziel es war, das starke Regiment der Brüder zu brechen. Aber schon bald sollte sich das Verhältnis zwischen dem Hasmonäer und Antipatros' Söhnen grundsätzlich ändern, indem sie nämlich eine Art Bündnis miteinander eingingen.

Den Anlaß dafür lieferte Antigonos, der Sohn von Aristobulos, dem in Rom umgekommenen Bruder und Nebenbuhler des Hyrkanos. Dieser Antigonos, der einst vor Cäsar Ansprüche auf den jüdischen Königsthron erhoben hatte, von Cäsar aber abgewiesen worden war und seitdem im Exil lebte, hielt nun seine Zeit für gekommen; er wollte die unruhige und ungesicherte Situation in Judäa für sich ausnutzen. In Phönikien hatte er Verbündete gewonnen; in Galiläa, in das er jetzt einmarschierte, und in Judäa hoffte er einen großen Teil des Volkes hinter sich zu bringen, all jene nämlich, die die romfreundliche Herrschaft der Brüder und des regierenden Hohepriesters satt hatten. Zwar konnte Herodes ihn aus Galiläa sofort wieder vertreiben, aber Herodes und Phasael mußten doch wohl einsehen, daß die Spekulationen des Antigonos nicht völlig falsch waren. Die Unruhe war groß zu jener Zeit, die Stellung der Brüder war in der Tat geschwächt, während der Römer Cassius in einen Kampf auf Leben und Tod verwickelt war, und hinzu kam die berechtigte Angst des Hyrkanos, daß Antigonos an ihm persönlich den Tod seines Vaters rächen könnte. So führte das plötzliche Auftauchen des Antigonos zu einer engen Annäherung zwischen Hyrkanos und Antipatros' Söhnen. Ja, es lebte nicht nur die alte Freundschaft wieder auf, wie sie einst, zu Lebzeiten Antipatros', zwischen den Familien bestanden hatte, sondern es wurden jetzt verwandtschaftliche Beziehungen hergestellt: Der etwa dreißig Jahre alte Herodes verlobte sich mit Mariamme, einer Enkelin des Hyrkanos. Von seiner ersten Frau, Doris, von der er einen Sohn hatte, der nach dem Großvater Antipatros genannt worden war, ließ er sich scheiden. Die Eheschließung mit Mariamme erfolgte erst später; jetzt kam es – wohl weil Mariamme noch sehr jung war – nur zur Verlobung.

Die Verbindung des Herodes mit der Hasmonäer-Prinzessin war wohl die folgenschwerste Entscheidung in Herodes' ganzem

Leben. Diese Ehe, die ein so entsetzliches Ende nahm und eben deswegen – wie schon gezeigt – in einer langen Reihe von Theaterspielen, in Romanen, Epen und Gedichten der Weltliteratur ihren Niederschlag fand, die Herodes' Ruf als Heuchler und brutalen Mörder weiter und weiter verbreiteten, hat die Menschen über Jahrhunderte fasziniert, und sie hat immer neue Fragen entstehen lassen. Deswegen ist es nicht verwunderlich, daß schon der Entschluß zu dieser Verbindung von den Historikern unter allen nur denkbaren Aspekten interpretiert worden ist. Manche sahen darin die Torheit seines Lebens, an der er schließlich zugrunde gegangen sei, andere hielten die Verlobung mit Mariamme für einen großen, bedeutenden Schritt vorwärts auf der Bahn von Herodes' Aufstieg. Zu letzteren gehörte auch Walter Otto, der das Für und Wider der Verbindung folgendermaßen abwog:

»Einmal war die Verbindung mit dem alten Herrschergeschlecht geeignet, ihn gegenüber seinem älteren Bruder nach außen hervorzuheben und seine außergewöhnliche Stellung im Staate zu legitimieren. Sie hat dann später die Einwurzelung seines Königtums, gerade die ersten schwierigen Jahre der Herrschaft, unbedingt erleichtert. Daß sie jemals seine Herrscherstellung erschwert habe, ist durch nichts zu beweisen. Wäre Herodes nicht mit den Hasmonäern verschwägert gewesen, so hätte sich jeder von ihnen erst recht gegen ihn als den Usurpator erhoben; Mariamme hätte als hasmonäische Erbtochter nach jüdischem Recht zu einer steten Gefahr für ihn werden können. Um den Gegensatz zu dem alten Herrschergeschlecht, um den Kampf bis aufs Messer, der ihm allerdings auch so nicht erspart geblieben ist und ihm schwere Wunden geschlagen hat, wäre er in keinem Fall herumgekommen. Und der böse Dämon seiner letzten Jahre, sein Sohn Antipatros, würde sich doch auf jeden Fall, auch wenn Herodes keine Hasmonäerin unter seinen Frauen gehabt hätte, verderbenbringend betätigt haben; das zeigt uns sein Vorgehen nach dem Tode der Mariammesöhne gegen seine anderen Brüder und gegen seinen Vater.«

Auf den ersten Blick scheint das einzuleuchten. Aber bei

näherem Hinsehen sind keineswegs alle Argumente überzeugend. Zwar darf unterstellt werden, daß Herodes auch ohne diese Heirat die Auseinandersetzung mit dem Hasmonäer-Haus nicht erspart geblieben wäre, aber – und eben hier läge doch ein ganz wesentlicher Unterschied – es wären dann nicht seine Verwandten gewesen, gegen die er bis aufs Messer kämpfte, nicht seine Frau und schon gar nicht die eigenen Söhne; seine Söhne von Mariamme hätte es doch dann überhaupt nicht gegeben! Und ob Antipatros, sein Sohn aus erster Ehe, ohne die Konkurrenten aus der Ehe mit Mariamme, die ihm ja über Jahre hin vorgezogen wurden, sich nicht doch entschieden anders verhalten haben würde, ist zumindest nicht auszuschließen. Es darf sogar mit Sicherheit angenommen werden, daß ohne diese Heirat nicht nur im Leben des Herodes, sondern zugleich in der jüdischen Geschichte manches ganz anders verlaufen wäre.

Die Frage aber ist, ob Herodes, als er diese Verbindung einging, schon an so viele Konsequenzen, die sich dann später ergaben, gedacht und sie sogar in Rechnung gestellt hat. Es heißt, Mariamme habe sehr gut ausgesehen. Und ebenso ist überliefert, daß Herodes sie sehr liebte. Gewiß mag er sich von der Bindung an die Hasmonäer auch politische Vorteile versprochen haben, aber darin den eigentlichen Anlaß für die Heirat zu sehen, dürfte kaum berechtigt sein. Abraham Schalit meint sogar, Herodes habe die politischen Vorteile, die ihm aus der Verschwägerung mit den Hasmonäern erwachsen hätten können, recht niedrig angesetzt:

»Herodes war davon überzeugt, daß sein Herrscher-Recht der Stütze und Hilfe von seiten des Rechts der Hasmonäer nicht bedurfte. Rechtlich gesehen – so wird sein Gedankengang gelautet haben –, ist das hasmonäische Königshaus nicht imstande, ihm das bessere Recht zu gewährleisten, da die Hasmonäer durch ihre Entmachtung nicht bloß die Macht, sondern auch *das Recht auf dieselbe* eingebüßt haben. Dieses Recht ist nunmehr auf den Sieger Herodes übergegangen, der sich vermöge seines Sieges über die Hasmonäer in den rechtmäßigen Besitz ihres Rechtes gesetzt hat. Daraus zog Herodes den umgekehrten Schluß: Nicht er ist es, der im Rechte der Hasmonäer eine Stütze suchen muß, sondern umgekehrt, sie, die Hasmonäer, die gestürzten Priesterkönige, müssen es als Gnadenakt seinerseits anerkennen, daß er eines ihrer Familienmitglieder, Mariamme, an seinem Königtum teilhaben läßt.«

Möglich, daß Herodes allmählich zu dieser Anschauung gekommen ist, aber dann wohl erst später, im Laufe der nächsten Jahre. Zur Zeit der Verlobung, als er ja noch gar nicht der Sieger war, dürfte er sich kaum so stark gefühlt haben. Deswegen sieht auch Samuel Sandmel die Sache anders. Er meint: »Diese Verlobung war ein guter Schachzug, denn sie half ihm den Weg zum Königtum ebnen.« Und: »Die Königswürde galt in weiten Kreisen noch immer als Vorrecht der Familie der Makkabäer-Hasmonäer, so daß die Söhne Antipatros' keinerlei Anspruch hatten.« Samuel Sandmel meint aber andererseits auch, daß zugleich Hyrkanos an dieser Ehe interessiert gewesen sein könne, »weil er sich vor seinem Neffen Antigonos fürchtete und allein mit den Römern nicht zurecht kam, deren Unterstützung er aber für die Behauptung seiner Herrschaft brauchte«. Möglicherweise habe diese Heirat für Hyrkanos eine Art letztes Bestechungsmittel dargestellt, um Herodes für sich zu gewinnen und sich seine Loyalität zu bewahren. Auf jeden Fall aber habe diese Verbindung den Herodes »auf einen neuen Gipfel in seinem ehrgeizigen Aufwärtsstreben« gebracht.

Der Weg zum Königsthron war zunächst jedoch noch keineswegs frei. Im Gegenteil, für Herodes entstand, und zwar noch im Jahre 42 v. Chr., eine neue, sehr ernste Bedrohung. Sein Freund Cassius, der römische Statthalter von Syrien, der zu der Partei der Cäsar-Mörder gehörte, hatte – wie auch Brutus – Selbstmord begangen, nachdem er und Brutus im Herbst 42 v. Chr. bei Philippi von Oktavian und Marc Antonius besiegt worden waren. Während Oktavian nach Rom zurückkehrte, blieb Antonius im Osten, wo er die Verhältnisse neu zu ordnen begann. Zunächst belohnte er alle jene Städte und Staaten, die den Republikanern Cassius und Brutus Widerstand geleistet hatten. Eben dies hatten Herodes und Phasael ja keineswegs getan, im Gegenteil, sie hatten sie bis zuletzt unterstützt. Deswegen hofften die Gegner der Idumäer-Brüder jetzt, daß es mit deren Herrschaft nun endlich vorbei sei, da sie sich viel zu sehr mit Cassius eingelassen hatten. Um die Stunde zu nutzen, schickten sie zu Antonius, der nach seinem Sieg nach Bithynien gekommen war, eine Abordnung. Sie bestand, sagt Josephus, aus den »Vornehmsten der Juden«, die sich nun bei Antonius »über Phasael und Herodes beklagten und darauf hinwiesen, daß Hyrkanos nur noch eine Scheinregierung führe, während jene beiden in Wirklichkeit alle Macht in Händen hätten«, ja »mit Gewalt die Herrschaft über die Staatsgeschäfte ausübten, während für Hyrkanos nur ein ehrenvoller Titel übrig bleibe«.

Herodes hat diesen Versuch, ihn und seinen Bruder bei Antonius anzuschwärzen, nicht untätig hingenommen. Er ist selbst zu Antonius gegangen und hat sich gegen seine Ankläger persönlich verteidigt. Josephus sagt: »Er hat es bald so weit gebracht, daß seine Gegner nicht einmal mehr Zutritt zu Antonius erlangten, den er durch reiche Geldgeschenke noch mehr für sich gewonnen hatte.«

Was sich hier zeigt, ist für Herodes bezeichnend, zumal sich ähnliche Situationen in seinem Leben wiederholen sollten. Es ist Herodes immer wieder gelungen, Menschen von sich zu überzeugen. Geldgeschenke spielten dabei freilich fast immer eine Rolle; Herodes, der ein hervorragender Kaufmann war, hat stets auch mit Geld gearbeitet, mit Bestechung. Aber da das durchaus üblich war, taten seine Gegner das ebenfalls. Entscheidend waren sein sicheres Auftreten, seine diplomatische Geschmeidigkeit. Er muß gewußt haben, daß er andere für sich gewinnen, daß er überzeugen konnte. Denn wenn es darauf ankam, wenn alles auf dem Spiel stand, dann scheute er sich niemals, in die Höhle des Löwen zu gehen, selbst wenn er bis nach Rom reisen mußte.

Indem Herodes sich bei Antonius ins rechte Licht setzte, stärkte er damit zugleich die Stellung des Hohepriesters. Und so wurde eine Gesandtschaft, die wenig später im Namen des Hyrkanos zu Antonius nach Ephesos kam, von dem Römer freundlich aufgenommen. Die Gesandtschaft, die dem Antonius als Geschenk einen goldenen Kranz brachte, trug die Bitte vor, den von Cassius in die Sklaverei verkauften Juden (die seinerzeit das von ihm geforderte Geld nicht aufgebracht hatten) die Freiheit und dem jüdischen Staat die an Syrien abgetretenen Gebiete zurückzugeben. Antonius erfüllte die Bitte und schrieb Hyrkanos folgenden Brief:

»Der Imperator Marcus Antonius an den jüdischen Hohepriester und Fürsten Hyrkanos. Wenn es dir gut geht, soll's mich freuen; ich und mein Heer befinden uns ebenfalls wohl. Nachdem eure Gesandten ... zu mir nach Ephesos gekommen sind ... und deine Aufträge getreulich ausgerichtet sowie Beweise deiner guten Gesinnung erbracht haben, bin ich von eurer aufrichtigen Freundschaft sowohl aus ihren Worten als auch nach den Tatsachen hinreichend überzeugt und halte es für meine Pflicht, eure Treue und Ergebenheit hiermit ausdrücklich anzuerkennen. Weil nun eure und des römischen Volkes Feinde ganz Asien verwüstet und weder Städte und Tempel verschont, noch Eidschwüre gehalten haben, so haben wir, die wir nicht nur für unser eigenes Wohl, sondern auch für das der ganzen Welt kämpfen, sie dafür gebührend gezüchtigt. Begingen sie doch solche Schandtaten gegen ihre Mitmenschen und solche Frevel gegen die Götter, daß selbst die Sonne sich verhüllte, um den an Cäsar begangenen Mord nicht sehen zu müssen. So haben wir auch die himmelschreienden Pläne, zu deren Ausführung Makedonien, das für alle Schandtaten geeignete Land, sich darbot, zunichte gemacht und die Rotte sinnloser Verbrecher, welche sie bei Philippi in Makedonien zusammengezogen hatten, aufs Haupt geschlagen, obgleich sie alle geeigneten und durch das Gebirge wie durch einen Wall bis ans Meer hin geschützten Plätze besetzt hatten, so daß nur durch einen einzigen Paß der Zugang offen stand. Doch die Götter selbst hatten sie um ihrer Frevel willen dem Verderben geweiht. Brutus, der nach Philippi geflohen und dort von uns belagert worden war, wurde gleich Cassius vom Untergange ereilt. Nachdem dieselben so ihre verdiente Strafe erlitten haben, hoffen wir in Zukunft Frieden zu genießen und Asien sich vom Kriege erholen zu sehen. Den Frieden, den Gott uns geschenkt, wollen wir nun auch unseren Bundesgenossen verschaffen, so daß infolge unseres Sieges Asien gleichsam von einer schweren Krankheit zur Genesung gelangt. Da ich nun besonders deiner und deines Volkes eingedenk bin, so will ich mir angelegen sein lassen, für euer Wohlergehen zu sorgen. Ich habe deswegen den einzelnen Städten geschrieben, daß sie alle Freien oder Sklaven, die von Cassius oder dessen Heerführern verkauft worden sind, sogleich in Freiheit zu setzen haben. Weiterhin bestätige ich euch alle Zugeständnisse, die ihr von meiner und Dolabellas Güte erlangt habt. Den Tyrern habe ich verboten, euch zu behelligen; auch müssen sie alles, was sie den Juden entrissen haben, denselben wieder zustellen. Den mir übersandten Kranz nehme ich unterdessen mit Dank an.«

Zugleich mit diesem Brief, der sichtlich im Hochgefühl des Sieges entstand und dabei die Drohung impliziert, daß es nur von üblen Folgen sein kann, sich gegen Rom, das für den Frieden und das Wohl der ganzen Welt kämpfe, zu stellen, schrieb Antonius wirklich an die Städte Tyros, Sidon, Antiochia und Arados und befahl ihnen, die jüdischen Sklaven unverzüglich freizulassen und – das galt besonders für Tyros – besetzte galiläische Gebiete an die Juden zurückzugeben.

Dies war kein geringer politischer Erfolg, zumindest ein vielversprechender Anfang für eine mögliche künftige Zusammenarbeit mit den Römern, was letztlich auf die romfreundliche Haltung der Idumäer-Brüder und ihres Vaters zurückzuführen war. Dennoch setzten die Gegner der Idumäer ihre Bemühungen fort, Antonius gegen Herodes und seinen Bruder einzunehmen. Antonius hatte zwar inzwischen andere, private Sorgen, indem er nämlich im kilikischen Tarsos Kleopatra getroffen und sich leidenschaftlich in sie verliebt hatte, ja – so sagt es Josephus – »damals schon Sklave der Liebe zu Kleopatra geworden war«, aber um so mehr war er gegen eine Neuordnung der von ihm anerkannten bestehenden Machtverhältnisse. Dennoch hörte er sich die Klagen der angeblich aus hundert jüdischen Notabeln bestehenden Gesandtschaft, die die Gegner der Idumäer zu ihm nach Daphne bei Antiochia geschickt hatten, in Ruhe an. Doch wieder war Herodes nicht müßig geblieben. Zwar war er diesmal nicht selbst zu Antonius geeilt, aber er hatte dafür gesorgt, daß er vor Antonius verteidigt wurde, und zwar von dem berühmten Gelehrten und Redner M. Valerius Messala Corvinius, der bei Antonius in Dienst getreten war. Aber nicht nur dies. Auch Hyrkanos war zu Antonius gegangen, ebenfalls als Verteidiger der Brüder, wie Josephus sagt, »wegen seiner Verschwägerung« mit ihnen. Und nun geschah etwas für Herodes und die Juden sehr Entscheidendes, das Josephus im ›Jüdischen Krieg‹ (I, 12,5) so erzählt:

»Als Antonius beide Parteien gehört hatte, erkundigte er sich bei Hyrkanos genau, wer die zum Herrschen geeigneteren seien. Er entschied sich für die Gruppe um Herodes; darüber freute sich Antonius, denn er hatte zu den Brüdern vom Vater her gastfreundschaftliche Beziehungen, da er von Antipatros freundlich aufgenommen worden war, als er mit Gabinius nach Judäa zog. Er ernannte die Brüder zu Tetrarchen und übergab ihnen damit die Verwaltung von ganz Judäa.«

Die Klagen jener, die den Sturz der Idumäer wünschten, hatten also das Gegenteil bewirkt: Die Macht der beiden Brüder war gefestigter denn je zuvor. Zwar ist nicht ganz klar, was ihre Stellung als Tetrarchen genau bedeutete, und Josephus läßt es ebenfalls offen, wie die Befugnisse von Hyrkanos jetzt waren, das heißt, wie eigentlich die Herrschaft zwischen Hyrkanos, der auch in der folgenden Zeit manchmal noch als König bezeichnet wird, aufgeteilt wurde. Mit »Tetrarch« – »Viertelfürst« – war ursprünglich der Regent über den vierten Teil eines Gebietes gemeint; der Tetrarch war demnach ein Regent zweiter Ordnung. Das stimmt gut zu der Meinung, die Walter Otto vertritt und der sich die meisten Gelehrten anschlossen, nämlich daß Hyrkanos weiterhin Ethnarch blieb, als oberster Landesherr und Hohepriester, dem Herodes und Phasael zum Gehorsam verpflichtet waren.

Allerdings hatte Hyrkanos ihnen gegenüber keine starke

Stellung, aber gerade deswegen war er dem Römer angenehm. Überdies lag in der gesamten Konstellation zugleich eine Gewaltenteilung; entscheidend ist in diesem Zusammenhang, daß die Brüder nur zusammen faktisch die Herren des ganzen Landes waren, jeder für sich war aber nur in einem Teil des Landes bestätigt worden, Herodes in Galiläa und Phasael in Judäa. Dabei ist bedeutsam, daß Antonius die Brüder gleichwertig behandelte, das heißt, Herodes erhielt nicht mehr Rechte als Phasael.

Nichts deutet etwa darauf hin, daß Herodes versucht hätte, mehr Einfluß zu nehmen als sein Bruder, geschweige denn, ihn zu überspielen. Er hat sich im Gegenteil, wie wir bereits sahen, in entscheidenden Situationen von Phasael beeinflußen lassen, ja, es ist sogar die Frage, ob Herodes, der in seinem älteren Bruder das Oberhaupt der Familie zu respektieren schien, so wie er zuvor seinen Vater respektierte, je nach der Königskrone gegriffen haben würde, wenn Phasael länger gelebt hätte. Aber Phasael kam in den Auseinandersetzungen des folgenden Jahres, die Herodes an den Rand der Katastrophe brachten, ums Leben. Dadurch entstand für Herodes eine ganz neue Situation.

IV. Kapitel
Am Rand der Katastrophe

Die Parther fallen in Syrien ein und besetzen auch Palästina · Antigonos erobert mit parthischer Hilfe den jüdischen Königsthron · Herodes in der Falle · Durchbruch bis zur Festung Masada · Sorge um die Mutter · Erster Selbstmordversuch? · Tod seines älteren Bruders · Ein Angebot von Kleopatra · Herodes segelt nach Rom und bittet um die Königsherrschaft · Ernennung zum »Verbündeten König und Freund des römischen Volkes« · König ohne Thron und ohne Land

Die Beförderung der Brüder zu Tetrarchen, durch die ihnen zusammen die meiste politische Macht im Lande übertragen wurde, hat ihre Gegner offenbar beunruhigt, aber keineswegs eingeschüchtert. Noch in Daphne, wo Antonius diese Ernennung ausgesprochen und schriftlich bestätigt hatte, äußerten die Abgesandten der Opposition, die bei Antonius gegen Herodes und Phasael geklagt hatten, über diese Entscheidung ihren Unwillen. Daraufhin ließ Antonius fünfzehn von ihnen kurzerhand festnehmen und ins Gefängnis werfen. Er sei sogar entschlossen gewesen, sagt Josephus, sie töten zu lassen, und sie »wären auch hingerichtet worden, wenn Herodes sich nicht für sie ins Mittel gelegt hätte«.

Trotz dieser entschiedenen Abfuhr seiner Abgesandten wollte sich der jüdische Adel mit der Neuordnung der Verhältnisse nicht zufriedengeben. Vielmehr ließ er wenig später jüdische

Volksmengen in einem Demonstrationszug nach Tyros, ins Hauptquartier des Antonius, ziehen, um dort durch eine »Massendemonstration« – Josephus spricht von tausend Teilnehmern – gegen die Antipatriden zu wirken. Dabei kam es dann zu einem Krawall, bei dem die Soldaten des Antonius hart durchgriffen. Herodes und Hyrkanos waren den Demonstranten gefolgt und hatten, so scheint es, versucht, sie zur Umkehr zu bewegen. Josephus berichtet darüber im ›Jüdischen Krieg‹ (I, 12,7):

»Herodes ermahnte sie eindringlich, sich durch ihre unüberlegte Streitsucht nicht selbst ins Verderben und das Vaterland in den Krieg zu stürzen. Als diese noch erboster wurden, schickte Antonius Schwerbewaffnete heraus, viele tötete er, viele verwundete er. Hyrkanos sorgte für die Bestattung der Gefallenen und die Pflege der Verwundeten. Aber die Entkommenen gaben doch keine Ruhe, sondern brachten die Stadt in Aufruhr und erbitterten dadurch Antonius so sehr, daß er auch die Gefangenen hinrichten ließ.«

Das war für die neuernannten Tetrarchen Herodes und Phasael sicherlich kein glücklicher Beginn. Aber es sollte viel schlimmer kommen. Ihre Gegner gaben noch immer keine Ruhe. Dabei ist allerdings zu berücksichtigen, daß der Römer Antonius in seinem oben zitierten Brief zwar von weltweiter Friedenspolitik, von Wiederaufbau und allgemeinem Wohlergehen geschrieben hatte, daß er aber dafür wenig oder gar nichts zu tun schien, sondern stets nur auf sein eigenes Wohlergehen und den Ausbau seiner Macht bedacht war.

Anders als einst Cäsar, der die Provinzen und ihre Bewohner in das römische Weltreich integrieren, sie aber keinesfalls ausbeuten wollte, sah Antonius in den Provinzen nichts anderes als Besitztümer des römischen Volkes, deren Einwohner für sich selbst keinen Gewinn machen sollten, sondern alles an Rom abzuführen hatten. An Rom hieß aber unter Antonius faktisch an die in den Provinzen herrschenden römischen Beamten. Viele von ihnen preßten die Provinzialbevölkerung bis aufs Mark aus, um auf diese Weise in möglichst kurzer Zeit zu möglichst großem persönlichem Reichtum zu kommen. Auch Antonius brauchte sehr viel Geld, und zwar aus politischen Gründen.

Das Römische Reich war nach Cäsars Tod noch keineswegs wieder zur Ruhe gekommen. Zwar hatten die Cäsar-Erben über die Cäsar-Mörder gesiegt, aber inzwischen verstärkten sich die Spannungen zwischen den Erben; es war absehbar, daß es zwischen Oktavian und Antonius zu einer Auseinandersetzung kommen mußte. Dafür brauchte Antonius, der über alle östlichen Provinzen herrschte, also über Makedonien und alles Land vom Ionischen Meer bis zum Euphrat, eine schlagkräftige Armee, die viel Geld kostete. Und dieses Geld kam nicht etwa von Rom, wo Oktavian immer mehr Einfluß gewann und bereits die Ausschaltung des Antonius vorbereitete.

Später hat man erzählt (und nicht selten wird es noch heute erzählt, zum Beispiel auch von Abraham Schalit), Antonius, der »ganz und gar sinnlich veranlagt und in seiner Begierde nach Vergnügungen unersättlich gewesen« sei, habe für sein »wüstes Leben an der Seite der Kleopatra« das ganze Geld verpraßt, das eigentlich dem römischen Volk gehörte. Nun hat Antonius sich freilich mit Kleopatra, der Königin von Ägypten, vergnügt. Nachdem er sie in Kilikien wiedergesehen – sie kannten sich schon aus Kleopatras römischer Zeit – und sich in sie verliebt hatte, verlebte er mit ihr den Winter 41 in Alexandria. Aber weder brachte diese Liebe ihn um seinen politischen Verstand, noch sie um den ihren.

Die vielzitierte »Liebesbetörtheit« des Antonius sowie seine und Kleopatras »orientalische Sittenlosigkeit« war in Wahrheit nichts anderes als Oktavians Propagandapolitik. Auf diese Weise wollte Oktavian seinen Konkurrenten, mit dem und Pompeius Sextus zusammen er ja eigentlich ein Triumvirat bildete, daheim in Rom unglaubwürdig machen; Oktavian, der Neffe des großen Cäsar, strebte schon frühzeitig nach der Alleinherrschaft. Damit hatte er Erfolg. Seine verleumderische Propaganda wirkt bis heute nach, nicht zuletzt deswegen, weil auch Josephus ihr auf den Leim gegangen ist, ebenso wie eine ganze Reihe römischer Schriftsteller und Historiker.

In Wirklichkeit hatten Antonius und Kleopatra für orientalische Sittenlosigkeiten kaum die Zeit, jedenfalls zunächst nicht. Doch auch in den folgenden Jahren, als sie gar nicht mehr zusammenlebten, dachte Kleopatra, die dem abwesenden Antonius ein Zwillingspärchen gebar, Alexander Helios und Kleopatra Selene, weniger an Liebe als vielmehr an ihren höchst einträglichen Bitumen-Handel und – worauf wir noch zurückkommen werden – an eine Ausdehnung ihres Staatsgebiets möglichst über ganz Judäa hinaus. Und Antonius hatte zunächst alle Hände voll zu tun, um den Osten endlich in den Griff zu bekommen.

Das hierfür benötigte Geld holte er sich – wie hätte es anders sein können – bei den unterworfenen Völkern. Und das wiederum führte zu Unzufriedenheit, Unruhen und Aufständen, und zwar nicht nur in Judäa, wo Herodes und Phasael – so Schalit – offensichtlich eifrig bemüht waren, dem Antonius zu Willen zu sein und aus der Bevölkerung die entsprechenden Steuern herauszupressen. So warteten schließlich immer mehr Menschen auf eine günstige Gelegenheit, sich vom römischen Druck befreien zu können. Eine solche Gelegenheit schien ihnen gekommen, als im Jahre 40 v. Chr. die Parther den Euphrat überschritten und in Syrien einfielen, wo die römische Herrschaft nach wie vor auf schwachen Füßen stand. Die römischen Truppen unter dem syrischen Statthalter wurden geschlagen, und die Parther wurden von der Bevölkerung als Befreier von römischer Unterdrückung gefeiert.

In diesem Moment erschien auch Antigonos, der Sohn des ehemaligen jüdischen Königs Aristobulos und Neffe des Hyrkanos, den wir schon zweimal vergebens um den Thron seines Vaters hatten kämpfen sehen, wieder auf der politischen Bühne. Nach Josephus »versprach er den Parthern tausend Talente und fünfhundert Weiber, wenn sie ihn an Stelle des Hyrkanos auf den Thron setzen und den Herodes samt dessen Angehörigen umbringen wollten«. Ob nun wirklich aufgrund dieses Angebots oder, was wahrscheinlicher ist, aus eigenen politischen Überlegungen heraus zogen die Parther an der Küste südwärts in

Richtung Judäa. Zur selben Zeit marschierte Antigonos mit eigenen Truppen nach Jerusalem, wobei er unterwegs großen Zulauf fand, da die allgemeine politische Lage einen für ihn und seine Anhänger günstigen Ausgang des Unternehmens zu versprechen schien. Antigonos konnte nicht nur weite Strecken des Landes besetzen, sondern sogar den größten Teil von Jerusalem.

Diese Aktion muß äußerst schnell vor sich gegangen sein, und es scheint, als seien Phasael und Herodes eben durch diese Schnelligkeit des Vorgehens und die rasche Ausbreitung des Aufstands überrascht worden. Andererseits berichtet Josephus (J. K. I, 13,9), Herodes habe bereits vorher »die herrlichsten seiner Kostbarkeiten nach Idumäa geschafft, und ebenso jeder seiner Anhänger«. Dann aber kann von Überraschung nicht gut die Rede sein, vielmehr muß Herodes diese Entwicklung zumindest für möglich gehalten haben. Das aber bedeutet: Seine und Phasaels Stellung im Lande war eben bei weitem nicht so stark, wie es ihre Gegner stets und ständig behaupteten. Anders gesagt: Wenn die Brüder wirklich so tyrannisch regiert hätten, wie die Gegenpartei es ihnen vorwarf, dann hätte die Opposition ihrerseits kaum noch die Möglichkeit zu derartigen Vorwürfen gehabt; sie konnte aber doch – und sie konnte es sogar noch später, als Herodes Alleinherrscher war – sehr lautstark ihre Meinung sagen, sie konnte kritisieren, opponieren, konspirieren, und sie konnte Delegationen an die Römer und an ausländische Herrscher schicken, kurz, sie war nie völlig unterdrückt. Sie ließ sich einfach nicht unterdrücken.

Jetzt fühlte sie sich ganz besonders stark, und sie unterstützte Antigonos, indem sie in Jerusalem einen Aufstand inszenierte, noch bevor Antigonos dort war. Der Aufstand griff fast auf das ganze Land über. Nur in Idumäa, der Heimat der Antipatriden, blieb es ruhig. Aber in Jerusalem, wohin Herodes seinem Bruder zu Hilfe gekommen war, konnten die Brüder nichts außer der Königsburg halten, die – so heißt es bei Josephus – »Herodes mit geringen Streitkräften verteidigte«. Er tat das offenbar mit Erfolg: »Während nun Phasael die Mauer bewachte, machte

Herodes mit einer Abteilung seiner Krieger durch die Vorstadt einen Ausfall gegen die Feinde und stritt so tapfer, daß er sie zu Tausenden in die Flucht schlug und, von Phasael unterstützt, die einen in die Stadt, die anderen in den Tempel, noch andere in die äußere Umwallung drängte.«

Anfangs mußten die Brüder nur gegen Antigonos und dessen Anhänger kämpfen. Dann aber kam eine parthische Einheit nach Jerusalem. Jetzt saßen Phasael und Herodes in der Falle, und wenn die Gegner die befestigte Königsburg auch noch nicht erobern konnten, machten sie doch schon Pläne, was sie nach ihrem Sieg mit dem Hasmonäer und den beiden Antipatriden machen würden. Antigonos war dafür, sie den Parthern zu überlassen; die Parther sollten Hyrkanos, Phasael und Herodes vor Gericht stellen, während er die Herrschaft übernehmen wollte. Zunächst versuchte Antigonos nun, die Belagerten zu Verhandlungen zu überreden. Doch ging es ihm in Wahrheit nur darum, sie aus der Burg herauszulocken.

Dies gelang ihm, weil Phasael in Verhandlungen mit den Parthern die einzige Chance gesehen zu haben scheint; er hielt die Lage für sich und die Seinen offenbar für hoffnungslos. Auch Hyrkanos, der jetzt mehr denn je die Rache seines Neffen Antigonos fürchtete, hielt Kapitulationsverhandlungen mit den Parthern für den einzigen Ausweg. Die Belagerer schlugen vor, die Verhandlungen im Hauptquartier der Parther stattfinden zu lassen, in Galiläa, wo die parthische Hauptmacht unter Führung des Satrapen Bazaphranes lag. Phasael und Hyrkanos, die persönlich verhandeln wollten, gaben sich mit der Zusicherung der Belagerer zufrieden, allein mit den Parthern verhandeln zu können und vor einem Zugriff des Antigonos geschützt zu sein. Unter diesen Voraussetzungen zogen Phasael und Hyrkanos nach Galiläa.

Herodes, der in der Königsburg blieb, um sie weiterhin zu verteidigen, ist offenbar von Hyrkanos und Phasael überstimmt worden. Denn er war entschieden anderer Ansicht. Er hat von Verhandlungen mit den Parthern von Anfang an nichts gehalten. Während Phasael eine Chance darin gesehen haben mag, die feindlichen Verbündeten gegeneinander auszuspielen und den Partherkönig oder seinen Satrapen durch Geldgeschenke für die Idumäer gewinnen zu können, war Herodes überzeugt, daß die Parther Antigonos zu diesem Zeitpunkt nicht fallen lassen würden. In ihrem Kampf gegen die Römer mußten sie ja daran interessiert sein, in Judäa einen König zu haben, der gegen die Römer stand und sich der parthischen Oberhoheit unterwarf. Folglich – so zu Recht Abraham Schalit – »hielt Herodes den Gang des Phasael in das Lager der Parther nicht nur für nutzlos, sondern geradezu für Selbstmord«. Bei Josephus heißt es, Herodes habe zu diesen Verhandlungen »seine Einwilligung versagt«, und an anderer Stelle, daß er »stark davon abriet«. Herodes scheint von Anfang an die einzige Chance darin gesehen zu haben, aus der belagerten Festung auszubrechen und sich dann nach Idumäa durchzuschlagen, wie er es später auch getan hat, nachdem er mit seinen Warnungen recht behalten hatte.

Denn wirklich hatten Antigonos und die Parther Hyrkanos und Phasael nur aus der Burg herausgelockt, um sich ihrer zu bemächtigen. Zwar wurden die beiden anfangs im parthischen Hauptquartier durchaus respektvoll behandelt, aber dies nur deswegen, weil man hoffte, das Mißtrauen des Herodes abbauen zu können; das Ziel war, auch ihn noch in die Hand zu bekommen oder aber seine Verteidigungsbereitschaft, seine Wachsamkeit müde werden zu lassen.

Im parthischen Hauptquartier schöpften Hyrkanos und Phasael allmählich Verdacht, daß es den Parthern doch nicht um Verhandlungen ging; eines Tages wurde ihnen die Warnung zugetragen, man wolle sie umbringen. Daraufhin beschwerte Phasael sich bei Bazaphranes und machte ihm zugleich ein Angebot: »Wenn der Satrap Geld bedürfe, könne er ihm mehr geben, als Antigonos zu bieten vermöge«, berichtet Josephus in den ›Jüdischen Altertümern‹ (XIV, 13,5), »und es sei doch eine frevelhafte Tat, schuldlose Gesandte zu morden, die im Vertrauen auf seine Treue zu ihm gekommen seien. Darauf aber entgegnete ihm Bazaphranes, er wolle ihm eidlich versichern, daß daran nichts Wahres sei; vielmehr quäle Phasael sich mit einem falschen Verdacht.«

Wenig später jedoch gab Bazaphranes die Verstellung auf und ließ Phasael und Hyrkanos wie Gefangene behandeln. Er legte sie in Ketten. Als Herodes davon hörte, entschloß er sich sofort zu einem Ausbruchsversuch aus der Königsburg: gegen die Meinung seiner Gefolgsleute, die einen Ausbruch für unmöglich hielten. »Er sammelte alle Soldaten, die er noch hatte«, erzählt Josephus, »ließ seine Weiber, seine Mutter, seine Schwester, ferner die Tochter von Aristobulos' Sohn Alexander, die seine Gattin werden sollte« – also Mariamme –, »deren Mutter, die Tochter des Hyrkanos, seinen jüngsten Bruder sowie die ganze Dienerschaft und alles übrige Gesinde auf Reittiere setzen und machte sich, unbemerkt von den Feinden, auf den Weg nach Idumäa.«

An anderer Stelle heißt es, daß diese Flucht aus der Burg bei Nacht geschah. Dennoch ist es erstaunlich, daß die Belagerer nichts bemerkt haben sollen. Aber weitere Einzelheiten teilt Josephus weder im ›Jüdischen Krieg‹ noch in den ›Jüdischen Altertümern‹ mit. Aber er versucht, Mitleid mit den Flüchtlingen zu erwecken, indem er hinzufügt: »Es gab aber wohl niemand, der, wenn er zugegen gewesen wäre, kein Mitleid gefühlt hätte, als die Frauen ihre kleinen Kinder an sich drückten und unter Weinen und Schluchzen ihr Vaterland und ihre gefangenen Verwandten verließen, um einer ungewissen Zukunft entgegenzugehen.«

Mit der Flucht aus der Burg und aus Jerusalem waren Herodes und die Seinen noch keineswegs in Sicherheit. Sie wurden von parthischen Soldaten verfolgt, und weitere, vielleicht noch größere Gefahren erwuchsen ihnen durch jüdische Guerillas, die die Flüchtlinge auf ihrem Weg in Richtung der berühmten Festung Masada, die noch nicht in den Händen der Parther war, abzufangen versuchten. Die Flüchtlinge scheinen der Verzweiflung nahe gewesen zu sein. Jedenfalls beschreibt Josephus in den ›Jüdischen Altertümern‹ (XIV, 13,8), daß Herodes ihnen immer wieder Mut machen mußte: »Herodes, der sich bald über sein

Unglück hinwegsetzte, bewies sich nicht nur selbst der drohenden Gefahr gegenüber starkmütig, sondern ermahnte auch unterwegs jeden einzelnen, unverzagt zu sein und sich vom Gram nicht überwältigen zu lassen; denn das sei ihnen auf der Flucht, in der allein ihr Heil beruhe, doch nur hinderlich. Auf dieses Zureden des Herodes hin versuchten auch alle, dem Unglück standzuhalten.«

Doch auch Herodes selbst war nicht immer so zuversichtlich, sondern zeitweise recht niedergeschlagen. Josephus behauptet, er habe auf dieser Flucht sogar einmal versucht, sich das Leben zu nehmen. Der äußere Anlaß war geringfügig. Ein Maultier war gestürzt, wodurch Kypros, seine Mutter, in Gefahr geriet. Da habe Herodes »einesteils aus übergroßer Angst um seine Mutter, dann aber auch, weil er besorgte, daß bei dem dadurch verursachten Aufenthalt die Feinde ihn einholen würden, ... sein Schwert gezückt und wollte sich mit demselben durchbohren, als die Umstehenden ihn daran hinderten und ihm vorstellten, er dürfe sie doch nicht den Händen der Feinde überantworten; das sei kein Benehmen eines wahrhaft tapferen Mannes, sich selbst der Gefahr zu entziehen und seine Freunde in derselben zu lassen«. Teils durch diese Vorhaltungen, sagt Josephus, »teils durch die Menge derer, die sein Vorhaben verhinderten, genötigt, vom Selbstmord abzustehen, und da seine Mutter unterdessen wieder zu sich gekommen und, so gut es bei ihrer bedenklichen Lage geschehen konnte, erquickt war, setzte er den eingeschlagenen Weg fort und eilte auf die Festung Masada zu.«

Nicht alle Forscher halten die Erzählung vom Selbstmordversuch des Herodes für glaubhaft. Möglicherweise liegt hier eine literarische Übertreibung vor, die eigentlich nur deutlich machen soll, daß Herodes auf jener Flucht wenigstens zeitweise ohne jede Hoffnung gewesen sei. Immerhin kann die Situation, in der er sich damals befand, wohl als katastrophal bezeichnet werden, zumal wenn man sie an dem mißt, was Herodes noch kurz zuvor von der nahen Zukunft erwartet haben dürfte. Nach seinen Erfolgen bei Marc Antonius und seiner Ernennung zum

Tetrarchen hatte er auf eine neue, einigermaßen sichere Karriere hoffen können. Und vor allem im privaten Bereich stand der etwa Dreiunddreißigjährige nach seiner Verlobung mit Mariamme vor einem neuen und vielversprechenden Lebensabschnitt. Und nun war plötzlich alles aus, er war vertrieben und gedemütigt, er stand vor dem Nichts, und es sah so aus, als könne er allenfalls das nackte Leben retten. Auch war er zum erstenmal wirklich auf sich allein gestellt, ohne seinen Bruder, ohne Macht, und von den Römern fühlte er sich im Stich gelassen.

Entstand also aus dieser plötzlichen und radikalen Veränderung der Situation wirklich ein solcher Lebensüberdruß, der ihn bis zum Selbstmordversuch führte? Oder, so fragt Samuel Sandmel, hat hier ein unglückliches Zwischenspiel – der Sturz des Maultiers – »eine Reaktion ausgelöst, die ohnehin in ihm angelegt war?« Das heißt: »Verlor Herodes die Selbstbesinnung, oder war diese Reaktion typisch für sein ganzes Wesen? Handelt es sich hier um eine momentane Regung, in der er irgend jemand Schaden zufügen wollte und, weil sich kein Feind zeigte, die Mordwaffe gegen die eigene Brust richtete? Oder war in Herodes eine Tendenz zum Selbstmord latent vorhanden, die er, wenn möglich, auf andere ablenkte? Tat er deswegen so vielen wirklichen und eingebildeten Gegnern so viel Übles an?«

Letztlich müssen diese Fragen offenbleiben, so wie ja schon die Frage, ob es den Selbstmordversuch überhaupt gegeben hat, nicht beantwortet werden kann. Sicher ist nur, daß Herodes nicht aufgab, jetzt nicht und auch im folgenden nicht, als die Situation für ihn noch sehr viel schwieriger wurde. Herodes hat nie aufgegeben. Er hat immer weiter gekämpft. Er hat immer nach Lösungen und Auswegen gesucht und sie auch gefunden. Oder er hat sich einfach durchgebissen. Herodes war von geradezu bewundernswerter Zähigkeit und Willenskraft.

Das zeigte sich auch auf dieser Flucht. Nur wenige Kilometer von Jerusalem entfernt, wurden die Flüchtlinge von ihren Verfolgern eingeholt und angegriffen. Josephus berichtet: »Trotz seiner bedrängten und verzweifelten Lage schlug Herodes sie in die Flucht, gerade als wenn er wohlgerüstet und mit starker Truppenmacht ins Feld gezogen wäre.« Abraham Schalit hat diese Siegesdarstellung als übertrieben bezeichnet. Aber Herodes scheint eben diesen Sieg als eine Art Wende angesehen zu haben; denn nach ein paar Jahren ließ er an jener Stelle, an der er die Verfolger zurückgeschlagen hatte, einen gewaltigen Palast innerhalb einer kreisförmig angelegten Festung bauen und damit den Kern zu einer Stadt legen, die er nach sich selbst Herodias nannte. Später ist er dort, entsprechend seinem Testament, mit großem Prunk beigesetzt worden, nachdem er sich in jener Festung schon längst sein Grabmal hatte errichten lassen.

Der Kampf an dieser Stelle blieb nicht der einzige auf dem etwa 65 Kilometer langen Weg nach Masada. Noch oft mußte Herodes gegen einzelne Abteilungen der Parther, die ihn verfolgten und angriffen, Front machen, wobei er indessen stets siegreich blieb. In Idumäa hatte er es dann nicht mehr ganz so schwer. Da war die Bevölkerung ihm und den Seinen noch wirklich ergeben, und er hatte sofort großen Zulauf. Es waren schließlich neuntausend Mann, die ihm zur Verfügung standen, als er die Festung Masada erreichte.

In der hoch auf einem schwer zugänglichen Felsplateau liegenden Festung am Westufer des Toten Meeres ließ Herodes die Frauen unter dem Schutz seines jüngeren Bruders Joseph, der in Idumäa zu ihm gestoßen war, und achthundert Mann mit ausreichenden Lebensmitteln für den Fall einer Belagerung zurück, während er selbst mit einer kleinen Truppe in Eilmärschen nach der nabatäischen Hauptstadt Petra aufbrach, nachdem er das Gros seiner Soldaten kurzerhand entlassen hatte. In der Felsenstadt Petra, der Heimatstadt seiner Mutter, wo Herodes einen Teil seiner Kindheit verbracht hatte, wollte er vom Nabatäerkönig Malchos einen Geldbetrag eintreiben, den dieser seinem Vater, Antipatros, schuldig geblieben war.

Unterdessen war in Jerusalem, wo die Parther nach Herodes' Flucht nicht nur den Hasmonäer-Palast, sondern ganz Jerusalem geplündert und nur den Schatz des Hyrkanos, der sich auf dreihundert Talente belief, nicht angetastet hatten (weil sein Nachfolger ihn schon für sich beanspruchte), Antigonos mit

Hilfe der Parther auf den Königsthron gekommen. Josephus erzählt, daß die Parther ihm dann die Gefangenen Hyrkanos und Phasael ausgeliefert hätten, und zwar in Fesseln »zur Peinigung«. Und weiter sagt er in den ›Jüdischen Altertümern‹ (XIV, 13,10): »Und da Antigonos fürchtete, das Volk möchte den Hyrkanos, der von den Parthern bewacht wurde, wieder auf den Thron setzen wollen, ließ er diesem die Ohren abschneiden, damit er als Verstümmelter die hohepriesterliche Würde nicht mehr bekleiden könne, zu der das Gesetz nur Fehlerfreie zuläßt.« Im ›Jüdischen Krieg‹ behauptet Josephus, Antigonos habe dem Hyrkanos »selbst mit seinen Zähnen die Ohren abgebissen«.

Richtig ist, daß bei den Juden kein Verstümmelter die Funktion eines Priesters und schon gar nicht die eines Hohepriesters ausüben durfte. Daß aber Antigonos selber seinen Onkel so verstümmelt haben soll, ist zu Recht bezweifelt worden. Unklar ist schon, ob die Parther wirklich die beiden Gefangenen an ihn auslieferten. Abraham Schalit meint, wenn dies der Fall gewesen wäre, hätte der sehr rücksichtslose Antigonos sich mit dem Abschneiden (oder Abbeißen) der Ohren nicht begnügt, sondern hätte den Hyrkanos umbringen lassen. Wahrscheinlicher ist, daß die Parther die beiden Gefangenen nicht auslieferten, sondern sie, wie es ja ursprünglich verabredet gewesen war, selber richteten. Das Abschneiden der Ohren war jedenfalls – wie Tacitus zu berichten weiß – eine bei den Parthern übliche Art der Bestrafung.

Unwahrscheinlich ist dann auch, daß Phasael so ums Leben gekommen ist, wie Josephus es darstellt. Aber es ist eben eine hübsche Heldenlegende, die wahrscheinlich auf Nikolaos von Damaskus zurückgeht, den Hofhistoriographen des Herodes, und von Josephus (in den ›Jüdischen Altertümern‹ XIV, 13,10) übernommen wurde: »Phasael bewies einen bewundernswürdigen Heldenmut, da er bei der Nachricht, daß er hingerichtet werden solle, vor dem Tod nicht die geringste Furcht zeigte, sondern es nur für schimpflich und beklagenswert hielt, daß er von seinen Feinden so ums Leben gebracht werde. Weil er nun der Fesseln wegen nicht selbst Hand an sich legen konnte, zerschmetterte er sich den Kopf an einem Felsblock und brachte sich auf diese in seiner verzweifelten Lage ehrenvollste Art ums Leben, da er den Feinden die Möglichkeit nahm, ihn nach ihrem Belieben zu töten.«

Ob es möglich ist, sich so ums Leben zu bringen? Josephus selbst scheint es für nicht sehr wahrscheinlich gehalten zu haben, denn er fügte hinzu: »Man sagt, als Phasael mit der schweren Wunde dagelegen, habe Antigonos unter dem Schein, ihn heilen zu wollen, Ärzte geschickt, die ihn mit Gift vollends aus dem Leben geschafft hätten. Ehe aber Phasael seinen Geist aufgab, hörte er von einem Weibe, daß sein Bruder Herodes den Feinden entschlüpft sei, und ging nun um so mutiger dem Tode entgegen, weil er den Rächer zurückließ, der die Macht besaß, seine Feinde zu züchtigen.«

Ob Phasael nun durch Selbstmord, durch Gift oder – die Quellen lassen auch diese Möglichkeit zu – bei einem Fluchtversuch ums Leben kam, ist letztlich nicht entscheidend. Auf jeden Fall war er bereits tot, als Herodes sich auf den Weg nach Petra machte, um vom Nabatäerkönig Geld zu holen. Mit diesem Geld wollte er Phasael, von dessen Tod er noch nichts wußte, aus der Gefangenschaft freikaufen, selbst wenn er – so Josephus – »ein Lösegeld bis zu dreihundert Talenten für ihn zahlen müsse«. Es besteht kein Anlaß, diese Absicht anzuzweifeln, über die Josephus im ›Jüdischen Krieg‹ (I, 14,1) ausführlicher schreibt:

»Herodes beschleunigte indessen seinen Marsch nach Arabien; in der Annahme, sein Bruder sei noch am Leben, drängte es ihn, Geld von dem König zu erhalten; nur damit hoffte er, die Barbaren in ihrer Geldgier zur Freilassung Phasaels umstimmen zu können. Denn auch falls sich der Araber der Freundschaft mit seinem Vater nicht mehr erinnern wolle und zu engherzig sei, ihm das Geld ohne Gegenleistung zu geben, rechnete er doch darauf, das Lösegeld von ihm leihen zu können, wenn er als Unterpfand den Sohn des Mannes anbiete, der ausgelöst werden sollte. Er hatte nämlich diesen seinen siebenjährigen Neffen mitgebracht. So war er bereit, 300 Talente zu zahlen . . . «

Dreihundert Talente waren 7860 Kilogramm Silber, also eine gewaltige Summe. Und so ist es nicht verwunderlich, daß der Nabatäerkönig Malchos sie nicht an einen Mann verlieren wollte, der vor dem Nichts stand. Wichtiger aber ist, daß Herodes damals einzig und allein an die Befreiung seines Bruders dachte, nicht aber an seine eigene Zukunft. Offenbar war er sogar bereit, diesen Betrag, den Josephus an anderer Stelle als eine alte Schuld des Nabatäers gegenüber Antipatros bezeichnet, nur zu leihen und später zurückzuzahlen; als Sicherheit wollte er Phasaels Sohn als Geisel in Petra lassen. Doch König Malchos ließ ihn gar nicht erst bis nach Petra kommen. Er schickte ihm Boten entgegen, die Herodes aufforderten, das Land sofort zu verlassen. Malchos berief sich dabei auf die Parther: Sie hätten ihn aufgefordert, Herodes aus Arabien zu vertreiben.

Daraufhin entschloß sich Herodes, der nun einsehen mußte, daß er völlig allein war, weil niemand mit ihm, einem vertriebenen Regenten, Verbindung haben wollte, die Römer um Hilfe zu bitten. Er wollte mit Antonius sprechen. Aber Antonius hielt sich schon seit einigen Monaten in Rom auf. Deswegen versuchte Herodes, so schnell wie möglich in die Hauptstadt des Römischen Reiches zu kommen. Der einzig mögliche Weg führte über Ägypten, weil alle anderen von den Parthern versperrt waren. Erst in Ägypten, wo Kleopatra ihn überaus gastfreundlich aufnahm und dem Vertriebenen sogar das Angebot machte, als Feldherr in ihre Dienste zu treten, erfuhr Herodes vom Tod seines Bruders Phasael und wohl auch von den anderen Vorgängen in Jerusalem. »Er mußte soviel Schmerz auf sich nehmen, wie er an Sorgen ablegen konnte«, schreibt Josephus, was wohl heißen soll, daß Herodes zwar sehr traurig war, sich nun aber andererseits um die Befreiung seines Bruders keine Gedanken mehr zu machen brauchte.

In dieser für ihn grundsätzlich neuen Lage mag Herodes zum erstenmal daran gedacht haben, in Rom bei den herrschenden Triumvirn für sich um die Gesamtherrschaft von Judäa, also um die jüdische Königskrone zu bitten. Genaugenommen gab es für ihn gar keine Alternative. Wenn er noch etwas erreichen wollte nach den bisherigen Fehlschlägen, wenn er – woran nicht zu zweifeln ist – auf der politischen Bühne noch weiterhin mitspielen wollte, mußte er einfach die Flucht nach vorn antreten. Denn er konnte sich ja nicht einfach als Privatmann niederlassen; das hätte Antigonos nicht mit ansehen können, weil Herodes für ihn ein viel zu großes Risiko geblieben wäre. Zwar gab es da noch das Angebot Kleopatras (wenn es ernstgemeint war), aber als ägyptischer Feldherr wäre Herodes vergleichsweise ein höherer Angestellter gewesen. Im Augenblick war er zwar noch wesentlich weniger, nämlich nichts als ein vertriebener Tetrarch, mit dem niemand etwas zu tun haben wollte, aber er glaubte an seine Chance, und er scheint die politische Situation richtig eingeschätzt zu haben.

Rom konnte sich den Einfall der Parther nach Syrien und Palästina nicht gefallen lassen. Ebensowenig konnte es einen jüdischen König dulden, den die Parther eingesetzt hatten und der sich offen als Gegner Roms erklärt hatte. Also mußte Rom für eine Änderung der im Augenblick bestehenden Verhältnisse sorgen. Für die Herrschaft über die Juden brauchte Rom einen Mann, auf den Verlaß war. Wer anders sollte in Frage kommen als Herodes, der Sohn des Römerfreundes Antipatros, der selbst seine romfreundliche Haltung immer wieder unter Beweis gestellt hatte?

Von Rom aus konnte man die Situation allerdings auch anders einschätzen. Zum Beispiel hätte man fragen können, ob die bisherige Konstruktion mit einem verhältnismäßig selbständigen Palästina, die sich ja noch keineswegs bewährt, sondern im Gegenteil immer wieder zu Unruhen geführt hatte, für die Zukunft wirklich die beste Lösung versprach. Oder ob es nicht vielleicht besser wäre, jetzt alle Ansprüche der verschiedenen Gruppen und Familien auf die Krone Davids ein für allemal abzublocken und statt eines Königs einfach einen römischen Prokurator einzusetzen. Doch wenn man schon auf bestehende Rechtsansprüche einzugehen bereit war, konnte dann Herodes überhaupt in Frage kommen? Hatten dann nicht die Hasmonäer eindeutig den Vorrang? Es mußte ja nicht Antigonos sein; ihn hätte man aus römischer Sicht als Verräter abtun können. Zwar war der einzige noch vorhandene männliche Sproß der anderen Linie der Hasmonäer noch ein Knabe, aber es lebte ja noch Alexandra, die Tochter des Hyrkanos, die Mutter von Herodes' Verlobter Mariamme; nach jüdischem Erbfolgerecht konnte die Königskrone ja auch an Frauen übergehen.

Dies alles mag Herodes bei seinen Überlegungen bedacht haben. Ob er aber auch bedachte, daß die Römer, daß zumindest Antonius, der ja längst zu Oktavian in Konkurrenz stand, die Situation noch ganz anders sehen konnten? Antonius hätte eben zu jener Zeit, da er im Osten Ruhe und Sicherheit brauchte, eine Verständigung mit den Parthern anstreben können, so wie es vor ihm schon Brutus und Cassius in ihrem Kampf gegen die Cäsar-Erben versucht hatten. Eine solche Verständigung, die durchaus im Bereich des Möglichen lag, hätte mit Sicherheit zur Folge gehabt, daß Antonius sich dann auch für Antigonos hätte entscheiden müssen. Abraham Schalit meint:

»Eine solche Möglichkeit ist dem scharfblickenden Staatsmann Herodes nicht entgangen, und offenbar hat er sofort für sein Handeln die richtigen Schlußfolgerungen gezogen. Für ihn galt es vor allem, sich schnell zu entschließen und seinem Entschluß alsbald die Tat folgen zu lassen. Er erkannte klar, daß er nach Rom zu eilen und die Triumvirn für seine Sache zu gewinnen hatte, solange Feindschaft und Krieg zwischen Antonius und den Parthern bestand; wenn er zögerte, konnte er seine Gelegenheit für immer verpassen.«

Belegen läßt sich das zwar nicht, aber es ist richtig, daß Herodes möglichst schnell nach Rom zu kommen versuchte und sich durch niemanden aufhalten ließ. Kleopatra riet ihm ab, sich zu dieser Zeit, da der Winter vor der Tür stand und auf jeden Fall mit Herbststürmen zu rechnen sei, übers Meer zu wagen. Er aber ließ sich nicht bereden, sondern fuhr so bald wie möglich von Alexandria ab. Die Überfahrt erwies sich als gefährlich. Das Schiff geriet in einen schweren Sturm. Mit knapper Not und nach Verlust seines ganzen Gepäcks kam Herodes zunächst nur bis Rhodos.

Dort spendete er trotz seiner knappen Geldmittel für den Aufbau der Stadt, die unter dem Krieg gegen Cassius stark gelitten hatte, eine große Summe, die angeblich weit über seine Kräfte ging. Dies mag zwar übertrieben sein, aber für Herodes ist es bezeichnend, daß er, obwohl selbst in ziemlicher Bedrängnis, noch spendete. Sicherlich geschah das nicht aus reiner Hilfsbereitschaft, sondern zugleich und vor allem, um Anhänger oder doch wenigstens ein gutes Image zu gewinnen, also um Politik zu machen. Walter Otto meint übrigens, Herodes habe auf Rhodos die derzeitige politische Situation Roms sondiert, um in der römischen Hauptstadt die richtigen Kreise für sich gewinnen zu können. Auch dafür mag die Geldspende von Nutzen gewesen sein.

Das Erstaunliche an der ganzen Geschichte ist indessen, daß Herodes überhaupt spenden konnte, also noch oder schon wieder Geld gehabt haben muß. Und wenig später, in Rom, konnte er ebenfalls mit Geld arbeiten, zumindest jedoch mit Versprechungen, die er später auch eingelöst hat. Herodes muß ein Finanzgenie gewesen sein. Immer wieder hat er es verstanden, zu Geld zu kommen, besonders später, als König. Freilich hatte er da die Möglichkeit, die Steuerschraube anzuziehen. Aber Steuern waren – wie noch zu zeigen sein wird – keineswegs seine einzige und nicht einmal seine Haupteinnahmequelle; mehrmals hat er die Steuern sogar senken können. Und trotzdem erwarb er sich beachtliche Reichtümer.

Von Rhodos fuhr Herodes mit einem von ihm selbst ausgerüsteten Dreiruderer nach Brundisium, einem der wichtigsten Handelshäfen Italiens, und von dort ging es auf dem Landweg in das sechshundert Kilometer entfernte Rom, wo er unverzüglich Antonius aufsuchte. Dem berichtete er nun, was sich in Judäa zugetragen hatte, wie sein Bruder Phasael von den Parthern gefangen und umgebracht worden war und daß Hyrkanos noch jetzt von ihnen gefangengehalten werde und daß die Parther Antigonos zum König eingesetzt hatten, ferner wie er selbst, Herodes, mit den Frauen aus Jerusalem »nach harten Drangsalen den Händen seiner Feinde entschlüpft« sei. Und schließlich erzählte er, »wie die Seinen jetzt infolge einer Belagerung in großer Gefahr schwebten, und wie er durch Meeresstürme und viele andere Leiden zu Antonius geeilt sei, auf den er alle seine Hoffnungen gesetzt habe und von dem allein er Hilfe erwarte«.

Nach der Darstellung im ›Jüdischen Krieg‹ (I, 14,4) war Antonius aufgrund dieser Ausführungen derart gerührt, daß er sich entschloß, Herodes zum Königstitel zu verhelfen: »Den Antonius ergriff angesichts dieser Wendung Mitleid; in Erinnerung an die Gastfreundschaft, die ihn mit Antipatros verband, vor allem aber auch wegen der persönlichen Tüchtigkeit des anwesenden Bittstellers entschloß er sich nunmehr, den zum König der Juden einzusetzen, den er selber früher zum Tetrarchen gemacht hatte. Es bestimmte ihn aber nicht weniger als das Wohlwollen gegen Herodes der Gegensatz zu Antigonos; denn diesen mußte er ja wohl als einen Aufständischen und einen Feind der Römer ansehen ...« Demnach hat Herodes lediglich ganz allgemein um Hilfe gebeten, und Antonius kam von sich aus auf den Gedanken, ihn zum König zu machen.

In den ›Jüdischen Altertümern‹ liest es sich anders. Danach – und das kommt der Wahrheit sicher näher – scheint Herodes von sich aus um die Königswürde gebeten zu haben. Da ist sogar vom »Versprechen einer Geldsumme« die Rede, die Herodes dem Antonius »für den Fall seiner Ernennung zum Könige, wie er das auch früher für seine Ernennung zum Tetrarchen getan hatte, in Aussicht stellte«.

Was Herodes hier forderte, war zugleich die Absetzung der Hasmonäer-Dynastie. Eben dies aber scheint er selber später bestritten zu haben. Josephus überliefert, ebenfalls in den »Jüdischen Altertümern‹ (XIV, 14,5), was zum Vorausgehenden nicht gut paßt: »Die Königswürde aber hatte Herodes zunächst nicht für sich erbitten wollen, weil er darauf bei den Römern, welche dieselbe nur an Personen von königlicher Abstammung zu vergeben pflegten, nicht rechnen zu dürfen glaubte, sondern er hatte sie seinem Schwager, der vom Vater her des Aristobulos, von der Mutter des Hyrkanos Enkel war, zugedacht.«

Über diese Angabe ist in der Forschung heftig gestritten worden. Einige Herodes-Biographen meinten nun wirklich, Herodes habe eben doch nicht von sich aus nach der Krone gegriffen, sie sei ihm vielmehr ohne seinen Wunsch und ohne seine Absicht zugefallen, nachdem er sie für seinen künftigen Schwager, den damals etwa zwölf Jahre alten Bruder seiner Verlobten Mariamme erbeten habe. Doch ist diese Deutung nicht haltbar, und wir können uns der Interpretation Abraham Schalits anschließen, wonach die Quelle dieser Version Herodes' eigene Memoiren sind, »in denen der König sich bemühte, sich gegen verschiedene Vorwürfe zu rechtfertigen, und dementsprechend seine Thronbesteigung als das ausschließliche Werk der Römer darstellte«. Und weiter: »Natürlich stellt diese Darstellung den wirklichen historischen Sachverhalt auf den Kopf ... Für die Römer war die Hasmonäer-Dynastie ein feindlicher Begriff. Diese Tatsache war dem Herodes sehr wohl bekannt, so daß er aus diesem Grunde allein schon sich hätte hüten müssen, den Machthabern Roms einen ihnen unbekannten Hasmonäer, mochte er auch noch im Kindesalter stehen ..., als Herrscher von Judäa vorzuschlagen.«

Ebenso leicht wie Herodes den Antonius für sich einnahm, gewann er auch Oktavian (den späteren Kaiser Augustus) für sich, ja, sagt Josephus im ›Jüdischen Krieg‹, den Oktavian »fand er noch bereitwilliger als Antonius, da Oktavian sich an die Feldzüge des Antipatros erinnerte, die er in Ägypten an der Seite seines Adoptivvaters – also Cäsars – durchgestanden hatte, an die Gastfreundschaft und an das unbeschränkte Wohlwollen; vor allem sah er auch die Tatkraft des Herodes selbst ...«. Deswegen und – so fügt Josephus in den ›Altertümern‹ hinzu, – »teils auch aus Rücksicht auf Antonius, der dem Herodes sehr zugetan war, war Oktavian gern bereit, ihm zu der erstrebten Würde zu verhelfen und die Wünsche des Bittstellers zu fördern«.

Die Erhebung zum König, zum *basileus*, konnten Oktavian und Antonius selber jedoch nicht aussprechen. Sie konnte nur durch einen Beschluß des römischen Senats erfolgen. Deshalb beriefen sie eine Sondersitzung des Senats ein, in der zwei Senatoren den Herodes vorstellten und von »den trefflichen Taten seines Vaters und von seiner eigenen Gesinnung gegen die Römer berichteten«. Zugleich wiesen sie auf die gefährliche Situation in Judäa hin, wo Antigonos, ein »Feind des römischen Volkes«, mit Rom Streit angezettelt und seine Herrscherstellung mit Hilfe der Parther angetreten habe, ohne auf die Interessen Roms Rücksicht zu nehmen. »Darauf entstand Unruhe im Senat«, schreibt Josephus im ›Jüdischen Krieg‹ (I, 14,4), »und als Antonius auftrat und erklärte, im Hinblick auf den Partherkrieg sei es vorteilhaft, wenn Herodes die Königswürde habe, da stimmten alle zu. Nach Schluß der Senatssitzung gingen Antonius und Oktavian gemeinsam heraus und nahmen dabei Herodes in die Mitte. An der Spitze des Zuges schritten mit den anderen Behörden die Konsuln, um zu opfern und den Beschluß im Kapitol zu hinterlegen. Antonius gab dem Herodes am ersten Tag seiner Königswürde ein Essen.«

Herodes war nun endlich König, ein König von Roms Gnaden. Aber er war es nur auf dem Papier, er hatte einen Titel, jenen Titel, der den jüdischen Herrschern einst von Pompeius entzogen worden war. Herodes war zugleich »Verbündeter und Freund des römischen Volkes«. Auch das war zunächst nur ein Titel. Aber es war überdies ein politisches Programm, an dem Herodes eisern festhalten sollte.

Um das Programm durchzusetzen, hatte Herodes zu dieser Zeit, am Ende des Jahres 40 v. Chr., nichts weiter als von Rom legitimierte Ansprüche. Zwar hatten die Römer ihm auch sein Land erweitert, indem sie das zwischen Judäa und Galiläa gelegene Samaria dem jüdischen Staat eingliederten. Aber auch das geschah nur auf dem Papier. In Wahrheit war Herodes, als er nach nur siebentägigem Aufenthalt Rom wieder verließ, ein König ohne Thron, ohne Land und ohne Geld.

V. Kapitel
Kampf um Krone und Land

Herodes befreit seine in Masada belagerten Verwandten · Guerillakrieg vor den Höhlen am See Genezareth · Herodes, ein »Liebling Gottes« · Heirat mit Mariamme · Mit Hilfe römischer Legionen wird Jerusalem erobert · Herodes bringt die Römer durch große Geldgeschenke dahin, auf die Plünderung der eroberten Hauptstadt zu verzichten · Die Legende von der Abschlachtung des Jerusalemer Adels

Während Herodes nach Rom gereist war, um sich dort zum König der Juden deklarieren zu lassen, war Antigonos, der seit der Flucht des Herodes aus Jerusalem den jüdischen Königsthron okkupiert hatte, bemüht, sein Regiment über das ganze jüdische Land auszudehnen und zu sichern. Mit Hilfe der Parther drang er auch in das ihm feindliche Idumäa, die Heimat der Antipatriden, ein. Er besetzte den größten Teil des Landes, auch die Stadt Marissa, die zuvor von parthischen Truppen eingenommen und weitgehend zerstört worden war. Aber es gelang ihm nicht, die Festung Masada einzunehmen, in der Herodes seine Angehörigen und achthundert Mann Besatzung unter dem Kommando seines Bruders Joseph zurückgelassen hatte. Seine Truppen belagerten die Festung, deren Insassen mit Lebensmitteln reichlich versehen waren, auch weiterhin vergeblich.

Nachdem Antigonos sich so weit nach Süden hatte locken

lassen, kündigte sich im Norden eine Wende an. Dort gelang es dem römischen Legaten P. Ventidius, die Parther aus Syrien und Palästina hinauszudrängen. Danach eilte Ventidius mit seinen Truppen nach Süden. Doch vor Jerusalem, wo Antigonos saß, machte er halt, und nach einiger Zeit zog er mit dem größten Teil seiner Truppen wieder ab, und zwar zurück nach Syrien, angeblich, um dort endgültig für Ordnung zu sorgen. Josephus behauptet, Ventidius habe sich von Antigonos durch eine große Geldsumme bestechen lassen und sei nur aus diesem Grund von Jerusalem abgezogen. Und desgleichen habe sich der von Ventidius mit einem kleinen Teil der Truppe in Judäa zurückgelassene Offizier Silo von Antigonos kaufen lassen; deswegen habe auch dieser zunächst nichts für Herodes getan.

Das ist zwar keineswegs unmöglich, denn viele römische Feldherren nahmen in den Provinzen an Geld, was sie nur kriegen konnten, und Bestechungen galten als Mittel der Politik und waren infolgedessen an der Tagesordnung. Aber vielleicht hatten Ventidius und Silo zu jener Zeit nur noch nicht die entsprechenden Anweisungen aus Rom, die Antonius ihnen nach der Rückkehr des Herodes durch den Historiker Q. Dellius zukommen ließ und denenzufolge sie den neuen König unterstützen sollten.

Herodes kam wahrscheinlich im Februar des Jahres 39 v. Chr. aus Rom zurück. Er ging in Ptolemais-Akko an Land, also an der Küste in Höhe Galiläas. Dort begann er sofort mit der Anwerbung eines Söldnerheeres, dem sich bald zahlreiche Idumäer anschlossen. Damit zog er nach Galiläa. Josephus übertreibt sicherlich, wenn er in den ›Jüdischen Altertümern‹ sagt: »Je weiter Herodes vorrückte, desto mehr wuchs seine Macht, und mit wenigen Ausnahmen stand bald ganz Galiläa auf seiner Seite.« So einfach kann es kaum gewesen sein. Immerhin sollte die Rückeroberung des ganzen jüdischen Landes drei Jahre dauern, und gerade in Galiläa wurde bis zum Schluß Widerstand geleistet. Aber Zulauf hatte er gewiß, auch aus jüdischen Kreisen; die Juden hatten die Plünderung Jerusalems durch die Parther, ihre »Befreier«, nicht vergessen, und dem

Antigonos verübelten sie, daß er die Plünderung nicht verhindert hatte.

Gegen Jerusalem wandte sich Herodes noch nicht. Sein erstes Ziel war Masada, wo er seine Verwandten befreien wollte, also seine Mutter, seine Verlobte Mariamme und deren Mutter Alexandra, ihren Bruder Aristobulos sowie seinen eigenen Bruder Joseph. Inzwischen waren sie und die achthundert Mann in Bedrängnis; sie hatten nämlich kein Wasser mehr. Joseph bereitete schon einen Ausbruch vor, in der Absicht, sich mit der Besatzung zu den Nabatäern durchzuschlagen. »Und er hätte auch voreilig die Feste verlassen«, heißt es im ›Jüdischen Krieg‹ (I, 15,1), »wenn es sich nicht so gefügt hätte, daß eben um die Nachtzeit, die für den Abzug vorgesehen war, reichlich Regen fiel. Daher füllten sich die Zisternen mit Wasser, und Joseph hatte die Flucht nicht mehr nötig. Die Belagerten rückten vielmehr von jetzt an gegen die Truppen des Antigonos aus und machten, teils in offener Gefechtsberührung, teils aus dem Hinterhalt heraus, viele nieder.«

Unterdessen hatte sich Herodes von Galiläa aus wieder an die Küste gewandt, und zog nun in Richtung Süden, um nach Masada zu kommen. Auf dem Weg dorthin mußte er zuerst die Küstenstadt Joppe einnehmen, das heutige Jaffa, um – so Josephus – »bei seinem Angriff gegen Jerusalem keine feindliche Festung im Rücken zu haben«. Von Joppe zog er direkt weiter vor die gut hundert Kilometer entfernte Festung Masada, die er – mehr sagt Josephus dazu nicht – »in kurzem Ansturm« einnahm und damit die Seinen endlich befreite.

Mit seinem Sieg über die Belagerer von Masada hatte Herodes praktisch ganz Idumäa in der Hand, und dieses Gebiet, dessen Einwohner fast immer zu den Antipatriden hielten, die ja dort zu Hause waren, gab für ihn eine bessere Operationsbasis ab als das ihm nie sehr ergebene Galiläa. Deswegen konnte er es jetzt wagen, gegen Jerusalem zu ziehen, um dort Antigonos direkt anzugreifen. Inzwischen müssen die römischen Heerführer von Rom aus endlich die Anweisung des Antonius, ihm zu helfen, erhalten haben. Jedenfalls schloß sich der Römer Silo mit seinen

Truppen dem Marsch auf Jerusalem an. Aber an einer Belagerung der Stadt wollte Silo sich dann doch nicht beteiligen; er erklärte plötzlich, seine Truppen in Winterquartiere legen zu müssen.

Über diesen plötzlichen Entschluß, der für Herodes freilich verhängnisvolle Folgen hatte, ist von den Gelehrten viel gerätselt worden. War Silo also doch und vielleicht neuerlich von Antigonos bestochen worden? Hat Antigonos jetzt versucht, sich mit den Römern zu verständigen? Eine andere Erklärung scheint realistischer: Die römischen Feldherrn hatten zwar von Antonius die Anweisung, Herodes zu unterstützen, aber was heißt das schon! Es konnte doch keinesfalls bedeuten, daß sie sich von Herodes vorschreiben lassen sollten, wann und unter welchen Bedingungen sie eine Belagerung oder einen offenen Kampf mitzumachen hätten. Ihr Hauptauftrag bestand nach wie vor im Kampf gegen die Parther; Herodes und seine Probleme blieben für sie durchaus zweitrangig.

Ohne aktive römische Hilfe konnte Herodes die Belagerung Jerusalems aber nicht durchhalten. Es half ihm auch nichts, daß er den Einwohnern Jerusalems Befreiung und seinen ehemaligen Gegnern eine Generalamnestie versprach: »Herodes ließ rings um die Stadtmauer bekanntmachen, er sei zum Wohl des Volkes und der Stadt gekommen und wollte nicht einmal seinen erklärten Feinden etwas zuleide tun, sondern selbst seinen erbittertsten Gegnern Vergessenheit für ihre begangenen Verfehlungen zusichern.«

Herodes mußte die Belagerung Jerusalems abbrechen, was sich natürlich als ein harter Rückschlag ausnahm. Erschwerend kam für ihn hinzu, daß er die römischen Truppen des Silo, die nun ins Winterquartier gingen, verpflegen mußte. Vermutlich tat er dies, um einen Abzug der Römer zu verhindern. »Für ihren Unterhalt werde er schon sorgen«, soll er nach den ›Jüdischen Altertümern‹ (XIV, 15,3) erklärt haben, »und ihnen mit Leichtigkeit alle geforderten Lebensmittel liefern. Und sogleich zog er in die Umgebung und benahm dem Silo jeden Grund, sich zu entfernen, da er eine solche Menge Lebensmittel mitbrachte, wie niemand sie erwartet hätte. Außerdem trug er seinen Freunden in Samaria auf, Getreide, Wein, Öl, Vieh und alle sonstigen Lebensmittel vor Jerusalem zu bringen, damit Silos Soldaten keinen Mangel zu leiden brauchten.«

Daß Herodes Organisationstalent besaß, ist nicht zu bezweifeln; es gibt dafür noch weitere Beweise. Als Antigonos von den Verpflegungskarawanen hörte, schickte er Stoßtrupps aus, die die Karawanen angreifen und abfangen sollten. Dagegen mußte wieder Herodes etwas unternehmen, und so konnte er seine eigenen Truppen nicht wie die Römer in Winterquartiere legen. Dazu war er indessen ohnehin viel zu ungeduldig. »Alle Untätigkeit war ihm zuwider«, sagt Josephus.

Während Herodes seinem Bruder Joseph mit zweitausend Soldaten den Schutz Idumäas überließ, führte er selbst einen Winterfeldzug in Richtung Norden, nahm Jericho ein, besetzte ganz Samaria, wo er seine Mutter, Mariamme und Alexandra in Sicherheit brachte, und machte sich dann ein zweites Mal an die Eroberung Galiläas. Vor der Stadt Sepphoris geriet er mit seiner Truppe in heftiges Schneegestöber, doch konnte er die Stadt leicht einnehmen, weil die gegnerische Besatzung geflohen war. Und hier gönnte er seinen Truppen, die »vom Winter böse mitgenommen waren«, eine kurze Erholungspause, zumal in der Stadt Lebensmittel reichlich vorhanden waren.

Anschließend scheint es ihm gelungen zu sein, die in Galiläa stehenden Truppen des Antigonos zu vertreiben. Doch blieben noch lange Zeit versprengte Truppenteile im Land, die als Guerillabanden weiterkämpften. Josephus spricht da wieder – wie einst bei Ezechias und seiner Bande – von »Räubern«. Sie zogen sich schließlich in Felsenhöhlen in der Nähe des Sees Genezareth zurück. Erst im Frühjahr 38 v. Chr. hat Herodes sich nach äußerst harten Kämpfen dieser Zufluchtstätte bemächtigen können. »Diese Höhlen«, heißt es im ›Jüdischen Krieg‹ (I, 15,4), »lagen in steilen Bergabhängen und waren von nirgends her unmittelbar zugänglich; sie hatten nur schräge, sehr enge Einstiegsmöglichkeiten. Die Felsmasse, an der sich ihre Eingänge befanden, fiel in sehr tiefe Schluchten ab, steil und zerklüftet.

Der König war deshalb lange Zeit infolge der Unzugänglichkeit des Geländes in Verlegenheit, schließlich kam er auf einen freilich sehr gefährlichen Einfall. Er befahl nämlich, die stärksten seiner Leute in Kästen an Seilen herabzulassen, und verschaffte ihnen dadurch den Zugang zu den Öffnungen der Höhlen. Diese Krieger machten dann die Räuber samt deren Familien nieder und schleuderten Feuerbrände auf die, welche sich zur Wehr setzten.«

Daß es sich bei den »Höhlenbewohnern« nicht um Räuber, sondern um Guerillas handelte, geht schon daraus hervor, daß Herodes offenbar daran interessiert war, diese Kämpfer für sich zu gewinnen, statt sie töten zu lassen. Doch ist ihm das wohl nicht oft gelungen: »Herodes wollte einige von diesen auch gern am Leben erhalten und ließ sie deshalb durch Heroldsruf auffordern, sie sollten zu ihm heraufkommen. Niemand aber ergab sich freiwillig, und von denen, die dazu genötigt wurden, zogen viele den Tod der Gefangenschaft vor. Damals aber wurde einer von den Alten, Vater von sieben Söhnen, von diesen Söhnen samt der Mutter um Erlaubnis gebeten, auf die Zusage der Begnadigung hin herauszugehen; da tötete der Vater sie auf folgende Weise: Er befahl ihnen, einzeln hervorzukommen, und stellte sich selbst an den Eingang der Höhle und stieß den von den Söhnen, der jeweils hervorkam, nieder. Herodes, der das von fern sah, wurde von Mitleid ergriffen, streckte dem alten Mann seine Rechte entgegen und redete ihm zu, seine Söhne doch zu schonen. Auf jenen aber machte keines seiner Worte Eindruck, sondern im Gegenteil, er schmähte den Herodes noch wegen seiner niedrigen Herkunft, tötete außer den Söhnen auch sein Weib, warf die Leichen in den Abgrund und stürzte sich selbst hinterher.«

Diese von Josephus überlieferte Heldenerzählung, die sich wohl so kaum zugetragen hat, soll zeigen, wie der Krieg, je länger er dauerte, an Härte, Fanatisierung und Brutalität zunahm. Dabei zeichnete sich nach mehr als einjährigem Kampf eine Entscheidung noch keineswegs ab. Fast jedem Sieg folgten Rückschläge, die alles wieder in Frage stellten. Als Herodes nach seinen Erfolgen über die Guerillas am See Genezareth Galiläa verließ, um offensiv gegen Antigonos vorzugehen, erhob sich Galiläa sofort wieder gegen ihn. Auch in Judäa war nichts gesichert. Und selbst in Idumäa begann es zu gären, nachdem Joseph sich von Antigonos in eine Falle hatte locken lassen und bei Jericho geschlagen worden und selber im Kampf gefallen war. Josephus sagt, Antigonos habe »es sich an dem Sieg über Joseph nicht genügen« lassen: »Er verstieg sich vielmehr in seinem Zorn so weit, sich an dem Leichnam Josephs zu vergreifen: als er nämlich die Leiche in seiner Gewalt hatte, ließ er ihm das Haupt abschneiden, obwohl sein Bruder Pheroras als Lösegeld für das Haupt 50 Talente bot.«

Herodes hielt sich zu jener Zeit weit im Norden auf, und zwar vor Samosata am Euphrat, wo er seinen alten Gönner Antonius, der endlich wieder nach Vorderasien gekommen war, um Hilfe bitten wollte. Er hatte einsehen müssen, daß er auf dem bisherigen Weg nicht weiterkam, da sein Anhang im jüdischen Volk eben doch zu gering war. Dies zeigte sich jetzt wieder, nach Josephs katastrophaler Niederlage. Als Herodes davon und vor allem von den neuerlichen Aufständen hörte, eilte er sofort zurück. Zuvor aber hatte er bei Antonius erreicht, daß dieser den neuen Statthalter Syriens, C. Sosius, beauftragte, ihn energisch zu unterstützen. Und dies brachte für Herodes nun endlich die längst ersehnte Wende.

Für seine neuen Operationen wurden ihm nämlich zwei römische Legionen zur Verfügung gestellt. Mit ihrer Hilfe konnte Herodes Galiläa rasch zurückerobern. Dann rückte er in Judäa ein und marschierte gegen Jericho, wo damals die Hauptmacht des Antigonos lag, an dem er – wie Josephus sagt – den Tod seines Bruders Joseph rächen wollte. Es ist gewiß kein Zufall, daß Josephus an eben dieser Stelle (J. A. XIV, 15,11), die an den Tod Josephs erinnert, Herodes als einen »Liebling Gottes« darstellt, dem ein so früher Tod nicht zugedacht sein konnte:

»Sobald Herodes hier sein Lager aufgeschlagen hatte, lud er seine Heerführer zum Mahle ein. Nach beendigter Tafel aber entließ er seine Gäste und zog sich in sein Schlafgemach zurück. Aus dem, was dann folgte, kann man das Wohlwollen Gottes gegen den König erkennen. In dem Speisezimmer nämlich stürzte die Decke ein; doch wurde, weil dasselbe bereits leer war, niemand getötet. Hierin erblickte man allgemein einen Beweis dafür, daß Herodes ein Liebling Gottes sei, da er einer so großen und unversehenen Gefahr entgangen war.«

Zwar wurde Herodes am nächsten Tag, als seine Umgebung von einer Schar Leichtbewaffneter angegriffen wurde, von einem Speer in die Seite getroffen, aber im Grunde galt auch diese leichte Verwundung als Beweis seiner Auserwähltheit. Und endgültig gewann Herodes »den Ruf, besonders mit göttlicher Huld begnadet zu sein«, wenig später, nachdem er bei Isana nach blutigen Kämpfen einen entscheidenden Sieg errungen hatte. Da geriet er nämlich, als er ein Bad nahm, ein drittes Mal »in die größte Lebensgefahr, aus der er abermals durch Gottes Fürsorge entkam«. Im ›Jüdischen Krieg‹ (I, 17,7), wo Josephus die Auserwähltheit des Herodes genausosehr betont wie in den ›Altertümern‹, wird das so geschildert:

»Noch heiß vom Kampf ging Herodes gleich einem einfachen Soldaten zum Baden; nur ein Bedienter folgte ihm. Und ehe er noch den Baderaum betrat, stürzte vor seinen Augen einer von den Feinden, das Schwert in der Hand, dort heraus, dann ein zweiter und dritter, danach noch mehrere. Sie hatten sich aus dem Kampf mit ihren Waffen in den Baderaum geflüchtet. Als sie aber – bis dahin vor Angst gelähmt und im Versteck verkrochen – den König erblickten, da war es mit ihrer Erstarrung zu Ende, sie rannten an ihm, der ganz unbewaffnet war, zitternd vorbei und entwichen zu den Ausgängen. Von den anderen war zufällig niemand anwesend, der die Männer hätte gefangennehmen können; dem Herodes aber genügte es, mit heiler Haut davongekommen zu sein ...«

Ob es sich – was freilich keineswegs unmöglich wäre – wirklich so zugetragen hat, mag dahingestellt bleiben. Auf jeden Fall sollen diese Geschichten das steigende Ansehen verdeutlichen, das Herodes jetzt zuteil wurde. Im wesentlichen erwuchs es freilich aus seinen militärischen Erfolgen, die die römischen Legionen ihm einbrachten. Diese Berufskrieger, bei denen es sich keineswegs nur um Römer im eigentlichen Sinne handelte, sondern in der Mehrheit um angeheuerte »Barbaren«, also zum Beispiel Germanen, Parther, Perser, führten den Krieg sehr viel härter, ja radikaler als die weniger gut ausgerüsteten Truppen des Herodes, und sie gingen sehr viel rücksichtsloser vor. Dadurch kam es bei und in Isana zu blutigen Szenen, die dann auf das Konto des Herodes verbucht wurden. In den ›Jüdischen Altertümern‹ (XIV, 15,12) hat Josephus ein solches Gemetzel, bei dem offenbar keine Gefangenen gemacht wurden, geschildert:

»Weil aber alle Häuser mit bewaffneten Feinden angefüllt und viele sogar auf die Dächer gestiegen waren, ließ Herodes die Häuser förmlich erobern und die Dächer abdecken, worauf sich dann die unteren Räume mit Soldaten gefüllt zeigten. Diese ließ er nun durch von oben hineingeworfene Felsblöcke haufenweise zermalmen, so daß sich im ganzen Verlauf des Krieges kein so gräßlicher Anblick dargeboten hatte als die ungeheuren Mengen von Leichen, welche außerhalb der Stadtmauer angehäuft wurden. Dieses Blutbad brach den Mut der Feinde ...«

Der Sieg bei Isana, wohin die Gegner sich von Jericho aus zurückgezogen hatten, brachte die Wende. Und hier hat Herodes auch seinen Bruder Joseph gerächt, indem er nämlich dem Hauptbefehlshaber von Antigonos' Truppen, der bei den Kämpfen getötet worden war und der einige Wochen zuvor am Tode Josephs und der Mißhandlung von dessen Leiche beteiligt gewesen sein soll, den Kopf abschlagen ließ.

Und dann zog Herodes langsam in Richtung auf das nur 35 Kilometer entfernte Jerusalem weiter, um nun endlich den letzten Schlag gegen Antigonos vorzubereiten, dessen Herrschaftsgebiet jetzt auf die Hauptstadt und deren unmittelbare Umgebung zusammenschrumpfte. Genau drei Jahre waren vergangen, seit Herodes in Rom zum König ernannt worden war. Es stand also wieder ein Winter vor der Tür, und deswegen begann Herodes noch nicht sofort mit der Belagerung Jerusalems. Er wollte die Stadt, wenn es soweit war, von Norden angreifen, wie es einst auch der Römer Pompeius getan hatte; dort war die Mauer am schwächsten. Die Belagerung begann er im Februar des Jahres 37 v. Chr. Er ließ Wälle aufwerfen und darauf Türme bauen.

Während dieser Arbeiten verließ Herodes für eine Zeit seine Truppe und begab sich nach Samaria, um endlich Mariamme zu heiraten, mit der er nun schon gut drei Jahre verlobt war. »So erlaubte er sich die Hochzeit neben der Belagerung«, sagt Josephus, »denn er fühlte sich seinen Feinden schon überlegen.«

Dazu hatte er zu jenem Zeitpunkt freilich auch Grund. Denn die ihm vor Jerusalem zur Verfügung stehende Streitmacht war gewaltig. Und er brachte, als er von seiner Hochzeit in Samaria zurückkam, noch weitere Truppen mit. Nach Josephus, dessen Zahlenangaben allerdings grundsätzlich mit größter Skepsis gelesen werden müssen, lagen vor Jerusalem elf römische Legionen schwerbewaffneten Fußvolks und sechstausend Reiter. Da eine Legion aus etwa sechstausend Soldaten bestand, müßten die römischen Truppen also auf siebzigtausend Mann gekommen sein. Hinzu kam noch die Armee des Herodes, die dreißigtausend Mann stark gewesen sein soll. Demnach müßten also insgesamt hunderttausend Mann vor Jerusalem gelegen haben. Doch das ist mit Sicherheit erheblich übertrieben. Es ist unwahrscheinlich, daß Rom überhaupt im Osten so viele Legionen unterhielt. Auch ist es kaum vorstellbar, zu damaliger Zeit eine solche Armee über einen so langen Zeitraum zu verpflegen, noch dazu – wie Josephus behauptet – so, »daß die Belagerer Überfluß an allem Notwendigen hatten«. Aber man darf wohl mit Sicherheit davon ausgehen, daß die Belagerer den Belagerten zahlenmäßig erheblich überlegen waren, übrigens auch technisch. Die römischen Truppen wurden von Sosius befehligt, dem Statthalter von Syrien.

Trotz der großen Übermacht der Belagerer und trotz gewaltiger Anstrengungen ihrerseits hat sich Jerusalem gute fünf Monate gehalten. Für Antigonos und den sadduzäischen Adel war es ein Kampf um Sein oder Nichtsein. In einer Kapitulation sahen sie für sich keine Rettung, da sie auf freien Abzug nicht rechnen konnten. Übrigens standen nicht alle Einwohner Jerusalems geschlossen hinter ihnen: Die maßgeblichen Thoragelehrten waren dafür, Herodes, in dem sie allerdings die göttliche Zuchtrute sahen, die Stadt zu übergeben. Aber sie hatten so gut wie keinen Einfluß. Alles in allem leisteten die Belagerten, die noch dazu unter Mangel an Verpflegung litten, Widerstand bis zum Äußersten. Und so wurde dieser Kampf um Jerusalem nach Josephus' Beschreibung so blutig wie kaum ein anderer in der ganzen jüdischen Geschichte.

Nach vierzigtägiger Belagerung wurde die äußere Mauer bezwungen, nach weiteren fünfzehn Tagen auch die zweite, die schon innerhalb der Stadt lag und weniger stark befestigt war. Die Belagerten gaben aber noch keineswegs auf, sondern zogen sich in die Oberstadt und in das innere Tempelgebiet zurück, wo sie sich noch einige Zeit halten konnten.

Unterdessen hatte Herodes schon seit dem ersten Eindringen in die Stadt große Sorgen mit seinen Bundesgenossen, weil sie gegen die Einwohner zu hart vorgingen. Josephus schreibt im ›Jüdischen Krieg‹ (I, 18,2): »Als die Heeresmacht (der Römer) überall einflutete, herrschte tausendfacher Mord, da die Römer über die lange Dauer der Belagerung wütend waren und die jüdischen Truppen des Herodes alles daransetzten, jeden Widerstand zu brechen. Reihenweise wurden die Besiegten in den engen Gassen, zusammengedrängt in den Häusern und auf der Flucht zum Tempel, hingeschlachtet. Weder für die Kinder noch für das Alter noch für die schwachen Frauen gab es Erbarmen, sondern obwohl der König überall herumschickte und zur Schonung aufrief, ließ niemand die Hand sinken, vielmehr hieben sie wie wahnsinnig auf jedes Alter ein . . . «

Noch schlimmer wurde es, nachdem auch die Oberstadt und der Tempelbezirk erobert worden waren. Herodes hatte größte Mühe, die Eroberer davon abzuhalten, in den Tempel einzudringen, um das Allerheiligste zu sehen; damit wäre der Tempel entweiht worden, und alle heiligen Geräte hätten erneuert werden müssen. Herodes habe die Fremden teils durch Bitten, teils durch Drohungen, teils sogar mit Waffengewalt zurückgehalten, sagt Josephus, »da er seinen Sieg schimpflicher als eine Niederlage angesehen haben würde, wenn die Fremden etwas angeschaut haben würden, das selbst den Juden zu sehen untersagt war«.

Ebenso hat Herodes versucht, die Plünderung der Stadt zu verhindern. Das war jedoch weitaus schwieriger. Mehrmals beschwerte er sich bei Sosius, dem Befehlshaber der römischen Truppen, doch der Römer war der Meinung, daß man seinen Soldaten nach so langer Belagerung das Recht zum Plündern nicht verwehren könne. Daraufhin versprach Herodes, jedem einzelnen Soldaten, der aufs Plündern verzichtete, zum Ausgleich aus seinem eigenen Vermögen Geld zu geben. »So kaufte er den noch verschont gebliebenen Teil der Vaterstadt los«, sagt Josephus, »und er erfüllte sein Versprechen. Üppig beschenkte er nämlich jeden Soldaten, entsprechend die Anführer und wahrhaft königlich den Sosius selbst, so daß niemand mittellos abzog.« Woher Herodes so viel Geld nehmen konnte, bleibt indessen unklar. Es sei denn, man bringt diese Stelle mit der späteren Bemerkung des Josephus zusammen, in der es heißt: »Nach der Einnahme Jerusalems raffte Herodes alle königlichen Kleinodien zusammen, plünderte dazu auch noch die Reichen aus und gewann auf diese Weise eine große Menge Silber und Gold . . . «

Als die Römer Jerusalem verließen, nahmen sie Antigonos, den letzten Hasmonäer-König, der bei den Römern vergebens um Gnade gebeten hatte, als Gefangenen mit. Wenig später ließ Antonius ihn hinrichten. Daß er dazu von Herodes mit einer großen Geldsumme bestochen worden sei, gehört zur Legende; Herodes besaß nun wirklich kein Geld mehr.

Aber den Königsthron hatte er endlich erobert. Das geschah im Juli des Jahres 37 v. Chr. Herodes war zu der Zeit Mitte Dreißig. Zehn Jahre waren vergangen, seit sein Vater ihn als Statthalter von Galiläa eingesetzt hatte. Es waren harte Jahre gewesen, voll bitterer Enttäuschungen und immer neuer Rückschläge nach zähen, langwierigen Kämpfen, die seinen Vater und seine Brüder Phasael und Joseph das Leben kosteten. Es waren Jahre der Rastlosigkeit, ohne Zeit für ein persönliches, privates Glück, Jahre ohne Anerkennung, ohne wirkliche Bestätigung. Zwar stand nun am Ende ein Sieg, zwar hatte Herodes endlich den Thron, auch das Land, aber ein Grund zum Jubeln war es dennoch nicht. Herodes wird deutlich erkannt haben, daß die folgenden Jahre für ihn kaum weniger schwer sein würden.

Die Mehrheit der Juden sah in ihm den Usurpator von Roms Gnaden, dessen Königtum mit dem Gesetz schlechterdings nicht in Übereinstimmung gebracht werden konnte. Die Thora verbot dem jüdischen Volk klipp und klar, »einen König über dich zu setzen, der nicht dein Bruder ist«, und an anderer Stelle: »Einen fremden Mann darfst du nicht über dich setzen.« Herodes war kein Bruder, das heißt kein von einer israelitischen Mutter geborener Israelit. Nach dem Gesetz war und blieb Herodes ein Fremder.

Wer sich an das Gesetz hielt, konnte darüber nicht hinwegsehen. Und viele hielten sich an das Gesetz, selbst dann, wenn es hinderlich war. Josephus klagte über die Nöte dieser ersten Jahre unter Herodes, über die Plackereien, die kein Ende nehmen wollten, vor allem, »weil das Land in diesem Jahre unbebaut liegen bleiben mußte, da es ein Sabbatjahr war, in welchem es uns nicht gestattet ist, das Land zu bestellen«. Hatte der Halbjude Herodes überhaupt eine Chance, die Juden für sich zu gewinnen?

Versuchen mußte er es. Und es ist ihm zuzugestehen, daß er es über viele Jahre hin, ja, bis ans Ende seines Lebens immer wieder versucht hat. Zugleich mußte er aber gerade den Juden gegenüber von Anfang an mit großer Entschiedenheit auftreten, um seine Herrschaft zu sichern. Auch dies hat er getan. Ob er dabei jedoch so brutal vorging, wie es oft und neuerdings von Abraham Schalit dargestellt wurde, ist zumindest fraglich. Abraham Schalit meint, der scharfsinnige Herodes sei aufgrund dessen, was sich im römischen Bürgerkrieg sowie in einer Reihe hellenistischer Staaten an Machtkämpfen abgespielt habe, zu der Überzeugung gekommen, die Adelspartei und die Reste der

Hasmonäer durch ein großes Blutbad ausrotten zu müssen. Und das habe Herodes dann wirklich getan, indem er die Mitglieder des Synedrion, des obersten jüdischen Gerichts, liquidierte. Zwar habe er vielleicht nicht – wie Josephus es einmal angibt – bis auf nur einen Mann sämtliche Mitglieder umbringen lassen, aber von den möglicherweise siebzig oder einundsiebzig mit Sicherheit die meisten. Andere Forscher haben das – wie ich meine zu Recht – bezweifelt.

Die Quelle für den angeblichen Mord an den Mitgliedern des Synedrion ist Josephus. Aber Josephus erzählt davon nicht im Zusammenhang mit Herodes' Regierungsantritt, obwohl es doch zu dieser Zeit das Entsetzlichste und Grausamste gewesen wäre, sondern er hat es an anderer Stelle behauptet, die zehn Jahre zuvor spielt, nämlich bei Herodes' erstem Auftreten vor dem Synedrion, nachdem er Ezechias und seine Bande hatte hinrichten lassen. Damals hatte (wie S. 68 erwähnt) ein Mann namens Sameas das Synedrion vor einem Freispruch des Herodes gewarnt, und zwar mit der Begründung, Herodes werde sich für einen Freispruch nicht etwa dankbar erweisen, sondern er werde im Gegenteil den König und das Synedrion noch »dafür züchtigen«. Dem fügte Josephus dann hinzu: »Diese Worte gingen auch wirklich in Erfüllung. Denn als Herodes später König geworden war, ließ er alle Mitglieder des Gerichtshofes samt Hyrkanos umbringen, mit alleiniger Ausnahme des Sameas . . . «

Diese Darstellung ist nichts als eine literarische Ausschmükkung. Wenn Herodes wirklich nach seiner Thronbesteigung das gesamte Synedrion-Kollegium hätte umbringen lassen, dann wäre Josephus im chronologisch richtigen Zusammenhang mit Sicherheit ausführlich darauf eingegangen; daß er es nicht tat, daß also in der breiten Schilderung der Eroberung Jerusalems und der Vorgänge unmittelbar danach von einem so himmelschreienden Ereignis nicht die Rede ist, spricht allein schon gegen die Annahme, daß es überhaupt stattgefunden haben könnte. Ebensowenig ist in anderen Quellen und bei anderen Gelegenheiten von einer solchen Liquidierung die Rede, auch nicht in jenen Klagen, die ja immer wieder von Herodes-Gegnern bei den Römern vorgebracht wurden. Überdies ist es schließlich kaum vorstellbar, daß Herodes, der noch keineswegs fest im Sattel saß und vor allem auf Zusammenarbeit angewiesen war und den man als scharfsinnig, klug, diplomatisch charakterisiert hat, eine solche Abschlachtung für angebracht, ja, nur für möglich gehalten haben könnte. Ein solches Vorgehen wäre viel zu riskant gewesen.

Wohl aber ließ Herodes bei seinem Regierungsantritt, so Samuel Sandmel, »einige der führenden Männer hinrichten«. Auch diese Aussage geht auf Josephus zurück, der im ›Jüdischen Krieg‹ schreibt: »Die Parteigänger des Antigonos ließ er hinrichten.« Damit konnten natürlich nicht alle Anhänger des Antigonos gemeint sein, und in den ›Jüdischen Altertümern‹ ist dann von fünfundvierzig die Rede. Aber auch diese Zahl muß man nicht wörtlich nehmen.

Nach Samuel Sandmel ist es sogar unwahrscheinlich, daß Herodes das Synedrion auch nur außer Funktion gesetzt hat. Sandmel meint, Herodes habe dessen Befugnisse auf den rein religiösen Bereich beschränkt. Aufgabe des Synedrion war es ja in erster Linie, aufgrund der Thora die Gesetze zu interpretieren. Deswegen konnten nur Kenner der Thora ins Synedrion kommen. Da ihre Qualifikation nicht vom sozialen Stand abhing, konnten dem Synedrion Priester, Aristokraten und auch Leute aus niedrigeren sozialen Schichten angehören. Am Anfang der Regierungszeit des Herodes saßen auch ordinierte Schriftgelehrte aus der Diaspora im Synedrion. Nach rabbinischer Tradition konnte der Hohepriester Mitglied des Synedrion sein, nicht aber der König.

Für Herodes bedeutete diese rabbinische Vorschrift insofern eine Beschränkung, als er infolge seiner idumäischen, nicht priesterlich-jüdischen Abstammung anders als die Hasmonäer das wichtige und einträgliche Amt des Hohepriesters nicht mit der Königswürde vereinigen konnte. In der Zeit nach dem makkabäischen Aufstand, als alle hellenistischen Einflüsse und Neuerungen wieder abgeschafft wurden, wurde der Hohepriester zur Verkörperung der ganzen jüdischen Nation: Er war der Führer, begabt mit all dem geistlichen Ansehen und der Bedeutsamkeit einer geheiligten Tradition. In jener Zeit, also unter den Hasmonäern, wurde sein Amt erblich. Und dann nahm – wie wir oben bereits gezeigt haben – der Hohepriester Johannes Hyrkanos zu all seiner Machtfülle auch noch den Königstitel an. Diese Vereinigung von geistlicher und weltlicher Macht hielten viele für illegitim, etwa die Pharisäer, die immer wieder die Trennung der Gewalten forderten, vor allem die Essener sowie die Gründer der Qumran-Gemeinde. Die Angehörigen dieser sehr frommen Priestersekten lehnten deswegen die Hasmonäer-Herrschaft konsequent ab; sie nahmen nicht mehr am Jerusalemer Tempelkult teil und zogen sich in die Wüste zurück.

Der letzte Hasmonäer, der zugleich Hohepriester und König gewesen war, war Antigonos. Seit seinem Tode war das Hohepriesteramt vakant. Antigonos' Vorgänger, Hyrkanos, lebte zwar noch, aber als Gefangener der Parther. Sie behandelten ihn gut und ehrenvoll und ließen ihn, als er und Herodes es wünschten, nach Jerusalem zurückkehren, aber für das Amt des Hohepriesters kam er nicht mehr in Frage, seit Antigonos ihm die Ohren hatte abschneiden lassen. Als Herodes nun einen neuen Hohepriester einsetzte, nahm er nicht etwa einen Priester aus Jerusalem, einen Angehörigen des alten sadduzäischen Adels, sondern einen aus Babylonien oder aus Ägypten stammenden Juden namens Ananel, der aus einer unbedeutenden Priesterfamilie kam. In ihm hatte Herodes einen schwachen Hohepriester, der nichts gegen ihn ausrichten konnte.

Aber ein Gewinn war dies dennoch nicht. Denn die Einsetzung dieses Hohepriesters hat viele einflußreiche Leute verärgert, vor allem natürlich die Jerusalemer Priesterschaft, die sehr alte Ansprüche darauf zu haben glaubte, daß der Hohepriester ihren Reihen entstammte. Schlimmer aber war der Ärger, der darüber in Herodes' eigener Familie entstand. Denn damit nahmen die endlosen Streitereien im Herodes-Klan ihren Anfang, die schließlich zur Tragödie führten.

VI. Kapitel
Familienstreit und Ärger mit Kleopatra

Was Alexandra, die Schwiegermutter des Herodes, nicht hinnehmen wollte · Eine Sex-and-Crime-Geschichte des Josephus, die bis heute geglaubt wurde · Die angebliche Ermordung des Hasmonäers Aristobulos war wahrscheinlich ein Unfall · Der erste Geheimbefehl, Mariamme zu töten, wurde nicht gegeben · Kleopatra fordert das jüdische Königreich für sich · Josephus behauptet, Herodes habe Kleopatra ermorden lassen wollen · Geschäfte mit Balsam und Bitumen

Daß Herodes zu Beginn seiner Regierung den aus dem Ausland stammenden Ananel zum Hohepriester machte, ist – wie so vieles, was Herodes tat –, im nachhinein mit finstersten Motiven erklärt worden. So wurde die Besetzung des Hohepriesteramts mit diesem unbekannten Außenseiter, die in der Folge zu politischen und familiären Problemen führte, nicht nur als gezielter Schlag gegen den Jerusalemer Adel mißverstanden. Die meisten Historiker haben darin noch sehr viel mehr sehen wollen, nämlich die bewußte Einleitung einer feindseligen Politik gegen die Angehörigen des Hasmonäer-Hauses, also gegen die Verwandten seiner Frau Mariamme. Sie begründeten ihre Interpretation – bei der sie bedenkenlos Josephus folgen – mit dem Hinweis darauf, daß Herodes den Hasmonäer Aristobulos, den Bruder seiner Frau, der auf das Amt des Hohepriesters Erbansprüche hatte, schlichtweg übergangen habe. Herodes habe also – so wurde immer wieder behauptet – schon zu dieser Zeit ganz systematisch begonnen, die letzten Hasmonäer auszuschalten, mit dem eigentlichen Ziel, sie alle auszurotten. Auch Abraham Schalit vertritt diese Ansicht, während Walter Otto in diesem Akt »noch keine prinzipielle Gegnerschaft des Herodes gegen die hasmonäische Familie« sah.

Wie so oft muß auch hier nach der möglichen Alternative gefragt werden, die für Herodes bestand: Hätte denn Herodes seinen Schwager zum Hohepriester einsetzen können? Die Antwort ist ein klares Nein. Denn Herodes hätte damit gegen das Gesetz verstoßen, weil Aristobulos zu jener Zeit erst fünfzehn oder höchstens sechzehn Jahre alt war und wegen seiner Minderjährigkeit für das Amt des Hohepriesters noch gar nicht in Frage kam. Etwa zwei Jahre später, als dieses Hindernis nicht mehr bestand, zumindest nicht mehr in solcher Offensichtlichkeit, hat Herodes den Aristobulos zum Hohepriester gemacht und den Ananel wieder abgesetzt.

Aber man hat – darin wieder Josephus folgend – gesagt, Herodes habe dies nur unter Druck getan, aufgrund einer Intervention Kleopatras, bei der Alexandra, die Mutter des Aristobulos, sich für die Ernennung ihres Sohnes verwandt hatte. Dennoch kann diese Ernennung ursprünglich durchaus in Herodes' Absicht gelegen haben. Eben deswegen mag er zunächst den unbekannten Ananel zum Hohepriester gemacht haben, den er – wenngleich auch dies gegen das Gesetz verstieß – leicht wieder absetzen konnte; einen Angehörigen der alten Jerusalemer Adelsfamilien wäre der König kaum so einfach wieder losgeworden. Es ist nicht nur denkbar, sondern sogar wahrscheinlich, daß Herodes die beleidigende Hintansetzung der Jerusalemer Priesterschaft, die ja alles andere als politisch klug war, nur deswegen gewagt hat, weil er seinem Verwandten die Würde des Hohepriesteramts erhalten wollte. Er selbst hat es jedenfalls so dargestellt: Er habe Ananel nur als »Treuhänder« für dieses Amt eingesetzt, weil Aristobulos noch zu jung gewesen sei.

Aber wer glaubt schon dem Herodes! Die Tradition folgte

Josephus, der hier, in den ›Jüdischen Altertümern‹, nicht aber im ›Jüdischen Krieg‹, seinerseits einer herodesfeindlichen Quelle gefolgt sein dürfte, die den König von Anfang an als mordlustigen Halunken darzustellen versucht hat. Andererseits aber konnte Josephus nicht verbergen, wie sehr Herodes gerade in diesen Jahren bemüht war, die Verbindung zur Familie seiner Frau zu festigen und zu vertiefen. Die Ehe mit Mariamme, aus der bald zwei Söhne hervorgingen, denen später noch zwei Töchter und ein dritter Sohn folgten, war noch intakt, und es ist bezeichnend, daß Herodes den beiden älteren Söhnen Namen aus der hasmonäischen Familie gab, nämlich Alexandros und Aristobulos. Auch heiratete Herodes' jüngster Bruder, Pheroras, eine Hasmonäerin. Und Herodes ließ dem aus parthischer Gefangenschaft heimgekehrten Hyrkanos eine – so Walter Otto – »besonders ehrenvolle Behandlung« angedeihen.

Dies sagt, in den ›Jüdischen Altertümern‹ (XV, 2,4), auch Josephus: »Herodes empfing Hyrkanos höchst ehrenvoll, räumte ihm in den Versammlungen und bei Gastmählern den ersten Platz ein, nannte ihn seinen Vater ... « Aber Josephus tut so, als sei dies alles nur Verstellung gewesen; Herodes habe den Hyrkanos nur mit tückischer List aus parthischer Gefangenschaft nach Jerusalem gelockt, um ihn in seine Gewalt zu bekommen und ihn bei der erstbesten Gelegenheit umbringen zu lassen. Was immer Herodes tat, von nun an wurden ihm grundsätzlich nur noch hinterlistige, mörderische Absichten unterstellt. Doch zeichnet Josephus dabei zugleich das Bild eines Mannes, der fast krankhaft an seinen Verwandten hängt und sich ein Leben lang nach Liebe und Verständnis sehnt, sich aber immer nur mißverstanden, verraten und schließlich gar verfolgt sieht. Der so diplomatisch veranlagte Herodes ist mit den Spannungen und Streitereien in der eigenen Familie nie fertig geworden.

Vielleicht war das auch gar nicht möglich, da dieser aus zwei Familien zusammengesetzte Klan mit den ständigen Eifersüchteleien, Verleumdungen, Intrigen, mit Neid, Überheblichkeit und Arroganz und allen möglichen Komplexen im königlichen

Palast beisammenhockte, wobei jeder jeden belauerte. Da waren Herodes und sein Bruder Pheroras mit ihren Hasmonäer-Frauen, da wohnten Herodes' Mutter Kypros und seine Schwester Salome sowie deren Mann Joseph, der zugleich ein Onkel des Herodes war. Dann lebten da der alte Hyrkanos, der Großvater Mariammes, und Mariammes Mutter Alexandra sowie deren Sohn Aristobulos. Hinzu kamen die Kinder, später auch Herodes' Sohn aus erster Ehe, Antipatros, mit dem es besonders viel Ärger gab.

Freilich wohnten nicht immer alle zur selben Zeit dort in Jerusalem, und es blieben ja auch nicht alle am Leben, doch kamen dann neue Familienmitglieder hinzu, vor allem Frauen für den König. Herodes war immerhin zehnmal verheiratet, und die meisten Frauen schenkten ihm mehrere Kinder. Herodes, so schrieb der deutsche Althistoriker Julius Wellhausen, »hatte einen starken Verwandtschaftssinn, hing an den Seinen und suchte sie zu beglücken. Nur wahrte er auch ihnen gegenüber eifersüchtig die Autorität und hielt sie unter scharfer Aufsicht. Er mußte immer alles wissen, und alles wurde ihm zugetragen. Er hörte aber nur, sah nicht. Innerhalb seines Hauses versagte der klare Blick, den er für die Politik hatte.« Und hier liegt mit Sicherheit ein Grund für die verhängnisvolle Entwicklung seines weiteren Lebens.

Die ersten Spannungen im Familienklan scheinen durch Alexandra, seine Schwiegermutter, entstanden zu sein. Ausgelöst wurden sie durch die Übergehung des jungen Aristobulos bei der Neubesetzung des Hohepriesteramts. Nach Darstellung des Josephus soll Alexandra dem Herodes sogleich heftige Vorwürfe gemacht haben, sie sei nicht bereit gewesen, diese »Schande zu ertragen«, sagt Josephus und fährt fort: »Vielmehr geriet sie in gewaltige Erregung und Erbitterung über die Schande, daß, während ihr Sohn noch am Leben war, einem Eindringling die Hohepriesterwürde zuteil werden sollte.«

Dies steht nun freilich im Widerspruch zu der eben vorgebrachten Version, nach der Herodes seinem jungen Schwager das Hohepriesteramt nur deswegen nicht gleich übertragen hat, weil Aristobulos, wie Herodes sagte, »noch ein Kind war«. Nun ist indessen zu bedenken, daß Josephus an mehreren Stellen die zeitliche Abfolge der Ereignisse durcheinandergebracht hat. Auch in diesem Fall könnte er sich in der Zeit geirrt haben. Wahrscheinlich ist Alexandras Ärger erst etwa zwei Jahre später entstanden. Denn daß ihr Sohn mit fünfzehn oder sechzehn Jahren für das Amt des Hohepriesters dem Gesetz nach zu jung war, mußte auch sie einsehen. Folglich konnte sie sich zu jener Zeit gar nicht beklagen. Denkbar ist nun, daß Herodes vielleicht erst dem Zwanzigjährigen das Amt übertragen wollte, daß indessen Alexandra, nachdem Aristobulos inzwischen siebzehn oder achtzehn Jahre alt geworden war, nicht mehr länger warten wollte. Als Herodes ihn vielleicht auch da noch für zu jung hielt, mag Alexandra sich – wie Josephus berichtet – an Kleopatra, die Königin von Ägypten und Geliebte des Römers Antonius, um Hilfe gewandt haben.

Dies nun erzählt Josephus im Stil einer modernen Sex-and-Crime-Story. Sie ist ein gutes Beispiel für die manchmal recht unbedenkliche Art, in der Josephus mit der Wahrheit umgeht. Das zeigt sich auch bei seiner Behandlung Kleopatras. Für ihn ist die Königin von Ägypten nichts anderes als eine profit- und mordgierige Sexbombe; so jedenfalls bringt er sie an dieser Stelle ins Spiel. Im ›Jüdischen Krieg‹ (I, 18,4) sagt er von ihr: »Kleopatra hatte sich ihre eigene Familie so vorgenommen, daß von ihrem Blut niemand mehr übrig war, nun richtete sie ihre Mordgedanken nach auswärts. Sie verleumdete die Großen Syriens bei Antonius und beredete ihn, sie umbringen zu lassen, um auf leichte Weise über deren Besitz verfügen zu können. Sie dehnte ihre gierigen Pläne auch auf Juden und Araber aus und wirkte unter der Hand auf die Beseitigung der Könige beider Völker, Herodes und Malchos, hin.«

An diese Kleopatra nun, die in der Tat stark daran interessiert war, ihr Gebiet nach Palästina hin auszudehnen, wo es ihr vor allem die reiche Landschaft bei Jericho mit den Palm- und Balsampflanzungen, auch die Salz- und Asphaltvorkommen im Süden des Landes angetan hatten, habe Alexandra sich um Hilfe gewandt. In den ›Jüdischen Altertümern‹ (XV, 2,5 u. 6) heißt es: »Sie schrieb an Kleopatra einen Brief, den sie ihr durch einen Harfenspieler überbringen ließ, und bat sie, sich bei Antonius dafür zu verwenden, daß ihrem Sohne die Hohepriesterwürde zuerkannt werde. Während nun Antonius mit der Erfüllung der Bitte zögerte, kam sein Freund Dellius wegen irgendeines Geschäfts nach Judäa. Als dieser den Aristobulos erblickte, erstaunte er über die Schönheit und den schlanken Wuchs des Jünglings, wie auch nicht minder über die Anmut der Mariamme, und er konnte sich nicht enthalten, der Alexandra zu schmeicheln, wie schöne Kinder sie habe. Diese ließ sich darauf in ein Gespräch mit ihm ein, in dessen Verlauf er ihr den Vorschlag machte, die beiden malen zu lassen und die Bilder dem Antonius zu übersenden, der ihr gewiß nichts mehr versagen würde, wenn er dieselben zu Gesicht bekäme. Alexandra ging denn auch darauf ein und schickte dem Antonius die Bilder. Dellius fügte noch einige Übertreibungen hinzu und schrieb seinem Freund, die Kinder schienen ihm nicht von Menschen, sondern von einem Gott abzustammen. Damit beabsichtigte er aber, des Antonius sinnliche Lust zu reizen. Dieser scheute sich nun zwar, die Mariamme zu sich kommen zu lassen, weil sie an Herodes vermählt war und er auch die Eifersucht der Kleopatra nicht wecken wollte. Doch schrieb er, man möge ihm den Jüngling schicken ... Als Herodes hiervon Kenntnis erhielt, erachtete er es für sehr gefährlich, den Aristobulos, einen so schönen ... Jüngling, der noch dazu von so vornehmer Herkunft war, zu Antonius zu schicken, einem Manne, ... von dem man sich versehen konnte, daß er auch imstande sei, den Jüngling seiner Wollust zu opfern; denn er tat, was ihm beliebte. Herodes schrieb deshalb zurück, wenn der Jüngling auch nur einen Fuß aus dem Lande setze, werde Krieg und Aufruhr entfesselt werden, da die Juden stets auf eine Gelegenheit zu Unruhen und Umwälzungen lauerten.«

Um nun weitere Absichten des Antonius auf den schönen Aristobulos ein für allemal zu unterbinden, auch wegen der anhaltenden Bitten seiner Frau, Mariamme, und schließlich um in der Familie Ruhe zu haben, habe Herodes endlich Aristobulos zum Hohepriester ernannt und Ananel abgesetzt.

Das ist zweifellos eine hübsche Geschichte, mit Sex, Intrigen, lauerndem Verbrechen und mit Gesetzesbruch; den Juden war es ja streng verboten, Bildnisse anfertigen zu lassen, noch dazu, wie es hier angeblich geschehen sein sollte, für einen erotischen oder gar homoerotischen Zweck. Aber – und darin sind sich die Historiker ziemlich einig – die Geschichte enthält kaum etwas Wahres, abgesehen davon, daß Herodes seinen Schwager zum Hohepriester machte. Doch ist dies bei Josephus öfter so. Und nicht nur bei ihm; viele Geschichtsschreiber der Antike haben mehr Geschichten als Geschichte geschrieben, sei es nun aus Freude am Erzählen, sei es, weil sie auf unseriöse Quellen hereinfielen, die tendenziös und manchmal nichts als Verleumdungen waren. Mit Verleumdungen ist zu allen Zeiten und nur allzuoft recht erfolgreich gearbeitet worden.

Nachdem Herodes seinen Schwager zum Hohepriester gemacht hatte, wahrscheinlich Anfang des Jahres 35 v. Chr., sollte er keineswegs, wie er es vielleicht gehofft hatte, in der Familie Ruhe haben. Das Verhältnis zu Alexandra verschlechterte sich sogar noch; angeblich hat Herodes sie bewachen lassen und ihr verboten, den Palast zu verlassen. Daraufhin habe sie sich wieder heimlich mit Kleopatra in Verbindung gesetzt und von ihr den Rat erhalten, zusammen mit Aristobulos nach Alexandria zu fliehen. Da ihr dieser Rat gefiel, ließ sie – so wieder Josephus in den ›Jüdischen Altertümern‹ (XV, 3,2) – »zwei Särge anfertigen und schloß sich und ihren Sohn in dieselben ein, nachdem sie ihren ins Einverständnis gezogenen Dienern befohlen hatte, sie während der Nacht hinauszutragen.« Doch der Fluchtversuch wurde Herodes hinterbracht, und Alexandra und Aristobulos wurden auf frischer Tat ertappt. Aus Furcht vor Kleopatra habe Herodes nicht gewagt, die beiden zu bestrafen. Dafür aber sei nun in ihm der Entschluß gereift, Aristobulos bei erstbester Gelegenheit aus dem Wege zu räumen.

Es ist seltsam, daß diese Geschichte in der Herodes-Forschung kaum auf Kritik gestoßen ist. Lediglich einzelne Nebensächlichkeiten wurden als literarische Ausschmückung abgestrichen, wie zum Beispiel die Sache mit den Särgen. Aber an dem Fluchtversuch wurde nicht gezweifelt, obwohl er kaum wahrscheinlicher ist als die Sarggeschichte. Dabei ist für eine Flucht keinerlei Motiv erkennbar. Weder Alexandra und schon gar nicht Aristobulos hatten einen Grund, fliehen zu müssen. Und wenn es doch so gewesen wäre, das heißt, wenn Josephus nur den Grund nicht gewußt hätte: Was hätten sie sich von einer Flucht zu Kleopatra versprechen können?

Zunächst einmal: Nach dem Gesetz durfte ein Hohepriester niemals das Land verlassen; Aristobulos hätte sich also mit seiner Flucht selbst erledigt. Und was könnten Alexandra und ihr Sohn von Kleopatra erhofft haben? Die ägyptische Königin war nur mit und durch Antonius mächtig. Aber daß Antonius den flüchtigen Hohepriester, der für seine Flucht kaum einen konkreten Grund hätte angeben können, gegen Herodes, in dessen Land zu dieser Zeit doch alles in Ordnung war, zumindest unter römischen Aspekten, irgendwie unterstützt haben würde, ist einfach undenkbar. Eher hätte Antonius den flüchtigen Hohepriester dann als romfeindlichen Hasmonäer vor Gericht gestellt. Die ganze Geschichte stimmt hinten und vorne nicht. Wenn es Gründe für eine Flucht gegeben hätte, wenn also die Spannungen zwischen Alexandra und Aristobulos einerseits und Herodes andererseits unerträglich gewesen wären, dann hätte Herodes die beiden Flüchtigen, als er sie ertappte, mit Sicherheit bestraft. Das heißt: Er hätte sie dann schon ausschalten können.

Gleichwohl hatte diese Fluchtgeschichte einen Sinn. Sie sollte gewissermaßen den ersten Mord des Herodes einleiten, ihn verständlicher, das heißt hier wahrscheinlicher, machen. Das zeigt ihr Schluß, wo Herodes zwar auf eine Bestrafung verzichtet, wo es dann aber heißt: »Doch nahm er sich vor, auf alle Fälle den Jüngling aus dem Wege zu räumen.«

Die Gelegenheit dazu, so erzählt Josephus – aber er erzählt es so nur in den ›Jüdischen Altertümern‹ (XV, 3,3) – bot sich wenig später, beim Laubhüttenfest, dem wichtigsten, heiligsten und meistbesuchten Treffen in Jerusalem, das alljährlich im Herbst aus Anlaß der Ernte stattfindet. Bei diesem ersten großen öffentlichen Auftreten des jungen Hohepriesters im Jahre 36 oder 35 v. Chr. kam es für ihn zu einer Sympathiekundgebung, die den Herodes über die Maßen neidisch und eifersüchtig werden ließ. Josephus hat es so beschrieben:

»Als der Jüngling Aristobulos, damals siebzehn Jahre alt, zum Altar getreten war, um nach der Vorschrift des Gesetzes zu opfern, und in seinem hohepriesterlichen Gewand die religiösen Zeremonien getreu dem Ritus vollzog, auch in seiner hervorragenden Größe und Schönheit wie in seiner edlen Gestalt seine vornehme Abkunft zeigte, hatte die ganze Volksmenge ihr Wohlgefallen an ihm und rief sich die herrlichen Taten seines Großvaters Aristobulos ins Gedächtnis. Und überwältigt von ihren Gefühlen, jauchzte sie ihm freudig zu, brachte ihm Segenswünsche dar und ließ überhaupt eine solche Begeisterung für ihn zutage treten, daß es rätlicher gewesen wäre, den Dank für die früher empfangenen Wohltaten mit Rücksicht auf Herodes weniger laut auszudrücken. Denn gerade infolge dieser Vorgänge beschloß Herodes, seinen Anschlag gegen den Jüngling bald ins Werk zu setzen.«

Herodes soll nun den Mord an seinem jungen Schwager sorgfältig vorbereitet und auf folgende Weise ausführen lassen haben. Nach dem Fest hatte Alexandra (obwohl sie doch angeblich im Palast zu Jerusalem unter Bewachung stand) den Herodes zu einem Essen nach Jericho eingeladen. Und dort »suchte Herodes den Jüngling durch Schmeicheleien an einen stillen Ort hinzulocken und stellte sich dann so, als wollte er sich mit ihm in jugendlichem Spiel ergötzen. Da es aber an dem Orte sehr heiß war, gingen sie, ermattet vom Spiel, beiseite und traten an die Fischteiche, die in beträchtlicher Größe die Anlage umschlossen und bei der Hitze angenehme Kühlung gewährten. Zunächst nun sahen sie einigen ihrer Freunde zu, wie diese in dem Wasser schwammen, und als sich dann der Jüngling auf Zureden des Herodes gleichfalls unter sie mischte, tauchten ihn die Freunde des Herodes, welche dieser entsprechend beauftragt hatte – es dämmerte bereits – unter dem Schein des scherzhaften Spiels unter und ließen ihn nicht eher los, als bis sie ihn ertränkt hatten. So kam Aristobulos im blühenden Alter von noch nicht achtzehn Jahren ums Leben, nachdem er nur ein Jahr lang die Hohepriesterwürde bekleidet hatte, die nun wieder auf Ananel überging.«

Ob es sich wirklich so zugetragen hat, ob es wirklich Mord war, Mord auf Befehl des Herodes, ist durchaus nicht so sicher, wie es bisher von den Herodes-Biographen nahezu einhellig behauptet wurde, die sich hier wieder einmal bedingungslos auf Josephus verlassen. Es kann sehr wohl ein Unfall gewesen sein, was vor nahezu einem halben Jahrhundert schon der deutsche Althistoriker Hugo Willrich behauptete. Doch sein berechtigter Hinweis, daß die äußeren Umstände des Ereignisses eher für einen Unglücksfall als für Mord sprächen, wurde nicht beachtet. Zu fest hatten sich die Forscher in die Darstellung des Josephus verbissen; nachdem Josephus lange Zeit als höchst suspekt gegolten hatte, war das Pendel nun nach der anderen Seite ausgeschlagen, das heißt, man nahm seine Darstellung nun allzu ernst, ja viel zu wörtlich; man vergaß plötzlich, daß Josephus in wissenschaftlich-kritischem Sinne kein Historiker war, es gar nicht sein konnte, weil es Historie als Wissenschaft zu seiner Zeit noch nicht gab. Josephus hat aus allen möglichen Quellen geschöpft, er hat zusammengestellt, was interessant, spannend, aufregend war und womit er seine Leser zu fesseln meinte. Was auf diese Weise über Herodes entstand, enthält neben richtigen und wahren Angaben viel Übertriebenes, Entstelltes, Verballhorntes und zweifellos nicht wenig, das frei erfunden war oder allenfalls auf Gerüchten und Hörensagen beruhte.

Gerüchte, Herodes habe den jungen Hasmonäer ermordet, dürfte es nach dessen Tod mit Sicherheit gegeben haben, und wahrscheinlich wurde Herodes im nachhinein das Opfer solcher Propaganda und schließlich von glatter Verleumdung. Josephus spricht jedoch nicht von Gerüchten, er spricht von Mord. Aber die Art, in der er es tut, überzeugt nicht: Er nennt keinen Gewährsmann, keine Quelle, kein wirkliches Indiz, er spielt einfach den Allwissenden, der sogar weiß, was der König dachte und plante. Das heißt, die Perspektive ist hier schlicht unmöglich. Und wenn irgend etwas im Verhalten des Herodes nicht gut zu dem Mord zu passen schien – seine große Trauer, seine Tränen, das prunkvolle Staatsbegräbnis für Aristobulos –, dann erklärte Josephus es für Heuchelei und hatte damit einen weiteren »Beweis« für den Mord.

Nun könnte es ja, aller Wahrscheinlichkeit entgegen, tatsächlich so gewesen sein. Aber verdächtig ist, daß Josephus die Möglichkeit eines Unfalls absolut nicht in Betracht zieht. Zwar gibt er zu, daß es wie ein Unfall ausgesehen haben mag, aber eben dies nimmt er zugleich als »Beweis« dafür, daß es Mord gewesen sein müsse; Herodes – so Abraham Schalit, der sich hier ganz eng an Josephus klammert – habe eben absichtlich einen Unfall vorgetäuscht, um noch einen gewissen Zweifel an seiner Schuld bestehen zu lassen. Aber daß Josephus den Unfall als Möglichkeit von vornherein ausklammert, muß durchaus kein Zeichen von Sicherheit sein; es kann das genaue Gegenteil sein, nämlich der krampfhafte Versuch, eine andere Meinung gar nicht erst aufkommen zu lassen.

Nicht allein die äußeren Umstände und die stilistisch unechte erzählerische Perspektive des Josephus sprechen für einen Unfall und gegen Mord. Hinzu kommt, daß für eine Ermordung des Hohepriesters zu dieser Zeit durchaus kein Anlaß bestand. Alexandra hatte ihr Ziel erreicht. Die von Walter Otto (und anderen) vorgebrachte Vermutung, sie habe schon jetzt, da der junge Aristobulos eben erst das Amt des Hohepriesters erhalten hatte, die Ziele für ihren Sohn noch höher gesteckt, nämlich auf die Gewinnung auch des weltlichen Regiments, überschätzt die Stellung dieser restlichen Hasmonäer, die ja von Herodes total abhängig waren. Und sie bedeutet zugleich eine Unterschätzung der Stellung des Herodes, der keinen Anlaß hatte, sich vor dem Hohepriester von seinen Gnaden zu fürchten, so wie dieser keinen Grund gehabt hatte, außer Landes zu fliehen.

Beide, die Darstellung des Fluchtversuchs und die Mordgeschichte, die in Wahrheit zwei Teile einer zusammenhängenden

Geschichte sind, können als literarische Erfindung ausgeklammert werden. Und dasselbe gilt von dem dritten Teil der Geschichte, der erst den Höhepunkt dieser Trilogie bringt. Nach Josephus – aber wieder nur in den ›Jüdischen Altertümern‹ – ging es nun in der weltberühmt gewordenen Fassung so weiter: Als Alexandra sich über den Mord an ihrem Sohn immer mehr grämte, gegen Herodes aber nicht offen vorgehen konnte, dem es indessen nicht gelang, dem Volk Sand in die Augen zu streuen, wandte sie sich noch einmal brieflich an Kleopatra. Und Kleopatra bestürmte Antonius und brachte ihn dahin, Herodes vorzuladen, damit er sich vor ihm wegen des Mordverdachts rechtfertige. Herodes, der nicht wagte, sich diesem Befehl zu widersetzen, bangte angeblich um Thron und Leben. Und bevor er sich zu Antonius aufmachte, vertraute er seinem Onkel Joseph die Verwaltung des Reiches an und befahl ihm im geheimen, er solle, falls Antonius ihm, Herodes, ein Leid zufüge, sofort Mariamme töten; »denn er liebte sie so sehr, daß er es für schmachvoll halte, wenn ein anderer nach seinem Tode ihre Schönheit besitzen würde.« Dann machte Herodes sich auf den Weg zu Antonius, der damals in Laodikeia in Kleinasien war, bestach ihn mit viel Geld, so daß er von der Anklage des Mordes freikam, und kehrte fröhlich nach Hause zurück.

Dort erfuhr er jedoch, daß sein Onkel Joseph der Mariamme den geheimen Tötungsbefehl mitgeteilt hatte, und schloß daraus auf intime Beziehungen der beiden, also auf Ehebruch: »Er raufte sich das Haar und schrie laut auf, nun sei der klare Beweis geliefert, daß sie mit Joseph verbotenen Umgang gepflogen habe. Denn dieser hätte ihr den geheimen Auftrag gewiß nicht verraten, wenn sie nicht so sehr miteinander vertraut gewesen wären. Beinahe hätte der König sogar seine Gattin umgebracht. Doch verhütete seine immer noch so große Liebe zu ihr diesen Ausbruch seines Zorns, wiewohl er sich nur mühsam beherrschte. Den Joseph aber ließ er ohne jedes Verhör hinrichten und Alexandra als die Urheberin allen Unheils ins Gefängnis werfen.«

In der Forschung hat es über diese Erzählung des Josephus

eine Kontroverse gegeben. Anlaß war die Tatsache, daß sich eine solche Geschichte im Leben des Herodes noch ein zweites Mal zugetragen haben soll, und zwar einige Jahre später, als Herodes zu Oktavian ging, wobei er diesmal wirklich um Stellung und Leben fürchten mußte. In dieser zweiten Version, die für die meisten Theaterstücke über Herodes die Grundlage bildet, hat sich alles ganz ähnlich zugetragen: Wieder gab Herodes den geheimen Tötungsbefehl für den Fall seines eigenen Todes, wieder erfuhr Mariamme davon, wieder warf er ihr Ehebruch vor. Aber dann ließ er sie wirklich töten.

Eine Reihe von Historikern – zu nennen sind vor allem Julius Wellhausen, Walter Otto, Justus v. Destinon und der Franzose E. Renan – kamen zu der Überzeugung, daß die erste Erzählung, die im Jahre 35 oder 34 v. Chr. spielen sollte, nichts als eine Doublette der zweiten ist, die ins Jahr 30 oder 29 zu setzen ist. Während die zweite, die mit der Hinrichtung der Mariamme endete, als wirkliches Ereignis angesehen werden müsse, sei die Darstellung für das Jahr 35 auf einen Irrtum des Josephus zurückzuführen, auf ein Versehen. Dafür spricht unter anderem, daß Josephus einmal im ›Jüdischen Krieg‹ sogar behauptet, Mariamme sei im Jahr 35 zusammen mit Joseph hingerichtet worden, was nun aber nachweislich Unsinn ist. Und wahrscheinlich stimmt es auch nicht, daß Alexandra ins Gefängnis geworfen wurde. Und selbst die Hinrichtung Josephs zu dieser Zeit ist nicht sicher.

Es scheint dem Josephus also wirklich so einiges durcheinandergeraten zu sein, als er die ersten Regierungsjahre des Herodes schildern wollte. Indessen ist das keineswegs erstaunlich. Ihm – oder der ihm vorliegenden Quelle, auf die er sich für diesen Abschnitt stützte – ging es eben ganz konsequent darum, Herodes hier schon als Mörder zu zeigen, der sich vorgenommen hatte, die Hasmonäer auszurotten, dabei mit Aristobulos begann und schon nahe daran war, sogar seine Frau töten zu lassen. Erstaunlich ist vielmehr, daß die Forschung ihm und seinen phantastischen Erzählungen so bereitwillig folgte, obgleich – wie gezeigt – der Fluchtversuch Alexandras und ihres

Sohnes und der Mord an Aristobulos ganz und gar unwahrscheinlich sind. Und unwahrscheinlich, wenn nicht unmöglich war es, daß Antonius den Herodes zu sich kommen ließ, damit dieser zum Tode des Aristobulos Stellung nähme, noch dazu auf ein bloßes Gerücht hin, das ihm von Kleopatra zugetragen worden war.

Wie schon gesagt, war Antonius damals weit weg von Jerusalem und Alexandria, nämlich in Kleinasien, wo er einen Feldzug gegen Armenien führte. Er hatte ganz andere Sorgen als die angebliche Ermordung eines jüdischen Hohepriesters. Und es ist ganz unvorstellbar, daß er – wie Josephus behauptet – Herodes wegen Aristobulos' Tod nach Laodikeia kommen ließ; das hätte Zeit gehabt, darüber hätte man auch später noch reden können, ja, jetzt darüber zu befinden und Herodes womöglich unter Mordanklage zu stellen, das hätte in Palästina während der Abwesenheit des Herodes nur allzu leicht zu Unruhen und Aufständen führen können. Und daran war Antonius zu jener Zeit wirklich nicht interessiert. In Wahrheit muß Antonius einen für ihn wichtigen Grund gehabt haben, den Herodes nach Laodikeia kommen zu lassen. Daß Herodes dabei um Thron und Leben habe fürchten müssen, wie Josephus es in Verbindung mit der Mordanklage erzählt, ist übertrieben. Aber mit Sicherheit stand für ihn einiges auf dem Spiel. Doch hatte das keine persönlichen, sondern allein politische Gründe. Es ging dabei um die Versuche Kleopatras, ihr Reich auszuweiten, und zwar über das ganze Königreich Judäa hinaus. Kleopatras Ziel war die Wiederaufrichtung eines mächtigen Ptolemäerreiches. Schon einmal hatte sie Antonius gebeten, ihr das Reich des Herodes zu überlassen, sicherlich mit der Begründung, daß das Gebiet zwischen Jordan und Mittelmeer bis hinauf an den Euphrat früher ihren ptolemäischen Vorfahren gehört habe. Antonius hatte abgelehnt; er, der Römer, war nicht auf das Ptolemäerreich bedacht, sondern auf Roms Ostherrschaft. Ägypten war für ihn nur insofern interessant, als es ihm bei seinen militärischen Unternehmungen im Osten einen sicheren Rückhalt garantierte: Es bot ihm finanzielle Hilfe, es bot ihm Schiffe und vor allem

Getreide und andere Lebensmittel für die Versorgung seiner Truppen.

Ganz hatte Antonius die wohl im Jahre 37, als Herodes noch um seinen Thron kämpfte oder ihn gerade erobert hatte, erhobenen Forderungen Kleopatras nicht zurückweisen mögen. Er überließ ihr damals das Königreich Chalkis auf der Insel Euböa und – wie der aus Griechenland stammende und im zweiten Jahrhundert in Rom lebende Staatsmann und Historiker Dio Cassius berichtet - Teile von Kyrene, Kreta und Kypros. Vielleicht erhielt Kleopatra zu jener Zeit auch schon Coelesyrien, das Gebiet im Norden von Galiläa zwischen Libanon und Antilibanon mit Damaskus und Phönikien.

Mit dieser Gebietserweiterung gab Kleopatra sich jedoch nur für kurze Zeit zufrieden. Sie wartete auf eine günstige Gelegenheit, ihren alten Forderungen mehr Nachdruck verleihen zu können. Und die schien ihr gekommen, als Antonius gegen die Armenier im Felde stand, denn da war Antonius auf Kleopatras Hilfe angewiesen, jetzt brauchte er ihre Schiffe und Getreidelieferungen nötiger denn je. Das nutzte sie sofort für sich aus. Sie besuchte Antonius in Laodikeia. Und dorthin mußte nun auch Herodes kommen; denn um ihn, um seine Stellung und sein Land, ging es dabei, wenngleich nicht um seinen Kopf; selbst wenn es Kleopatra gelungen wäre, Judäa zu annektieren, hätte Herodes vielleicht König bleiben können, allerdings nur als Vasall der ägyptischen Königin. Er wäre dann zurückgestuft worden und hätte auf seine direkten Kontakte mit Rom verzichten müssen.

Als Herodes nach Laodikeia gerufen wurde, wußte er sehr genau, was für ihn auf dem Spiel stand. Kein Wunder, daß er eine Menge Geld mitnahm, nicht als Bestechung, um von der Mordanklage freizukommen, wie Josephus und nach ihm viele Historiker behauptet haben, sondern weil er dem Antonius Tributzahlungen schuldig war. Jetzt ohne die fälligen Gelder zu kommen, wäre höchst gefährlich gewesen.

In Laodikeia hat man sich dann offenbar geeinigt. Auch diesmal hatte Antonius den Forderungen Kleopatras nur zu einem kleinen Teil nachgegeben, indem er ihr wieder einige Gebiete schenkte: einen großen Teil des nabatäischen Landes, das dem König Malchos gehörte, dann einen Teil der phönikischen Küste und vielleicht erst jetzt Coelesyrien, aber mit Sicherheit die Tiefebene von Jericho mit ihren sehr wertvollen Balsamhainen und außerdem noch die Asphaltvorkommen am Toten Meer.

Damit mußte Kleopatra sich abfinden. Herodes aber war seine Sorgen los, denn es hätte ja schlimmer kommen können, und er schrieb einen überaus wohlgemuten Brief nach Hause, in dem es hieß, »Kleopatra habe weiter nichts zu erwarten, da Antonius, um ihre Forderungen zu befriedigen, ihr Coelesyrien geschenkt und damit . . . bewirkt habe, daß sie auf das Königreich Judäa keinen Anspruch mehr erhebe«.

Diese Gebietsregelung war der historische Kern, um den Josephus seine Schauergeschichten herumgeschrieben hat, die ihm bis heute geglaubt wurden. Mit dem Tod des Aristobulos hatte das alles gar nichts zu tun. Und so gesehen, bestand vor dieser Reise nach Laodikeia für Herodes auch kein Anlaß für einen Geheimbefehl, Mariamme umbringen zu lassen, wenn Antonius ihn töten würde, weil es eben dafür überhaupt keinerlei Veranlassung gab. Damit entfällt indessen auch der Grund für eine Hinrichtung seines Onkels Joseph. Nach einer Interpretation Walter Ottos ist Joseph auch gar nicht zu dieser Zeit, sondern erst später hingerichtet worden. Und dies unter ganz anderen Gegebenheiten.

Otto meint, Joseph habe in der Zeit von Herodes' Abwesenheit, als er für die Verwaltung des Reiches verantwortlich war, versagt. Er sei mit Aufständen von Widerstandskämpfern nicht fertig geworden, zu denen es kam, als ein Gerücht umging, Herodes sei nicht mehr am Leben. Aufgrund dieses Gerüchts hatte Joseph Verbindung zu einer in der Nähe stationierten römischen Legion aufgenommen, in der Absicht, Herodes' Angehörige unter den Schutz der Römer zu stellen.

Daraus läßt sich schließen, daß die Unruhen schon recht bedrohlich gewesen sein müssen. Den Aufständischen war es sogar gelungen, die von Herodes gleich nach seinem Regierungsantritt wiederaufgebaute Festung Hyrkania zu besetzen. Dies sind Beweise für den Ernst der Situation, die Herodes bei seiner Rückkehr vorfand. Erst nach zwei Jahren gelang es ihm, die Festung Hyrkania zurückzuerobern und die letzten Widerstandsnester in anderen Teilen des Landes auszuheben. Es ist durchaus möglich, daß Herodes für diese ganze unglückliche Entwicklung Joseph verantwortlich machte. Aber ob es deswegen zu dessen Hinrichtung kam, kann nicht mit Sicherheit gesagt werden.

Einige Zeit später als Herodes machte sich auch Kleopatra von Laodikeia aus auf den Heimweg. Sie wählte eine Route, die es ihr ermöglichte, die ihr von Antonius zugestandenen Gebiete zu besichtigen. In Jericho traf sie mit Herodes zusammen, was für Josephus gleich wieder Anlaß zu einer Klatschgeschichte war. Er erzählt – ebenfalls in den ›Jüdischen Altertümern‹ (XV, 4,2) – Kleopatra, »von Natur zu unkeuschen Vergnügungen geneigt«, habe versucht, »den König Herodes in verbotenen Umgang zu verstricken«, mit dem listigen Hintergedanken, ihn am Ende bei Antonius als wüsten Verführer anzuklagen und auf diese Weise den Herodes doch noch auszuschalten. Herodes aber sei auf der Hut gewesen, und obwohl die damals etwa 35 Jahre alte Kleopatra sich stellte, »als ob sie in Liebe zu ihm vergehen müsse«, habe er, wohl wissend, »daß sie mit ihren Zudringlichkeiten niemanden verschonte« und »aus zügelloser Lust« nichts als Schaden anrichtete, »ihre Lockungen von sich gewiesen«. Ja, zusammen mit Freunden habe Herodes gar überlegt, »ob er Kleopatra nicht umbringen lassen solle, da er jetzt Gelegenheit dazu habe; dadurch werde er alle, denen sie bisher lästig gefallen sei und künftig noch fallen könnte, von mancher Unannehmlichkeit befreien, und auch dem Antonius werde das von Nutzen sein, da sie auch diesem gegenüber sich nicht als treu bewähren würde, wenn er einmal in die Lage kommen sollte, sich auf sie verlassen zu müssen.« Nur auf den dringenden Einwand seiner Freunde, er werde sich durch die Ermordung Kleopatras, der »angesehensten und mächtigsten

Frau ihrer Zeit«, einer so großen Gefahr aussetzen, daß der Nutzen der Tat, »wenn überhaupt von einem solchen die Rede sein könne«, dazu in gar keinem Verhältnis stehe, habe Herodes sich von seinem »Vorhaben« abhalten lassen. Statt dessen habe er Kleopatra »durch Geschenke beschwichtigt«.

Mit dieser hübschen, aber im Grunde höchst albernen Geschichte garnierte Josephus die eigentlichen Vorgänge, die sich in Jericho abspielten und über die er zwar auch berichtet, die ihm aber für seine Leser allein zu langweilig schienen. Nicht um Liebe, Verführung und Mordpläne ging es in Jericho, sondern um Wirtschaftsverträge: Kleopatra hat dort die ihr zugesprochenen Gebiete an Herodes verpachtet. Das heißt, Herodes erhielt an der Tiefebene von Jericho, die – so Josephus – »Balsam hervorbringt, welcher der köstlichste im ganzen Lande ist und sonst nirgends erzeugt wird«, und »viele schöne Palmbäume hat«, das Nutzungsrecht gegen eine jährlich zu entrichtende Pachtsumme. Auch über das arabische Gebiet am Toten Meer mit den Asphaltvorkommen schlossen Kleopatra und Herodes einen Pachtvertrag. Herodes hat dieses Gebiet dann seinerseits an den Nabatäerkönig Malchos, dem es bis dahin gehört hatte, weiterverpachtet.

Nach Abschluß dieser Verträge hat Herodes die ägyptische Königin, von deren sagenhafter Schönheit der römische Geschichtsschreiber Plutarch übrigens behauptete, sie sei »weder erstaunenswert noch ohnegleichen gewesen«, ehrenvoll bis an die Grenzen ihres Landes geleitet.

VII. Kapitel
Beginn des wirtschaftlichen Wohlstands

Landverteilung an arbeitslose Bauern · Herodes als Großverdiener · Arbeitsbeschaffung durch ein riesiges Bauprogramm · Trotz hoher Steuern geht es dem Volk wirtschaftlich so gut wie nie zuvor · Der Ausbau der Festung Masada, wo im Jahre 73 n. Chr. ein heldenhafter Kampf zu Ende ging · Was die Archäologen in Masada fanden · Krieg gegen die Araber · Zehntausend Tote durch ein Erdbeben · Herodes entscheidet sich gegen seinen Gönner Antonius für Oktavian

Verständlicherweise nehmen in den meisten Darstellungen über das Leben des Herodes, wie schon bei Josephus, die Familiengeschichten den breitesten Raum ein. Wichtigeres ist da nicht selten zu kurz gekommen und manchmal gar unter den Tisch gefallen. Aus den Jahren 35 bis 31 v. Chr. berichtet Josephus nur sehr wenig. Dabei waren gerade dies entscheidende Jahre. Denn in dieser Zeit wurden die Grundlagen für den späteren wirtschaftlichen Wohlstand seines Reiches mit den etwa zweieinhalb Millionen Einwohnern gelegt. Ganz nebenbei, als er ein militärisches Ereignis aus dem Jahr 32 v. Chr. schildert, erwähnt Josephus einmal, daß Herodes »sich schon lange im Besitz eines vorzüglich bebauten Landes befand und sich große Reichtümer aus seinen Einkünften erworben hatte«. Selbst wenn dies übertrieben gewesen sein mag, weil es von einem späteren Zeitpunkt her gesehen wurde, läßt es doch darauf schließen, daß

Herodes mit dem Wiederaufbau des vom Krieg zerstörten Landes sofort begonnen haben muß, als er die Regierung übernommen hatte.

Es war ein schweres Erbe, das Herodes antrat, als er im Sommer des Jahres 37 v. Chr. den Thron bestieg. Denn nach den langen Wirren seit Cäsars Ermordung, die ja nahezu die ganze Welt durcheinandergebracht hatten, und dem Bürgerkrieg in Palästina war im Land eigentlich nichts mehr intakt. Viele Städte, Festungen, Dörfer waren zerstört oder doch zumindest stark angeschlagen, der Handel lag völlig darnieder, die Verwaltung funktionierte nicht mehr, und auch in der Landwirtschaft waren durch den Krieg große Schäden entstanden.

Ein Hauptproblem, auf das Abraham Schalit aufmerksam macht, waren die vielen landlosen Bauern, die während der Wirren seit der pompejanischen Eroberung ihren Grund und Boden verloren hatten. Aus diesen Massen von Arbeitslosen konnten die Widerstandskämpfer in den ersten Jahren nach Herodes' Regierungsantritt noch immer ihre Truppen verstärken. Ein Teil von ihnen tat sich jedoch auch zu Banden zusammen, die von Raub und Überfällen lebten und die Bevölkerung noch lange verunsicherten.

Um Ordnung und Sicherheit wiederherzustellen und Landwirtschaft und Handel wieder in Gang zu bringen, war es nötig, an allen Ecken zugleich anzupacken. Doch kam es wesentlich darauf an, am Anfang das Richtige zu tun. Vor allem war ja Geld nötig. Seit der Eroberung Jerusalems, als Herodes die Stadt von der Plünderung gewissermaßen freigekauft hatte, war die Staatskasse leer. Zwar mußte die Bevölkerung weiterhin Steuern zahlen, aber da kam zunächst nur ziemlich wenig zusammen. Entscheidend war nun, daß Herodes nicht etwa einfach den wenigen Bauern, die noch Land besaßen und es bebauen konnten, sowie den Handwerkern und Händlern die Steuern erhöhte, damit der Staat zu Geld kam. Vielmehr sah Herodes sehr deutlich, daß ein ausbeuterisches Anziehen der Steuerschraube die ohnehin schlechte Lage der Berufstätigen immer weiter verschlechtern müßte und daß es in erster Linie darauf ankam, neue Arbeitsplätze zu schaffen und damit neue Steuerzahler zu gewinnen.

Um die landlosen Bauern von der Straße zu haben, gab er weite Teile des ihm gehörenden Landes an Pächter aus, mit der Verpflichtung, das Land zu kultivieren. So entstanden in der Tiefebene von Jericho vorbildliche landwirtschaftliche Anlagen mit einem weitverzweigten Bewässerungssystem. Josephus bezeichnete die größte dort bewässerte Fläche, die sich über mehr als 45 Quadratkilometer erstreckte, wegen ihrer Fruchtbarkeit als ein »göttliches Land«. Auch in anderen Teilen des Reiches sorgte Herodes für eine Urbarmachung des Bodens und für eine rationelle Bestellung, so besonders im westlichen Palästina und im jüdischen Ostjordanland. Das urbar gemachte Land überließ er zu günstigen Bedingungen jenen Bauern, die ihr Land verloren hatten. Mit seiner Landwirtschaftspolitik hatte Herodes schon nach kurzer Zeit große Erfolge. Und nicht zuletzt deswegen erhielt er einige Zeit später von Kaiser Augustus zu seinem Land noch weitere Gebiete hinzu, die eigentlich außerhalb des Reiches lagen; denn Rom war an seinem Gewinn ja letztlich immer mitbeteiligt.

Woher hatte Herodes das Land, das er an die Bauern ausgab oder verpachtete? Einen Teil hatte er von seinen Eltern geerbt, von seinem Vater vor allem Grundstücke in Idumäa, von seiner Mutter sehr viel Weideland im nabatäischen Arabien, das Herodes den Nabatäern verpachtet hatte. Doch die von den Eltern geerbten Grundstücke machten nur einen Bruchteil aus von dem gesamten Land, das Herodes als König besaß. Bei Regierungsantritt hatte er als rechtmäßiger Erbe der Hasmonäer deren gewaltigen Grundbesitz übernommen, und außerdem hatte er – was zwar nicht ausdrücklich belegt, von Abraham Schalit, dem ich hier folge, jedoch wahrscheinlich gemacht ist – viele Angehörige des alten Adels, die zu den führenden Anhängern des Antigonos gehört hatten, enteignet. So war Herodes zum größten Grundbesitzer des Landes geworden.

Aber nicht nur an Grundbesitz, sondern auch an barem Geld war Herodes reich. Hier hatte er ebenfalls einiges geerbt, anderes durch Enteignung ehemaliger Gegner hinzubekommen, doch sahen wir ja, daß er den Römern immer wieder Geld geben mußte. Hierzu war Herodes nur deswegen in der Lage, weil er gewinnbringende Geschäfte betrieb. Sehr gut verdiente er an den von Kleopatra gepachteten Balsampflanzungen. Für Balsam, den klaren, dickflüssigen Saft aus Balsambäumen, der bei der Herstellung von Räuchermitteln, Salben, Parfüms und Kosmetika Verwendung fand, wurde viel Geld bezahlt. Als höchst ertragreich erwies sich für Herodes auch die Pachtung der kyprischen Kupferbergwerke von Augustus, die allerdings erst in späterer Zeit erfolgte. Außerdem verlieh Herodes Geld gegen Zinsen, wie es schon sein Vater getan hatte.

Doch allein aus diesen zweifellos beträchtlichen privaten Einnahmen, zu denen nicht unerhebliche »Geschenke« an den König kamen, die bei allen möglichen Gelegenheiten von Besuchern aus dem In- und Ausland geliefert werden mußten und teils in Naturalien, teils in Gold oder Silber bestanden, konnte Herodes seine gewaltigen Ausgaben nicht decken. Sein Staatshaushalt ist zwar nicht bekannt, aber daß die Mittel für die Verteidigung, für die Armee, für Festungen und Befestigungen umfangreich gewesen sein müssen, ist nicht zu bezweifeln; immer schon kostete ein gesicherter Friede viel Geld, insbesondere für ein Land, das seit Jahrhunderten bevorzugtes Ziel für alle möglichen Aggressoren war, was es bis heute geblieben ist.

An zweiter Stelle im Staatshaushalt dürften die Ausgaben für die Prachtbauten des Königs gestanden haben. Indessen diente sein riesiges Bauprogramm zugleich der Arbeitsbeschaffung und der wirtschaftlichen Belebung, was wiederum das steuerliche Aufkommen vergrößerte. Weiterhin brauchte Herodes Geld für die ihm von Rom auferlegten Tribute, die er vor allem in den ersten Jahren zahlen mußte. Zwar mußte er nicht für das ganze Reich Tribute zahlen, aber doch für Idumäa und Samaria. Frei von Abgaben blieb – wie es einst in den Edikten von Cäsar festgelegt worden war – nur das altjüdische Gebiet. Später, wohl im Jahre 30 v. Chr., hat Augustus ihm die Tributzahlungen für Idumäa und vermutlich auch für Samaria erlassen. Übrigens blieb das Reich des Herodes frei von römischer Besatzung; dafür brauchten also keine Mittel aufgebracht zu werden. Viel Geld verschlang jedoch seine aufwendige, ja prachtvolle Hofhaltung. Sie zeigte den König als Verschwender. Von Sparen scheint Herodes wenig gehalten zu haben; insofern dachte er geradezu modern: Sein Wirtschaftssystem war auf ständig steigenden Verbrauch ausgerichtet.

Denn am Verbrauch der Bevölkerung und der Nachbarvölker verdiente Herodes in erheblichem Maße mit, dies nun weniger als Privatmann, sondern als König. Und zwar durch Steuern und mehr noch durch Zölle. Wie hoch die Steuern im einzelnen waren und wer überhaupt und wofür Steuern zahlen mußte, ist nicht mehr klar ersichtlich. Josephus macht zu diesen wichtigen Fragen keine genauen Angaben, er gibt nur allgemeine Klagen der Opposition über die drückenden Steuerlasten wieder, aber als drückend wurden Steuern von denen, die sie aufbringen mußten, zu allen Zeiten empfunden.

Also weiß man nicht, ob die Klagen, die vor allem nach dem Tode des Herodes erhoben wurden, wirklich berechtigt waren, zumal sie zusammen mit der Behauptung vorgebracht wurden, unter Herodes sei das jüdische Volk total verarmt. Dies war nun nachweislich falsch; in Wahrheit ging es den Juden wirtschaftlich so gut wie noch nie. Mit dem Wiederaufleben der Landwirtschaft blühte auch der Handel auf, und Israel führte – wie seit alters her – wieder Weizen, Oliven, Öl, Feigen, Honig, Wein und Balsam aus, wozu bald noch andere Exportmittel kamen, zum Beispiel Eichen- und Zedernholz, Geräte aus Kupfer, Töpferwaren, Schmuckgegenstände, auch Waffen. Das jüdische Waffengeschäft gewann unter Herodes indessen nicht annähernd jene Bedeutung, die es einmal unter König Salomo besaß, der Riesengeschäfte mit dem Bau und dem Export von Streitwagen gemacht hatte. Aber wenn es den Juden auch gut ging und alle Berufsstände an dem zunehmenden Wohlstand beteiligt waren, wird die Steuerlast besonders in den ersten Jahren des Herodes nicht gering gewesen sein.

Die Gesamtsteuern setzten sich offenbar aus verschiedenen

Steuern zusammen. Die wichtigste Steuer scheint der Zehnte gewesen zu sein, dessen Abgabe seit eh und je gefordert wurde und den auch Cäsar wieder festgesetzt hatte, indem er schrieb, daß das Volk dem Hyrkanos und seinen Söhnen den Zehnten, den es schon seinen Vätern gezahlt habe, weiterhin entrichten solle. Den Zehnten, der nach dem Talmud in alten Zeiten folgendermaßen gedrittelt wurde: »ein Drittel für befreundete Priester und Leviten, eines für den Schatz und eines für die Armen und die Bundesbrüder in Jerusalem«, dürfte auch Herodes in Anspruch genommen haben. Doch weiß man nicht, ob er in Naturalien oder in Geld entrichtet werden mußte, ja nicht einmal, wie er eigentlich berechnet wurde. Möglicherweise wurde den einzelnen Ortschaften eine bestimmte Summe auferlegt, die dann auf die einzelnen Familien und Bewohner umgerechnet wurde. Vielleicht sind auch alle Menschen gezählt worden, um dann – wie es zum Beispiel in Syrien gemacht wurde – für jeden männlichen Bewohner von vierzehn und für jeden weiblichen von zwölf Jahren an bis ins 65. Lebensjahr eine Kopfsteuer zu berechnen; aber die historisch belegten Zählungen stammen erst aus der nachherodianischen Zeit.

Unbekannt ist ebenso, wer die Steuern eintrieb. Zwar ist in den Quellen von vielen Steuereinnehmern die Rede, aber es ist nicht gesagt, ob es sich dabei um staatliche Angestellte oder um Steuerpächter handelte. Steuerpächter, die es bei den Juden mit Sicherheit während der Zeit unter den Ptolemäern (im dritten vorchristlichen Jahrhundert) gab, hatten vom Staat einen Steuerbezirk gepachtet, das heißt, sie zahlten an die Zentralbehörde eine festgesetzte Steuersumme, während sie aus der Bevölkerung soviel wie nur irgend möglich herauspreßten und den Überschuß für sich behielten. Desgleichen wurde über lange Zeit auch das Eintreibungsgeschäft von Zollgebühren auf alle möglichen Waren, die ein- oder ausgeführt oder nur umgeschlagen wurden, an Meistbietende verpachtet, und so konnte auch der Beruf des Zöllners, der gleich dem des Steuereinnehmers ein ausgesprochen schlechtes Ansehen hatte, recht einträglich sein.

Daß dieses System aus der Zeit der Ptolemäer, denen es

ziemlich gleich war, wie sehr die jüdische Bevölkerung ausgebeutet wurde, noch unter Herodes bestand, ist kaum anzunehmen. Denn mindestens zweimal hat Herodes allen Einwohnern seines Reiches Steuernachlässe gewährt, einmal im Jahre 20 v. Chr. in Höhe von einem Drittel, und sechs Jahre später senkte er die Steuern um ein Viertel; solche Nachlässe wären ja sinnlos gewesen, wenn sie nicht der Bevölkerung, sondern nur den Steuerpächtern zugute gekommen wären. Dies spricht dafür, daß Steuereinnehmer und Zöllner in herodianischer Zeit Behördenangestellte waren.

Vermutlich hat Herodes mehr als nur den seit alters her geforderten Zehnten erhoben. Denn seine Ausgaben waren schon wegen der Tributverpflichtungen gegenüber Rom höher als die seiner Vorgänger. Deswegen meint Abraham Schalit, Herodes habe von seinen Einwohnern noch eine Tributzahlung gefordert, eben jenes Geld, das er nach Rom abführen mußte. Die Höhe dieser jährlichen Tributabgabe mag ein Prozent vom Wert der beweglichen Habe betragen haben; so war es jedenfalls in Syrien und in Kilikien. Außerdem gab es eine Besitzsteuer, die sich auf den Wert von Immobilien bezog, also auf Häuser und Grundstücke. Es gab die Handels- und Gewerbesteuer. Und es gab eine Salzsteuer.

Mehr noch als alle Steuern zusammen, die übrigens keineswegs Erfindungen des Herodes, sondern auch in allen anderen Ländern üblich waren, scheinen dem König die Zölle eingebracht zu haben. Auch Zölle waren nicht seine Erfindung. Das Zollwesen hat sich während des ganzen Altertums, das heißt seit den Großreichen des Alten Orients bis in die byzantinische Zeit kaum verändert. Immer waren die Herrscher an Zolleinnahmen interessiert. Mit Zöllen waren gute, ja ausgezeichnete Geschäfte zu machen, und zwar ohne eigenes Risiko. Und auch Herodes hat dabei große Gewinne gemacht. Die Zölle für Waren, die durch das Land transportiert oder in einem der Häfen umgeschlagen wurden, lagen – nach Waren unterschiedlich – zwischen zwanzig und fünfzig Prozent; verzollt werden mußten desgleichen alle importierten und exportierten Waren. Zu den

Zöllen und Steuern, die dem König beachtliche Einnahmen sicherten, kamen noch Gebühren für die Benutzung von Wegen, Brücken, Häfen, Ankerplätzen.

Falsch wäre es nun, von der Aufzählung all dieser Abgaben, die von der Bevölkerung aufgebracht werden mußten, auf für den einzelnen kaum erträgliche Zustände zu schließen. In Wahrheit war die Situation bei weitem nicht so schlimm, wie es etwa die hohen Zölle, die ja aber wohl kaum auf allen Waren lagen, suggerieren könnten. Um solche Angaben realistisch einzuschätzen, muß man sie einmal mit entsprechenden Zahlen von heute vergleichen. Zum Beispiel liegt auf Rauchtabak, der in die Bundesrepublik Deutschland eingeführt wird, ein Zoll von 117 Prozent. Auf die fertigen Tabakwaren, also auf Zigarren, Zigaretten, Pfeifentabak, wird außerdem eine etwa zwanzigprozentige Tabaksteuer erhoben. Und wenn die fertigen Produkte verkauft werden, kommen noch elf Prozent Mehrwertsteuer hinzu. Beim Kauf von einem Liter Benzin für sein Auto bezahlt der Bundesbürger von – nehmen wir an – 86 Pfennigen 52,5 Pfennige an den Staat; das entspricht einem Aufschlag von 157 Prozent auf den eigentlichen Preis von 33,5 Pfennigen. Noch mehr kassiert der Staat beim Alkohol.

Und wie entsetzlich hört sich allein eine Aufzählung der heute – freilich nicht von jedem – erhobenen Steuern an: Da gibt es Lohn- und Einkommensteuer, Mehrwertsteuer, Kapitalertragssteuer, Körperschaftssteuer, Einfuhrumsatzsteuer, Straßengüterverkehrssteuer, Tabak-, Kaffee-, Zucker-, Bier- und Branntweinsteuer, Mineralölsteuer, Vermögenssteuer, Kraftfahrzeugsteuer, Grundsteuer, Gewerbesteuer, Vergnügungssteuer, außerdem noch weitere Bundes-, Länder- und Gemeindesteuern und schließlich noch die Kirchensteuer. Überdies fordert der Staat manchmal noch Sonder- oder Ergänzungsabgaben.

Aber die Bundesbürger sind dennoch nicht verarmt. Auch gehen ihnen diese Gelder ja nicht verloren. Sie erkaufen sich mit ihren Abgaben außer einer kostspieligen Regierungs- und Verwaltungsmaschinerie militärischen und polizeilichen Schutz, Schulen, Universitäten und Forschungszentren, Krankenhäuser,

Bäder, Feuerwehren, Gerichte und Gefängnisse, Straßen, Parks und Sportstadien, Museen, Theater, Bibliotheken und noch manches andere.

Im Prinzip war das früher nicht anders. Auch Herodes konnte nicht alles in die eigene Tasche stecken. Dennoch waren die Juden stets und ständig mißtrauisch, waren es immer gewesen, besonders ihren Königen gegenüber, und die Thora verbot jedem König ausdrücklich die private Vermehrung von Reichtümern: »Silber und Gold soll er sich nicht mehren in Menge.« Herodes – aber andere jüdische Könige vor ihm hatten es ebenfalls gemacht – mehrte trotzdem, wie sich nicht erst bei seinem Tode erweisen sollte. Aber zugleich hat er für die Allgemeinheit gewirkt, hat – wie schon gesagt – für die Kultivierung des Bodens gesorgt und die Landwirtschaft gefördert, hat Straßen anlegen lassen und Städte gegründet, die er großzügig ausbauen ließ mit Tempeln, Theatern, Sportanlagen, er hat – worauf wir noch ausführlich eingehen werden – die wichtige Hafenstadt Caesarea erbaut, die zum Zentrum des Außenhandels wurde, er hat – worauf ebenfalls erst später eingegangen werden soll – Jerusalem stark befestigt und dann dort eine Reihe von Prunkbauten errichtet und – vielleicht sein bedeutendstes Bauvorhaben – anstelle des alten Tempels eine gewaltige, eindrucksvolle Tempelanlage geschaffen.

Dies und viele andere Unternehmungen seines kaum vorstellbaren Bauprogramms, so die verschiedenen prunkvollen Schlösser und Paläste in Jerusalem, in Jericho, im galiläischen Sepphoris, im peräischen Bethrampta, in Askalon, in Herodeion, entstanden jedoch erst in der zweiten Hälfte seiner Regierungszeit. In den ersten Jahren, als es ihm vor allem um die Wiederherstellung von Recht und Ordnung und um Sicherheit vor Überfällen von Arabern und Beduinen ging, auch vor möglichen Interventionen Kleopatras, ließ Herodes in erster Linie Befestigungswerke wiederherstellen oder neu anlegen. So zum Beispiel die Festungen Hyrkania, Macharius, Herodeion und Esbon, wo er zugleich – wie in vielen Grenzgebieten – eine Militärkolonie einrichtete. Militärkolonien, wie in den Gebieten

Trachonitis und Batanäa, sicherten das Land auch gegen jene Räuberbanden, die in den ersten Jahren nach dem Bürgerkrieg gerade die Bewohner der weniger dichtbesiedelten Randgebiete beunruhigten. Die Kolonisten waren meist ehemalige Soldaten oder solche Soldaten, die vorübergehend vom Militärdienst befreit waren, aber jederzeit wieder einberufen werden konnten; sie erhielten das Land zu besonders günstigen Bedingungen, das heißt, sie waren einige Jahre lang nicht nur von der Grundbesitzsteuer, sondern überhaupt von allen Abgaben befreit.

In seiner ersten Zeit ließ Herodes auch die berühmte Festung Masada am Westufer des Toten Meeres, wo er einmal während des Kampfes gegen Antigonos seine Verwandten in Sicherheit gebracht hatte, ausbauen, und zwar sehr aufwendig. Diese gewaltige Anlage auf einem hochgelegenen, schwer zugänglichen Felsplateau, die – so sagt Josephus – gegen Kleopatra gerichtet war, wurde zu Beginn der sechziger Jahre unseres Jahrhunderts im Auftrag der Hebräischen Universität von Jerusalem und der israelischen Regierung in einer archäologischen Expedition unter Professor Yigael Yadin ausgegraben. Was die Archäologen und ihre aus aller Welt zusammengekommenen Helfer freilegten, war sensationell. Es entsprach bis in letzte Einzelheiten den von Josephus gemachten Angaben über die Festung, und zwar bis hin zu der Schilderung ihrer Eroberung im Jahre 73 nach Chr. durch die Römer.

Zu jener Zeit, also lange nach Herodes' Tod, hatte sich eine Gruppe jüdischer Zeloten, die sich gegen die inzwischen erfolgte römische Besetzung erhoben und dabei viele römische Soldaten getötet hatten, nach Masada zurückgezogen, um von dort aus noch längere Zeit gegen die Römer einen Guerillakrieg zu führen. Als den Römern das lästig wurde, beschloß ihr Statthalter Flavius Silva die Aushebung des Widerstandsnestes. Mit der 10. Legion und Hilfstruppen rückte er gegen Masada vor und belagerte die etwa tausend Insassen, bei denen es sich nicht nur um Kämpfer, sondern außerdem um deren Frauen und Kinder handelte. Die Römer bauten an einer Seite der Festung aus Steinen, Holz und Sand eine Rampe, die heute noch deutlich erkennbar ist, errichteten darauf einen Turm, von dem aus sie die Besatzung unter Beschuß nahmen, während sie zugleich mit einem Rammbock gegen die Mauer vorgingen.

Als die Belagerten einsehen mußten, daß sie verloren waren, entschlossen sie sich, ihrem Leben freiwillig ein Ende zu machen, statt sich den Gegnern auf Gedeih und Verderb auszuliefern. Zu diesem Entschluß, mit dem zunächst keineswegs alle einverstanden waren, brachte sie – wie Josephus im ›Jüdischen Krieg‹ (VII, 8, 6) ausführlich berichtet – ihr Anführer Eleazar nach einer langen und eindrucksvollen Rede, in der nachdrücklich mit der Unsterblichkeit der Seele argumentiert wurde, wie zum Beispiel: »Der Tod nämlich schenkt den Seelen Freiheit und entläßt sie in die heimatlichen und reinen Gefilde. Erlöst von allem Unglück können sie dann ohne Last sein.« Aber Eleazar beschwor auch schreckliche Bilder herauf, für den Fall, daß die Belagerten sich den Römern lebend auslieferten: »Wem nun ist das Wüten der Römer nicht deutlich vor Augen, wenn sie uns lebend in die Gewalt bekommen? Elend dann die Jünglinge, die um ihrer großen Körperkraft willen lange Zeit den Mißhandlungen ausgesetzt sein werden! Elend aber auch die, die schon über Manneskraft hinaus sind – um ihres Alters willen werden sie die Unglücksschläge nicht tragen können! Man wird sehen, wie die Feinde die Frau zur Schändung fortschleppen und die Stimme des Kindes vernehmen, wie es nach dem Vater ruft, aber seine Hände werden gebunden sein. Doch jetzt, solange diese Hände noch frei sind und das Schwert noch halten, sollen sie einen edlen Dienst leisten; nicht als Sklaven der Feinde laßt uns sterben, sondern in Freiheit wollen wir gemeinsam mit Frauen und Kindern aus dem Leben scheiden.«

Und dann kam es zu jenem tragischen Ende des Kriegs der Juden gegen die Römer, den Josephus zum Höhepunkt und zu einem Heldenlied gemacht hat: »Als Eleazar noch fortfahren wollte, die Männer anzuspornen, schnitten ihm alle das Wort ab. Erfüllt von einer stürmischen Begeisterung drängten sie nunmehr zur Tat. Wie besessen liefen sie auseinander, und ein jeder trachtete danach, dem andern zuvorzukommen ... Eine so starke Freude hatte sie überkommen, Frauen, Kinder und sich selbst dahinzugeben. Und nicht einmal in dem Augenblick wurden sie entmutigt – was man doch durchaus hätte erwarten können –, als sie der Tat unmittelbar gegenüberstanden. Im Gegenteil, sie wahrten ungeschwächt den Sinn, wie er ihnen innegewohnt hatte, als sie den Worten Eleazars gelauscht hatten. Obgleich sie alle ein leidenschaftliches Mitgefühl mit ihren vertrauten und geliebten Menschen erfaßte, siegte dennoch das Urteil der Vernunft, daß sie nämlich für ihre Lieben das Beste beschlossen hatten. Und alsbald nahmen sie Abschied; sie umarmten ihre Frauen und zogen noch einmal ihre Kinder an sich, unter Tränen bedeckten sie sie mit den letzten Küssen. Im selben Augenblick aber, gleichsam als bedienten sie sich fremder Hände, führten sie ihren Beschluß aus. In dem Gedanken an die Übel, die sie unter den Feinden zu leiden hätten, fanden sie Trost in der grausamen Pflicht, töten zu müssen. So sah man zuletzt niemand, der in der Kraft seines Wagemuts einem anderen nachstand, vielmehr töteten sie alle zusammen der Reihe nach ihre nächsten Angehörigen ... Danach freilich vermochten sie den Schmerz über alles, was geschehen war, kaum noch zu tragen. Sie glaubten, daß sie an den Ermordeten Unrecht begingen, wenn sie diese auch nur um eine kurze Zeit noch überlebten. So warfen sie schnell noch den gesamten Besitz zu einem Haufen zusammen und legten Feuer an ihn. Durchs Los wählten sie darauf zehn Männer aus ihrer Mitte; sie sollten die Mörder aller anderen sein. Dann legte sich ein jeder neben die schon dahingestreckten Seinen, die Frau und die Kinder, schlang die Arme um sie und bot schließlich den Männern, die den unseligen Dienst auszuführen hatten, bereitwillig die Kehle. Ohne Wanken mordeten jene alle insgesamt; darauf bestimmten sie dasselbe Gesetz des Loses auch für sich untereinander. Der ausgeloste Mann hatte die neun zu töten, und endlich, nach allen anderen, sollte er auch sich selbst den Todesstoß geben. So sehr verließen sie sich alle aufeinander, daß sich weder im Handeln noch im Erleiden der eine vom anderen unterscheide, und so hielten sie am Ende die Kehlen bereit. Der einsame Letzte aber überschaute ringsum die Menge der Dahingestreckten, ob womöglich jemand bei dem unendlichen Morden am Leben geblieben war und deshalb noch seiner Hand bedürfe. Als er erkannte, daß alle getötet seien, legte er an vielen Stellen Feuer in den Palast. Dann stieß er mit geballter Kraft das Schwert ganz durch seinen Körper und brach neben den Seinen zusammen ... «

Nach Josephus kamen auf diese Weise sämtliche Insassen der Festung bis auf zwei Frauen und fünf Kinder, die sich versteckt gehalten hatten, ums Leben. Eine dieser Frauen, eine Verwandte des Eleazar, »die an Feingefühl und Bildung weit über den anderen Frauen stand«, erzählte den in die Festung kommenden Römern, was sich dort ereignet hatte; sie hatte alles mitangehört, war also für Josephus die klassische, nach literarischen Gesetzen unbedingt erforderliche Kronzeugin für seinen Bericht über den heldenhaften Tod von neunhundertsechzig Männern, Frauen und Kindern. Entscheidend ist nun nicht, ob wirklich alle Belagerten bis auf jene zwei Frauen und fünf Kinder getötet wurden und nicht in Wahrheit doch ein weit größerer Teil der Gruppe überlebt hat oder schon vorher entkommen war – die Tötung von nahezu tausend Menschen auf die geschilderte Weise innerhalb weniger Stunden ist schwer vorstellbar –, entscheidend ist, daß die archäologischen Funde die Darstellung des Josephus im wesentlichen, das heißt in ihrem Kern, bestätigt haben. Die Archäologen fanden nicht nur die Spuren jenes Feuers, sie fanden auch Spuren der Verteidiger. Vermutlich waren die Toten von den Römern einfach in Höhlen unterhalb der Festungsanlage geworfen worden. In einer solchen Höhle stießen die Ausgräber auf Schädel und andere Skeletteile, die durcheinander auf dem Boden lagen. Es waren die Reste von etwa fünfundzwanzig Skeletten. Untersuchungen an der Medizinischen Fakultät der Hebräischen Universität zu Jerusalem ergaben, daß vierzehn Skelette von Männern zwischen zweiundzwanzig und sechzig Jahren, eines von einem über Siebzigjährigen, sechs von Frauen zwischen fünfzehn und zweiundzwanzig Jahren, vier von Kindern zwischen acht und zwölf und eines von einem Embryo stammten. Der Expeditionsleiter, Yigael Yadin, ist überzeugt, daß es sich um die sterblichen Überreste der Verteidiger von Masada handelte.

Als erregendsten Fund aber bezeichnete Professor Yadin elf kleine Ostraka, Gefäßscherben, mit Namen darauf, Namen von Männern, jeder Name anders als der nächste, obwohl alle von derselben Hand geschrieben zu sein schienen. Waren dies die Lose, von denen Josephus erzählt, und mit denen jene ausgelost wurden, die die anderen töten mußten? Diese Möglichkeit, schreibt Yadin, »wird durch die Tatsache unterstrichen, daß eines der elf Ostraka den Namen ›Ben Yair‹ trug. Die einfache Aufschrift ›Ben Yair‹ konnte sich . . . auf niemanden anderen als Eleazar Ben Yair beziehen. So ist es auch nicht unwahrscheinlich, daß diese letzte Gruppe aus seinen zehn Befehlshabern bestand, die, nachdem der Beschluß vollständig in die Tat umgesetzt war, als letzte übrigblieben und dann auch unter sich das Los werfen mußten.«

Das Heldenlied von Masada hat mit Herodes nicht nur insofern einen Zusammenhang, als es sich in der von ihm errichteten Palastanlage ereignete. Wichtiger ist, daß die Darstellung des Josephus eine Bestätigung fand, die auch für seine Angaben über die ganze Anlage gilt, die ihm, der ja anfänglich selbst auf seiten der Zeloten gekämpft hatte, bis er auf nicht ganz geklärte Weise auf die Seite der Römer hinüberwechselte, aus persönlicher Anschauung bekannt gewesen sein dürfte. Er beschrieb zunächst den Felsen, »nicht gering an Umfang und beträchtlich hoch«, und zwar im ›Jüdischen Krieg‹ (VII, 8,3): »Schroffe Felsabhänge reichen in unabsehbare Tiefen, so daß sie für den Zutritt von Mensch und Tier verschlossen bleiben.« Die Festung stammte aus früherer Zeit, Herodes ließ sie aber wesentlich vergrößern: »Er errichtete ringsherum am Rande der Gipfelfläche eine 7 Stadien lange Mauer aus weißem Gestein, zwölf Ellen hoch und acht Ellen dick. Auf der Mauer aber standen zudem noch 37 Türme, jeweils 50 Ellen hoch, von denen aus man zu den Innenräumen gelangen konnte, die innerhalb entlang der ganzen Mauer gebaut waren.«

Die Ausgrabungen haben diese Angaben im wesentlichen bestätigt. Tatsächlich war die ganze Hochebene, von der Josephus sagt, sie sei für den Anbau von Nahrungsmitteln kultiviert worden (»damit für den Fall, daß die Lebensmittelversorgung von außen unterbrochen werden sollte, die Menschen, die ihre Rettung der Festung anvertraut hatten, nicht darunter zu leiden hätten«), von einer 1400 Meter langen Mauer umgeben. Gebaut ist sie in typisch herodianischem Baustil, nämlich aus roh behauenen Blöcken, und sie war – wie Josephus angab – sechs Meter hoch und vier Meter stark. Von den 37 Türmen konnten bisher jedoch erst 27 identifiziert werden. Ihre von Josephus angegebene Höhe von 25 Metern hält Professor Yadin indessen für übertrieben; sie erkläre sich daraus, daß einige Türme, die direkt am Abgrund standen, besonders hoch erschienen.

Den königlichen Palast beschrieb Josephus so: »Seine Mauer war sehr hoch und stark und hatte vier Ecktürme von 60 Ellen Höhe. Innerhalb der Ummauerung war die Ausstattung der Wohnräume ebenso wie der Säulenhallen und Bäder verschiedenartig und verschwenderisch. Die überall anzutreffenden Säulen waren jeweils aus einem einzigen Stein, die Wände und Fußböden in den Wohnungen zeigten kunstvolle bunte Steinpflasterung.«

Gefunden wurde sehr viel mehr. An der Nordspitze des Plateaus legten die Archäologen Reste einer sich über drei Terrassen hinziehenden Palastanlage frei, die möglicherweise aus vorherodianischer Zeit stammt. Der eigentliche königliche Palast des Herodes lag auf der Gipfelfläche im Westen, mit herrlichem Blick auf das Tote Meer. Er zeigt wieder den typischen herodianischen Baustil und übertraf den »Nordpalast« an Ausstattung und Pracht. Er bedeckte eine Fläche von annähernd viertausend Quadratmetern und bestand aus drei großen Flügeln. In dem einen befanden sich der Thronsaal und die königlichen Wohnräume mit einem in der Mitte gelegenen Bad, das ein Kaltwasserbassin hatte und einen Raum für ein Warmbad. In einem anderen Flügel lagen die Wirtschaftsräume, im dritten Vorratsmagazine und Wohnräume fürs Personal.

Die Vorratsräume waren riesig. »Der äußere Raum«, schreibt Yigael Yadin, »ist 70 Meter lang ... Auf dem Boden fanden wir Hunderte, ja vielleicht sogar Tausende von zerbrochenen Krügen, in denen offenbar kostbarere Waren gelagert worden waren als in den Gefäßen der nördlichen Vorratsgebäude. Das ging vor allem aus den Aufschriften in bestem Hebräisch hervor. Die Ware war differenziert angegeben: ›zerstoßene, gepreßte Feigen‹, ›gepreßte Feigen‹ und ›getrocknete Feigen‹. Die gepreßten oder getrockneten Feigen stellten wohl in Zeiten der Belagerung das wichtigste Nahrungsmittel dar. Sie ließen sich leicht lagern und enthielten in geringsten Mengen einen hohen Nährwert.«

Wohl weil seine Verwandten während der Belagerung durch Antigonos unter Wassermangel gelitten und deswegen fast aufgegeben hatten, ließ Herodes – so sagt Josephus – »als Wasserbehälter zahlreiche und große Vertiefungen in die Felsen schlagen; auf diese Weise nämlich schaffte er eine Wasserversorgung, wie sie sonst nur Menschen hatten, denen Quellen zur Verfügung standen.«

Wie das gemeint war, haben erst die Ausgrabungen gezeigt. Auch dazu wieder Yigael Yadin: »Wir sahen zwei übereinanderliegende Reihen dunkler Höhlen. Das waren die Öffnungen riesiger, aus dem Fels gehauener Zisternen, deren jede fast vier Millionen Liter Wasser fassen konnte. Die gesamte Anlage hatte eine Kapazität von nahezu vierzig Millionen Litern! Wie – so fragten wir uns – wollten Herodes und seine Ingenieure diese Zisternen auffüllen, wenn es damals ebensowenig wie heute eine Quelle gab und in diesem Gebiet doch nur äußerst selten Regen fällt? Die Lösung ist genial zu nennen. Ihr Plan beruhte auf der Existenz zweier kleiner Wadis, die sich nördlich und südlich von Masada hinziehen. In beiden Wadis legten sie Dämme an, die sie durch offene Kanäle mit den Zisternen verbanden. Vom südlichen Wadi führte der Aquädukt zur oberen Reihe der Zisternen, vom nördlichen zur unteren. Sie nahmen an, daß bei Regenfällen das Wasser in den Wadis durch die Dämme gestaut und dann durch die Aquädukte fließen würde, um so eine

Zisterne nach der anderen zu füllen.« Während einer Regenzeit konnten die Ausgräber sehen, daß das System ganz ausgezeichnet funktioniert haben muß. »Es handelt sich hier also nicht um ein gewöhnliches Unternehmen«, merkt Abraham Schalit zu diesen Entdeckungen an, »sondern um ein Werk von praktischem Können und technischer Geschicklichkeit, die ein Zeugnis ablegen von dem Geiste, der den Herodes beseelte.«

Im königlichen Palast wurden Reste von Wandmalereien und Mosaikböden freigelegt. Dabei machten die Archäologen eine für die Beurteilung des Herodes aufschlußreiche Beobachtung. »Es ist auffallend«, schreibt Yigael Yadin, »daß Herodes sogar in seinen eigenen Bauten in Masada gezögert hatte, die Empfindlichkeit seiner Familie und der jüdischen Bürger zu verletzen. Deshalb ließ er keine Menschen und Tiere in den Mosaiken darstellen, wie es in jener Zeit sonst üblich war.« Herodes hielt sich also an die für Juden gültigen Gesetze. In allen gefundenen Mosaiken wurden nur geometrische Figuren und jene Pflanzenformen verwendet, die beliebte Motive der jüdischen Kunst waren: stilisierte Olivenzweige, Granatäpfel, Feigenblätter und Weinlaub.

Daß man Herodes offenbar zu Unrecht vorgeworfen hat, bereits zu jener Zeit, ja, schon kurz nach seinem Regierungsantritt nicht nur Ausrottungspläne gegen seine hasmonäischen Verwandten gehegt, sondern bewußt auch gegen die jüdischen Gesetze verstoßen zu haben, wird durch eine höchst interessante Entdeckung der Masada-Expedition belegt. Die Archäologen fanden nämlich in Masada eine Synagoge, die nach ihrer Meinung zu Herodes' Zeit gebaut wurde. Das aber bedeutet nicht weniger, als daß – so Yigael Yadin – »Herodes den jüdischen Angehörigen seiner Familie und seines Hofes eine Kultstätte zugestand«.

Die zwar schwierige, aber verhältnismäßig ruhige und auf jeden Fall erfolgreiche Zeit des ersten Wiederaufbaus und der militärischen Sicherung nach außen und nach innen, für die der Ausbau Masadas nur ein Beispiel von vielen ist, wurde durch den Entscheidungskampf zwischen den beiden Römern Antonius und Oktavian gefährdet, der im Jahre 32 v. Chr. zum offenen Ausbruch kam. Zunächst jedoch hatte Herodes noch andere Schwierigkeiten, und zwar mit dem nabatäischen Araberkönig Malchos, der seine Pachtgelder nicht pünktlich zahlte, und erneut mit Kleopatra, die wieder einmal versuchte, Antonius für ihre alten Forderungen zu gewinnen. Zwar bat Kleopatra diesmal nicht um das ganze Reich des Herodes, aber immerhin um Idumäa. Antonius hat – wie in den Jahren zuvor – nichts davon hören wollen, doch ließ er die Königin auch dieses Mal nicht ganz leer ausgehen; es scheint, daß er ihr die wichtige Stadt Gaza schenkte.

Auf Kosten ihres Nachbarn Herodes hatte Kleopatra also schon einiges erreicht. Und sie intrigierte weiter. Als Herodes seinem Freund Antonius gegen Oktavian mit einem großen Truppenaufgebot zu Hilfe eilen wollte und bereits auf dem Wege zu ihm war, brachte sie Antonius dazu, Herodes wieder umkehren zu lassen: Statt am Feldzug gegen Oktavian teilzunehmen, sollte Herodes mit seinen Truppen gegen den Nabatäerkönig vorgehen, weil Kleopatra von diesem die ihr zustehenden Pachtgelder nicht erhalten hatte. Höchst wahrscheinlich aber ging es Kleopatra bei dieser Aktion weniger um den Pachtzins, den sie ja in diesem Falle gar nicht von Malchos, sondern eigentlich von Herodes als dem Zwischenpächter hätte bekommen müssen, als vielmehr um die Möglichkeit, daß Juden und Araber sich bei dieser kriegerischen Auseinandersetzung erschöpften und schließlich für Ägypten eine leichte Beute sein würden. Aber es kam anders.

Der Feldzug gegen die Araber begann für Herodes mit einem Sieg seines Reiterheeres, dem dann freilich eine Niederlage in Coelesyrien folgte, woran – was sicherlich kein Zufall war – der dort stationierte ägyptische Stratege die Hauptschuld trug. Die Truppen des Herodes mußten schwere Verluste hinnehmen. Überdies wurde gerade zu jenem Zeitpunkt, im Frühjahr 31 v. Chr., das Land Judäa von einem schweren Erdbeben getroffen. Josephus sagt, daß zehntausend Menschen – an anderer Stelle spricht er sogar von dreißigtausend – unter den Trümmern ihrer Häuser den Tod gefunden hätten und eine Unmenge Vieh umgekommen sei. Das Heer blieb zwar verschont, weil es im Freien lagerte, aber Herodes bemühte sich sofort um Frieden und schickte Unterhändler zu Malchos. Doch die Araber, die in dem Erdbeben eine gute Chance für sich sahen – »weil ganz Judäa ein Trümmerhaufen sei, glaubten sie, sie könnten des entblößten Landes Herr werden ... « –, erschlugen die Abgesandten und griffen die jüdischen Truppen an, die jetzt ziemlich mutlos waren. Um sie aus ihrer Niedergeschlagenheit zu reißen, hielt Herodes eine flammende Rede: »Ich weiß wohl«, sagte er nach der Aufzeichnung in den ›Jüdischen Altertümern‹, die von der im ›Jüdischen Krieg‹ formal stark abweicht – indessen auf ein von dem griechischen Historiker Thukydides verwendetes Muster zurückzugehen scheint –, »ich weiß wohl, daß sich in der letzten Zeit manches ereignete, was uns schwer niedergedrückt hat. Und vielleicht dürfte in einer so schlimmen Lage selbst der Tapferste den Mut verlieren. Aber wir sind zum Kriege gedrängt worden, und nichts von dem, was uns getroffen hat, ist derart, daß es nicht durch eine ruhmvolle Tat wieder ausgeglichen werden könnte.«

Ausführlich schilderte er dann, wie undankbar und treulos sich die Araber verhalten hätten: »Wer hat sie denn, als sie in Gefahr standen, ihre Freiheit zu verlieren und in die Knechtschaft der Kleopatra zu fallen, aus dieser Gefahr befreit? Nur meine guten Beziehungen zu Antonius waren die Ursache, daß ihnen damals nichts Schlimmeres widerfuhr, zumal Antonius nichts tat, was uns hätte Argwohn einflößen können. Als er dann Kleopatra Teile unseres beiderseitigen Gebietes schenken wollte, habe ich auch in dieser Sache die ganze Sorge auf mich genommen, uns durch reiche Geschenke Frieden verschafft, die ersten zweihundert Talente selbst gezahlt und für weitere zweihundert Talente, die dem Lande auferlegt waren, die Bürgschaft übernommen. Und doch haben uns die Araber hierin ihr Wort nicht gehalten.«

Man könne den Arabern eben nicht trauen, sagte Herodes weiter; denn sie hielten offenbar jedes Mittel für erlaubt, wenn sie sich davon einen Vorteil versprächen: »Haben sie doch mit der Ermordung unserer Gesandten eine Schandtat begangen, die von Griechen wie Barbaren für gleich nichtswürdig gehalten wird. Denn die Griechen erklären die Gesandten für heilig und unverletzlich; wir aber haben unsere wichtigsten Satzungen und den heiligsten Teil unserer Gesetze durch Engel erhalten, die von Gott gesandt waren. Eine solche Kraft hat der Titel eines Gesandten, daß er bei den Menschen für den Stellvertreter Gottes gilt und den Feind mit dem Feinde auszusöhnen vermag. Welcher Frevel könnte also größer sein als die Ermordung derer, die gesandt sind, um über Recht und Frieden zu verhandeln?«

Vor den Arabern Furcht zu haben, halte er ganz und gar für unsinnig, selbst wenn sie zahlenmäßig in der Übermacht sein sollten. »Denn wer das Recht auf seiner Seite hat, hat Gott für sich; wo aber Gott ist, da ist auch Macht und Stärke.«

Und im Hinblick auf das Erdbeben sagte er: »Sollte aber vielleicht jemand infolge der Drangsale, die unser Heimatland getroffen haben, und namentlich infolge des Erdbebens zaghaft sein, so möge er doch zunächst bedenken, daß diese Unfälle den Arabern viel größer vorkommen, als sie in Wirklichkeit sind, und sodann auch, daß es sich für uns nicht ziemt, uns durch das in Angst jagen zu lassen, was unsere Feinde mit Zuversicht erfüllt. Denn nicht, weil ihnen selbst etwas Glückliches widerfahren ist, sind sie so übermütig, sondern weil sie hoffen, wir würden uns unter der Wucht der Schicksalsschläge beugen. Wenn wir aber gegen sie zu Felde ziehen, werden wir ihren Übermut schon dämpfen . . . «

Und er schloß seine Rede: »Wenn ihr das alles bedenkt und, was noch mehr heißen will, euch vorstellt, daß Gott stets für euch streiten wird, so werdet ihr gerechte und blutige Rache nehmen an denen, die treulos gegen ihre Freunde, unversöhnlich im Kriege, frevelhaft gegen unsere Gesandten waren, und die ihr an Tapferkeit stets weit übertroffen habt.«

Danach zog Herodes mit seinen Truppen über den Jordan und griff die Araber an. In mehreren Schlachten waren die Juden siegreich. Sie gingen mit den Arabern hart und rücksichtslos ins

Gericht und ließen sich, als die Araber um Frieden baten und für die Gefangenen Lösegeld boten, auf keinerlei Verhandlungen ein, bis die Araber bedingungslos kapitulierten.

Herodes hatte gezeigt, daß sein Staat selbst unter ungünstigen Umständen in der Lage war, den ihm (wie anderen Kleinstaaten im Grenzgebiet des Römischen Reiches ebenfalls) übertragenen Grenzschutz wahrnehmen zu können, und dazu auch bereit war. Für sein künftiges Verhältnis zu Rom war das sicher nicht ohne Bedeutung. Und so kehrte er jetzt, wie Josephus sagt, »stolz auf sein Kriegsglück und wegen seiner Heldentaten allgemein bewundert, nach Hause zurück.«

Doch konnte er sich seines militärischen Erfolges nicht lange erfreuen. Wenn er eben noch geglaubt hatte, getrost in die Zukunft blicken zu können, so sah plötzlich alles ganz anders aus, als die Nachricht eintraf, daß sein Freund und Gönner Antonius am 2. September 31 v. Chr. bei Aktium an der Westküste Griechenlands entscheidend geschlagen worden war. Hatte Herodes also doch auf den Falschen gesetzt? In diesem Moment schien alles wieder zusammenzubrechen, was nach den langwierigen Kämpfen um den Thron in siebenjähriger Wiederaufbauarbeit und mit dem militärischen Erfolg über die Nabatäer gewonnen worden war. Nicht nur Herodes sah das so, vor allem sahen es seine Gegner; sie frohlockten bereits, weil sie überzeugt waren, er werde sich nun nicht mehr länger an der Macht halten können, weil Oktavian ihm seine Freundschaft zu Antonius übel vergelten werde.

Aber sie unterschätzten wieder einmal seinen politischen Blick, seine diplomatische Gewandtheit und seine rasche Entschlußkraft. In entscheidenden Momenten handelte Herodes blitzschnell. Und dies war ein entscheidender Moment. Herodes sah sofort, daß Antonius verloren war und daß es Selbstmord gewesen wäre, ihn jetzt noch zu unterstützen. Deswegen ließ er seinen ehemaligen Wohltäter trotz dessen Bitten und Hilferufe fallen und schlug sich auf die Seite des siegreichen Oktavian.

Daß er für diesen Schritt die richtigen Voraussetzungen hatte, war allerdings keineswegs politisches Gespür, sondern ganz einfach Glück. Denn wenn er, wie er es beabsichtigt hatte, an der Seite seines Freundes Antonius gegen Oktavian gekämpft haben würde, dann wäre ein Frontwechsel kaum möglich gewesen; so schlug ihm die Intrige der Kleopatra, die ihn statt dessen in den Krieg gegen die Araber gehetzt hatte, jetzt zu seinem Vorteil aus.

Seine erste Handlung für Oktavian bestand darin, daß er dem römischen Statthalter von Syrien im Kampf gegen die Gladiatoren des Antonius, die sich nach Ägypten durchschlagen wollten, wohin Antonius und Kleopatra geflohen waren, militärische Hilfe leistete. Die Gladiatoren mußten sich ergeben. Aber eine entscheidende Aktion, die ihm das Wohlwollen Oktavians hätte garantieren können, war diese Hilfeleistung keineswegs. Und so entschloß Herodes sich, den siegreichen Oktavian, der sich auf Rhodos aufhielt, persönlich aufzusuchen, um ihm seine Ergebenheit darzubringen.

Herodes wußte, daß das schiefgehen konnte. Deswegen traf er daheim noch einige wichtige Sicherheitsmaßnahmen, bevor er sich nach Rhodos einschiffte. Vermutlich wollte er ganz sicher sein können, daß die Hasmonäer nicht wieder an die Macht kamen, selbst dann nicht, wenn Oktavian ihn absetzen sollte. Aber die von ihm verfügten Vorkehrungen, zu denen möglicherweise der geheime Tötungsbefehl für Mariamme gehörte, brachten ihm letztlich nicht Sicherheit, sondern endlose Schwierigkeiten, ja, die völlige Zerrüttung seiner Familie und seines Hauses.

VIII. Kapitel
Das tragische Ende der Mariamme

Hinrichtung des ehemaligen Hohepriesters Hyrkanos · Starke Spannungen im Familienklan · Offene Fragen um den Tötungsbefehl für Mariamme: Wahrheit oder literarische Erfindung? · Fahrt zu Oktavian und Bestätigung als König · Antonius und Kleopatra begehen Selbstmord · Herodes stellt Mariamme wegen Ehebruchs und versuchten Giftmords unter Anklage · Schuldspruch des Gerichts und Hinrichtung · Herodes krank · Das Ende Alexandras und der Babas-Söhne

Bevor Herodes sich auf den Weg nach Rhodos zu der Aussprache mit Oktavian machte, wollte er noch den letzten männlichen Hasmonäer ausgeschaltet sehen: Er ließ den ehemaligen König und Hohepriester Hyrkanos vor Gericht stellen. Der Hochverratsprozeß endete mit einem Schuldspruch durch das Synedrion und Hyrkanos' Hinrichtung. Nach Ansicht der meisten Historiker hatte es Herodes einfach für bedrohlich gehalten, den alten Hyrkanos lebend zurückzulassen, während er den ja nicht ungefährlichen Gang zu Oktavian antrat; für sie war die Hinrichtung glatter Mord.

Josephus gibt indessen noch eine andere Version, bei der er sich allerdings ausdrücklich auf die Memoiren des Herodes beruft. Danach soll Hyrkanos verräterische Beziehungen zu dem Nabatäerkönig Malchos angeknüpft haben, nicht von sich aus, sondern auf Betreiben seiner Tochter Alexandra. Der

Briefwechsel zwischen Hyrkanos und Malchos, in dem Hyrkanos den Nabatäer um Asyl gebeten und dieses von ihm auch zugesagt bekommen habe, sei Herodes zugespielt worden, der ihn dann dem Gericht als Beweismaterial vorlegte.

Diese Version wurde bereits von den zeitgenössischen Gegnern des Herodes angezweifelt. Sie behaupteten, Hyrkanos habe von Malchos lediglich ein Geschenk bekommen, nämlich vier Pferde zum Reiten. Dies aber habe Herodes bereits als Bestechung und Verrat ausgelegt. Die allgemeine Meinung über den alten Hyrkanos gibt Josephus (J. A. XV, 6,4) so wieder: »Es sei ganz unglaublich und entspreche auch durchaus nicht seinem Charakter, daß er eine Umwälzung beabsichtigt habe; vielmehr scheine es, als ob dieser Grund von Herodes nur erdichtet worden sei.« Walter Otto schloß daraus, daß der Briefwechsel, von dem in der anderen Version die Rede ist, gefälscht gewesen sei.

Mit Sicherheit läßt sich heute nicht mehr feststellen, wie die Sache mit Hyrkanos wirklich gewesen ist. Am wahrscheinlichsten ist schon, daß Herodes zu diesem Zeitpunkt den letzten Hasmonäer ein für allemal ausgeschaltet wissen wollte. Zwar war Hyrkanos schon über siebzig Jahre alt und für sich genommen durchaus ungefährlich, aber – so Walter Otto – Herodes mußte »doch fürchten, daß während seiner Abwesenheit seine Gegner, die sich wohl infolge der ungünstigen äußeren Situation zu rühren begannen, sich des Greises als Aushängeschild bedienen könnten«. So gesehen, wurde Hyrkanos ein Opfer der Staatsräson.

Aber nun erhebt sich die Frage, ob Herodes die politische Situation in diesem Fall richtig eingeschätzt hat, das heißt, ob seine Angst vor Oktavian auf der einen und vor seinen alten Gegnern auf der anderen Seite nicht unnötig war und ob er nicht auch die Bedeutung des alten Hyrkanos weit überschätzt hat. Vielleicht war sein Vorgehen gegen Hyrkanos politisch einfach ein grober Fehler, so wie es in familiärer Hinsicht auf jeden Fall einer war. Denn selbst wenn verräterische Beziehungen zu dem Araberkönig bestanden haben sollten, konnten Alexandra und

Mariamme, die Tochter und die Enkelin des Hyrkanos, in dieser Hinrichtung kaum etwas anderes sehen als eine ungeheure Schmach, die man ihrer Familie damit antat, ja, ein Verbrechen. Und die Schuld fiel natürlich auf Herodes; es ist doch mit Sicherheit anzunehmen, daß er die Hinrichtung hätte verhindern können, wenn er es gewollt hätte. Zum Beispiel hätte er den alten Hyrkanos in die Verbannung schicken können.

Warum immer Herodes den Großvater seiner Frau hinrichten ließ – ob aus Gründen der Staatsräson oder weil er, wie Samuel Sandmel sagt, im Grunde unberechenbar gewesen sei und sich manchmal von primitivsten Impulsen habe leiten lassen –, die Folge war ein unheilvoller Bruch mit seiner Familie. Spannungen hatte es da auch zuvor schon gegeben. Das war kein Wunder. Denn die Hasmonäer, die zur vornehmsten Priesterklasse gehörten, sahen in Herodes einen Emporkömmling, ja – das gilt jedenfalls für Alexandra – einen Usurpator, der mit Gewalt und List das jüdische Königshaus verdrängt und sich dessen Thron widerrechtlich angeeignet hatte. Ihre arrogante Haltung ließen sie aber wohl weniger Herodes als vielmehr dessen Mutter und Schwester spüren. Nur so ist es zu erklären, daß Herodes die feindlichen Familien so lange zusammen leben ließ. Das heißt, er scheint die Spannungen anfangs kaum bemerkt oder sie in seiner Liebe zu Mariamme bagatellisiert zu haben.

Außerdem sah er das Verhältnis der Familien zueinander grundsätzlich anders. Er fühlte sich keineswegs als Emporkömmling; er war der Mann, dem die Römer, die Herren der Welt, den Königstitel verliehen hatten, den römischen Titel eines »Rex socius et amicus populi Romani«, und der jetzt die Macht hatte, an deren Glanz er die Hasmonäer teilhaben ließ. Diese Macht und dieser Titel und das entsprechende politische Programm waren in den Augen des Herodes, der nicht Jude war und nicht jüdisch, sondern hellenistisch dachte, größer als alles, was die Hasmonäer je an Macht und Einfluß besessen hatten.

Aus der Sicht der gläubigen Juden war das Größenwahn: Für sie saß Herodes, der Idumäer, der Halbjude, der Sohn einer arabischen Nabatäerin, zu Unrecht auf dem Thron Davids. Aber für Herodes galt nicht altjüdische Tradition, sondern reale Macht. Und war es denn unbegründet, daß Herodes sich den Hasmonäern überlegen fühlte? Der einzige Hasmonäer, den er für längere Zeit auf dem Thron gesehen hatte, war Hyrkanos, ein schwacher, ewig unentschlossener Mann, der sich ohne die Unterstützung von Herodes' Vater Antipatros, der zu jener Zeit tatsächlich die Macht in Händen hielt, niemals hätte behaupten können.

Aber: wenngleich Herodes von den staatsmännischen Fähigkeiten der Hasmonäer nicht viel oder gar nichts hielt – daß sie für ihren Anspruch auf den Thron zu kämpfen wußten, hatte er zumindest an Antigonos erkennen müssen, dem es mit Hilfe der Parther sogar gelungen war, für eine kurze Zeit den Thron zu behaupten. Und Antigonos' Cousine Alexandra, die Tochter des Hyrkanos, war kaum weniger ehrgeizig. Nach der Hinrichtung des Hyrkanos war nun aber nicht mehr nur sie gegen Herodes, sondern auch ihre Tochter Mariamme. Wie Josephus erzählt, hat Mariamme ihrem Mann wegen seines Vorgehens gegen ihren Großvater unverhohlen Vorwürfe gemacht. Spätestens jetzt mußte Herodes einsehen, daß er zu weit gegangen war und daß die Spannungen im Familienklan nicht mehr bagatellisiert werden durften.

Um die gespannte Atmosphäre zu neutralisieren, trennte er die Familien für die Zeit seiner Abwesenheit. In Jerusalem hielt er seine Angehörigen für den Fall, daß es zu Unruhen kam, nicht für sicher, und so schickte er seine Frau und deren Mutter in die Festung Alexandreion, seine Mutter und seine Schwester Salome aber nach Masada. Seine Kinder – und das ist höchst bedeutsam – schickte er ebenfalls nach Masada.

In der Tatsache, daß Herodes die vier kleinen Kinder – Mariamme hatte ihm in den sieben Ehejahren drei Söhne und zwei Töchter geschenkt; ein Sohn war bald nach der Geburt gestorben – von der Mutter trennte, sieht Walter Otto ein gewisses Mißtrauen des Königs gegenüber seiner Frau. Und dieses Mißtrauen, zusammen mit seiner eifersüchtigen Liebe, habe zu jenem weltberühmt gewordenen Tötungsbefehl geführt, den Herodes insgeheim dem Festungskommandanten Soemus sowie seinem Schatzmeister Joseph jetzt gegeben haben soll. Diese beiden erhielten – so Josephus in den ›Jüdischen Altertümern‹ (XV, 6,5) – »den strengen Befehl, sobald sie etwas Ungünstiges über des Herodes Schicksal erführen, unverzüglich beide Frauen zu töten und alles aufzubieten, um die Herrschaft seinen Kindern und seinem Bruder zu sichern«.

Über diesen Tötungsbefehl ist in der Forschung (und noch mehr in der Dichtung) viel gerätselt und spekuliert worden. Weitaus die meisten Historiker (und sehr viele Dichter) haben den Befehl als Folge der geradezu krankhaften Eifersucht des Herodes verstanden; Herodes habe einfach die Vorstellung nicht ertragen können, daß Mariamme nach seinem Tod einem anderen Mann gehören könnte. Doch Eifersucht allein, so hat Walter Otto eingewendet, erklärt nicht die zweite Hälfte des Befehls, nämlich daß auch Alexandra getötet werden sollte. Sie wäre indessen aus der von Josephus angegebenen Begründung herzuleiten, daß die Macht zunächst auf Herodes' Bruder Pheroras übergehen sollte, dem er für die Zeit seiner Abwesenheit die Regierungsgeschäfte übertrug, und später auf seine zur Zeit allenfalls fünf oder sechs Jahre alten Söhne. Doch ist andererseits zu bedenken, daß Herodes zu dieser Zeit überhaupt nicht befugt war, sein Königtum zu vererben oder von sich aus einen Nachfolger zu bestimmen; dieses Recht hat Augustus ihm erst einige Jahre später zugestanden. Überdies wäre es ja eben jetzt, da Herodes offenbar seine eigene Absetzung für möglich hielt, in höchstem Maße illusorisch gewesen, seinen Nachfolger bestimmen zu wollen.

Eine eindeutige Antwort auf die Frage nach dem Grund oder den Gründen für den Tötungsbefehl gibt es nicht. Offen bleibt letztlich sogar die Frage, ob Herodes den Tötungsbefehl überhaupt gegeben hat. Daß so viele Gelehrte und Künstler mit beträchtlichem Aufwand an Scharfsinn nach den Motiven gesucht haben, ist für den Befehl als solchen noch keineswegs ein Beweis. Abraham Schalit ist – wie oben bereits gesagt – überzeugt, daß der Tötungsbefehl zweimal gegeben wurde, einmal im Jahre 35 v. Chr., als Herodes zu Antonius ging, und ein zweites Mal jetzt, im Jahre 30. Schalit sagt, wer einen solchen Befehl einmal gibt, ist fähig, ihn auch ein zweites Mal zu geben; in beiden Fällen seien die Voraussetzungen nahezu identisch gewesen.

In der Theorie mag das richtig sein, aber wenn man sich einmal die tatsächliche Situation vorzustellen versucht, die ja nicht auf einem Schachbrett, sondern zwischen lebendigen Menschen bestand, läßt sich das für diesen konkreten Fall so nicht sagen. In Wirklichkeit wäre eine Wiederholung des Tötungsbefehls schon insofern kaum opportun gewesen, als der Befehl beim erstenmal an Mariamme verraten worden sein soll. Und das hätte sie gewiß niemals vergessen. Nun hat man zwar gesagt, Herodes habe in dieser und ähnlichen Situationen vor blinder Eifersucht und allzu großer Triebhaftigkeit nicht mehr klar denken können, aber man darf nicht außer acht lassen, daß Mariamme sich hierzu in sehr entscheidender Weise geäußert haben würde. Sie war eine Persönlichkeit, die durchaus ihre eigene Auffassung vertrat. Josephus beschreibt sie »als großartig in dem, was Selbstzucht und Seelengröße betrifft«, aber zugleich als »allzu rechthaberisch von Natur«, und weiter sagt er: »An körperlicher Schönheit und majestätischer Haltung bei Begegnungen übertraf sie alle ihre Zeitgenossinnen, mehr als Worte es auszudrücken vermögen, und daher rührte auch der Hauptgrund, daß sie dem König weder zu Gefallen war, noch mit ihm vergnügt lebte. Denn da er sie aus Liebe anbetete und sie keiner bösen Handlung seinerseits gewärtig war, führte sie ihm gegenüber eine ungemäße Sprache; ... sie hielt es für richtig, ihm zu sagen, was sie empfand ...«

Das heißt, die schöne und selbstbewußte Mariamme wußte sehr wohl, wie sie sich ihrem Mann gegenüber durchsetzen konnte. Eine solche Frau wäre nach dem ersten Tötungsbefehl immer mißtrauisch gewesen, und dieses Mißtrauen hätte sie ihren Mann nicht nur ständig fühlen lassen, sie hätte es ihm ins Gesicht gesagt, wieder und wieder. In Wahrheit aber hat sie mit ihm eine Ehe geführt, hat ihm in dieser Zeit noch drei Kinder geboren. Gewiß sind die Kinder kein Beweis für eine glückliche Ehe, aber man weiß, daß der sinnlich veranlagte Herodes neben Mariamme keine anderen Frauen hatte. Dies ist zwar auch noch kein Beweis für Glück, aber doch dafür, daß sich zwischen Mariamme und Herodes einiges mehr abgespielt haben muß als nur Schimpfkanonaden.

Es gibt noch weitere Argumente gegen Schalits Ansicht, der Tötungsbefehl sei bereits im Jahre 35 gegeben und im Jahre 30 wiederholt worden. Im Jahre 35 v. Chr. traf in Jerusalem die Nachricht ein, Herodes sei von Antonius hingerichtet worden. In dem Moment hätte Joseph den ihm erteilten Tötungsbefehl ausführen müssen. Zum Glück für Mariamme und ebenso für Herodes tat er es nicht. Aber müßte nicht Herodes damals die Gefährlichkeit eines solchen Befehls eingesehen haben und daß sich eine solche Falschmeldung über seinen Tod leicht wiederholen könnte? Auch aus diesem Grunde ist es unwahrscheinlich, daß der Tötungsbefehl des Jahres 30 eine Wiederholung gewesen sein sollte.

Abraham Schalit hält an seiner Version eisern fest, obwohl andere Historiker vor ihm den angeblichen Befehl aus dem Jahre 35 mit einem Versehen des Josephus erklärten. Aber je mehr Schalit seine Version zu stützen versucht, desto unwahrscheinlicher und unsicherer erscheint letztlich der Gesamtkomplex. Denn nun tauchen neue Fragen auf: zum Beispiel die Frage, die – soweit ich sehe – bisher in der Herodes-Forschung nie gestellt worden ist, warum nämlich Herodes ausgerechnet nur zu diesen beiden Zeitpunkten seines Lebens mit der Möglichkeit eines gewaltsamen Todes gerechnet haben sollte. Seit die Römer ihm den Königstitel verliehen hatten – und auch zuvor – war Herodes so gut wie immer und überall gefährdet gewesen. Das galt insbesondere für die ersten Jahre seiner Regierungszeit, als es an vielen Stellen im Lande noch Widerstandsnester von Antigonos-Anhängern gab und Herodes häufig unterwegs sein mußte. Das galt noch mehr für die Zeit seines Feldzugs gegen die Araber. Und wenn er wirklich – wie Schalit und andere es darstellen – so verhaßt war und so viele fanatische Gegner in der Priesterschaft und im jüdischen Adel hatte, dann konnte er doch täglich das Opfer eines Attentats werden, noch dazu durch einen Hasmonäer-Freund. Warum bestand also für solche Fälle, die letztlich auf derselben oder einer ganz ähnlichen Grundsituation beruhten, kein Tötungsbefehl?

Es ist bisher einfach übersehen worden, daß der geheime Tötungsbefehl, der an das Opfer verraten und dann nicht oder allenfalls zum Schein ausgeführt wird (wobei als »Beweis« für die Ausführung das Herz eines Tieres vorgelegt wird) ein beliebtes und verbreitetes Thema aus der Welt der Mythen, Märchen und Sagen ist, ein literarischer Topos, ein Denkschema. Möglicherweise ist er auch bei Josephus beziehungsweise in der von ihm benutzten Quelle nichts weiter als ein solches literarisches Schema, ein Bild, das ursprünglich keinen direkten, sondern nur einen indirekten Aussagewert haben sollte, indem es vielleicht nur verdeutlichen sollte, daß Herodes sich hier an einem entscheidenden Wendepunkt seines Lebens fühlte. Zum literarischen Schema gehört – wie gesagt –, daß der Tötungsbefehl versagt wird. Hätte es im Fall Mariammes und ihrer Mutter anders ausgehen können? Oder so gefragt: Hätte denn Herodes überhaupt erwarten können, daß für den Fall seiner Gefangensetzung und Hinrichtung durch Oktavian irgendwer daheim sich noch um seine Befehle kümmern würde?

Auf viele Fragen zu diesem ganzen Komplex gibt es keine sicheren Antworten. Es gibt denkbare Möglichkeiten, die am Ende trotz ihrer Widersprüchlichkeit nebeneinander stehen bleiben müssen, weil keine von ihnen bewiesen, keine ausgeschlossen werden kann. Denkbar ist, daß der Tötungsbefehl eine literarische Erfindung ist. Meines Erachtens ist diese Möglichkeit die wahrscheinlichere gegenüber der anderen, daß dieser Geheimbefehl tatsächlich gegeben wurde, allerdings nur einmal, und zwar jetzt, im Jahre 30 v. Chr., bevor Herodes zu Oktavian ging und nachdem Mariamme sich wegen der Hinrichtung ihres Großvaters gegen Herodes gestellt zu haben scheint.

Wenn man diese Möglichkeit annimmt, könnte das Motiv für den Tötungsbefehl in Rachegefühlen, in der Vorstellung von

Strafe, die ja auch in der Trennung der Mutter von ihren Kindern zum Ausdruck kommt, oder in Neidgefühlen vermutet werden. Weil Mariamme sich auf die Seite ihrer Mutter stellte, also gegen ihn, wurde Herodes von abgrundtiefem Neid gepackt bei der Vorstellung, Mariamme könnte ihn überleben. Da mögen freilich mehrere Motive zusammengekommen sein, und möglicherweise spielte in dieser Phase auch der Altersunterschied eine Rolle: Herodes stand in der Mitte der Vierziger, Mariamme war etwa zwanzig Jahr jünger.

So könnte es gewesen sein. Aber so muß es nicht gewesen sein! Eine dieser Möglichkeiten auf Biegen oder Brechen für die einzig wahre auszugeben, ist unmöglich. Die Quellenlage läßt das schlechterdings nicht zu. Wir müssen uns damit abfinden, daß die Frage nach dem Tötungsbefehl, die in der Geschichtsforschung und in der Weltliteratur eine so hervorragende Rolle gespielt hat, letztlich offenbleiben muß. Das ist nur scheinbar ein mageres Ergebnis. Denn der Weg dorthin hat gezeigt, daß gerade die entscheidenden Fragen im Leben des Herodes oft vorschnell und nur aufgrund von Vorurteilen beantwortet wurden.

Nachdem Herodes nun so oder so sein Haus in Ordnung gebracht hatte, fuhr er endlich nach Rhodos, um sich Oktavian zu stellen. Josephus hat uns eine Rede überliefert, die Herodes vor Oktavian gehalten haben soll. Sie geht vermutlich auf die Memoiren des Königs zurück; jedenfalls ist sie insofern tendenziös, als sie ihn überaus selbstbewußt und mutig auftreten läßt, ohne Umschweife zu machen, was sein früheres gutes Verhältnis zu Antonius betraf. In seiner Rede gab er sogar zu, nur deswegen nicht gegen Oktavian gekämpft zu haben, weil Antonius ihn gegen die Nabatäer in den Krieg geschickt hatte; doch habe er Antonius mit Truppen und Getreidelieferungen unterstützt. Und selbst nach der Schlacht von Aktium habe er noch treu zu Antonius gehalten, und zwar als dessen »bester Berater«; er habe ihm nämlich geraten, sich von Kleopatra zu trennen, ja Kleopatra zu töten, aber Antonius habe nicht auf ihn gehört.

In dieser Rede wollte Herodes sich der Nachwelt als wahrheitsliebend, treu und diplomatisch darstellen. Wahrscheinlich hat er Oktavian gegenüber wirklich den richtigen Ton getroffen mit dieser Mischung von Selbstbewußtsein, Offenheit und genau dosierter Bescheidenheit. Er hatte, bevor er Oktavian traf, sein Diadem abgelegt und schloß nun seine Rede: »Wenn du nun, weil du dem Antonius grollst, mir meine Anhänglichkeit an ihn als Verbrechen anrechnen willst, so muß ich mich allerdings schuldig bekennen, und ich scheue mich nicht, offen zu erklären, daß ich ihm sehr ergeben war. Wenn du aber, abgesehen von meiner Person, meine Erkenntlichkeit und Ergebenheit gegen meine Wohltäter kennenlernen willst, so kannst du sie aus meinen dir soeben gegebenen Beweisen am besten ersehen. Ist aber auch der Name des höchsten Machthabers ein anderer geworden, so werde ich nichtsdestoweniger diesem gleichfalls meine unerschütterliche Freundschaft beweisen.«

Daraufhin soll Oktavian ihm das Diadem wieder aufgesetzt und – so nach den ›Jüdischen Altertümern‹ – gesagt haben: »Gut, du bist gerettet! Bleibe König, jetzt in gesicherterer Lage als bisher! Denn du bist es wert, über viele zu herrschen, der du in so hohem Maße die Freundschaft bewährt hast . . . « Und nachdem Oktavian ihm noch für seinen militärischen Einsatz gegen die Gladiatoren des Antonius gedankt hatte, schloß er: »So proklamiere ich jetzt durch Verordnung den dauernden Bestand deiner Königsherrschaft. Ich werde aber auch versuchen, dir ferner Gutes zu erweisen, damit du nicht etwa den Antonius vermißt.«

So verlief der Besuch bei Oktavian zur vollsten Zufriedenheit des Herodes. Seine Stellung als König, die wenig später durch Senatsbeschluß nochmals bestätigt wurde, war gefestigter denn je zuvor. Und auch für Oktavian erwies es sich schon bald, daß er sich für den richtigen Mann entschieden hatte. Das war wenige Monate später, im Sommer desselben Jahres, als er zum letzten Kampf gegen Antonius und Kleopatra antrat. Da wurde ihm in Ptolemais von Herodes ein großartiger Empfang bereitet, und sein Heer, das über Syrien an der Küste entlang gegen Ägypten zog, wurde von Herodes auf vorbildliche Weise verproviantiert. »Es gab keine einzige Proviantart, an der die Streitmacht Mangel gelitten hätte«, sagt Josephus; »Herodes trug auch Vorsorge, die

Truppen auf dem Wüstenmarsch bis Pelusium reichlich mit Wasser zu versorgen und entsprechend auch beim Rückmarsch.«

Oktavian hat sich dafür nach seinem endgültigen Sieg über Antonius – am 1. August 30 kapitulierte die Besatzung von Alexandria, und Antonius und Kleopatra nahmen sich das Leben – Herodes gegenüber erkenntlich gezeigt. Er gab ihm die einst an Kleopatra abgetretenen Gebiete bei Jericho mit den Balsamplantagen und die Stadt Gaza zurück und schenkte ihm außerdem zu vollem Besitz die Küstenorte Stratonsturm, Joppe und Anthedon. Dadurch wurde dem Staat des Herodes endlich der Zugang zum Meer erschlossen. Ferner erhielt Herodes jetzt Samaria und die im Ostjordanland nahe dem See Genezareth liegenden Städte Hippos und Gadara, die den Juden von Pompeius genommen worden waren. Und außerdem bekam Herodes noch die ehemalige Leibwache der Kleopatra geschenkt, eine Elitetruppe aus vierhundert Galliern.

Dies alles waren beachtliche Erfolge. Aber während sich die politische Situation für Herodes so außerordentlich verbesserte und schon dadurch sehr viel sicherer wurde, daß Kleopatra, seine alte Widersacherin, nicht mehr lebte, und er in Oktavian einen verläßlicheren Gönner gewonnen hatte, als Antonius es je gewesen war, trieben seine häuslichen Verhältnisse einer Katastrophe zu. Seine Frau und seine Schwiegermutter hatten sich bei ihm gleich nach seiner Rückkehr von Rhodos beklagt. Er habe sie, warfen sie ihm vor, nicht zu ihrer Sicherheit auf die Festung Alexandreion geschickt, sondern als Gefangene. Offenbar hatten sich besonders bei Mariamme der Ärger, die Wut, die Enttäuschung über alles das, was vor Herodes' Abreise passiert war, aufgestaut. Wie Josephus in den ›Jüdischen Altertümern‹ (XV, 7,2) erzählt – im ›Jüdischen Krieg‹ kommt dies alles nicht vor –, hat Mariamme ihren Mann betont kühl empfangen:

»Sobald nun Herodes wider Erwarten in vollem Glücke heimkehrte, teilte er, wie billig, seiner Frau, die er mehr als alle anderen liebte und deshalb auch allein begrüßte, die freudige Nachricht zuerst mit. Als er ihr aber den glücklichen Erfolg seiner Reise erzählte, empfand sie mehr Schmerz als Freude. Auch vermochte sie ihren Kummer nicht zu verheimlichen, sondern als er sie begrüßte, seufzte sie im Gefühl ihrer Würde und ihres Adels laut auf, so daß Herodes nicht mehr durch bloßen Argwohn, sondern durch offenbare Beweise in Unruhe versetzt wurde. Vor allem ärgerte ihn die Wahrnehmung, daß seine Frau einen unerwarteten und unverhohlenen Abscheu gegen ihn hegte. Bei seiner heftigen Zuneigung zu ihr konnte er das nicht ertragen und schwankte zwischen Haß und Liebe, indem er bald über sie in Zorn geriet, bald sich wieder mit ihr versöhnte. Oft nahm er sich vor, sie wegen ihres Stolzes zu strafen, doch immer wieder gab er seiner Liebe nach, da er zu schwach war, sich von ihr zu trennen. Ja, er fürchtete, wenn er gegen sie einschreite, sich selbst zu bestrafen, weil er sich nichts Schrecklicheres denken konnte, als sie durch den Tod zu verlieren.«

Dieses unerfreuliche Verhältnis zog sich über längere Zeit hin. Als Herodes von seiner zweiten Begegnung mit Oktavian, in Ptolemais, nach Hause kam, erwartete ihn, schreibt Josephus, »in seiner Ehe, die früher so glücklich zu sein schien, viel Leid«, was Josephus dann noch einmal von den Anfängen an darzustellen und verständlich zu machen versucht: »Denn Herodes war, und das mit Recht, in Mariamme so verliebt, daß er hierin keinem der Männer nachgab, von denen die Geschichte berichtet. Sie dagegen benahm sich wohl züchtig und treu, behandelte ihn aber nach Weiberart etwas abstoßend und von oben herab, da er in Liebe zu ihr schmachtete, und ließ oft ohne Rücksicht darauf, daß sie ihm untertan war, ihre schlechte Laune an ihm aus, was er aber, als wenn er es nicht merkte, geduldig ertrug. Schließlich verspottete sie offen des Königs Mutter und Schwester und schmähte dieselben wegen ihrer niedrigen Herkunft, so daß sich zwischen den Weibern eine unversöhnliche Feindschaft entspann, die dann noch heftigere Schimpfereien zur Folge hatte.«

Bei diesen ewigen Streitereien der Frauen waren die Angehörigen des Herodes, also vor allem seine Mutter und Salome, die

Unterlegenen. Aber eines Tages sah Salome die Gelegenheit gekommen, sich für die jahrelangen Beleidigungen, die sie und ihre Mutter von seiten Alexandras und Mariammes hatten einstecken müssen, weil Herodes bis dahin immer auf seiten seiner Frau gestanden hatte, zu rächen. Es blieb ihr nicht verborgen, daß Mariamme sich ihrem Mann verweigerte, was Josephus so geschildert hat: »Als der König sich eines Tages um die Mittagszeit zur Ruhe begab, rief er aus großer Liebe die Mariamme zu sich. Mariamme trat auch in das Gemach, weigerte sich aber, bei ihm zu ruhen, und erwiderte sein Begehren mit Schmähungen und Vorwürfen ... «

Daß dies nicht nur einmal so war, darf mit Sicherheit unterstellt werden. Und Salome hat dieses zermürbende Verhältnis zwischen Herodes und Mariamme dazu benutzt, ihren Bruder noch mißtrauischer zu machen, als er es ohnehin war. Sie und ihre Mutter redeten dem Herodes ein, daß Mariamme ihm nicht mehr treu sei. Und schließlich behauptete Salome gar, Mariamme habe versucht, den Mundschenk des Königs zu bestechen, ihm einen als Aphrodisiakum getarnten Gifttrank zu geben. Nach Josephus hat Salome diese Geschichte nicht nur frei erfunden, sondern sogar noch so geschickt eingefädelt, daß Herodes sie nicht von ihr, sondern von dem Mundschenk erfuhr:

»Nachdem Salome den Mundschenk unterwiesen hatte, schickte sie ihn zum König, damit er die Sache dort vorbringe. Der Mundschenk tat nun bei Herodes sehr wichtig und geheimnisvoll und teilte ihm mit, Mariamme habe ihm Geschenke gegeben und ihn bereden wollen, dem König einen Liebestrank zu reichen. Als nun Herodes hierüber in Erregung geriet, sagte der Mundschenk, der Liebestrank sei eigentlich ein Gifttrank, den Mariamme ihm gegeben habe. Weil er aber dessen Wirkung nicht kenne, habe er dem König davon Mitteilung machen und so in gleichem Maße für seine wie für des Königs Sicherheit Sorge tragen wollen. Über diese Mitteilung wurde Herodes, der sowieso schon übel gelaunt war, noch mehr erbittert ... «

Bei Josephus spielt nun nochmals die Geschichte vom Tötungsbefehl hinein. Erst jetzt habe Herodes erfahren, daß Soemus den Befehl an Mariamme verraten habe; daraus habe er geschlossen, Mariamme müsse ihn mit Soemus betrogen haben. Deswegen habe er Soemus sofort hinrichten lassen.

Aber auch hier könnte der Tötungsbefehl ausgeklammert werden, obgleich Josephus ihn zum eigentlichen Grund für Mariammes Verstimmung macht. Eben dies aber ist nicht gut möglich, wenn man ihn zugleich – wie Josephus es ja tut und worin ihm viele Historiker gefolgt sind – als Auswuchs von Herodes' eifersüchtiger Liebe deutet. Die ungeheuerliche und unverzeihliche Beleidigung muß für Mariamme keineswegs in jenem Tötungsbefehl gelegen haben, auch nicht in der Hinrichtung ihres Großvaters – wenngleich diese zweifellos zum Anlaß ihrer Abwendung von Herodes wurde –, nein, die tödliche Beleidigung, die Mariamme von Herodes hinnehmen mußte, lag darin, daß er ihr die Kinder, die erst im Alter von einem bis zu sechs Jahren waren, weggenommen und sie vor seiner Abreise nach Rhodos der Obhut seiner Mutter übergeben hatte. In einer Welt, die Frauen in erster Linie nach der Zahl ihrer Kinder, insbesondere der Söhne, ehrte, bedeutete ein solches Vorgehen eine Entehrung der Frau, und in diesem Fall bedeutete es zugleich ihre Ausschaltung in dynastischer Hinsicht. Zwar war diese Maßnahme nicht als Dauerlösung geplant, ja, vielleicht war sie nur als Warnung gemeint, aber schon dies muß in den Augen der selbstbewußten Mariamme unverzeihlich gewesen sein. Über diese Beleidigung kam sie nicht hinweg, und dies führte zu der völligen Entfremdung, zu der Verweigerung, wodurch die Situation zunehmend verschlimmert und am Ende ausweglos wurde.

Ob Herodes nur an Ehebruch oder an einen geplanten oder gar versuchten Giftmord geglaubt hat, mag dahingestellt bleiben. Jedenfalls wurde Mariamme wegen Ehebruchs und versuchten Giftmords angeklagt. Ein Gericht sprach sie schuldig. Unklar ist, um welch ein Gericht es sich handelte, und ob das Synedrion dabei eine Rolle gespielt hat. Dem Gesetz nach mußte

Ehebruch öffentlich verhandelt werden. Möglicherweise ließ Herodes ein Sondergericht zusammenstellen. Josephus sagt, Herodes »hielt unter Zuziehung seiner vertrautesten Freunde Gericht über seine Gattin und erhob mit großem Eifer Anklage ...« Er scheint, jedenfalls formal, nicht zugleich Ankläger und Richter gewesen zu sein, denn es heißt: »Herodes redete bei der Anklage heftiger und ergrimmter, als es sich für eine Gerichtsverhandlung ziemte, und als die Anwesenden ihn in solcher Erregung sahen, verurteilten sie Mariamme zum Tode.«

Aber, so sagt Josephus weiter, Herodes und einige der Anwesenden plädierten dafür, das Urteil »nicht allzu schnell zu vollstrecken, sondern Mariamme an irgendeinen Ort des Königreiches in Gewahrsam zu bringen«. Ob Herodes dabei an die Möglichkeit einer Begnadigung gedacht hat, ist nicht ersichtlich. Wahrscheinlich ist es nicht. Denn nach israelitischem Gesetz hatte er die Möglichkeit gar nicht. Das israelitische Gesetz galt ja als von Gott gegeben. Damit war es absolut und unaufhebbar. Ehebruch war ein Verbrechen gegen das göttliche Gesetz, das weder der Gatte noch der König vergeben konnte. Die Strafe für Ehebruch war der Tod.

Zu dem erbetenen Aufschub kam es dann doch nicht, weil Salome den König (und wohl auch die anderen Anwesenden) überredete, das Urteil so rasch wie möglich vollstrecken zu lassen, und zwar mit der Begründung, »es könnten Unruhen unter dem Volke ausbrechen, wenn man Mariamme lebendig gefangen halte«. Dies ist in der Forschung bisher immer so interpretiert worden, daß Herodes habe fürchten müssen, das Volk könnte sich zur Befreiung der Gefangenen erheben, und Walter Otto sah darin »ein Zeichen, für wie unterminiert noch immer der Boden gehalten wurde«.

Dabei wird indessen etwas ganz Entscheidendes übersehen: Mariamme war von einem Gericht für schuldig erklärt worden, und damit stand sie in den Augen des Volkes als Ehebrecherin da. Nikolaos von Damaskus hat ihre Schuld nie bezweifelt, was ein Indiz dafür ist, daß auch Herodes an einen Ehebruch geglaubt hat. Und Mariammes Mutter, Alexandra, tat zumindest so, als hielte auch sie ihre Tochter für schuldig. Jedenfalls, schreibt Josephus, »lief sie auf die Straße und erhob öffentlich gegen ihre Tochter ein Geschrei, schalt sie, daß sie sich so schlecht und undankbar gegen ihren Gatten benommen habe, und bezeichnete die Strafe, die sie dafür erleiden sollte, als durchaus verdient: denn alle ihr erwiesenen Wohltaten habe sie mit Undank gelohnt.«

Nun ist eben dies zwar als Heuchelei bezeichnet worden, mit der Alexandra nur ihre eigene Haut habe retten wollen – was jedoch auf die sonst nie ängstliche Gegenspielerin des Herodes schlecht paßt; auch war sie ja in keiner Weise angeklagt oder irgendeinem Verdacht ausgesetzt –, aber selbst wenn es Heuchelei gewesen wäre, so bedeutete es doch für die Öffentlichkeit eine Bestätigung von Mariammes Schuld. Und warum wohl hätte das Volk sich für die Ehebrecherin Mariamme einsetzen sollen?! Nein, die Unruhen, vor denen Herodes gewarnt wurde, waren aus einem geradezu entgegengesetzten Grunde zu erwarten: Wenn Herodes die Vollstreckung ausgesetzt hätte, dann hätte das Volk gemurrt, weil es darin einen Rechtsbruch gesehen hätte, einen Beweis dafür, daß eine Königin offenbar mit sehr viel geringerem Risiko gegen das Ehegesetz verstoßen durfte als jede andere Frau. Herodes konnte also gar nicht anders, als das Urteil möglichst bald vollstrecken zu lassen. Das Gesetz und jene, die auf die strenge Einhaltung des Gesetzes so sehr bedacht waren, zwangen ihn dazu.

Auf welche Weise Mariamme hingerichtet wurde, ist nicht überliefert. Die Todesstrafe konnte durch Steinigung, Verbrennen, Enthauptung oder Erhängen erfolgen. Josephus sagt nur, daß Mariamme mit sehr viel Haltung gestorben ist: »Dann ging sie unverzagt und ohne auch nur die Farbe zu wechseln, in den Tod und wahrte so noch bei ihrem Ende den Adel des Geschlechts, was dann auch allseitig bemerkt wurde.«

Ist es möglich, daß Mariamme schuldig war, daß sie also die Ehe gebrochen hat? Walter Otto sagt: »Mariamme ist unbedingt schuldlos gewesen.« Und mit ihm sind alle Herodes-Biographen dieser Meinung. Josephus, der von Mariamme sagt, sie habe nur

»den einen Fehler« gehabt, nämlich »daß sie nicht genug Mäßigung aufwies und deshalb von Natur etwas streitsüchtig war«, läßt in der Tat eine andere Deutung nicht zu. Also starb Mariamme als das Opfer von Verleumdungen.

Nach der Hinrichtung Mariammes wurde Herodes depressiv. Seine Trauer blieb so stark, wie seine Liebe zur Lebenden gewesen war, schreibt Josephus im ›Jüdischen Krieg‹, und in den ›Altertümern‹ (XV, 7,7) schildert er ausführlich, wie Herodes' Verhalten fast wahnhafte Züge annahm: »Als aber Mariamme tot war, entbrannte das sehnsüchtige Verlangen des Königs nach ihr nur noch heftiger als früher. Seine Liebe zu ihr war nämlich nicht frei von Unruhe und nicht von gewöhnlicher Art, und wenn er sie anfangs fast wahnsinnig liebte, so ließ diese Art der Zuneigung auch später nicht nach, obwohl Mariamme sich in ihrem täglichen Verkehr etwas zu frei und selbstbewußt benahm. Jetzt aber schien es, als wenn Gott ihn für den Tod der Mariamme strafen wolle, indem seine Sehnsucht nach ihr sich immer mehr steigerte, so daß er bald ihren Namen ausrief, bald sie kläglich beweinte, bald durch Vergnügungen aller Art, besonders aber durch Gastmahle und Trinkgelage seinen Schmerz zu ersticken suchte. Da ihm aber dies alles nichts half, zog er sich zuletzt von den Regierungsgeschäften zurück und stand so sehr unter der Macht seines Kummers, daß er sogar seinen Dienern befahl, Mariamme beim Namen zu rufen, als ob sie noch lebte und es hören könnte.«

Zu jener Zeit brach eine Seuche aus, die Josephus nicht näher beschreibt. Er sagt lediglich, daß sie »nicht nur viele Leute aus den niederen Ständen, sondern auch den größten Teil der Freunde des Königs und dazu noch solche, denen er besonders zugetan war, dahinraffte«. Dadurch verschlimmerte sich der depressive Zustand des Königs, und Herodes verließ Jerusalem und zog sich in die Wüste zurück, vielleicht zur Jagd, vielleicht auch, um endlich physische und psychische Erholung zu finden. Doch nach nur wenigen Tagen wurde er schwer krank. Ob sein Zustand mit der erwähnten Seuche zusammenhing, sagt Josephus nicht, jedenfalls aber war Anlaß zu ernster Sorge gegeben:

»Die sehr schwere Krankheit bestand aus einer schmerzhaften Entzündung des Hinterkopfes und war mit Geistesstörung verbunden. Kein Heilmittel brachte auch nur die geringste Besserung, vielmehr ward der Zustand von Tag zu Tag schlimmer, so daß man endlich an der Erhaltung seines Lebens zweifelte. Und da nun die Krankheit den Arzneimitteln trotzte, und auch die Diät, welche der Zustand vorschrieb, nichts nützte, ordneten die Ärzte schließlich an, man solle ihm alles geben, was er begehre, und überließen die fast aussichtslose Genesung dem Zufall.«

Während Herodes also nahezu ausgeschaltet war – er lag in Samaria – und manche offenbar mit seinem Tode rechneten, hielt in Jerusalem Alexandra ihre Stunde für gekommen. Sie versuchte, sich in den Besitz der beiden Festungen zu bringen, die Jerusalem strategisch beherrschten und von denen eine im Wohngebiet, die andere neben dem Tempel lag. Wie Josephus berichtet, stellte Alexandra den »Besatzungen beider Burgen vor, daß dieselben ihr und den Söhnen des Herodes übergeben werden müßten, damit nicht, wenn Herodes stürbe, sonst jemand sich vor ihnen in den Besitz der Festungswerke setze. Wenn er aber genese, so könnten die Festungen niemandem sicherer anvertraut sein, als seinen eigenen Verwandten.«

Die Kommandanten waren jedoch mißtrauisch. Und da sie es, sagt Josephus, für unwürdig hielten, vom König abzufallen, solange er noch am Leben war, machten sie ihm von dem Plan Alexandras Mitteilung. Herodes, der inzwischen offenbar auf dem Weg der Genesung war, handelte wieder einmal blitzschnell. Er ließ Alexandra sofort wegen Hochverrats hinrichten. Das geschah noch im selben Jahr wie die Hinrichtung Mariammes, also 29 v. Chr. Und mit Alexandra war eine gefährliche Gegnerin beseitigt.

In diesem Zusammenhang ist oft die Frage gestellt worden, warum Herodes seine Schwiegermutter nicht schon sehr viel früher ausgeschaltet hat. Abraham Schalit, der allerdings die nicht überzeugende These vertritt, Herodes sei von Anfang an fest entschlossen gewesen, »die Hasmonäer mit Stumpf und Stiel auszurotten«, meint, der König habe die Liquidierung zu einem früheren Zeitpunkt noch nicht wagen können, weil es dann wahrscheinlich zu einem Aufstand gekommen wäre. Das aber ist durch nichts belegt, und deswegen erscheint mir die Ansicht Walter Ottos realistischer, nach der Herodes die Intrigen Alexandras erst verhältnismäßig spät durchschaut hat. Wahrscheinlich sind ihr einige Machenschaften auch erst nachträglich angedichtet worden, was bedeuten würde, daß Alexandra in Wahrheit für Herodes nicht gar so gefährlich war, wie es in der Forschung immer wieder dargestellt worden ist. Die Überschätzung Alexandras durch die Historiker erfolgte vermutlich deswegen, weil man die Angst des Herodes vor den restlichen Hasmonäern überschätzte.

Kurze Zeit nach Alexandras Tod ergab sich für Herodes eine Gelegenheit, sich auch noch vor einer Nebenlinie der Hasmonäer abzusichern. Es handelte sich dabei um die »Söhne Babas«, von denen nicht bekannt ist, wie sie eigentlich mit den Hasmonäern verwandt waren. Bei dieser Geschichte spielte wieder einmal Herodes' Schwester Salome eine Rolle. Salome war seit Mitte der dreißiger Jahre in zweiter Ehe mit einem gewissen Kostobar verheiratet, einem aus altem Adelsgeschlecht stammenden Idumäer, der von Herodes zum Statthalter von Idumäa gemacht worden war. Dieser Kostobar hatte bei der Eroberung Jerusalems durch Herodes im Jahr 37 v. Chr. die Söhne Babas, die zu den Parteigängern des Antigonos gehört hatten und deswegen auf der Liste der Verfolgten standen, vor Herodes in Sicherheit gebracht und sie versteckt. Die Sache war längst in Vergessenheit geraten. Aber zu Beginn des Jahres 28 wollte Salome von Kostobar geschieden werden, was dem Gesetz nach jedoch nicht so ohne weiteres möglich war; zwar konnten Männer sich jederzeit von ihrer Frau scheiden, indem sie ihr einen Scheidungsbrief ausstellten und sie einfach fortschickten, aber umgekehrt galt das nicht. Damit wollte Salome sich nicht abfinden. Bei Josephus heißt es:

»Salome schickte ihrem Mann einen Scheidungsbrief, obgleich dies den Gesetzen der Juden zuwider war. Denn einem Mann ist es bei uns wohl gestattet, das zu tun, keinesfalls aber darf ein Weib, welches den Mann aus freien Stücken verlassen hat, eine neue Ehe eingehen, wenn sie nicht zuvor von ihrem Manne freigegeben ist. Salome jedoch kümmerte sich nicht um dieses Gesetz der Hebräer, sondern handelte nach eigenem Gutdünken, und kündigte ihre Ehe auf . . . «

Anscheinend rechnete Salome aber damit, das Gesetz nicht so ohne weiteres umgehen zu können, und so packte sie ihrem Bruder gegenüber aus, was sie über Kostobar wußte. Sie gab an, sich von ihm nur deswegen scheiden zu wollen, weil sie herausbekommen habe, daß er zusammen mit zwei anderen Vertrauten des Königs einen Umsturz vorbereite und daß er nun schon im zehnten Jahr die Babas-Söhne versteckt halte.

Wie im Fall Alexandras griff Herodes auch hier sofort durch, zumal die Angaben Salomes über die Babas-Söhne sich als richtig erwiesen. So wurden die Babas-Söhne, Kostobar und seine angeblichen Komplizen hingerichtet. Und damit war Herodes im zehnten Jahr seiner Regierung mit einem Schlag von den letzten Gegnern, die ihm möglicherweise hätten gefährlich werden können, befreit. Der Weg zum Höhepunkt seiner Macht, zu Glanz und Ansehen war frei.

IX. Kapitel
Festungsbauten, Recht und Ordnung

Nach Kaiser Hadrian der »passionierteste Bauherr des klassischen Altertums« · Ausbau und Befestigung Jerusalems · Die Legende von den »Zwingburgen gegen das Volk« · Technische Spitzenleistungen · Theater und Amphitheater für Jerusalem: Woran die Juden Anstoß nahmen · Mißglücktes Attentat auf Herodes · Harte Gesetze gegen Diebe und Räuber: nicht tyrannische Willkür, sondern Verwirklichung römischer Rechtsvorstellungen · Das politische Programm des Augustus · Neubesiedlung der Stadt Sebaste · Straffe Verwaltung

Das unerfreuliche letzte Ehejahr mit Mariamme und die depressive Zeit nach ihrer Hinrichtung, dann die schwere Krankheit des Herodes, die Alexandra zum Anlaß nahm, einen Putschversuch vorzubereiten, Alexandras Hinrichtung, schließlich noch die von Salome aufgedeckte Verschwörung, die wiederum mit Hinrichtungen endete: dies alles hatte nicht etwa einen Rückgang, ja, nicht einmal einen Stillstand in der Realisierung des politischen, wirtschaftlichen und kulturellen Programms des Königs zur Folge. Da lief alles weiter, wie geplant. Vor allem bei der Verwirklichung seiner Bauvorhaben ließ Herodes sich durch nichts ablenken. Und sein Programm nahm immer gewaltigere Ausmaße an. Der englische Historiker Stewart Perowne bezeichnete Herodes »mit Ausnahme des Kaisers Hadrian als den wohl passioniertesten Bauherrn des klassischen Altertums« und fügt hinzu: »Seine Bauwerke, die bei den Zeitgenossen Berühmtheit genossen und deren Überreste noch jetzt erhalten sind, bildeten den Anlaß, daß man sich noch heute, und mit Recht, seiner erinnert.«

Wie bereits gezeigt, ging es in den ersten Jahren vor allem um die Wiederherstellung und Neuerrichtung militärischer Zweckbauten, von denen wir die Luxusfestung Masada, die Herodes sich als eine Art Refugium ausbauen ließ und wo einige Historiker auch das Grab der Mariamme vermuten, bereits ausführlich beschrieben haben. Mindestens so wichtig, wenn nicht wichtiger als die Anlage von Festungen im ganzen Land, aber war die Befestigung Jerusalems, der Hauptstadt, die Herodes zum Hauptstützpunkt seiner militärischen Macht und seiner Staatsgewalt machte. Die erste dort von ihm errichtete Burg war die Antonia, der er den Namen nach seinem römischen Freund und Gönner Antonius gab.

Herodes hat übrigens auch andere Bauwerke, ja ganze Städte nach Freunden oder Verwandten benannt, um auf diese Weise, so sagt es Josephus, »Gedächtnis und Namen jener Männer in steinernen Lettern Dauer zu verleihen«. Zum Gedächtnis an seinen Vater Antipatros gründete er »in der schönsten Ebene seines Reiches eine Stadt, reich an Flüssen und Bäumen, die er Antipatris nannte. Die Burg oberhalb Jerichos legte er als eine an Stärke und Schönheit ausgezeichnete Festung an und weihte sie seiner Mutter, indem er ihr den Namen Kypron gab.« Nach seinem Bruder Phasael benannte er einen Turm in Jerusalem und außerdem eine nördlich von Jericho neugegründete Stadt; Phasaelis klingt noch im heutigen *chirbet fas'il* an, und Antipatris heißt heute *ras el'ain* und liegt nordöstlich von Joppe an der Straße von Caesarea nach Jerusalem. Die Hafenstadt Caesarea, auf deren gewaltigen Ausbau wir noch ausführlich eingehen werden, hieß so nach Cäsar Augustus.

Seinen eigenen Namen verewigte Herodes in der Festung Herodeion auf dem gut hundert Meter hohen »Frankenberg«, wie die Kreuzfahrer ihn später nannten, für die dies einer ihrer letzten Stützpunkte war, heute *dschebel ferdes*, fünf Kilometer von Bethlehem am Rande der Wüste Juda. Herodes ließ den ganzen Berg umformen und seinen Gipfel ebnen, um darauf das Kastell und sein Grabmal zu errichten. Reste des Baues sowie die am Fuß des Berges befindlichen Anlagen sind noch erhalten. Dieses zweite Herodeion – eine andere Burg mit diesem Namen lag an anderer Stelle, die heute nicht bekannt ist – hat Josephus im ›Jüdischen Krieg‹ (I, 21,10) so beschrieben:

»Er umgab die Spitze mit runden Türmen und errichtete innerhalb der Mauern so kostbare königliche Paläste, daß nicht nur das Innere der Gebäude einen glänzenden Anblick bot, sondern auch die Außenmauern, Zinnen und Dächer mit verschwenderischem Reichtum überschüttet waren. Von fern her leitete er mit großen Kosten reichlich Wasser heran und legte den Aufgang mit 200 Stufen aus schneeweißem Marmor an ... Er errichtete ferner am Fuß auch noch andere Palastbauten, die für den Bedarf der Hofhaltung und die Unterbringung der Freunde Raum hatten, so daß die Feste in Anbetracht ihrer vollständigen Ausstattung den Eindruck einer Stadt machte, in Anbetracht ihrer Ausdehnung aber nur den einer königlichen Schloßanlage.«

Die Burg Antonia in Jerusalem errichtete Herodes auf einem etwa 25 Meter hohen, nach allen Seiten steil abfallenden Felsen in der Nordwestecke des erweiterten Tempelberges. Sie lag dadurch noch oberhalb des Tempels, so daß sie die ganze Tempelanlage beherrschte. Sie bestand aus einem rechteckigen Bau, der sich über eine Fläche von 100 mal 67 Meter erstreckte und vier Türme hatte. Von ihnen war der mächtigste 36 Meter hoch, die drei anderen hatten eine Höhe von 26 Metern. Das etwa 20 Meter hohe Gebäude enthielt prunkvolle Wohnräume, Badezimmer, Säulenhallen und Kasernen für die Garnison.

Wie bereits gesagt, konnte von dieser Burg aus der gesamte Tempelbezirk strategisch beherrscht werden. Das war insofern entscheidend, als die Juden sich von ihrem Heiligtum nicht trennen ließen, weil sie sonst den ihnen vorgeschriebenen Tempelkult nicht hätten ausführen können. Wenn also die Stadt von Feinden erobert wurde, mußte der Tempelbezirk den

Gläubigen als letzte Zufluchtsstätte noch immer zur Verfügung stehen. Folglich mußte dieser Bezirk möglichst uneinnehmbar gemacht werden, denn wenn der Feind das Heiligtum in Händen hatte, war er praktisch Herr über alles. Das hat sich in den zahlreichen Kämpfen um Jerusalem immer wieder erwiesen, und das galt natürlich ebenso für die Zeit des Herodes.

Doch hat man ihm eine geradezu gegenteilige Motivierung unterstellt; als andere Könige vor ihm Burgen und Festungen errichteten (meistens schon an denselben strategisch wichtigen Punkten, auch dort, wo Herodes die Antonia baute), zweifelte niemand daran, daß dies zum Schutz gegen äußere Feinde geschah; Herodes aber wurde schon bald vorgeworfen, er habe die Burgen zur Unterdrückung des Volkes errichtet. Aber wie richtig Herodes seine Befestigungsanlagen geplant hatte, und zwar unter dem Aspekt eines feindlichen Angriffs von außen, wie stark, wie nahezu uneinnehmbar sie waren und wie lange Jerusalem sich eben Dank der von ihm erbauten Festungen sogar gegen eine hervorragend ausgerüstete und auch zahlenmäßig weit überlegene römische Armee halten konnte, das sollte sich einige Jahrzehnte nach seinem Tode erweisen: Da siegten die Römer unter Titus über die aufständischen Juden in Jerusalem nur deswegen, weil die Belagerten keine Verpflegung mehr hatten.

Um Jerusalem sicher zu machen, ließ Herodes außer der Antonia noch eine zweite Festung bauen, und zwar an der Nordwestecke der Oberstadt. Diese Burg hatte drei gewaltige Türme, die Herodes nach seinem Freund Hippikos, seinem Bruder Phasael und seiner Frau Mariamme nannte. Josephus hat sie sehr genau beschrieben und behauptet, daß sie »durch Größe, Schönheit und Festigkeit« in der ganzen bewohnten Welt kaum ihresgleichen gehabt hätten. Den Hippikos-Turm gab er mit einer Höhe von 15 Metern an; er sei viereckig und gut 12 Meter breit und ebenso tief gewesen. Der Phasael-Turm war sehr viel gewaltiger, nämlich 45 Meter hoch und entsprechend tiefer und breiter; seine Form, so Josephus wörtlich, »glich der des Pharos vor der Stadt Alexandria, der den anlaufenden Schiffen Feuerzeichen gibt, aber dem Umfang nach war er viel größer«. Der dritte Turm, »Mariamme«, war zierlicher, doch hatte er prunkvollere und farbenprächtigere Wohnräume als die anderen Türme, »da der König es für angebracht hielt, daß der nach einer Frau genannte Turm mehr ausgeschmückt würde als die anderen«.

Josephus behauptet, die Türme seien aus riesigen Steinblökken errichtet gewesen, mit Ausmaßen von 9 mal 4 mal 2 Meter. Dies war nun allerdings stark übertrieben, wie sich bei Ausgrabungen herausgestellt hat. Als man die Fundamente des Phasael-Turms freilegte, waren die größten Steine zweieinhalb Meter lang und halb so breit und tief. Aber die Gesamtmaße des Turms, jedenfalls seine Stärke, stimmten mit den Angaben des Josephus überein. Und interessant ist, was die Archäologen über die Technik der Steinbehandlung fanden. In dem Bericht von C. Watziger heißt es: »Die in vorzüglichem Fugenschluß verlegten Quader mit leicht erhöhtem Spiegel sind mit einem schmalen Randschlag an den Stoßfugen, einem breiteren an den Lagerfugen versehen und auf der ganzen Oberfläche mit einem Zahneisen fein gepickt. Die Form der Spiegelquader, die schon in der späthellenistischen Zeit aufkommt, erreicht damit bei den Bauten des Herodes ihre höchste technische Verfeinerung.« Mag also Josephus auch etwas hochgestapelt haben, als er schrieb, die Türme fänden in der ganzen Welt kaum ihresgleichen, eine technische Spitzenleistung war diese Art der Baukunst schon.

Auch bei dieser Verteidigungsanlage hat man Herodes das bekannte Motiv von der Unterdrückung des Volkes unterstellt; man glaubte dies um so eher tun zu können, als es sich bei dieser Burg um eine Neuanlage zu handeln schien. Aber bei Grabungen, die zwischen 1934 und 1948 durchgeführt wurden, stellte sich heraus, daß unter dem herodianischen Mauerwerk Reste älterer Türme und Mauern liegen. Die britische Archäologin Kathleen Kenyon sagt: »Mit ziemlicher Sicherheit darf man annehmen, daß sich hier der Hasmonäer-Palast erhob.« Also hatten auch an dieser Stelle schon die Vorgänger des Herodes eine Burg errichtet; ihnen aber hat das niemand verübelt.

Herodes konnte machen, was er wollte: Im nachhinein sind

ihm stets andere Motive untergeschoben worden. Ein weiteres Beispiel dafür ist die Geschichte mit dem Prachtgewand des Hohepriesters, das dieser nur an den bedeutendsten religiösen Festtagen anlegte. Herodes hielt das Prachtgewand in Verwahrung, und zwar in der Tempelfestung, und das ist ihm von vielen Historikern – aufgrund einer entsprechenden Stelle bei Josephus in den ›Jüdischen Altertümern‹ (XVIII, 4,3) – als Unterdrükkung ausgelegt worden: Herodes – so Josephus – habe gemeint, das Volk werde nichts gegen ihn unternehmen, solange er über das Prachtgewand des Hohepriesters verfüge und diesen damit von sich abhängig halte. Unbeachtet blieb dabei jedoch eine andere Stelle bei Josephus (XV, 11,4), aus der hervorgeht, daß das Prachtgewand schon immer in der Tempelfestung verwahrt worden war, und zwar in der »sehr stark befestigten Burg«, sagt Josephus, »welche die Hasmonäer, des Herodes Vorgänger, ... gebaut hatten, um daselbst das priesterliche Gewand aufzubewahren, welches der Hohepriester nur, wenn er opfern wollte, anzulegen pflegte. Auch Herodes bewahrte das priesterliche Kleid wieder« – das heißt nach der Neuerbauung der Burg – »an diesem Orte auf. Nach seinem Tode aber kam es in die Gewalt der Römer ... « Obgleich also Herodes genau das tat, was seit Generationen Tradition war – das hohepriesterliche Gewand wurde in der »Tempelburg« in einem steinernen Behälter verwahrt, und zwar »unter dem Siegel der Priester und der Schatzmeister«, und vor dem Behälter mußte »der Festungskommandant täglich ein Licht anzünden« –, wurde ihm eben dies zu seinem Nachteil ausgelegt.

Dem Bau von Festungen folgte, etwa vom Jahre 30 an, der Bau von Palästen und Schlössern, von Sportanlagen, Theatern und Amphitheatern, von Straßen, Aquädukten und ganzen Städten. Dabei zeigte sich in aller Deutlichkeit, wie sehr Herodes sich der römisch-hellenistischen Welt verbunden fühlte, ja, daß er sich mehr als Hellene, denn als Jude fühlte und nicht nur selber so leben wollte, sondern auch allen Einwohnern seines Reiches, die ja keineswegs alle Juden waren, so zu leben erlauben wollte, wie man in Rom und vielen anderen Städten des Römischen Reiches zu leben gewohnt war. Auch die Einwohner Jerusalems sollten davon nicht ausgeschlossen bleiben. Deswegen baute er für sie als erstes ein prunkvolles griechisches Theater. Gegen Ende des vorigen Jahrhunderts wurden südlich der Stadt Reste eines Theaters freigelegt: in den Felsen geschlagene, halbkreisförmig angeordnete Sitzreihen, die in einem Winkel von 37 Grad aufsteigen. Wohl zur selben Zeit ließ Herodes ebenfalls außerhalb der Stadt ein großzügiges Amphitheater bauen, das Josephus als »außerordentlich groß« bezeichnet.

Beide Bauten, die »wegen ihres Prunkes bewundert« wurden, dürften bis zum Jahre 28 v. Chr. fertig gewesen sein. Und da gab es dann, nach dem Vorbild ähnlicher Einrichtungen in Rom und vor allem nach den »Spielen von Aktium«, in Nikopolis zum Gedenken der Schlacht von Aktium gymnastische Spiele und Arenavorführungen, zu denen die Menschen aus dem ganzen Land zusammenströmten, um zuzuschauen. Die frommen Juden hat das freilich geradezu entsetzt, und so kam es bald zu ähnlichen Spannungen, wie es sie anderthalb Jahrhunderte zuvor gegeben hatte, als hellenistische Lebensformen schon einmal bis nach Jerusalem vorgedrungen waren, was damals zum Aufstand der Makkabäer geführt hatte.

Josephus hat diese Entwicklung, dieses Abweichen von den »väterlichen Einrichtungen« und von »der alten Ordnung der Dinge, die unversehrt hätte bleiben sollen«, eingehend geschildert, wobei er selber, der ja in Rom lebte und die Römer und die römische Weltordnung hoch einschätzte, für die Nichtjuden, die sich an den Schauspielen erfreuten, deutlich Verständnis zeigt. Zunächst lobte er die Pracht, mit der das Amphitheater ausgestattet war, und er beschrieb, welcher Aufwand an Kleidung offenbar von den Besuchern getrieben wurde: »Es gab kein noch so wertvolles Kleid und keine noch so kostbaren Edelsteine, die sich nicht zugleich mit den Wettkämpfen dem Auge dargeboten hätten«, was ja wiederum ein Beweis dafür ist, daß es den Angehörigen des jüdischen Staates trotz der hohen Steuern und Zölle recht gut gegangen sein muß.

Dann nennt Josephus die Tiere, die man für die Kämpfe

herbeischaffte: »Löwen und andere durch Stärke oder Seltenheit hervorragende Bestien in Menge. Diese Tiere ließ man teils gegeneinander, teils auch mit Menschen kämpfen, die dazu verurteilt worden waren. Für die Fremden war nun freilich dieser Aufwand und der Anblick der gefährlichen Kämpfe eine Augenweide und ein Gegenstand der Bewunderung: Für die Einheimischen dagegen bedeutete das alles eine offenbare Auflösung der bei ihnen in so hoher Ehre gehaltenen väterlichen Sitte. Denn es schien ihnen eine Gottlosigkeit zu sein, Menschen den wilden Tieren vorzuwerfen zur Ergötzung anderer Menschen ... «

Hier jedoch irrte Josephus, und es zeigt sich, daß er die Veranstaltungen im herodianischen Amphitheater nicht als Augenzeuge beschrieben hat, was nun allerdings auch gar nicht möglich war, da er erst 65 Jahre später auf die Welt kam. Aber er machte sich offenbar auch nicht die Mühe, einen zeitgenössischen Augenzeugenbericht aufzutreiben, vielmehr schrieb er über die Veranstaltungen im Jerusalemer Amphitheater einfach aufgrund dessen, was er als Einwohner Roms über die dortigen Darbietungen im Amphitheater wußte und vielleicht selbst erlebt hatte. Zu seiner Zeit und mehr noch einige Jahre zuvor, besonders unter den Kaisern Claudius und Nero, wurden tatsächlich alle möglichen Verurteilten im Amphitheater wilden Tieren vorgeworfen und von diesen im Anblick einer riesigen Zuschauermenge zerfleischt. Als Herodes vor Jerusalem ein Amphitheater errichten ließ – vermutlich, wie damals auch in Rom noch üblich, aus Holz; das berühmte steinerne Kolosseum mit Plätzen für 45 000 Zuschauer entstand erst in den Jahren 75 bis 80 n. Chr. –, war es noch gar nicht üblich, Verbrecher zur Hinrichtung »ad bestias«, also zum Tod durch Tiere, zu verurteilen. Zwar ist dies in Rom noch unter Augustus eingeführt worden, aber durchgesetzt hat diese Hinrichtungsart sich erst später.

Es waren auch keineswegs immer Tierhetzen oder Kämpfe verschiedener Tiere gegeneinander, was in den Amphitheatern gezeigt wurde; häufiger ging es einfach darum, gezähmte Tiere etwas vorführen zu lassen. Plutarch hat auf die vielen Beispiele hingewiesen, die im römischen Amphitheater die Klugheit und Gelehrigkeit der Tiere bewiesen: Wilde Stiere ließen Knaben auf sich tanzen, standen auf den Hinterfüßen, zeigten zusammen mit Pferden Kunststücke im Wasser, standen auf schnellfahrenden Zweigespannen wie Wagenlenker; ebenso wurden Seehunde zu allen möglichen Kunststücken abgerichtet, auch Hirsche und Antilopen, Affen und Hunde; es wurden Löwen gezeigt, die in der Arena Hasen fingen, sie aber nicht töten durften, sondern sie so sanft zwischen den Zähnen hielten, daß ihnen nichts geschah, und auf ein Zeichen ihres Dompteurs mußten die Löwen ihre Beute wieder laufen lassen. Und so wurden auch Panther, Bären, Wölfe gezähmt und vorgeführt.

Besonders beliebt scheinen Vorführungen mit Elefanten gewesen zu sein; es wird beschrieben, wie die riesigen Tiere sich auf die Knie niederließen, wie sie Tänze aufführten, zu denen einer von ihnen die Zymbeln schlug, wie sie sich zu Tisch legten, wie sie mit dem Rüssel griechische und lateinische Schriftzeichen in den Sand der Arena zeichneten. Von der Klugheit und dem Lerneifer der Elefanten hielten die Römer sehr viel. Der Naturwissenschaftler Plinius, der im ersten nachchristlichen Jahrhundert lebte, wußte dafür folgendes Beispiel anzuführen: Als einmal mehrere Elefanten zusammen abgerichtet wurden, war einer darunter, der zum Lernen einen »langsamen Geist« hatte, weswegen er häufig mit Schlägen bedroht wurde; eines nachts konnte er beobachtet werden, wie er sich selbst das Lernpensum einübte.

Die Vorführung dressierter Tiere verlor beim Publikum jedoch allmählich an Reiz, und so kam es zu Tierkämpfen und Tierhetzen, die schließlich ein beliebter Sport wurden, an dem sich auch einige Kaiser aktiv beteiligten. Kaiser Commodus, der Sohn des philosophischen Marc Aurel, hat zum Beispiel, wie Cassius Dio als Augenzeuge berichtet, einmal bei einer Tierhetze im römischen Amphitheater fünf Nilpferde getötet und an anderen Tagen zwei Elefanten, eine Giraffe und mehrere Nashörner. Doch diese seltsame Art von Sport, für die wir heute kein Verständnis mehr haben (so wie spätere Zeiten vielleicht den heutigen Jagdsport nicht mehr verstehen werden), war, wie bereits gesagt, unter Augustus, der nach eigener Aussage »große Freude an der Gestalt unbekannter Tiere« hatte, noch nicht in Mode, auch im Amphitheater des Herodes nicht.

Aber es gab anderes genug, woran die Juden Anstoß nehmen konnten und Anstoß genommen haben. Zum Beispiel die sportlichen Veranstaltungen, auf deren Durchführung Herodes sehr viel Wert legte. Herodes war ja ein begeisterter Anhänger der Olympischen Spiele. In seinem Reich führte er eine ähnliche Art von Sportspielen ein, und zwar mit einem fünfjährigen Turnus. Zum erstenmal fanden sie im Jahre 28 v. Chr. statt. Auch darüber hat Josephus berichtet: »Die fünfjährigen Spiele ließ Herodes mit höchstem Prunk ausstatten; auch lud er die benachbarten Völkerschaften dazu ein und rief Zuschauer aus aller Herren Länder herbei. Weither strömten in der Hoffnung, die Siegespreise zu gewinnen, Wettkämpfer und Schauspieler aller Art zusammen, namentlich solche, die in diesen Spielen sehr geübt waren. Denn nicht nur auf Ringkämpfer war Bedacht genommen worden, sondern es waren auch Preise für diejenigen ausgesetzt, die sich mit Musik beschäftigten und Thymeliker genannt wurden, damit die Tüchtigsten von allen zur Teilnahme am Wettstreit veranlaßt würden. Weiterhin spendete Herodes große Siegespreise für Wettfahrten von zweirädrigen und vierrädrigen Wagen sowie für Pferderennen, und er bot überhaupt alles auf, was den Spielen Glanz und Pracht verleihen konnte ... «

In den Augen der frommen Juden waren all diese Veranstaltungen, vor allem aber die gymnastischen Spiele, bei denen die Athleten entgegen allen Begriffen jüdischer Schicklichkeit nackt kämpften, heidnische Übel. Daß diejenigen, die es so sahen, indessen im ganzen Land die Mehrheit dargestellt hätten, ist zumindest fraglich, wenn nicht gar unwahrscheinlich. Jedenfalls wurde weder den Spielen noch den Theateraufführungen ernstlicher Widerstand entgegengebracht.

Josephus führt nur einen Punkt an, den die Juden nicht

hinnehmen wollten. Dabei ging es um Trophäen, die im Amphitheater aufgestellt waren und die den Sieg Oktavians bei Aktium über Antonius verherrlichen sollten. Trophäen – vom griechischen Tropaion, Wendepunkt, womit die Stelle gemeint war, an der der Besiegte sich zur Flucht wandte – waren ursprünglich hölzerne Pfähle, die mit erbeuteten Waffen und Rüstungen behängt wurden. Um etwas Ähnliches scheint es sich auch im Jerusalemer Amphitheater gehandelt zu haben. Die Juden aber hielten jene Trophäen – so Josephus – »für in Rüstungen eingehüllte Bilder«, worunter sie Götzenbilder verstanden, deren Aufstellung und Verehrung ihnen aufgrund ihrer Gesetze verboten war. Wie Herodes dieses Problem löste, hat Josephus in den ›Jüdischen Altertümern‹ (XV, 8, 2) so erzählt:

»Herodes konnte es nicht verborgen bleiben, daß die Juden hierüber in große Aufregung gerieten, und da er es nicht für klug hielt, mit Gewalt dagegen vorzugehen, gab er sich alle Mühe, sie mit Worten zu besänftigen und sie von ihren religiösen Bedenken zu befreien. Doch richtete er damit nichts aus; vielmehr schrien sie aus Ärger über das, was sie ihm als Frevel anrechneten, einstimmig: wenn sie auch alles andere noch ertragen könnten, so dürften sie doch die Bildsäulen von Menschen ... nicht dulden, weil das nach dem Gesetz ihrer Väter verboten sei. Als nun Herodes sah, wie sehr sie das aufregte und daß sie nicht nachgeben würden, wenn er sie nicht auf irgendeine Weise beruhigte, berief er die Vornehmsten des Volkes ins Theater, zeigte ihnen die Trophäen und fragte sie, wofür sie dieselben hielten. Und da sie laut entgegneten, das seien Bildnisse von Menschen, ließ er die Trophäen ihres Schmuckes entkleiden und zeigte ihnen die bloßen Holzklötze. Da erhob sich ein allgemeines Gelächter, das um so anhaltender wurde, als ihnen auch schon vorher der ganze Bilderkram lächerlich vorgekommen war. Auf diese Weise hatte Herodes vorläufig den Unwillen des Volkes beschwichtigt, so daß die meisten beruhigt und umgewandelt schienen.«

Was wohl kann Josephus, der selber Jude war, mit dieser

Darstellung anders gemeint haben, als daß seine Glaubensgenossen schon Gespenster sahen! Mußten sie nicht zugeben, daß Herodes bemüht war, ihre religiöse Empfindlichkeit nicht zu verletzen? Julius Wellhausen hat von Herodes gesagt: »Er verleugnete seine idumäische Abstammung, er aß gewiß kein Schweinefleisch. Er vermied bei seinen Bauten in Jerusalem, auch bei den profanen, jede bildliche Darstellung; auch seine Münzen zeigten keinen Kopf.« Aber er konnte den Juden nicht Jude sein. Josephus sagt, daß nach jener Szene im Theater »immerhin noch einige« auf ihrer Meinung »beharrten«, daß eine »solche Verletzung der Gesetze« nicht hingenommen werden dürfe; Samuel Sandmel spricht von »einigen Fanatikern«, die sich nun entschlossen, Herodes umzubringen, und zwar im Theater.

Es waren zehn Männer, die sich verschworen hatten. Sie bewaffneten sich mit Dolchen, gingen ins Theater und warteten dort auf den König. Aber ihre Absicht wurde in letzter Minute verraten: Als Herodes schon auf dem Weg ins Theater war, wurde er gewarnt. Er kehrte sofort um, während die Attentäter verhaftet wurden. Sie versuchten nicht zu leugnen, sagt Josephus, »vielmehr zeigten sie offen die Dolche vor und bekannten freimütig ihre Verschwörung, auf die sie sich nicht aus Gewinnsucht oder Leidenschaft eingelassen hätten, sondern, was ihnen mehr wert sei, aus Gründen des Gemeinwohls«. Weiter heißt es dann, daß sie »unter vielfachen Qualen« hingerichtet wurden.

Der Mann, der die Verschwörung verraten hatte, wurde vom Volk bestraft: Er wurde »nicht nur getötet, sondern sogar in Stücke zerrissen und den Hunden zum Fraße vorgeworfen«. Dies hat zu weiteren Untersuchungen durch die herodianische Polizei geführt und, da niemand verraten wollte, wer den Mann getötet hatte, zu Folterungen und weiteren Hinrichtungen. Entscheidend ist indessen, daß an dieser Verschwörung weitere Volkskreise nicht beteiligt waren, auch nicht höhere Reichsbeamte. Und überdies ist hier zu erwähnen, daß im ganzen Reich vollständige Ruhe herrschte, auch in der Zukunft. Später konnte Herodes es sich sogar mehrmals erlauben, über längere Zeit sein

ERODI

1 Herodes der Große und der legendäre Kindermord zu Bethlehem in einer mittelalterlichen Darstellung (vorhergehende Seite): Detail der Bronzetür des italienischen Bildhauers Bonanus am Dom zu Pisa aus dem Jahre 1180.

2 Zur Zeit Herodes' d. Gr. sahen die Uniformen und die Feldzeichen der römischen Soldaten nicht wesentlich anders aus als auf diesem Relief vom Konstantinsbogen zu Rom, das Marc Aurel bei einer Ansprache an sein Heer zeigt.

3 In der »Felsenstadt« Petra, dem Mittelpunkt des Nabatäer-Reiches, verbrachte Herodes einen Teil seiner Kindheit; seine Mutter stammte von dort.

4 Petra: Die zur Zeit Herodes' aus dem Fels herausgehauene Fassade des Grabtempels ed-Der.

5 Der römische Feldherr Gnäus Pompeius intervenierte in einem innerpolitischen Streit des jüdischen Staates, der dadurch dem römischen Weltreich angegliedert wurde. Zu jener Zeit war Herodes zehn Jahre alt.

; Gaius Julius Cäsar verlieh dem Vater des Herodes zum Dank für nilitärische Unterstützung das römi- che Bürgerrecht und den Namen ulius, den nach ihm auch seine Söhne, Enkel und Urenkel tragen durften.

7 Kleopatra, Geliebte Cäsars und später Frau des Marc Antonius, von 51 bis 30 v. Chr. Königin von Ägypten, hat mehrmals versucht, das Reich des Herodes Ägypten anzugliedern.

8 Marc Antonius, römischer Konsul und Triumvir, seit 37 v. Chr. mit Kleopatra verheiratet, war wesentlich daran beteiligt, daß Herodes zum König der Juden ernannt wurde

9 a + b Schiffe aus der Zeit des Herodes: oben sogenanntes Hasmonäer-Schiff (Marine-Museum Haifa), unten römisches Kriegsschiff, Darstellung auf einem Fries

o a + b Bei Belagerungen wandten die Römer Rammböcke an, mit denen ie die Mauern aufschlugen. Zugleich wurden die Verteidiger beschossen, ndem mit Hilfe von Schleudermaschinen Steine auf und über die Mauer geschnellt wurden. In Masada fanden die Archäologen sehr viele solcher grapefruitgroßen Steingeschosse, di meisten dort, wo die Römer eine Bresche in die Mauer geschlagen hatten.

1 a+ b Zum Reisen und zum Trans-
ortieren von Handelswaren und Post
vurden im ganzen Römischen Reich
Pferdewagen benutzt, für die ein aus-
edehntes, schließlich 150 000 Kilome-
er langes Straßennetz zur Verfügung
tand, das zwischen Spanien und
Kleinasien alle wichtigen Städte ver-
hältnismäßig leicht erreichbar machte
Unten: Reste einer antiken Straße im
heutigen Jordanien.

12 Die freigelegten Reste von Herodeion, der von Herodes erbauten Festung, der er seinen Namen gab und wo er sich beisetzen ließ (oben).

13 Die gewaltigste und noch heute eindrucksvollste Festung, die Herodes ausbauen ließ, war Masada. Die Luftaufnahme zeigt die drei Terrassen der »hängenden« Palastvilla des Herodes auf dem 441 Meter hohen Felsen am Toten Meer nach der Ausgrabung in den Jahren 1963/65.

14 *Masada: Stuckierte Säulen und Fresken vom Südteil der unteren Terrasse.*

15 *Masada: Die gefundenen Mosaikfußböden und die Fresken zeigen, daß Herodes das jüdische Verbot der Darstellung von Menschen und Tieren nicht verletzt hat.*

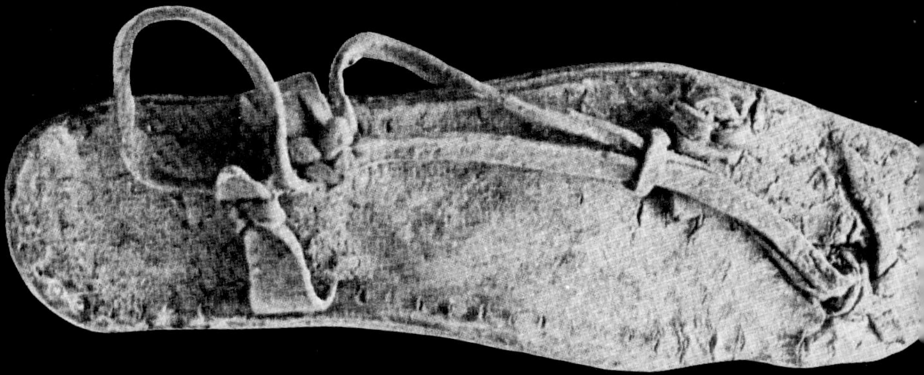

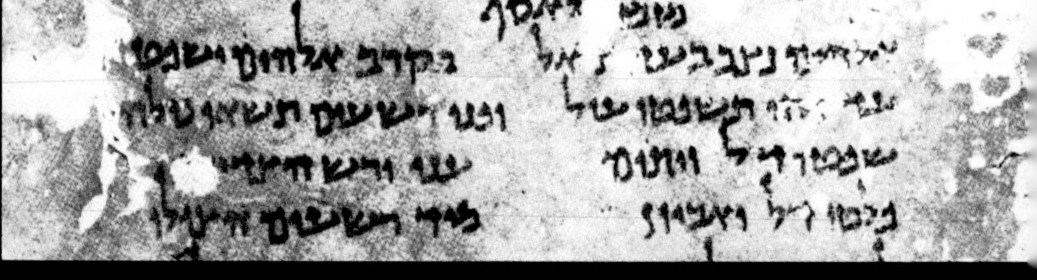

6 *Masada: Die Ausgräber fanden iele Gebrauchsgegenstände von den :tzten Verteidigern der Festung im Zampf gegen die Römer: zum Beispiel andalen, Vorratskrüge, Reste von chriftrollen.*

17 *Freigelegte Reste des von Herodes in Caesarea erbauten Theaters.*

18 Von Caesarea, der von Herodes angelegten und von ihm benannten Hafenstadt, die zum bedeutendsten Warenumschlagplatz seines Reiches wurde, gibt es heute nur wenige Spuren. Der Hafen ist längst versandet.

19 Kaiser Augustus – hier die Statue von Prima Porta (Vatikanum Museo Chiaramonti, Bràccio Nuovo) – wurde von Herodes als »Wohltäter«, als »Retter«, als »Erlöser« der Welt verehrt. Herodes war überzeugt, daß Israel sich auf Augustus stützen müsse, um an der Erlösung der Welt teilzuhaben. Er selber führte den Titel »Freund des Kaisers«.

MVNIF. PII. IX. P. M.
AN. XVIII

20 Marcus Vipsanius Agrippa, als Schwiegersohn und designierter Nachfolger des Augustus lange Zeit der zweitmächtigste Mann im Römischen Reich, Sieger in der Schlacht von Aktium und Initiator einer Reihe bedeutender Bauwerke in Rom (Wasserleitungen, Thermen, Pantheon), war bis zu seinem frühen Tod (12 v. Chr.) mit Herodes befreundet.

21 Alte Darstellung eines Baukrans aus der römischen Zeit. Mit Hilfe eines Tretrads (links) wurde das Gewicht mehrerer Männer in Hebekraft umgewandelt. Hier wird gezeigt, wie ein schwerer, pyramidenförmiger Steinblock auf das etwa 15 Meter hohe Dach eines Tempelgebäudes gehoben wird.

22 + 23 Zu den vielen Bauwerken des Herodes, den Festungen, Palästen, dem Tempel, den Städten und Straßen, gehören auch zahlreiche Wasserversorgungsanlagen. Hier einer der zwei viele Kilometer langen Aquädukte für Caesarea (oben) und ein Aquädukt der Wasserleitung nach Jericho (links).

24 Säulenreihe von Sebaste/Samaria: Die Stadt Samaria ließ Herodes großzügig ausbauen, um – so sagt Josephus – seinen Nachkommen ein Denkmal seines Schönheits- und Wohltätigkeitssinnes zu hinterlassen. Dann nannte er sie Augustus zu Ehren Sebaste, das heißt die Erhabene.

25 Wo sich heute in Jerusalem der Haram esch-Scherif befindet, das »Erhabene Heiligtum« mit dem »Felsendom« (Mitte der Luftaufnahme), stand einst der Tempel, und der Platz des Haram esch-Scherif ruht auf den Mauern und Gewölben, die Herodes für seinen Tempelbezirk errichten ließ. Vorn rechts geht es hinauf zum Ölberg.

26 Auf diesen Gewölben ruht heute die Tempelplattform. Der untere Teil der Gewölbebogen stammt von Herodes, die oberen Partien wurden von den Kreuzfahrern instand gesetzt.

27 Rekonstruktion des herodianischen Jerusalem. Oben: der königliche Palast, im Hintergrund die Festungstürme (von links) Phasael, Mariamme und Hippikos. – Unten: die Festung Antonia mit ihren vier Türmen, die den sich anschließenden Tempelbezirk schützte. (Die Rekonstruktion von Professor Michael Avi-Yonah befindet sich im Garten des Holyland Hotels bei Jerusalem.)

28 + 29 An der Westseite der Tempelplattform ist noch die von Josephus beschriebene herodianische Mauer sichtbar, heute die berühmte Klagemauer. Die Steinblöcke dieser herodianischen Mauer haben eine Höhe von 1,25 Meter; einige sind bis zu fünf Meter lang. Ihre zum Teil verwitterten Frontseiten sind sorgfältig behauen. Sie haben leicht eingelassene, etwa 15 Zentimeter breite Ränder. Dies war eine für Palästina völlig neue Art zu mauern.

30 Wo einst der Palast des Herodes stand, befindet sich heute die Zitadelle. Ihr Hof zeigt Ruinen aus hasmonäischer, herodianischer, byzantinischer und Kreuzritterzeit. Die Türme enthalten Bauelemente herodianischer Türme.

31 Heute umgeben das dichtbebaute Altstadtgebiet die 1535 von Suleiman dem Prächtigen errichteten Mauern. Grabungen haben gezeigt, daß die türkischen Mauern zum Teil auf Fundamenten aus herodianischer Zeit stehen.

32 Ein dreiviertel Jahrhundert nach Herodes dem Großen eroberten die Römer unter Titus den Tempelbezirk. Sie plünderten und zerstörten den Tempel. Auf dem Titusbogen in Rom ist dargestellt, wie der siebenarmige Tempelleuchter im Triumphzug mitgeführt wird (nächste Seite).

Land zu verlassen, ohne daß es dabei zu Unruhen gekommen wäre.

Allerdings war Herodes auch ständig auf der Hut; denn daß er im höchsten Maße mißtrauisch war, ist nicht zu bezweifeln. Er hatte sehr viel Militär um sich, er hatte eine Leibwache, er hatte eine gut funktionierende Geheimpolizei, und natürlich dienten die Burgen und Festungen innerhalb des Landes auch seiner eigenen Sicherheit. Doch ist es falsch, die vielen von ihm ausgebauten Festungen im Innern des Landes in erster Linie als Zwingburgen gegen das eigene Volk ansehen zu wollen, wie es so oft geschehen ist. Die Sicherheit des Landes nicht nur nach außen, sondern ebenso nach innen war eine der größten Sorgen während seiner ganzen Regierungszeit.

Es ist dabei zu berücksichtigen, daß Herodes als ein von Rom abhängiger Klientelkönig keine selbständige Außenpolitik betreiben konnte. Das hieß zum Beispiel auch: Er durfte keine Kriege führen, weder Präventiv- noch Vergeltungskriege. Dies aber mußte sich für ihn und sein Land insofern negativ auswirken, als die Nachbarvölker, wie zum Beispiel die auf Revanche bedachten Nabatäer, dies sehr genau wußten und die Lage für sich ausnutzten. Sie konnten aggressiv werden, ohne daß er zurückschlagen durfte; selbst als die Nabatäer den alten Familienbesitz des Herodes in ihrem Lande einfach beschlagnahmten, wagte Herodes mit Rücksicht auf Rom keinerlei Gegenmaßnahmen.

Diese ihm von Rom auferzwungene Unbeweglichkeit gestattete ihm während seiner ganzen Regierungszeit nur reine Verteidigung, die nun aber aus eben diesem Grunde besonders sicher und wirkungsvoll sein mußte. Es kann keinen Zweifel darüber geben, daß ihre Intensivierung sich rentiert hat: Vom Jahre 31 an ist der jüdische Staat unter Herodes von jeder größeren feindlichen Invasion verschont geblieben. Und das war bei diesem seit eh und je begehrten Landstrich ein beachtlicher Erfolg, der voll und ganz das Verdienst des Herodes war. Denn es wäre falsch, zu glauben, daß sein Land als Teil des römischen Weltreichs von den Römern beschützt worden wäre, vielmehr hatte ja Herodes den Auftrag, die Grenzen des Römischen Reiches an dieser Stelle zu verteidigen, und dies hat er ohne Hilfe römischer Truppen, das heißt ohne fremde Besatzung für sein Land, geschafft.

Erfolgreiche Verteidigung nach außen war indessen nur möglich, wenn im Innern Recht und Ordnung gesichert waren. Dies wiederum ging nach den langen Jahren des Bürgerkriegs nicht ohne Härten ab. Zum Beispiel erließ Herodes ein Gesetz gegen Diebstahl, das nach Ansicht der Juden viel zu hart war und das überdies gegen ein jüdisches Grundgesetz verstieß. Herodes ordnete nämlich an, daß Einbrecher, die auf frischer Tat ertappt wurden, als Sklaven ins Ausland verkauft werden sollten, während das jüdische Gesetz im schlimmsten Fall einen Verkauf des Diebs nur innerhalb des Landes vorsah, und dies für höchstens sechs Jahre. Nach jüdischem Gesetz durfte ein Jude keinesfalls ins Ausland verkauft werden, also an Nichtjuden. »Die jetzt festgesetzte Strafe erschien daher hart, unbillig und von Übermut diktiert«, heißt es bei Josephus; Herodes habe sie nach Tyrannenart, also völlig willkürlich, festgelegt.

Aber der Vorwurf, Herodes habe hier aus reiner Willkür gehandelt und sich an keinerlei Rechtsgrundsätze gehalten, ist unberechtigt. Abraham Schalit weist nach, daß Herodes in diesem Fall auf das römische Recht zurückgegriffen hat. Nach römischem Recht konnte offenkundiger Diebstahl sehr hart bestraft werden, nämlich mit dem Tode. Ein auf frischer Tat ertappter Dieb durfte am Tatort sofort getötet werden. Die Rechtspraxis sah nun freilich anders aus. Danach wurde ein Dieb dem Bestohlenen überantwortet, und in der Überantwortung lag das Recht, den Dieb als Sklaven ins Ausland zu verkaufen. Zwar ist in der Praxis von dem Verkaufsrecht wohl nur bei schweren Fällen von Diebstahl, also bei Einbruch und bewaffnetem Raub, Gebrauch gemacht worden, während es sehr viel häufiger darauf hinausgelaufen sein mag, daß der Bestohlene sich – was das Gesetz in leichten Fällen vorsah – mit der Bezahlung des Doppelten bis Vierfachen des ihm zugefügten Verlustes zufriedengab, aber im Prinzip sah das Gesetz den Ausschluß des

Diebes, Einbrechers, Räubers aus der Gemeinschaft der Bürger vor.

Dieses Prinzip hat Herodes ganz bewußt aufgegriffen, als er verfügte, daß ein Einbrecher für immer in die Sklaverei und – entgegen dem jüdischen Gesetz – gerade ins Ausland verkauft werden solle. »Es war eben seine Absicht«, schreibt Abraham Schalit, »sich auf die Dauer der Verbrecher zu entledigen, die damals im Lande überhand nahmen ... Und wenn wir nach der Begründung für diese seine Absicht fragen, so lautet die einfachste, naheliegende Antwort: die Verantwortung für Ruhe und Ordnung im Lande führte den Herodes auf den Gedanken, diejenigen, die durch ihre Taten Unruhe stifteten, für alle Zeiten aus dem Lande zu entfernen.«

Dies stand – wie Abraham Schalit zeigt – in engem Zusammenhang mit der neuen Innenpolitik des Cäsar-Erben Oktavian, der im Verlauf der Jahre 28 und 27 die alte republikanische Ordnung wiederherzustellen versuchte. Es ist wichtig, auf diese vielberufene Wiederherstellung der römischen Republik, diese »res publica restituta«, ein wenig einzugehen, denn sie betraf mit dem ganzen Römischen Reich auch den jüdischen Staat. Nach seinem endgültigen Sieg über Antonius am 1. August des Jahres 30 in Alexandria, wo Antonius und Kleopatra sich das Leben nahmen, war Oktavian schon bald nach Rom zurückgekehrt, wo er als erstes zur Verherrlichung seiner Siege drei Triumphzüge veranstaltete: einen für seine Feldzüge in Illyrien, einen für den Sieg bei Aktium und einen für den Krieg gegen Ägypten. An diesem dritten Triumphzug mußten übrigens die Zwillinge von Kleopatra und Antonius als Gefangene teilnehmen, der Knabe Alexander Helios, von dem man danach nie wieder etwas hörte, und Kleopatra Selene, die dann in Rom von Oktavia, der Schwester Oktavians und Witwe des Antonius, erzogen wurde und später den Mauretanierkönig Juba heiratete; Kleopatras Sohn Cäsarion, der angeblich von Cäsar stammte, hatte Oktavian töten lassen, weil er ihm als legitimer Thronerbe Ägyptens, möglicherweise überhaupt als Erbe Cäsars, hätte gefährlich werden können.

Das erste Problem, dem sich der noch ziemlich junge Oktavian nach seinem Sieg gegenübersah, waren die 70 Legionen, also immerhin etwa 420 000 Mann, die da noch unter Waffen standen. Soviel Militär konnte sich der Staat finanziell auf die Dauer nicht leisten. Überdies konnten Soldaten jederzeit gefährlich werden. Oktavian entschloß sich, den größten Teil zu entlassen; er behielt 28 Legionen (was indessen noch sehr viel war), die anderen löste er auf. Doch mußte er die »Heimkehrer« integrieren. Das tat er, wie es damals üblich war, indem er ihnen Land gab, einigen in Italien, den meisten in den Provinzen. Das Land stammte von Kommunen und Einzelpersonen, die auf den falschen Mann gesetzt, das heißt, die Oktavians Gegenspieler Antonius unterstützt hatten.

Zusätzlich zu einem Stück Land erhielt jeder ins Privatleben zurückkehrende Soldat eine Geldsumme in Höhe von tausend Sesterzen. Das war nicht viel, wenn man den heutigen Kaufwert von etwa zweihundertfünfzig Mark dafür ansetzt; aber es ist zu berücksichtigen, daß die Kosten für das Notwendigste, das zum Leben benötigt wurde, unvergleichlich geringer waren als heute. Immerhin kam Geld unter die Leute, zumal jeder römische Bürger bei Ende des Bürgerkriegs vierhundert Sesterzen erhielt, und dies half, die Wirtschaft anzukurbeln, indem die Menschen, die so lange im Ungewissen gelebt hatten, nun wieder zu kaufen begannen. Hinzu kam, daß Oktavian zugleich die Bauwirtschaft in Gang brachte: In Rom wurde ein neues Senatsgebäude errichtet, und es wurden zweiundachtzig verfallene Tempel wiederhergestellt. Auch Privatleute brachten ihre Häuser in Ordnung oder bauten neue. Oktavian erließ den Bürgern ihre Steuerschulden, und die staatliche Getreidezuteilung an das römische Proletariat ließ er vervierfachen. Das eigentliche Ziel all dieser Maßnahmen war ein Leben in Frieden und gesichertem Wohlstand.

Oktavian erkannte, daß dafür noch etwas anderes erforderlich war, als nur Geld unter die Leute zu bringen, das übrigens größtenteils aus dem Osten, vor allem aus Ägypten stammte, nämlich die Funktionsfähigkeit des während des Bürgerkriegs arg demoralisierten Staatsapparates. Deswegen hob er die willkürlichen Verfügungen der Triumvirn aus den vergangenen Jahren auf. Und dann, im Jahre 27, als er zusammen mit Agrippa zum siebtenmal Konsul geworden war, gab der 33jährige Oktavian in einer feierlichen Erklärung seine Ausnahmegewalten an Senat und Volk zurück. Daraufhin wurde er vom Senat bestürmt, die von ihm gerettete Republik doch jetzt nicht im Stich zu lassen. Und so blieb Oktavian, was er längst war, nämlich der Erste Mann im Staat, jetzt aber noch mehr geehrt und von Senat und Volk offensichtlich anerkannt. Und von nun an nannte er sich aufgrund eines Senatsbeschlusses Augustus, der Erhabene.

Das geschah am 13. Januar des Jahres 27 v. Chr., und es war wirklich etwas Entscheidendes. Wenngleich eine Wiederherstellung der republikanischen Regierungsform gar nicht erfolgte, weil sie zu diesem Zeitpunkt nicht mehr möglich war und von Oktavian-Augustus in Wahrheit wohl auch nicht gewollt wurde, war dies doch die Rückkehr zu einer legitimen Regierung. An die Stelle von militärischer Usurpation und Faustrecht trat die Herrschaft des Gesetzes. Und durchaus anders als die Menschen von heute, haben Augustus und die Römer seines Zeitalters an Gesetze geglaubt. Sie waren überzeugt, die heruntergekommene Moral wieder heben und die sittenlosen Menschen durch Gesetze zur Wohlanständigkeit zurückführen zu können.

Dieses politische Programm vom Weltfrieden und von Recht und Ordnung fand im ganzen Reich Anklang. Überall, vor allem in den Provinzen des Ostens, die in den Jahren des Bürgerkriegs besonders gelitten hatten, war die Sehnsucht der Menschen nach Frieden und Sicherheit groß. Noch herrschte eine allgemeine Verwilderung. In Italien waren bewaffnete Überfälle auf offener Landstraße an der Tagesordnung, wobei Menschen nicht nur ausgeraubt, sondern gefangen und in die Sklaverei verschleppt wurden. In den Provinzen waren die Zustände eher noch schlimmer. Überall gab es Räubernester, auch im Reich des Herodes, wo das Räuberunwesen in der Trachonitis, dem Gebiet zwischen Damaskus und dem Asalmanusgebirge, über Jahrzehnte hin nicht ganz ausgerottet werden konnte. Die Räuber hausten dort in Höhlen und machten Überfälle auf die Kaufleute, die ihre teuren Luxusartikel aus Arabien nach Damaskus transportierten. Und im ganzen Mittelmeer stand auch die Seeräuberei wieder in großer Blüte.

Augustus hat nun die Statthalter der Provinzen verpflichtet, in ihren Verwaltungsbereichen für Ordnung und Sicherheit zu sorgen. Zu diesem Zweck wurden ihnen Spezialtruppen mit polizeilichen Aufgaben zugeteilt. Auch Herodes hatte als Klientelkönig die Pflicht, zur Sicherheit des Reiches beizutragen und dabei nach den allgemeinen Anweisungen des Kaisers zu verfahren. Abraham Schalit kommt zu der Überzeugung: »Die Gesetze, die Herodes in Judäa erließ, waren keine Willkürakte eines launischen Tyrannen, sondern Entschließungen eines Herrschers, der einer doppelten Verantwortung Rechnung zu tragen hatte: der gegen das Land, das ihm anvertraut worden war, und der gegen den Kaiser und das Römische Reich.«

Mit dem Erlassen von Gesetzen allein war indessen noch wenig gewonnen; entscheidend war ja vielmehr, sie auch durchsetzen zu können. Dazu bedurfte es einer gut funktionierenden Verwaltung und einer schlagkräftigen Armee mit Polizeigewalt. Josephus hat im Anschluß an seine Schilderung des Attentatsversuchs aus dem Jahre 27 gesagt, die Lage des Herodes sei nun so schwierig geworden, »daß er Maßregeln zu seiner größeren Sicherheit treffen mußte«. Und Josephus hat dargelegt, worin diese Maßregeln angeblich bestanden: »Er beschloß deswegen, das Volk von allen Seiten einzuschließen, damit diese kleinen Unruhen nicht zu offenem Aufruhr anwüchsen. In der Stadt besaß er an Befestigungswerken schon den Palast, in dem er selbst wohnte, und die Festung des Tempels, welche Antonia hieß; dazu glaubte er nun noch ein drittes Bollwerk gegen das Volk in Samaria, welches er Sebaste nannte, errichten zu müssen, und da er den Ort für sehr geeignet hielt, die ganze Umgegend im Zaume zu halten (er lag von Jerusalem nur eine Tagesreise entfernt), befestigte er ihn sehr stark. Auch erbaute er noch eine andere Festung zur Bezwingung des Volkes an dem Orte, der früher Stratonsturm hieß, von ihm aber Caesarea genannt wurde. Desgleichen errichtete er einen festen Platz in der großen Ebene, in den er eine auserlesene Besatzung legte, und befestigte auch Gaba in Galiläa und Esebonitis in Peräa. So umgab er das ganze Volk mit Festungen, damit es nicht nach Belieben Unruhen erregen könnte.«

Daß diese Festungen und neugegründeten oder stark erweiterten Städte des Herodes vor allem dazu gedient hätten, das Volk einzuschließen und zu unterdrücken, behauptet Josephus nur in den ›Jüdischen Altertümern‹ (XV,8,5). Im ›Jüdischen Krieg‹ ist davon überhaupt nicht die Rede, obgleich auch da alle Festungen und Städte, die Herodes gebaut hat, genannt und ausführlich geschildert werden; dort sind sie einfach Teil seines Bauprogramms und seiner Verteidigungsstrategie. Es hat also zwischen der Darstellung im ›Jüdischen Krieg‹ und der in den später entstandenen ›Jüdischen Altertümern‹ eine entscheidende Aspektverschiebung stattgefunden, die darauf zurückzuführen sein dürfte, daß Josephus hier eine jüngere, herodesfeindliche Quelle benutzt hat, vermutlich die von uns bereits zu Beginn dieses Buches angeführte Darstellung des Ptolemäus von Askalon.

Diese Aspektverschiebung war kein Zufall, auch nicht böse Absicht, vielmehr ist sie aus der veränderten Situation in der Zeit nach dem Tode des Herodes zu erklären. Damals wurde das Reich zunächst unter seine Kinder aufgeteilt, zugleich aber sehr viel stärker als zu seiner Zeit direkt der Macht Roms unterstellt. Zunächst gab es keinen König mehr, sondern nur noch einen »Ethnarchen«, den Kaiser Augustus jedoch im Jahre 6 n. Chr. absetzte. Von da an wurde das Land von römischen Prokuratoren, »Landpflegern«, regiert, die sich auf römische Truppen stützten. Während es unter Herodes in ganz Judäa keine römischen Soldaten gab (nur zu Beginn seiner Regierungszeit lag in der Nähe von Jerusalem vorübergehend eine Legion), war das Land unter seinen Nachfolgern von römischen Truppen besetzt. Die römischen Soldaten lagen natürlich in den von Herodes gebauten Burgen und Festungen. Erst dadurch, also erst lange nach seinem Tod, wurden die militärischen Verteidigungsanlagen des Herodes in den Augen des Volkes zu feindlichen Zwingburgen. Und dieser neue Aspekt wurde dann rückwirkend auf die Zeit des Herodes übertragen.

Für solche Aspektverschiebungen gibt es in der Geschichte zahlreiche Beispiele. Das vielleicht berühmteste betrifft die Pariser Bastille, von der es in den meisten Geschichtsbüchern unsinnigerweise heißt, daß mit der »Erstürmung« dieser »Zwingburg des Despotismus« am 14. Juli 1789 die Französische Revolution begonnen habe. In Wirklichkeit hat nicht nur dieser so oft bemühte Sturm auf die Bastille gar nicht stattgefunden, weil die Bastille nämlich zuvor übergeben worden war, sondern überdies ist die Bastille keineswegs eine Zwingburg des Despotismus gewesen. Sie wurde während des Hundertjährigen Krieges zum Schutz gegen die weit nach Frankreich eingedrungenen Engländer gebaut, und zwar als Teil der Befestigungsanlagen von Paris. Später, in der Ära Richelieus, wurde sie als Gefängnis benutzt, aber als ein Luxusgefängnis für vornehme, meist adlige Gefangene, die da oft nur wegen irgendwelcher Kavaliersdelikte saßen, etwa weil sie Geldschulden hatten oder bei einem Duell erwischt worden waren. Da waren Herzöge, Fürsten, Marschälle, Angehörige des Königshauses, hohe Offiziere, auch Dichter und Philosophen in Haft, aber sie saßen nicht etwa an Ketten in finsteren Verliesen, nicht einmal in Zellen, sondern sie wohnten in Zimmern und durften sich im ganzen Gebäude frei bewegen; sie hatten ihre Diener um sich, besuchten einander und bekamen nicht selten sogar Ausgang in die Stadt. Schwerverbrecher wurden da nicht untergebracht. Aber im nachhinein, während der Revolutionszeit, wurde dieses harmlose Luxusgefängnis, das ein Abbruchunternehmen im Auftrag der Revolutionsregierung Stein um Stein abriß, zu einer Zwingburg hochstilisiert, die den Königen nur dazu gedient habe, das Volk zu unterdrücken und in Schach zu halten.

Immer versuchen ja neue Regierungssysteme die alten, von ihnen überwundenen Regime nachträglich in Verruf zu bringen, nicht selten vor allem deswegen, um – wie damals in Frankreich und nach 1917 in der Sowjetunion – auf diese Weise vom eigenen, schlimmeren Despotismus abzulenken oder ihn zu rechtfertigen. Ein solches Motiv galt indessen nicht für die nachherodianische Zeit. Da lagen die Dinge anders: Infolge der rasch einsetzenden Ausbeutung durch die Römer entstand ein ungeheurer Haß gegen die Besatzungsmacht, der sich dann rückwirkend auf Herodes, den Römerfreund, übertrug. Zwar hatte er selbst die Römer nicht ins Land gelassen, aber – so schien es nun – mit seiner romfreundlichen Politik und gleichsam im Auftrag Roms die ganze Entwicklung, die schließlich zum Aufstand der Juden, dann aber zu ihrer völligen Niederwerfung führte, eingeleitet.

Nochmals: Daß Herodes seine Festungen zur Unterwerfung des eigenen Volkes und für seine eigene, persönliche Sicherheit gebaut haben soll, ist barer Unsinn. Gerade das von Josephus ziemlich ausführlich geschilderte Beispiel Samaria, das er ausdrücklich als ein »Bollwerk gegen das Volk« bezeichnet, zeigt, daß die Wirklichkeit ganz anders aussah. Da wurde eine Stadt vergrößert, verschönert und allerdings auch befestigt. Und sie wurde neu besiedelt: Etwa sechstausend Neubürger, ehemalige Soldaten und Landbevölkerung aus der Umgebung, fanden dort eine neue Existenz. Herodes teilte der Stadt das sie umgebende Land als Feldmark zu, wozu Josephus meint:

»Herodes verteilte das in der Nähe gelegene Ackerland, das beste der ganzen Gegend, unter die Einwohner, damit sie bald nach ihrer Ansiedlung zu Wohlstand gelangten. Rings um die Stadt führte er eine große Mauer auf, und die Abschüssigkeit des Terrains nutzte er für die Befestigung aus. Auch erweiterte er die Stadt gegen früher so bedeutend, daß sie an Größe selbst hinter den berühmtesten Städten nicht zurückstand. Ihr Umfang betrug nämlich fünf Stadien (etwas über neun Kilometer). In der Mitte der Stadt steckte er einen in jeder Hinsicht geeigneten Platz von eineinhalb Stadien ab, auf dem er einen großen und herrlichen Tempel erbaute. Auch die übrigen Stadtteile verschönerte er tagtäglich mehr, richtete zu seiner größeren Sicherheit den Hauptteil der Stadt durch Erbauung starker Mauern zu einer

Art Kastell ein und betrachtete es als Ehrensache, seinen Nachkommen damit ein Denkmal seines Schönheits- und Wohltätigkeitssinnes zu hinterlassen.«

Nach einem »Bollwerk gegen das Volk« hört sich das nun wirklich nicht an. Herodes hat das erweiterte Samaria zu Ehren des Imperators Augustus in Sebaste umgenannt; Sebastos ist das dem lateinischen Augustus entsprechende Wort, und Sebaste heißt »die Erhabene«. Um den Imperator noch besonders zu ehren, weihte er ihm den in der Stadt errichteten Tempel. Als dieser im neunzehnten Jahrhundert von Archäologen ausgegraben wurde, erwies er sich als ein imposantes Bauwerk, einst – so heißt es in dem archäologischen Bericht – »gelegen auf hohem Podium mit stolzer Freitreppe, von einem großzügigem Areal umgeben, auf der höchsten Stelle der Stadt«.

Bei den Einwohnern von Sebaste, vor allem bei den von Herodes neu angesiedelten, handelte es sich nicht um Juden. Andernfalls hätte Herodes es sicherlich nicht gewagt, dort einen Tempel zu errichten, der einem Menschen geweiht wurde. Ähnliche Heiligtümer zur Pflege des Kaiserkults ließ er in Caesarea, auf dessen Gründung und Ausbau wir noch zurückkommen werden, sowie in der Landschaft Panias und mehrere auf römischem Provinzialgebiet einrichten. Schon Walter Otto wies nachdrücklich darauf hin, daß Herodes solche Caesareen niemals in den eigentlich jüdischen Gebieten, also in Judäa, Galiläa und Peräa, errichten ließ.

Was in Sebaste geschah, also die Erweiterung und Neubesiedlung einer alten Stadt, die nach Josephus »früher zu wenig bevölkert gewesen war«, hat Abraham Schalit als »Stadtgründung nach bester seleukidischer Überlieferung« bezeichnet. Das heißt, Herodes gründete diese und auch andere Städte nach dem Muster zahlloser hellenistischer Stadtgründungen seit Alexander dem Großen und den Seleukiden. Typisch dafür ist unter anderem die Ansiedlung ehemaliger Soldaten. Bei diesen handelte es sich jedoch nicht um jüdische Landeskinder. Mit seinen hellenistischen Städten, die sich durch großzügige Anlagen auszeichneten, fast immer auch Gymnasien und Theater erhielten und bei denen der König von Anfang an für gute Erwerbsquellen sowohl für Handwerker und Kaufleute als auch für Landwirte sorgte, gewann Herodes in der nichtjüdischen Bevölkerungsschicht, die in seinem Gesamtreich eine Minderheit darstellte, starken Rückhalt. Aus diesen Kreisen scheint Herodes die Beamtenschaft für die staatliche Verwaltung rekrutiert zu haben.

An der Spitze der Verwaltung stand Herodes selbst. Während er in der Außenpolitik nicht sein eigener Herr war, konnte er im Innern ziemlich frei schalten und walten, vorausgesetzt daß er die Grundlinien der römischen Rechts- und Friedenspolitik nicht verletzte. Die dem König unmittelbar unterstellten Beamten waren die Strategen beziehungsweise Gouverneure. Ihr Aufgabengebiet umfaßte sowohl den militärischen als auch den zivilen Bereich. Die »Strategen des Königs« – so lautete der volle Titel – standen jeweils einem Bezirk, das heißt einer Toparchie, vor. In Toparchien – insgesamt neunzehn – waren die von Juden bewohnten Gebiete eingeteilt, in Bezirke, das heißt in Meridarchien, von denen es nur sieben gab, die nichtjüdischen Gebiete. Diesen Unterschied in der Einteilung hat Herodes von seinen Vorgängern übernommen. Dies bedeutet: Er änderte in der Verwaltung nicht mehr als nötig; allerdings straffte er sie und sorgte dafür, daß kräftiger durchgegriffen wurde. Wie das indessen praktisch geschah, wie der ganze Verwaltungsapparat überhaupt funktionierte, geht aus den Quellen nicht hervor. Von Josephus erfahren wir nur einmal ganz nebenbei und in anderem Zusammenhang, daß es in Palästina »Dorfschreiber« gegeben hatte, wie sie auch aus dem ägyptischen Reich bekannt sind. Sie standen offenbar auf der untersten Stufe der Verwaltungshierarchie, und zu ihren Aufgaben scheint das Eintreiben der Steuern gehört zu haben.

Wie immer diese unterste Stufe der Verwaltungsbürokratie mit der obersten verbunden gewesen und worin immer die ebenfalls nicht mehr erkennbare Aufgabe des Synedrion, des obersten Gerichts, innerhalb der Regierungsmaschinerie bestanden haben mag, Regierung, Verwaltung, Rechtsprechung funktionierten. Aber man darf nicht übersehen, daß die Wiederherstellung von Recht und Ordnung auch ihren Tribut forderte. Er bestand in einer Einschränkung der Freiheit. Ein Versammlungsrecht hat Herodes seinen Untertanen zum Beispiel nicht eingeräumt. Und er ließ das Volk von Geheimpolizei bespitzeln. Indessen dürfen wir bei der Bewertung solcher Einrichtungen nicht von modernen Demokratien ausgehen (obgleich andererseits auch da so einiges an heimlicher Überwachung möglich ist). Moderne Demokratien sind auf gar keinen Fall der richtige Maßstab, weder für die Regierungsform des Herodes noch für die wiederhergestellte Republik des Augustus, die mit einer modernen, westlichen Republik kaum mehr als den Namen gemein hat.

Josephus behauptet, Herodes habe sich manchmal heimlich und unerkannt unters Volk gemischt, um selbst zu spionieren. Aber das ist wieder einmal ein literarisches Klischee. Nach Josephus habe Herodes hören müssen, wie unbeliebt er war – trotz des Friedens, trotz Recht und Ordnung, trotz der prosperierenden Wirtschaft und des damit verbundenen allgemeinen Wohlstands, trotz der allgemeinen Sicherheit vor äußeren und inneren Feinden.

Aber war dieses Leben denn wirklich gesichert? Gab es nicht andere, größere Mächte, die das bisher Gewonnene mit einem Schlag wieder zunichte machen konnten? Im dreizehnten Jahr seiner Regierung wurde Herodes völlig überraschend von der Natur oder – wie das jüdische Volk glaubte – von Gott im Stich gelassen. Kam nun die Strafe Gottes?

X. Kapitel
Römische und jüdische Messias-Ideen

Dürrekatastrophe und sorgender Landesvater · Steuerermäßigung · Heirat mit der zweiten Mariamme · Neue Paläste und prachtvolle Hofhaltung nach hellenistischem Vorbild · Großzügiger Neubau der Hafenstadt Caesarea · Kampf gegen die Räuber in der Trachonitis · Der Beginn des Goldenen Zeitalters unter Augustus dem »Erlöser«, dem »Retter«, dem »Messias« · Herodes in der Rolle des Heilsbringers · Die messianischen Weissagungen der Pharisäer

Es war im Jahr 25 v. Chr., als Palästina von einer großen Dürre heimgesucht wurde, die zu Hungersnot und Seuchen führte. Bei dieser Katastrophe erwies sich Herodes wieder einmal als planerisches und organisatorisches Genie. Josephus berichtet in den ›Jüdischen Altertümern‹ (XV, 9, 1–2) über die Katastrophe und die von Herodes geleiteten Hilfsmaßnahmen:

»Zunächst entstand eine anhaltende Dürre, so daß das Land unfruchtbar wurde und noch nicht einmal diejenigen Früchte trug, die es von selbst hervorzubringen pflegte. Und weil nun wegen des Mangels an Nahrungsmitteln die ganze Lebensweise sich änderte, entstanden Krankheiten und Seuchen, und es folgte so ein Unglück dem andern. Denn da es an Pflege und Nahrung für die Kranken fehlte, griff die Seuche immer weiter um sich, und die große Sterblichkeit raubte auch den Überlebenden alle Hoffnung, weil sie nicht imstande waren, ihrer Not abzuhelfen.

Als nun die Ernte dieses Jahres samt den vorhandenen Vorräten aus früheren Jahren ganz aufgezehrt war und das Übel von Tag zu Tag wuchs, blieb keine Hoffnung mehr übrig. Denn da selbst das aufbewahrte Saatgut verzehrt war, war auch für das kommende Jahr auf keinen Ertrag zu rechnen, so daß man auf alle möglichen Mittel sann, um der Not zu steuern. Selbst der König litt Mangel, da er keine Abgaben von der Ernte, wie er gewohnt war, empfing, und da er sein Geld in allzu großer Freigebigkeit gegen diejenigen, deren Städte er wiederhergestellt, verausgabt hatte ... «

Angeblich hat niemand dem König geholfen, da »niemand ihn der Hilfe für würdig erachtete«; denn der Haß des Volkes sei ihm gegenüber jetzt noch größer geworden, weil man ihm die Schuld an der Katastrophe zuschrieb. Er habe aber gleichwohl auf Mittel gesonnen, um die Not zu lindern. Doch war es sehr schwierig, zu jener Zeit Getreide zu kaufen, einmal weil die Nachbarvölker ebenfalls von der Dürre betroffen waren, zum anderen weil Herodes zu jener Zeit knapp bei Kasse gewesen sei, sagt Josephus und fährt fort: »Da er es aber für billig hielt, nichts unversucht zu lassen, um dem Elend abzuhelfen, ließ er alles, was sich an Gold- und Silbergerät im Königspalast vorfand, einschmelzen und verschonte selbst die kostbarsten und kunstvollsten Erzeugnisse nicht.«

Walter Otto hielt dies für eine tendenziöse Übertreibung, während Abraham Schalit meint: »Wir haben keinerlei Ursache, die Beschreibung der Hilfe, die Herodes dem Volke während der Hungersnot leistete, für übertrieben zu halten.« Auch Samuel Sandmel nimmt an der Beschreibung keinen Anstoß. Aber letztlich geht es ja nicht um die Frage, ob Herodes noch den letzten silbernen Löffel geopfert hat, entscheidend ist, daß er offenbar sofort und ohne zu zögern Privatbesitz zur Verfügung gestellt hat; daran ist sicher nicht zu zweifeln.

Dank seinen guten Beziehungen zum römischen Präfekten von Ägypten erhielt Herodes von dort gegen sein Gold und Silber das dringend benötigte Getreide. Aufschlußreich ist, wie gerecht er es verteilen ließ und sogar noch an die Versorgung der

Nachbarn dachte: »Zuerst teilte er mit möglichster Genauigkeit Getreide an diejenigen aus, die sich selbst Brot daraus bereiten konnten. Alsdann wies er den vielen, die wegen hohen Alters oder sonstiger Schwäche sich die Nahrung nicht selbst herzustellen vermochten, Bäcker an, welche das tun sollten. Weiterhin sorgte er dafür, daß die, denen ihr Vieh zugrundegegangen war oder die dasselbe zur Nahrung verwendet hatten und deshalb weder Wolle noch sonstige Kleidungsstücke besaßen, im Winter nicht in Gefahr gerieten. Nachdem er das alles besorgt hatte, gedachte er auch den benachbarten Städten Hilfe zu leisten, indem er die Bewohner Syriens mit Saatgut versah, eine Maßnahme, die den höchsten Nutzen versprach, weil hierdurch die Fruchtbarkeit des Landes wieder hinreichend gesichert war, so daß dem Mangel an Lebensmitteln gesteuert werden konnte. Als nun die Erntezeit herangekommen war, schickte er fünfzigtausend Menschen, welche er ernährt hatte, im Lande umher und half auf diese Weise nicht nur seinem eigenen schwer bedrängten Reiche wieder auf, sondern gewährte auch den Nachbarn, die in gleicher Not waren, seine Unterstützung. Denn niemand wandte sich in seinem Elend an ihn, dem er nicht nach Kräften beigesprungen wäre. Ja, ganze Völker, ganze Städte und solche Privatpersonen, die, weil sie für eine große Zahl von Angehörigen zu sorgen hatten, in Not geraten waren und zu ihm ihre Zuflucht nahmen, erlangten Gewährung ihrer Anliegen . . . «

Wenn man Josephus auch im folgenden glauben darf, hat Herodes durch sein tatkräftiges und soziales Hilfsprogramm ganz enorm an Ansehen gewonnen: »Durch diese seine Fürsorge und Güte gewann sich Herodes so sehr die Zuneigung der Juden, daß sie ihn nicht genug zu loben wußten und daß der Haß, den er sich durch seine Mißachtung der heimischen Gebräuche zugezogen hatte, aus den Herzen seiner Untertanen getilgt ward. Allseitig war man jetzt überzeugt, er habe durch seine opferwillige Hilfe in der schweren Zeit der Not seine früheren Fehler vollständig gutgemacht. Auch bei den Auswärtigen stieg sein Ruhm, und es scheint, daß das unsägliche Elend, welches sein Reich so schwer gedrückt hatte, dazu bestimmt gewesen sei, den

Glanz seines Namens zu erhöhen. Denn durch die großartige Freigebigkeit, die er wider Erwarten in den Zeiten der Not bewiesen hatte, schlug die Stimmung des Volkes so sehr zu seinen Gunsten um, daß man ihn nicht mehr für den hielt, als den man ihn früher kennengelernt, sondern für den Mann, der seine Fürsorge während der argen Drangsal glänzend gezeigt hatte.«

Das klingt nun freilich nach Propaganda, und diese Lobeshymnen mögen in der Tat auf den Hofbiographen Nikolaos von Damaskus zurückgehen, wenn nicht gar auf die Memoiren des Königs. Dennoch wäre es falsch, den geschilderten Umschwung der Volksstimmung als reine Erfindung abtun zu wollen. Er wird in Wahrheit nur nicht gar so plötzlich erfolgt sein. Man darf nicht übersehen, daß Herodes seit dem mißglückten Attentat auf ihn wegen der im Jerusalemer Amphitheater aufgestellten Trophäen den Juden keinerlei Anlaß mehr gegeben hat, sich in ihren religiösen Empfindungen verletzt zu fühlen. Überdies war es dem Volk in der Zwischenzeit wirtschaftlich zunehmend besser ergangen. Und es ist doch ganz unwahrscheinlich, vielmehr erst eine spätere Erfindung, daß die Mehrheit des Volkes noch immer den Hasmonäern nachgetrauert habe, die ja noch dazu keineswegs so übermäßig beliebt gewesen waren.

Nicht einmal aus Kreisen der Priesterschaft ist in diesen Jahren etwas von Unzufriedenheit oder gar Widerstand zu hören. In Wahrheit hatte sich also das Ansehen des Herodes bereits vor der Dürrekatastrophe stetig verbessert. Seine großzügige Hilfe mag denn auch die letzten Gegner wenn schon nicht überzeugt, so doch wenigstens zum Schweigen gebracht haben. Hinzu kam, daß Herodes nach der Katastrophe aufgrund der allgemeinen Notlage die Steuern um ein Drittel ermäßigte: vermutlich im Jahr 24 v. Chr.

Diese Steuerermäßigung erfolgte nicht nur psychologisch zum richtigen Zeitpunkt, sondern vor allem auch in wirtschaftlicher Hinsicht. Ein kaufmännisch weniger kluger Herrscher hätte vermutlich genau zu jener Zeit die Steuern nicht ermäßigt, sondern sie vielleicht sogar erhöht, mit dem Ziel, die in der Staatskasse und zugleich in der Privatschatulle entstandenen

Verluste möglichst rasch wieder auszugleichen. Herodes sah das realistischer. Wie schon einmal, bei seinem Regierungsantritt, gab er der Bevölkerung die Chance, mehr Geld für ihre eigenen Bedürfnisse auszugeben und auf diese Weise einen Rücklauf der Wirtschaftsentwicklung zu verhindern. Tatsächlich scheint die wirtschaftliche Erfolgsphase, die nun schon seit Jahren bestand, durch die Dürre nicht unterbrochen worden zu sein.

Während Herodes noch mit diesen Schwierigkeiten im Innern beschäftigt war, vernachlässigte er keineswegs seine Pflichten als »Verbündeter König und Freund des Römischen Volkes«. Zu diesen Pflichten gehörte es, den Römern in besonderen Fällen Hilfstruppen zu stellen. Und ein solcher Fall trat eben jetzt ein, als römische Truppen unter Aemilius Gallus einen Feldzug nach Südarabien unternahmen. Herodes stellte dem Aemilius Gallus eine Einheit von fünfhundert Angehörigen seiner Leibwache zur Verfügung, was letztlich wiederum zu seinem Besten ausschlug. Denn Augustus hat diese Hilfeleistung honoriert. Ein Jahr später erhielt Herodes von ihm als Belohnung und zugleich als Anerkennung für die vorbildliche Verwaltung seines Landes drei Gebietsstreifen östlich des Sees Genezareth, nämlich die Gebiete Trachonitis, Batanäa und Auranitis. Diese Schenkungen erfolgten allerdings nicht aus reiner Freundlichkeit, vielmehr lag der eigentliche Grund darin, daß Herodes dort für Ordnung sorgen sollte. Wie bereits erwähnt, saßen in der Trachonitis zahlreiche Räuberbanden, die von Raubzügen nach Damaskus lebten und die ganze Gegend unsicher machten; wir werden noch darauf zurückkommen, wie Herodes mit ihnen fertig wurde. Auf jeden Fall aber zeigen auch diese Gebietszuweisungen, daß Herodes in Rom als der geeignete Mann galt, Roms Politik durchzusetzen, und daß er, der ja keine selbständige Außenpolitik betreiben durfte, dennoch auf diesem Gebiet höchst erfolgreich war. Unter ihm nahm das Reich an Ausdehnung stetig zu, bis es eine Größe erreichte, die es in der jüdischen Geschichte nur ein einziges Mal gehabt hatte, nämlich zur Zeit des Königs David.

Die Landzuweisungen am See Genezareth und im Ostjordangebiet geschahen anläßlich eines Besuchs des Herodes in Rom.

Der König war in die Hauptstadt gekommen – im Jahre 23 –, um seine zwei Söhne aus der Ehe mit Mariamme, den inzwischen etwa dreizehn Jahre alten Alexandros und dessen jüngeren Bruder Aristobulos, dort erziehen zu lassen. Sicher hat Herodes in ihnen schon damals seine möglichen Nachfolger gesehen, und vor allem deswegen wollte er, der sich der römisch-hellenistischen Welt so tief verbunden fühlte, daß sie von römischen und griechischen Lehrern unterrichtet wurden, auch daß sie für einige Zeit in die Nähe des mächtigsten Mannes der Welt kamen, dem er sie vorstellte, dessen Hof und Hofhaltung sie kennenlernen sollten. Überhaupt sollten Alexandros und Aristobulos mit den römischen Verhältnissen vertraut werden. Fromme Juden aber sahen darin wieder einmal einen Verstoß gegen jüdische Sitten. Denn die Söhne der Mariamme galten nach jüdischer Auffassung als Juden, weil sie von einer jüdischen Mutter stammten. Den frommen Juden war es ein Greuel, daß die Knaben in ein nichtjüdisches, also heidnisches Haus gegeben wurden und heidnisch erzogen werden sollten. Die Einquartierung der Mariamme-Söhne im Hause des Römers Asinius Pollio werteten sie als eine völlige Nichtachtung der levitischen Reinheitsgesetze.

Etwa zu dieser Zeit verstieß Herodes noch auf andere Weise gegen das jüdische Gesetz, indem er den Hohepriester seines Amtes enthob und einen neuen einsetzte. Der Hohepriester hatte nämlich das Recht, auf Lebenszeit im Amt zu bleiben; außerdem galt seine Würde als erblich. Diese beiden Privilegien hat Herodes dem Hohepriester entzogen; wie ein hellenistischer Herrscher vertrat Herodes den Standpunkt, daß es neben dem Staat eine gleichberechtigte Kirche nicht geben dürfe. Für ihn mußte die Kirche dem Staat untergeordnet sein. Deswegen hat er das Amt des Hohepriesters jeweils so besetzt, wie es ihm politisch am besten schien. Die diesmalige Umbesetzung hatte indessen – und das stellte in den Augen der Juden eine besondere Mißachtung des höchsten priesterlichen Amtes dar – einen ganz persönlichen, privaten Grund: Herodes wollte wieder heiraten. Dabei handelte es sich um die Tochter eines Priesters, die als nicht standesgemäß galt; um dies zu ändern, machte Herodes ihren Vater zum Hohepriester.

Josephus hat dies alles recht umständlich berichtet. Dabei ließ er durchblicken, daß man diese neue Heirat des etwa fünfzigjährigen Königs als ein wenig degoutant empfand. Da ist, was Herodes betrifft, nicht von Liebe die Rede, sondern es heißt, der König sei »von sinnlicher Lust getrieben« gewesen, als er diese Frau, die übrigens wie seine zweite auch Mariamme hieß, aus Alexandria stammte und ebenfalls Jüdin war, heiratete; sie habe als »die schönste Frau der damaligen Zeit« gegolten und sei deswegen in Jerusalem der Gegenstand allgemeinen Gespräches gewesen. Herodes »geriet in Entzücken, als er sie in ihrer blühenden Schönheit sah«. Aber er, der »sich überhaupt durch keinerlei Scheu abhalten ließ, den Vergnügungen des Lebens nach Belieben zu frönen«, habe »sie nicht mit Gewalt seinen Lüsten dienstbar machen« wollen, »da er befürchtete, es möchte ihm übelgenommen werden, wenn er mit tyrannischer Willkür zu Werke ginge«. Darum habe er es für geratener gehalten, sie zur Ehe zu nehmen. Mariamme gebar ihm einen Sohn, der den Namen Herodes erhielt. Später, in den Wirren nach des Königs Tod, spielte er keine Rolle, obwohl er eine Zeitlang in der Reihe der möglichen Thronfolger an zweiter Stelle gestanden hatte, weil er inzwischen verbannt worden war.

Zu der Zeit, als er die zweite Mariamme heiratete, vielleicht schon etwas eher, ließ sich Herodes in Jerusalem einen neuen Palast bauen, der direkt an die zuvor errichtete Antonia, die Burg oberhalb des Tempels, anschloß. Nach der Beschreibung des Josephus im ›Jüdischen Krieg‹ (V, 4,4) war dieser neue königliche Palast »sowohl hinsichtlich des aufgewandten Materials als auch nach dessen Bearbeitung unübertrefflich«, und Josephus bedauerte, daß das herrliche Bauwerk vernichtet wurde, vernichtet nicht von den Römern, wie er ausdrücklich betont, sondern verbrannt in »maßloser Zerstörungswut« von den aufständischen Zeloten ein dreiviertel Jahrhundert nach Herodes: Der Palast »war überall durch eine 30 Ellen hohe Ringmauer geschützt und in gleichen Abständen von Ziertürmen gegliedert; ferner enthielt er riesige Säle und Gastzimmer mit insgesamt hundert Ruhebetten. Diese Räume waren mit unsagbar mannigfaltigen Steinen ausgestattet, denn man hatte seltene Stücke aus aller Herren Länder in großer Zahl darin angesammelt, und wunderbar waren die Decken mit ihren langen Balken und den herrlichen Ornamenten. Groß war die Zahl der Gemächer, und ihre Ausstattung wechselte in unendlich vielen Formen; alle waren mit Geräten reichlich versehen, dabei war die Mehrzahl der in jedem einzelnen Gemach befindlichen Gegenstände aus Silber und Gold. Ringsherum führten viele Säulenhallen, die ineinander übergingen; in jeder waren die Säulen verschieden. Die unter freiem Himmel liegenden Innenhöfe prangten alle in frischem Grün. Hier standen verschiedenartige Haine, durch die lange Spazierwege führten und die von stark fließenden, tiefen Kanälen umgeben waren. Ferner gab es dort Teiche, an denen sich überall zahlreiche Bronzestatuen erhoben, aus denen sich das Wasser ergoß, und zwischen den künstlichen Gewässern standen viele Türme für zahme Tauben ... «

Hier, aber zeitweise ebenso in den anderen königlichen Palästen, etwa dem Winterpalast bei Jericho mit seinen großen Garten- und Teichanlagen oder in dem Palast von Herodeion, der ähnlich prächtig war, hat Herodes Hof gehalten, und zwar aufwendig und prachtvoll, ganz nach dem Vorbild der großen hellenistischen Fürstenhöfe. Da gab es zahlreiche Hofbedienstete, zu denen nicht nur Sklaven, sondern auch Freie gehörten, ferner viele Eunuchen, wie es an orientalischen Höfen üblich war. Es gab ein sorgsam ausgearbeitetes Hofzeremoniell, es gab Hofwürdenträger und eine ganze Hofgesellschaft mit abgestuften Rangklassen.

Fast ständig waren Gäste bei Hof, Gelehrte aus Rom, Griechenland, Ägypten, häufig auch Schauspieler. Einige Literaten blieben über viele Jahre dort, vor allem Griechen, die Herodes eingeladen hatte. Zu nennen ist hier vor allem Nikolaos von Damaskus, der Hofhistoriograph, mit dem Herodes in seinen mittleren bis späten fünfziger Jahren philosophische, rhetorische und historische Studien trieb und von dem er sich ein ›Handbuch der Weltgeschichte‹ in griechischer Sprache schreiben ließ. Nikolaos war früher am Hof Kleopatras gewesen, als Erzieher ihrer Kinder. Herodes hat ihn später mehrmals mit diplomatischen Aufgaben betraut und ihn für einige Zeit als Gesandten nach Rom geschickt.

Herodes hat selbst die griechische Sprache recht gut beherrscht und in Griechisch seine Memoiren geschrieben. Dieser starke und mit den Jahren immer stärker überwiegende griechische Zuschnitt des Hoflebens – zu beachten sind in diesem Zusammenhang auch die vielen finanziellen Spenden des Königs für griechische Städte, auf die wir noch zurückkommen werden – schien freilich von der Verschmelzungspolitik, die Herodes von Anfang an angestrebt hatte, wegzuführen. Bezeichnend dafür ist, daß er schließlich auf seinen Münzen die hebräische Inschrift, die unter den Hasmonäern neben der griechischen stand, wegfallen ließ, so daß die Münzen dann nur noch griechisch beschriftet waren. In Wahrheit jedoch hat Herodes die Verschmelzungspolitik nie aufgegeben. Der Gedanke der Verschmelzung war ja im hellenistischen Denken von Anfang an, das heißt seit Alexander dem Großen, angelegt.

Allerdings brachte die Förderung des Hellenistischen trotz aller Rücksicht auf die jüdischen Sitten und Gesetze doch immer wieder ein Verstoßen gegen jüdisches Herkommen mit sich. Darin lag die eigentliche Ursache für den letztlich unüberbrückbaren Abgrund zwischen den Juden und ihrem König, obgleich hinzuzufügen ist, daß – wie Walter Otto dargelegt hat – ein Teil des jüdischen Volkes, zumal in seinen höheren Schichten, von der hellenistischen Kultur, die ja so unvergleichlich lebensfreudiger und freundlicher war als die altjüdische, durchaus nicht unbeeinflußt blieb. Die Pharisäer aber standen dem rein weltlich orientierten Hellenismus total ablehnend gegenüber. Und diese Ablehnung mußte sich zwangsläufig gegen Herodes richten. Denn eine der Hauptgefahren, die die Pharisäer im Hellenismus richtig erkannten, war die Vergöttlichung der hellenistischen Fürsten und ihr damit verbundener Anspruch auf absolutes

Herrschertum, eine Gefahr, die sich deutlich auch bei Augustus und im Augustus-Kult zeigte.

Trotz dieser nie gelösten Grundspannung zwischen Herodes und einem großen Teil seiner Untertanen ging die Aufwärtsentwicklung des jüdischen Staates weiter. Ein gutes Beispiel dafür, zugleich jedoch ein weiterer Beweis für die ungeheure Aktivität und die wirtschaftspolitische Weitsicht Herodes' war die Erbauung der Hafenstadt Caesarea. Dies war seine wichtigste Stadtgründung. Sie entstand an der Stelle der kleinen, im Verfall begriffenen Stadt Stratonsturm an der phönikischen Küste, die der König im Jahre 30 von Oktavian geschenkt bekommen hatte. Die Schilderung, die Josephus von dem Ausbau gab – und zwar in beiden seiner Werke ziemlich übereinstimmend –, ist oft als Übertreibung empfunden worden, bis sie schließlich in unserer Zeit, und zwar seit Mitte der fünfziger Jahre, durch archäologische Forschungen bestätigt wurde. Bei Josephus heißt es:

»Herodes baute die Stadt Stratonsturm, die schon ziemlich verfallen war, aber sich wegen ihrer günstigen Lage auszeichnete, ganz aus weißen Steinen wieder auf und schmückte sie mit einem prunkvollen Palast und mit Wohnhäusern. Vor allem aber versah er sie – und das war der schwierigste Teil des Ausbaus – mit einem sicheren Hafen, in dem die Schiffe gut ankern konnten.«

Der Hafen sei größer gewesen als der von Piräus, meint Josephus, was sich nun freilich nach einer großen Übertreibung anhört, doch ist zu bedenken, daß der Athener Hafen zu jener Zeit stark an Bedeutung verloren hatte. Besonders schwierig sei der Ausbau vor allem deswegen gewesen, weil »der Ort selbst die dazu notwendigen Materialien nicht darbot, diese vielmehr anderweitig herbeigeschafft und mit großen Kosten zugerichtet werden mußten«. Bis dahin hatte es dort keinen Hafen gegeben, und vor der Küste zu ankern, war schwierig, »weil sie den heftigen von Afrika her wehenden Winden ausgesetzt ist, so daß die Kaufleute dort meist im offenen Meer« hatten vor Anker gehen müssen.

»Um diesem Übelstand abzuhelfen, steckte Herodes für den

Hafen ringsum einen so weiten Raum ab, daß große Flotten darin Platz hatten, und er ließ Felsblöcke von gewaltiger Größe ins Meer senken, bis in eine Tiefe von zwanzig Ellen ... So entstand ein Damm zur Abwehr der anprallenden Meeresfluten. Er war zweihundert Fuß breit; die eine Hälfte desselben diente dazu, die Gewalt der Wogen zu brechen ..., die andere trug eine steinerne Mauer, die mit Türmen besetzt war. Von den Türmen erhielt der größte und schönste den Namen Drusus, nach dem Stiefsohn des Augustus, der als Jüngling gestorben war. Außerdem waren daselbst viele Gewölbe angebracht, die den Schiffern als Herberge dienten, und vor den Gewölben zog sich rings um den Hafen eine zu Spaziergängen geeignete Plattform. Der Eingang des Hafens war dem Nordwinde zugekehrt, der hier von allen Winden der mildeste ist. Am äußersten Ende der Hafenböschung lag ... ein runder Turm, der auf einem breiten Unterbau ruhte und den Fluten kräftigen Widerstand entgegensetzte. Zur Rechten, ihm gegenüber, standen zwei hohe miteinander verbundene Säulen. Rings um den Hafen lagen in ununterbrochener Reihe Häuser, die aus dem feinsten geschliffenen Marmor erbaut waren. Und in der Mitte erhob sich ein Hügel, auf welchem der Tempel des Kaisers stand, weithin den Seefahrern sichtbar. In diesem Tempel befanden sich zwei Bildsäulen, eine der Stadt Rom und eine des Kaisers ... « Dem Augustus zu Ehren, dem Herodes jenen Tempel bauen ließ, nannte er die Stadt Caesarea. Und auch, so sagt Josephus, die »restlichen Anlagen, Amphitheater, Theater und Marktplätze errichtete er würdig des kaiserlichen Namens«.

Zwölf Jahre wurde an dieser Stadt gebaut, »ohne daß der König der Arbeit müde geworden wäre oder seine Ausgaben eingeschränkt hätte«. Sorgfältig geplant war auch die Kanalisation der Stadt: »Was die unter der Stadt befindlichen Anlagen betrifft sowie die Kanäle, so war die Arbeit daran nicht geringer als die an den darüber errichteten Bauwerken. Ein Teil derselben führt in regelmäßigen Abständen in den Hafen und ins Meer, und ein Quergraben verband sie alle, so daß das Regenwasser und die Abwässer der Bewohner einen bequemen Abfluß haben, und wenn das Meer von außen eine starke Strömung hat, so durchflutet es die ganze Stadt von unten her und wäscht sie aus.«

Heute ist von Caesarea kaum noch etwas übrig. In spätrömischer Zeit wurde die Stadt systematisch zerstört, der Hafen versandete. Später, in der früharabischen und noch mehr in der Kreuzfahrerzeit, ging die Zerstörung weiter. Da wurde auf und aus den Trümmern eine Kreuzfahrerstadt errichtet, und Archäologen fanden später eine Mauer, die die Kreuzfahrer aus herodianischem Straßenpflaster gebaut hatten. Auch Reste des Augustustempels wurden entdeckt: gut behauene Quader, die ohne Verwendung von Mörtel verbaut waren. Dabei stellte sich heraus, daß der Hügel, auf dem der Tempel lag, durch künstliche Aufschüttung entstanden war. Herodes hatte also bei dieser prunkvollsten aller seiner Gründungen nicht auf den Effekt verzichten wollen, die Akropolis von der See- und von der Landseite weithin sichtbar werden zu lassen.

Weitere Grabungen führten zu der Erkenntnis, daß der Hafen von Caesarea nicht nur im Meer, sondern auch auf dem Festland angelegt war: Herodes hatte ein großes, etwa vier Meter tiefes Becken ausheben lassen, in das nach der Fertigstellung Seewasser eingelassen wurde. Man fand Teile der Kaimauern. Luftaufnahmen lassen noch die im Meer aufgeschüttete Mole erkennen. Sie bestand aus zwei von der Küste ausgehenden Armen, einer etwa sechshundert Meter, der zweite etwa zweihundertfünfzig Meter lang, zwischen deren Enden an der Nordwestecke eine zehn bis zwanzig Meter lange Lücke ist: die ehemalige Hafeneinfahrt.

Caesarea wurde allmählich die in wirtschaftlicher Hinsicht wichtigste Stadt Palästinas. Die Bevölkerung war ursprünglich heidnisch. Es waren vor allem hellenisierte Syrer, die sich hier ansiedelten. Aber es kamen von Anfang an auch viele Juden, obgleich im alten Stratonsturm überhaupt keine Juden gewohnt hatten, und es wurden bald immer mehr. Nach Abraham Schalit waren von den fünfzigtausend Einwohnern der Stadt, obwohl sie rein hellenistisch angelegt war, »nicht weniger als die Hälfte Juden«. Sehr viele von ihnen waren Kaufleute, die in diesem Hauptumschlagsplatz für alle möglichen Handelswaren gute

Geschäfte machten. Und hier zeigt sich denn doch, daß die Praxis, das wirkliche Leben, anders aussah, als Josephus es mit seinen stets wiederkehrenden Hinweisen auf den unversöhnlichen Haß von der einen und die entsetzliche Unterdrückung von der anderen Seite suggeriert. Wenn sich so viele Juden freiwillig in dieser hellenistischen Stadt niederließen, die eine Akropolis mit einer Kaiserstatue, ein griechisches Theater und ein Amphitheater hatte, wo regelmäßig Spiele zu Ehren des Augustus veranstaltet wurden, und deren freie Lebensweise den Gesetzen der Juden in allem zuwiderlief, dann spricht das zwar nicht gegen die These von einer grundsätzlichen Unversöhnbarkeit zwischen Judentum und Hellenismus, aber es zeigt, daß bei weitem nicht alle Juden von dieser Unversöhnbarkeit überzeugt waren.

Wahrscheinlich war es ein verhältnismäßig kleiner Kreis orthodoxer Juden, der die hellenistischen Tendenzen nicht hinnehmen wollte. Doch mag sich eben dieser Kreis gerade deswegen zunehmend unversöhnlich verhalten haben, weil sich immer mehr Juden mit dem herodianischen Regime zu arrangieren begannen. Dieser kleine Kreis verfolgte alles, was Herodes tat, mit tiefstem Mißtrauen, ja mit Haß. Erst später, lange nach Herodes' Tod, im offenen Kampf der Juden gegen die Römer und in den Zeiten danach, als die Römer durch unerbittliche Härte über die aufständischen Juden gesiegt, ihnen die Hauptstadt und den Tempel zerstört, ja, ihnen sogar verboten hatten, in Jerusalem zu wohnen, da setzte sich mehr und mehr die Ansicht durch, daß die Orthodoxen, die immer dem Gesetz treu geblieben waren und vor allen hellenistisch-römischen Neuerungen des Herodes gewarnt hatten, die richtige Meinung vertreten hatten.

Und zugleich damit wurde, ebenfalls rückwirkend, ihr Haß gegen Herodes von der Allgemeinheit übernommen. Denn Herodes – so schien es den meisten aus späterer Sicht – hatte die Römer und mit ihnen alles Fremde, Unreine, Gesetzwidrige ins Land geholt; das war der Anfang von allem Leid gewesen oder vielmehr: Das Leid schien die Strafe zu sein für jene Abwendung von den väterlichen Gesetzen. Hier in Caesarea, der schönsten und reichsten Stadt des Herodes, wurden im Jahre 66 n. Chr., beim Ausbruch des Aufstands gegen Rom, Tausende von Juden getötet; Josephus sagt, daß »in einer einzigen Stunde mehr als zwanzigtausend von ihnen hingemetzelt wurden . . . «. Als dies geschah, sieben Jahrzehnte nach der Herrschaft Herodes des Großen, hatte man längst vergessen, was Herodes für die Juden und ihren Staat an Positivem geleistet hatte und wie nachhaltig und erfolgreich er sich – worauf wir später eingehen werden – auch für die jüdischen Gemeinden im Ausland eingesetzt hatte.

Als der Ausbau von Caesarea und seinem Hafen gerade erst begonnen hatte, mußte Herodes sich um das ihm kurz zuvor von Augustus überlassene Gebiet südlich von Damaskus, die Trachonitis, kümmern. Die Trachonitis hatte zusammen mit den Gebieten Batanäa und Auranitis einem – so Josephus – »gewissen Zenodoros« gehört, der dort mit den Räuberbanden, die ihre Beutezüge bis nach Damaskus ausdehnten, gemeinsame Sache machte. Dieser Zenodoros, der als Tetrarch und Hohepriester bezeichnet wird (womit aber nicht der jüdische Hohepriester gemeint war), hatte die Gebiete, die Augustus ihm wegen ungenügender Verwaltung abnahm, seinerzeit von Kleopatra gepachtet, die sie dem König von Chalkis weggenommen hatte. Das ganze Gebiet war seit Jahren verwahrlost. Und Josephus sagt in den ›Jüdischen Altertümern‹ (XV, 10,1):

»Dem Treiben der Räuber ein Ende zu machen, war indes keine leichte Sache, da dieselben nur von ihren Räubereien lebten und weder Städte noch Ackerland, sondern nur unterirdische Schlupfwinkel und Höhlen besaßen, in denen sie mit ihrem Vieh lebten. Auch hatten sie sich reichlich mit Wasser und Getreidevorräten versorgt, so daß sie aus ihren Verstecken heraus längere Zeit Widerstand zu leisten vermochten. Die Eingänge der Höhlen waren so eng, daß nur einer nach dem anderen hineingehen konnte; der innere Raum hingegen war von ganz beträchtlicher Größe und so eingerichtet, daß er einer großen Anzahl Menschen Unterkunft gewährte. Oben aber ragten die Wohnungen nicht hervor, sondern waren hier fast dem Erdboden gleich. Die ganze Gegend war rauh, felsig und schwer zugänglich, wenn man sich nicht eines Führers bediente; denn die Pfade waren nicht gerade, sondern vielfach verschlungen. Konnten diese Menschen keine Schandtaten gegen ihre Nachbarn verüben, so pflegten sie sich selbst gegenseitig zu berauben, und schreckten vor keinem Verbrechen zurück.«

Herodes zog also in diese Gegend, »legte den Übeltätern das Handwerk und verschaffte den Nachbarn Frieden und Sicherheit«. Doch war sein Erfolg nicht von Dauer. Mit den Räuberbanden der Trachonitis bekam er immer wieder Ärger. Später verbündeten sie sich mit den Arabern gegen ihn. Und jetzt fuhr Zenodoros nach Rom, um sich beim Kaiser über Herodes zu beschweren. Zwar erreichte er da nichts, aber die Geschichte zeigt doch, daß Herodes ständig auf der Hut sein und sich vor solchen Versuchen, ihn in Rom anzuschwärzen, schützen mußte.

Dies konnte er nur durch die Pflege seiner guten Beziehungen zu Augustus und dessen Freunden. Und so war es politisch richtig, ja notwendig, daß Herodes dem langjährigen Kampfgenossen des Augustus, Agrippa M. Vipsanius, einen Höflichkeitsbesuch machte, als dieser im Jahre 22 in den Osten kam, um diesen Teil des Römischen Reiches zu inspizieren. Agrippa, ein Jugendfreund des Kaisers und später auch dessen Schwiegersohn, hatte für Augustus die entscheidenden Schlachten geschlagen, nämlich bei Mylae und Naulochos über Sextus Pompeius, bei Aktium über Antonius und Kleopatra. Herodes traf ihn auf der Insel Lesbos und blieb dort den ganzen Winter. Die beiden haben sich offenbar gut verstanden; sie schlossen hier eine Freundschaft fürs Leben.

Nach Lesbos kam damals auch eine Abordnung von der südöstlich des Sees Genezareth gelegenen Stadt Gadara, einer hellenistischen Siedlung, um sich bei Agrippa über Herodes zu beklagen. Vermutlich waren diese Leute von Zenodoros angestiftet. Agrippa ließ sie schlicht festnehmen und gefesselt vor Herodes bringen, der sie sofort wieder freiließ. Gut ein Jahr später haben die Gadaraner sich noch einmal beschwert, diesmal bei Augustus selbst, als dieser auf einer Reise nach dem Osten durch Syrien kam. Und diesmal steckte mit Sicherheit Zenodoros dahinter, der ihnen eingeredet hatte, es sei möglich, ihre Stadt unmittelbar dem Augustus zu unterstellen. Die Gadaraner klagten Herodes der Gewalttätigkeit, des Raubes und der Zerstörung ihrer Tempel an. Augustus wies ihre Klage als gegenstandslos ab.

Die Historiker sind ziemlich einhellig der Meinung, daß die Klage wirklich zu Unrecht erhoben wurde. Es ist einfach unwahrscheinlich, daß Herodes in dieser hellenistischen Stadt als Tyrann geherrscht haben soll, da er es in anderen hellenistischen Städten auch nicht tat; es ist sogar anzunehmen, meint Abraham Schalit, daß Herodes von Augustus bei der Verleihung der hellenistischen Städte die ausdrückliche Verpflichtung bekommen hat, ihre Freiheiten zu respektieren und sie nicht durch eine zentralistische königliche Herrschaft zu beeinträchtigen, und daß er sich daran gehalten hat. Gerade bei den »Hellenen« ging dem Herodes sein guter Ruf über alles.

Den Zenodoros, der die Gadaraner aufgehetzt hatte, wurde Herodes durch ein – so sagt Josephus – »sehr glückliches Ereignis« los: »Dem Zenodoros platzte nämlich ein Darm, und er wurde infolge des dadurch eintretenden Blutverlustes so schwach, daß er zu Antiochia in Syrien starb.« Augustus wies nun auch noch die restlichen Landstriche, die Zenodoros gehört hatten, Herodes zu. Das waren die Landschaften Ulatha und Panias mit einigen Nachbargebieten. Damit gewann das Reich des Herodes seinen endgültigen Umfang, der nun fast das Doppelte des ursprünglichen betrug; es umfaßte das Gebiet von Damaskus bis nach Ägypten. Herodes stand auf der Höhe seiner Macht, und Josephus sagt:

»Herodes gelangte zu solchem Glück, daß die beiden Machthaber des so gewaltigen Römerreiches, Augustus und Agrippa, ihn sehr hoch schätzten und daß namentlich Augustus nach Agrippa auf niemand größere Stücke hielt als auf Herodes, und auch Agrippa seinerseits ihn nach dem Kaiser seinen besten Freund nannte ... Nachdem nun Herodes den Kaiser bis ans

Meer geleitet hatte, kehrte er heim und erbaute ihm im Lande des Zenodoros nahe bei dem Orte Panium einen herrlichen Tempel aus Marmor. Dort befindet sich im Berg eine prächtige Grotte, in der ein steiler und tiefer, mit stehendem Wasser angefüllter Erdschlund sichtbar ist. Unterhalb der Grotte entspringen die Quellen des Jordanflusses. Diesen berühmten Ort also schmückte Herodes mit einem Tempel, welchen er dem Augustus weihte.«

Die Errichtung dieser und anderer Verehrungsstätten für Augustus geschah nicht aus unterwürfiger Kriecherei, auch nicht aus vordergründig-politischen Erwägungen, sondern in der tiefen Überzeugung, daß von Rom aus die Welt erneuert, ja erlöst würde. Eigentlich schon seit Cäsar, in zunehmendem Maße aber seit Augustus war von Rom aus die Weltpolitik verändert worden. An die Stelle imperialistischer Eroberung und rücksichtsloser Ausbeutung der unterworfenen Völker trat die Idee vom allumfassenden Weltreich, dessen Bürger gleichberechtigt sein sollten. Allen zum Reich gehörenden Völkern sollte das Bewußtsein eines einheitlichen römisch-hellenistischen Friedensreiches vermittelt werden. Den sichersten Erfolg verhieß eine planmäßig betriebene Verbreitung römischer Zivilisation und Kultur. Zugleich wurde das römische Bürgerrecht, das ursprünglich nur auf Rom begrenzt gewesen war, immer weiter ausgedehnt, zunächst nur über Italien, dann aber auch in die Provinzen hinein.

Folgenreich für diesen Prozeß der Romanisierung war die planmäßige Ansiedlung ehemaliger Soldaten in den Provinzen. Sie geschah unter anderem zum Schutz der Provinzen, aber die Wirkung ging weit darüber hinaus. Den Soldaten folgten römische Kaufleute und italische Landwirte. So verbreiteten sich römische Lebensweise und die lateinische Sprache. Dies gilt besonders für Westeuropa, also für Spanien, Gallien, auch noch für den Balkan. Im Osten war es anders. Der Osten besaß infolge des Hellenismus seine eigene jahrhundertealte Zivilisation und Städtekultur. Und mit dem Griechischen besaß er auch seine eigene Kultursprache. Augustus war nicht daran interessiert, daß der Osten Lateinisch sprechen sollte. Römische Veteranen und Kaufleute, die in die Ostprovinzen gingen, sorgten dort nicht für Romanisierung, vielmehr war es so, daß sie hellenisiert wurden. Die griechische Kultur übte von jeher auf die Römer einen mächtigen Zauber aus, auch daheim, in Rom. Und in Italien gab es zahlreiche ursprünglich griechische Städte, die viele hellenistische Elemente über Jahrhunderte bewahrten. Eine von ihnen war Neapel, wo die offizielle Sprache bis weit in die Kaiserzeit hinein das Griechische blieb.

Die führende Gesellschaft von Rom hatte eine ausgeprägte Vorliebe für alles Griechische, die sich zeitweise fast zu einer Art von Besessenheit steigerte. Wer als gesellschaftsfähig gelten wollte, mußte griechische Hauslehrer und Schreiber beschäftigen, griechische Kunstwerke besitzen. Zwar war es nicht unbedingt erforderlich, die griechische Sprache vollendet zu beherrschen – es genügte, griechische Dolmetscher zu haben –, aber es gab viele Römer, die darin wetteiferten, wenig bekannte Mundarten des Griechischen zu erlernen.

Auch bei Augustus war eine Vorliebe für griechische Art unübersehbar, obgleich er trotz seiner guten Kenntnisse der griechischen Literatur die griechische Sprache nicht fließend sprechen konnte. Er wußte, was die Griechen der Welt geschenkt hatten, und im Osten, der griechischen und wohlhabenderen Hälfte seines Reiches, trat er als Schutzherr alles Hellenischen auf. Er sah aber auch, was die Griechen der Welt nicht geschenkt hatten, und eben das wollte er ihr jetzt schenken: den weltweiten Frieden. Und dem friedlichen menschlichen Zusammenleben wollte er Sicherheit und Bestand geben. Der in seinem Sinne schreibende Dichter Vergil hat das so gesagt: »Dein Augenmerk, Römer, deine Kunst sei, die Welt zu regieren, Friedensgesetze Völkern zu geben, Besiegte zu schonen, Stolze zu beugen.«

Dieses politische Programm wurde von vielen, von den meisten Völkern angenommen. Zu den wenigen, die es nicht annahmen, gehörten die Juden. Sie hielten an dem Glauben fest, daß das Heil der Welt allein von Israel ausgehen könne; nur dort werde der Messias geboren werden, um Israel zu erlösen und um König zu sein über alle Völker und Zungen, über ein Reich für alle Ewigkeit. Dahinter stand der Zentralgedanke des jüdischen Volkes, die Idee von seiner Auserwähltheit, von seiner Heiligkeit, seiner Einzigartigkeit, die es zum »Kleinodvolk« Gottes machte, dazu ausersehen, vom Urbeginn an im Mittelpunkt des göttlichen Erlösungsplanes zu stehen und am Ende, nach Erscheinen des Messias, verflochten zu sein mit dem Reiche Gottes.

Herodes aber sah das anders, Herodes kam – so Abraham Schalit – irgendwann »zu der klaren Erkenntnis . . . , daß das jüdische Volk keinen Sonderrang unter allen Völkern innehabe und sich nicht außerhalb alles irdischen Geschehens befinde, wie seine religiös-geistigen Führer behaupteten, sondern daß es eines unter den vielen Völkern sei, die das Joch des weltbeherrschenden Rom zu tragen hatten«; Herodes war »der einzige Mann von Rang in Judäa, der die Tatsachen, wie sie wirklich waren, sah und aus ihnen auch die sinngemäßen Schlußfolgerungen zog«.

Für Herodes kam die Erlösung aus Rom, von Augustus, der im ganzen Osten nach altem griechischen Brauch als »Wohltäter«, als »Retter«, als »Erlöser« geehrt wurde. Auch Herodes ehrte ihn so, baute ihm Tempel, in denen er ihm göttliche Ehren zuteil werden ließ, obgleich er ihn freilich nicht für einen Gott hielt. Aber er setzte ihn dennoch an die Stelle des Erlösergottes, anerkannte ihn als den messianischen König. Letztlich war dies Realpolitik, aber in einem sehr hohen Sinn. Doch den orthodoxen Juden ging es nicht um Politik, sondern um das Reich Gottes. Sie waren nicht bereit, ihre messianische Hoffnung gegen einen römisch-imperialen Wohlstandsmessianismus einzutauschen; der Abgrund zwischen diesen Alternativen schien ihnen unüberbrückbar.

Herodes hielt es für falsch, daß die Juden auf ihrer absoluten Sonderstellung beharren wollten. Er mag gewußt haben, daß auch dem Kaiser diese jüdische Absonderungssucht, dieses Sich-Abseits-Stellen innerhalb der römisch-hellenistischen Welt zumindest ein Ärgernis war und daß er die eigenwillige jüdische

Politik nicht für richtig hielt. Aber es ist schwer zu sagen, welche Politik richtig, welche falsch ist, selbst im nachhinein ist das keineswegs immer zu entscheiden, weil ja niemand weiß, wie es andernfalls weitergegangen wäre.

Es gibt ein vergleichbares Beispiel von der Nordgrenze des Reiches, nämlich die bekannte und in Deutschland seit Jahrhunderten beliebte Geschichte von dem deutschen Nationalhelden Arminius und dessen Gegenspieler, dem »Volksverräter« Segest. Der in römischen Diensten militärisch ausgebildete Cheruskerfürst Arminius lockte im Jahre 9 n. Chr. drei römische Legionen des Feldherrn Varus in einen Hinterhalt und vernichtete sie. Mit diesem nationalen Aufstand aber hat Arminius mehr zunichte gemacht als gewonnen. Zunichte gemacht hat er die von Augustus und seinem Stiefsohn Tiberius gegenüber den Germanen eingeleitete Friedenspolitik. Dennoch ist er dafür als Held in die Geschichte eingegangen, als »Befreier Deutschlands vom römischen Joch«, und es ist ihm dafür auf der Gotenburg bei Detmold ein gewaltiges Denkmal gesetzt worden, das Generationen von Deutschen Revanchegelüste vermittelt hat.

In Wahrheit hat Arminius mit seiner kurzsichtigen Nationalpolitik niemanden befreit. Er hat nur Haß gesät. Sein Gegenspieler und Schwiegervater Segest aber gilt noch heute als »Volksverräter«, obwohl er nur die eine politische Alternative vertrat. Es ist keineswegs sicher, daß Segests Politik der Verständigung mit den Römern falsch gewesen wäre. Im Gegenteil, wahrscheinlich wäre sein Weg der bessere und richtige gewesen. Als Segest von den römischen Truppen, die er gegen Arminius zu Hilfe gerufen hatte, befreit wurde, erklärte er, nicht aus Haß gegen sein Vaterland so gehandelt zu haben, sondern in der Erkenntnis, »daß es für Römer und Germanen besser ist, im Frieden zu leben, statt gegeneinander Krieg zu führen«. Deswegen habe er Arminius bei den Römern verklagt; »Arminius ist es ja«, sagte Segest, »der das Freundschaftsverhältnis zwischen euch und uns immer wieder stört.« Segests Politik der Verständigung lag genau auf der von Augustus verfolgten Linie.

Aber wenn es schon den Germanen schwerfiel, sich mit den

Römern zu verständigen, den Juden war es schlechterdings unmöglich, jedenfalls den orthodoxen. Aber es dachten durchaus nicht alle Juden so, damals nicht und einige Jahrzehnte später, während des Aufstands gegen die Römer, erst recht nicht. Da hat zum Beispiel Josephus, der mütterlicherseits mit den Hasmonäern verwandt war und sich eine Zeitlang eng an die Pharisäer angeschlossen und zunächst aktiv gegen die Römer gekämpft hatte, den Aufständischen in zwei Reden, die er vor ihnen hielt, deutlich zu machen versucht, daß sie auf dem falschen Wege seien und in »selbstmörderischer Verblendung« handelten. In diesen Reden setzte Josephus die Vorstellung von der jüdischen Auserwähltheit und Gottverbundenheit voraus, um dann durchblicken zu lassen, daß diese Vorstellung doch offensichtlich mit der Realität nicht mehr übereinstimmte:

»Vernünftigerweise könne man allenfalls unbedeutende Herrscher mißachten«, heißt es im ›Jüdischen Krieg‹ (V, 9,3), »aber nicht solche, denen die ganze Welt untertan sei. Was sei denn bisher der Herrschaft der Römer entgangen, abgesehen von einigen Gebieten, die ihre Hitze oder Kälte unbewohnbar mache? Überall habe sich das Glück ihnen zugeneigt, und Gott, der unter den Völkern die Herrschaft von einem zum andern übergehen lasse, stehe jetzt zu Italien.« Und Josephus rief seinen Landsleuten zu: »Ihr sollt wissen, daß ihr nicht nur gegen die Römer, sondern auch gegen Gott Krieg führt.« Gott, sagte er weiter, habe sich »auf die Seite derer gestellt«, mit denen sie, die Aufständischen, Krieg führten.

Herodes dachte wie Josephus. Auch nach seiner Meinung stand Gott auf seiten der Römer. Das bedeutete indessen nicht, daß er die religiösen Vorstellungen der Juden für absolut falsch hielt. Er wollte sie lediglich korrigieren: Herodes war überzeugt, daß Israel, das so sehr nach messianischer Erlösung dürstete, sich auf das Reich des Augustus stützen müsse, um an der Erlösung der Welt teilzuhaben. Hat er irgendwann eingesehen, daß die von ihm in den ersten Jahren seiner Regierungszeit angestrebte Verschmelzungspolitik letztlich nicht realisierbar war? Es ist häufig behauptet worden, Herodes habe schon frühzeitig seine

Rücksicht gegenüber den Juden aufgegeben. Aber in Wahrheit spricht alles dafür, daß er dies nie getan hat, nicht einmal gegen Ende seiner Regierungszeit, sondern daß er bis zuletzt geglaubt hat, die beiden messianischen Ideen würden sich allmählich einander annähern, ja, angleichen und schließlich gar deckungsgleich werden. Für ihn hatte das neue »Saeculum«, das »Goldene Zeitalter«, bereits begonnen, und zwar innerhalb des »Orbis Romanus«, des römischen Weltkreises, der die Ökumene, die Gemeinschaft der Kulturvölker, umspannte. Und der vorausgesagte »Erlöser«, der »Heilsbringer« war für ihn Augustus, der »Erhabene«, »Verehrungswürdige«.

Mit dieser Meinung stand Herodes nun keineswegs allein. Man muß bedenken, daß die jüdischen messianischen Weissagungen wie alle Weissagungen ungenau, unkonkret, dunkel blieben und der Interpretation bedurften. Dabei war es möglich, ihren religiösen Aspekt ins Politische zu verschieben. Später wurde auch Jesus von einigen als politischer Führer verstanden oder mißverstanden. Erst aus heutiger Sicht, die aber die Ergebnisse jener Entwicklungen einschließt, indessen gerade deswegen vieles wieder vergröbert und vereinfacht, scheint deutlich zu sein, daß die jüdisch-messianische Idee mit den messianischen Vorstellungen der Römer unvereinbar war. Damals jedoch waren Annäherungen nicht nur denkbar, sondern sie haben – weil es ja letztlich um Interpretationsfragen ging – praktisch auch stattgefunden. Das heißt, ein Teil des Volkes hat in seinen Anschauungen mit denen des Königs völlig übereingestimmt, schon aus ganz alltäglichen, realpolitischen Gründen. Schließlich waren die positiven Erfolge seiner Politik nicht nur unübersehbar, entscheidend war vielmehr, daß jeder an ihnen teil hatte. Wenn zwar dies alles – der äußere und innere Friede, die Wiederherstellung von Recht und Ordnung, der allgemein zunehmende Wohlstand, für viele auch ein größeres Maß an persönlicher Freiheit – schon nicht die prophezeite Erlösung war, konnte es dann nicht zumindest ein möglicher und relativ angenehmer Weg dorthin sein? Denn auch dies war geweissagt worden: Der Weg zur Erlösung führt durch Knechtschaft,

Unterdrückung, Fremdherrschaft. Die Herrschaft der Römer über die Juden war Fremdherrschaft, und wenn sie auch erträglich war, jedenfalls zur Zeit des Herodes, so mußte sie doch, weil die Weissagung es so wollte, Knebelung und Unterjochung sein.

Noch etwas ist in diesem Zusammenhang zu berücksichtigen. Aus heutiger Sicht wird die römische Messias-Idee viel zu sehr als politischer Pragmatismus verstanden. In Wahrheit aber war auch sie religiös verankert. Und die Römer haben ihre Religion sehr ernstgenommen. Dies wird heute meistens ganz falsch gesehen. Durchaus zu Unrecht ist später aus christlicher Sicht die römische Religion kurzerhand als äußerliches Brauchtum abgetan worden. Gerade unter Augustus, dem Wiederhersteller von Recht und Moral, wurde Religion wieder ein wichtiger Teil im Leben. Augustus hat viel Geld auf die Erbauung und Instandhaltung von Tempeln und auf die Förderung der Staatsreligion verwandt. Freilich war die römische Religion zugleich ein staatserhaltendes Moment, aber nicht in erster Linie; sonst hätte sie kaum so lange, nämlich immerhin über ein Jahrtausend, bestanden.

Auch der Kaiserkult war religiös verankert. Gerade deswegen mußten die gläubigen Juden in höchstem Maße mißtrauisch werden, als Herodes ihn, wenngleich nur im nichtjüdischen Teil seines Reiches, mitmachte. Unerträglich aber wurde es für sie, als Herodes, der schon frühzeitig den Titel »Freund des Kaisers« angenommen hatte, versuchte, seine eigene Person in den Kaiserkult und die römische und schließlich sogar in die jüdische Messias-Idee mit einzubeziehen. In seinen späteren Regierungsjahren wollte Herodes selbst als »Wohltäter« angesehen werden; ja, er sah sich schließlich in der Rolle eines Heilsbringers, eines Messias, eines Sohnes Davids. Und sogar mit dieser Anschauung blieb er nicht allein. Es gab die Herodianer, eine ganze Partei, die den Gedanken propagierte, Herodes sei die Verkörperung des dem Volke Israel verheißenen Messias.

Diese Zuspitzung der Heilsidee auf Herodes selbst rief nun freilich bei den Pharisäern stärksten Widerspruch hervor. Sie setzten dieser Interpretation den alten jüdisch-messianischen Gedanken vom Reich Gottes entgegen, nun aber mit dem ziemlich konkreten Zusatz, daß der Sturz des Herodes und seines Hauses nicht mehr fern sei. Auch hierbei gingen religiöse und politische Motive ineinander über. Mit den Pharisäern im Bunde stand die Frau von Herodes' Bruder Pheroras, wohl in der Hoffnung auf die eigene Herrschaft. Als Herodes davon erfuhr – das alles geschah erst gegen Ende seiner Regierung, vermutlich im Jahre 6 v. Chr. –, schritt er energisch gegen die schuldigen Pharisäer und einige von ihnen gewonnenen Hofbeamten ein, indem er ihre Anführer hinrichten ließ. Walter Otto meint übrigens, daß dieses Einschreiten des Königs gegen die Verkünder messianischer Weissagungen der Anlaß für die Entstehung der Legende vom bethlehemitischen Kindermord gewesen sei.

Gegen Ende der zwanziger Jahre freilich, als Herodes mit dem Ausbau von Caesarea begonnen hatte, als er mit Agrippa Freundschaft schloß und von Augustus hochgeehrt wurde, hatte sich dies alles noch bei weitem nicht so zugespitzt. Da glaubte Herodes noch, die Juden, auch die gläubigen, und zwar sowohl die Sadduzäer als auch die Pharisäer, für sich gewinnen zu können. Deswegen bot er ihnen gewissermaßen ein Geschenk an, nämlich die Neuerrichtung des Tempels von Jerusalem: Das Heiligtum der Juden sollte so groß, so schön, so imposant werden, wie es nie zuvor gewesen war.

XI. Kapitel
Auf der Höhe des Erfolgs

Neubau des Jerusalemer Tempels · Sogar Gott war mit Herodes einverstanden · Archäologen fanden die vierzig Meter hohe Tempelmauer · Zweite Romreise des Herodes und Heimkehr der Mariamme-Söhne · Neue Spannungen im Familienklan · Agrippa besucht Jerusalem · Reise mit Agrippa durch Kleinasien · Geschenke an fremde Städte und Einsatz für die Juden im Ausland · Die Legende von Herodes' Einbruch in Davids Grab · Josephus wirft Nikolaos Geschichtsfälschung vor · Wie Herodes zum Sündenbock gemacht wurde

Von allem, was Herodes gebaut hat, war der Tempel zu Jerusalem das gewaltigste und bemerkenswerteste Unternehmen. Als Herodes sich dazu entschloß, wohl gegen das Jahr 20 v. Chr., scheint er sich darüber im klaren gewesen zu sein, daß der Neubau des Heiligtums ein großes Wagnis bedeutete, für das die Juden erst gewonnen werden mußten, und zwar alle Juden seines Reiches. Und auch die Juden im Ausland. Wir haben ja bereits gesehen, welch eminente Bedeutung dem Tempel von Jerusalem im Leben der Juden zukam.

Der erste Tempel, den Salomon erbaut hatte, war im Jahre 586 v. Chr. von den Babyloniern zerstört worden. Erst nach der Rückkehr aus der babylonischen Gefangenschaft durften die Juden ihren Tempel wiederaufbauen. Dieser zweite Tempel, der im Jahre 515 v. Chr. fertig wurde, blieb sehr viel kleiner und bescheidener als der erste. Ob er wirklich identisch war mit jenem Bau, den Herodes ersetzen ließ oder – wie manchmal auch behauptet wird – um den herum er den Neubau errichten ließ, oder ob es innerhalb jenes halben Jahrtausends nicht doch schon andere Tempelneubauten gegeben hat, ist nicht mit Sicherheit auszumachen. Manches spricht für diese zweite Möglichkeit, aber wenn es solche Neubauten gegeben haben sollte, dann hat es sich nicht um Prunkwerke gehandelt; sie wären kaum in Vergessenheit geraten. Wahrscheinlicher ist, daß der zweite Tempel über die Jahrhunderte hin, die ohne Zweifel nicht spurlos an ihm vorübergingen, im wesentlichen immer nur so wiederhergerichtet und ausgebessert wurde, wie er einst war.

Aber nun wollte Herodes nicht nur den Tempel, sondern die ganze Tempelanlage vergrößern. Das war freilich etwas anderes als die Wiederherstellung oder der Neubau einer Festung. Und selbst für Herodes war ein solcher Plan ohne das Einverständnis der Priesterschaft und überhaupt der Juden nicht recht zu verwirklichen. Deswegen hielt er vor dem Volk von Jerusalem eine Rede, die Josephus in den ›Jüdischen Altertümern‹ (XV, 11,1) so festgehalten hat:

»Liebe Landsleute, ich halte es für unnötig, von den anderen Werken zu euch zu reden, die ich seit dem Beginn meiner Regierung vollbracht habe, obgleich sie alle derart sind, daß sie mehr eurer Sicherheit als meinem Ruhme dienen. Und da ich in den Zeiten schwerer Not euch beizuspringen nicht außer acht ließ und bei der Ausführung meiner Bauwerke mehr für eure als für meine Sicherheit sorgte, so bin ich überzeugt, daß ich nach dem Willen Gottes das Volk der Juden zu einem Glück geführt habe, wie es dasselbe früher nie gekannt hat. Doch ich halte es, wie gesagt, für überflüssig, euch alles einzeln aufzuzählen, was ich im Lande vollführt und wie ich durch Erbauung von Städten sowohl in eurem Gebiet als in den dazu gehörenden Landesteilen euer Volk zu großem Ansehen erhoben habe, da euch das ja wohl bekannt ist. Ich will euch jetzt nur mit wenigen Worten zeigen, daß das Werk, das ich jetzt in Angriff nehmen will, ebensosehr der Ehre Gottes als eurem Ruhme dienen soll. Dieser Tempel ist von euren Vorfahren dem höchsten Gotte erbaut worden, als sie aus Babylon zurückgekehrt waren. Doch fehlen ihm an seiner Höhe noch sechzig Ellen, um welche der früher von Salomon errichtete Tempel ihn überragte. Das ist aber nicht etwa einem Mangel an Frömmigkeit zuzuschreiben; denn es stand nicht bei ihnen, dem Tempel die frühere Größe zu geben. Vielmehr schrieben Cyrus und Darius, des Hystaspes Sohn, ihnen die Art, wie sie den Bau einrichten sollten, vor, so daß sie, da sie zuerst diesen Königen, dann deren Nachkommen und später den Makedoniern untertan waren, nicht die Macht besaßen, dieses Denkmal ihrer Gottesfurcht in derselben Größe wie ehemals aufzuführen. Weil ich nun durch Gottes Gnade zur Regierung gelangt bin, einer langen Friedenszeit mich erfreue, große Reichtümer mir gesammelt habe, bedeutende Einkünfte beziehe und, was das wichtigste ist, mit den Römern, den Herren der Welt, wie ich wohl sagen darf, in freundschaftlichem Verkehr stehe, so will ich mich bemühen, das, was unsere Vorfahren aus Not und weil sie unter fremder Herrschaft standen, nicht ausführen konnten, zu vollenden und dadurch Gott für die vielen Wohltaten, die er mir während meiner Regierung erwiesen hat, frommen Dank zu erstatten.«

Ob Herodes das wörtlich so gesagt hat, kann dahingestellt bleiben; es besteht jedenfalls kein Grund, die Rede und ihren Inhalt grundsätzlich anzuzweifeln. Dieser Rede zufolge scheint Herodes den Tempelneubau aus seinen eigenen Einkünften und den von ihm »angesammelten Reichtümern« bezahlt zu haben. Möglicherweise zählte er zu »seinen« Einnahmen – zumindest für diesen besonderen Fall – auch die reichen Mittel, über die der Tempel verfügte. Immerhin ist für das kostspielige Unternehmen, das Herodes sich da vorgenommen hatte, nicht von einer besonderen Abgabe die Rede, die er dem Volk auferlegt hätte. Das Volk war trotzdem nicht begeistert, sondern im Gegenteil, vermerkt Josephus, bestürzt, weil viele den Plan für unausführbar hielten. »Sie befürchteten nämlich, der König möchte, wenn der Tempel abgerissen wäre, nicht die hinlänglichen Mittel besitzen, um das Werk, welches er sich vorgenommen, vollenden zu können, und es schien ihnen diese Gefahr um so größer zu sein, als ihnen der Bau in der Tat schwierig und kolossal vorkam.«

Sie scheinen ihre Befürchtungen vorgebracht zu haben. Und bezeichnend ist nun, daß Herodes, von dem es so oft heißt, er habe auf die Juden schon längst nicht mehr Rücksicht genommen, darauf einging: »Weil sie nun so niedergeschlagen waren, flößte Herodes ihnen dadurch wieder Mut ein, daß er ihnen die Versicherung gab, er werde den Tempel nicht eher niederreißen lassen, als bis er alles zu seiner Vollendung Erforderliche in Bereitschaft habe. Hierin hielt er auch Wort. Denn erst als er tausend Wagen zum Anfahren der Steine beschafft, zehntausend erfahrene Werkmeister ausgewählt, tausend Priestern priesterliche Gewänder gekauft, sie teils in der Steinmetzkunst, teils im Zimmerhandwerk hatte unterrichten lassen und überhaupt alles aufs Sorgfältigste vorbereitet hatte, nahm er das Werk in Angriff.«

Die von Josephus genannten Zahlen für das Aufgebot an Arbeitern dürften – wie bei ihm so oft – übertrieben sein; dennoch ist zu bedenken, daß hier sehr viel Erdarbeiten bewältigt und riesige Massen von Steinen behauen und herbeigeschafft werden mußten, für die es Maschinen ja noch nicht gab. Aber wichtiger als die Frage nach der Anzahl der Arbeiter ist die Angabe über den Einsatz von Priestern, die Herodes noch eigens ausbilden ließ, wodurch sich der Baubeginn möglicherweise verzögert hat. Auch dies ist wieder ein Beweis dafür, daß Herodes durchaus bereit war, die Gesetze der Juden zu achten, wenn es nur irgend möglich war; Laien durften den Tempel nicht betreten. Deswegen mußten für den eigentlichen Tempelbau Priester herangezogen werden.

Nach neuneinhalb Jahren war die ganze Anlage im wesentlichen fertig, und es wurde ein großartiges Einweihungsfest veranstaltet, bei dem Herodes dreihundert Ochsen opferte. Die Feinarbeiten zogen sich jedoch noch über viele Jahre hin, bis weit in die Zeit nach Herodes dem Großen. Was da schließlich entstanden war, wurde in der rabbinischen Literatur, die

Herodes gegenüber eine feindselige Einstellung einnahm, so gelobt: »Wer den Tempel des Herodes nie gesehen hat, hat nie in seinem Leben ein prächtiges Bauwerk gesehen.« Und außerdem hieß es da, es habe während der ganzen Bauzeit immer nur nachts geregnet, nie aber am Tage, wenn der Regen den Fortgang am Bau hätte behindern können.

Dies dürfte nun freilich eine Legende sein, aber sie enthält dennoch zwei entscheidende Aussagen, und zwar zum einen über einen offenbar reibungslosen Ablauf des Unternehmens – keine Katastrophen, keine wesentlichen Verzögerungen –, und zum anderen impliziert sie, wie sehr die Juden während dieser Zeit mit Herodes einverstanden gewesen sein müssen, ja – Josephus deutet es in diesem Zusammenhang an – sogar Gott war, zumindest was den Tempelbau betraf, mit Herodes einverstanden. Und noch einmal macht Josephus deutlich, wie sorgfältig Herodes sich als Bauherr an das Gesetz hielt: Beim Bau (oder Umbau) des eigentlichen Tempels, der eine Vorhalle, ein Heiligtum und ein Allerheiligstes hatte, hat Herodes »keinen dieser drei inneren Räume betreten, da er kein Priester war und ihm somit der Eintritt nicht freistand«.

Wie nun dieses Wunderwerk von Tempel, das später von den Römern völlig zerstört wurde, eigentlich aussah und wie groß es war, läßt sich trotz zahlreicher Untersuchungen und einer ausführlichen Spezialliteratur nicht sagen. Zwar hat Josephus, der den Tempel ja aus eigener Anschauung kannte, ihn beschrieben, aber in vielem ist seine Beschreibung ungenau, wenngleich sie in manchen Teilen von archäologischen Forschungen bestätigt scheint. Es gibt da in der Literatur zahllose und zum Teil ganz fundamentale Widersprüche. Während es zum Beispiel meistens so dargestellt wird, als sei erst ganz zum Schluß, in den letzten anderthalb Jahren, das eigentliche Heiligtum errichtet worden, heißt es in der von israelischen Gelehrten herausgegebenen Enzyklopädie ›Die Bibel und ihre Welt‹, daß Herodes den alten Tempel gar nicht abreißen ließ: »Der Tempel des Herodes war über und um das bestehende kleine Gebäude errichtet. Er stand auf einer erhöhten Plattform und war von Säulen und schönen Toren umgeben. Der glänzend weiße Stein war nach allen Richtungen hin viele Meilen weit zu sehen. Herodes änderte nichts an der Größe des inneren Tempels, das heißt des Baues, den die Gemeinde nach dem Exil errichtet hatte ... Er änderte auch nichts an dem allgemeinen Grundriß, aber er verdoppelte die Fläche der Außenhöfe, indem er das Felsenplateau glättete und die steilen Südostschluchten auffüllte ...«

Wenn man dies annimmt, erübrigt sich die andernfalls unlösbare Frage, wie denn die Juden zehn Jahre lang ohne Tempel gelebt haben sollten. Der Tempel war ja unerläßlich für den Vollzug der im Pentateuch vorgeschriebenen Opfer, die auf dem Altar dem Gott Jahwe dargebracht wurden, als Tribut, als Dank, als Sühne und aus vielen anderen Gründen. Nicht nur zu den bedeutendsten religiösen Festen, zu denen die Gläubigen von weither nach Jerusalem kamen, mußte im Tempel geopfert werden, also zum Passahfest (dem Fest der ungesäuerten Brote); zum Wochenfest (dem Fest der Erstlingsfrüchte) und zum Laubhüttenfest (dem Fest der Weinlese), auch am Neujahrsfest, am großen Versöhnungstag, am ersten Tag eines neuen Mondes, an jedem Sabbat, ja täglich morgens und abends mußten im Tempel Opfer dargebracht werden. Die Opfer bestanden in Früchten, Speisen und Tieren und wurden meistens auf dem Altar mit Weihrauch verbrannt. Manchmal wurde auch nur Weihrauch verbrannt. Da diese Opfer nur im Tempel stattfinden durften, ist es in der Tat nicht vorstellbar, daß Herodes den alten Tempel abreißen und dann in jahrelanger Arbeit an seine Stelle einen neuen setzen ließ. Andererseits ist zu fragen, wozu er jene tausend Priester zu Steinmetzen und Zimmerleuten ausbilden ließ.

Josephus hat darüber keine genauen Angaben gemacht. Und so ist noch vieles andere im Zusammenhang mit dem Neubau des Tempels unklar. Sicher ist nur, daß Herodes die gesamte Tempelanlage wesentlich erweitern und dort einen ganzen Gebäudekomplex entstehen ließ. Doch bevor an den Aufbau der Gebäude gegangen werden konnte, mußte das Gelände um das

Heiligtum herum planiert und zu einem großen Teil ganz neu aufgeworfen werden. Dazu ließ Herodes eine gewaltige Stützmauer anlegen. Von ihr sagt Josephus: »Die Mauer war eines der großartigsten Werke, von denen man je gehört hat.«

Im vergangenen Jahrhundert haben die britischen Archäologen Wilson und Warren diese Mauer an einer Stelle bis hinunter auf die Fundamente freigelegt. Aufgrund ihrer Forschungsergebnisse weiß man heute, wie die Umgrenzung der Plattform für die gesamte Anlage verlief, die heute den Südteil der Jerusalemer Altstadt beherrscht. Warren hat an der Südostecke der Tempelplattform einen senkrechten Schacht graben lassen und von diesem Schacht aus seitlich waagerechte Stollen vorgetrieben. Dabei stellte sich heraus, daß die Gesamthöhe des dort noch erhaltenen herodianischen Mauerwerks mehr als 40 Meter beträgt. Dazu schreibt die britische Archäologin Kathleen Kenyon, die in den sechziger Jahren unseres Jahrhunderts in Jerusalem gegraben hat: »Die Steine sind von enormer Größe und vorzüglich gearbeitet. Ihr flachgehauenes Mittelfeld besitzt leicht zurücktretende Ränder. Teile dieses prachtvollen Mauerwerks sieht man nicht nur an der Südostecke der Plattform, sondern auch an jenem Stück der Westmauer, das als Klagemauer bekannt ist. Jahrhunderte hindurch haben hier orthodoxe Juden Jerusalems Einnahme durch die Römer beklagt.« Der Eckstein in der Südostecke der Mauer ist 7 Meter lang. Der längste Stein des ganzen Mauerwerks hat eine Länge von 12 Metern und ein Gewicht von 100 Tonnen. »Die Größe der Steine war von der Frontfläche her sichtbar«, heißt es bei Josephus, »während die Innenseiten, mittels eines Eisens stark befestigt, die Fugen für alle Zeiten unbeweglich zusammenhielten. Als das Werk auf diese Weise sich der Spitze des Hügels näherte, trug Herodes den Gipfel desselben ab, füllte die Hohlräume bis zur Mauer hin aus und machte sie an der Oberfläche oben gleichmäßig und glatt.«

Auf der so gewonnenen Plattform, die etwa 135 000 Quadratmeter groß war (die Länge der Seiten wird unterschiedlich angegeben: im Norden etwa 350, im Süden gut 300 und an den anderen Seiten etwa 500 Meter lang), wurden dann die Bauten errichtet, die Josephus so beschrieb: »Den ganzen Tempel umgab Herodes mit ungeheuren Säulenhallen, die zum eigentlichen Tempelhaus im richtigen Verhältnis standen, und deren Pracht die der früheren weit übertraf . . . beide Säulenreihen ruhten auf jener Mauer . . . An der Nordseite der Einfriedigung war eine viereckige, sehr stark befestigte Burg, in der das priesterliche Gewand aufbewahrt wurde, das der Hohepriester nur, wenn er opfern wollte, anzulegen pflegte . . . Gegen die Westseite hin hatte die Einfriedigungsmauer vier Tore, von denen eines durch ein dazwischen gelegenes Tal in die Königsburg, zwei weitere in die Vorstadt und das vierte in die eigentliche Stadt führten. Eine große Anzahl von Stufen ermöglichte den Abstieg in das Tal und das Hinaufsteigen aus demselben. Denn die Stadt lag gerade dem Tempel gegenüber und machte, gegen Süden von einer tiefen Schlucht umgeben, den Eindruck eines Theaters. Die vierte Seite der Einfriedigungsmauer nach der Südseite hin hatte ebenfalls in der Mitte Tore und eine dreifache königliche Säulenhalle, die sich der Länge nach von der östlichen zur westlichen Seite des Tales erstreckte, da sie nicht weiter fortgeführt werden konnte. Das ganze Werk war eines der merkwürdigsten, welche die Sonne je beschienen hat. Denn über dem Tal, das so tief war, daß man, wenn man hinabsah, anfing schwindelig zu werden, war noch eine unermeßlich hohe Halle erbaut, so daß jemand, der vom Dach dieser Halle aus beide Höhen zugleich mit seinem Auge ermessen wollte, schon vom Schwindel erfaßt wurde, ehe noch sein Blick den Grund der ungeheuren Tiefe erreichen konnte. Vier Reihen Säulen hatte man von einem Ende der Halle bis zum anderen einander gerade gegenüber aufgestellt; die vierte dieser Säulenreihen war in eine steinerne Mauer eingefügt. Die Stärke einer jeden Säule war so groß, daß drei sich einander bei den Händen fassende Menschen sie mit den Armen eben umspannen konnten. Die Länge betrug 27 Fuß, und jede ruhte auf einem doppelten Wulst. An Zahl waren ihrer im ganzen 162. Ihre Kapitelle waren in korinthischem Stil gehalten und stellten großartige und wundervolle Arbeit dar. Weil nun der Säulenreihen vier waren, teilten drei davon den Raum in Säulengänge. Zwei von diesen Gängen, die einander gegenüberlagen, waren ganz gleich ausgestaltet, so daß jeder von ihnen dreißig Fuß in der Breite, ein Stadion in der Länge und mehr als fünfzig Fuß in der Höhe hatte. Der mittlere Gang dagegen war eineinhalbmal so breit und zweimal so hoch und reichte an beiden Seiten über die anderen weit hinaus. Die Dächer waren mit tief in das Holz geschnittenen Bildwerken verziert, die mancherlei Formen aufwiesen; das mittlere Dach war höher als die beiden andern. Vorn auf den Kapitellen befand sich eine steinerne Wand, die mit eingesetzten Säulchen verziert und sehr exakt geglättet war, so daß, wer sie nicht gesehen, sich keine Vorstellung von ihrer Schönheit machen konnte, und daß der, der sie sah, in staunendes Entzücken geriet. So war also die erste Einfriedigung des Tempels beschaffen. Nach innen zu befand sich unweit der ersten eine zweite, zu der man auf einigen Stufen emporstieg. Sie stellte eine steinerne Mauer dar, auf der geschrieben stand, daß jedem Fremden der Eintritt bei Todesstrafe verboten sei. Diese innere Einfriedigung hatte auf der Süd- und Nordseite je drei Tore, die gleich weit voneinander abstanden, und auf der Ostseite ein großes Tor, durch welches diejenigen, welche rein waren, mit ihren Frauen eintreten durften. Das innere Heiligtum dagegen durften die Frauen unter keinen Umständen betreten. Endlich gab es noch einen dritten inneren Raum, in welchen einzutreten nur den Priestern gestattet war. Dies war der eigentliche Tempel, und vor demselben befand sich der Altar, auf dem wir Gott die Brandopfer darbringen ... «

Soweit die Beschreibung jenes Wunderwerkes durch den Augenzeugen Josephus in den ›Jüdischen Altertümern‹. Manches mag aus späterer Zeit stammen, und im übrigen hat Josephus aus der Erinnerung gearbeitet, als er bereits in Rom lebte und der Tempel längst in Schutt und Asche lag. Eine zweite Beschreibung hat er im ›Jüdischen Krieg‹ gegeben, die deutlich von der hier wiedergegebenen abweicht. Aber, wie bereits gesagt, bis heute ist eine brauchbare Rekonstruktion des herodianischen Tempels nicht gelungen. Am Grundsätzlichen ist jedoch nicht zu zweifeln: Die mit ungeheurem Aufwand erbaute Tempelanlage des Herodes war imposant, und sie hat auch den Juden großen Eindruck gemacht und die meisten von ihnen für Herodes gewonnen.

Dies ist sicherlich vor allem darauf zurückzuführen, daß Herodes bei der Ausführung des Baus allen Wünschen der jüdischen Kreise sorgsam Rechnung getragen hat. Zwar herrschte beim Vorhof und bei den Säulenhallen der von ihm so geliebte hellenistische Baustil vor, aber beim Tempelhaus wurden die althergebrachten Bauformen beibehalten. Erst später, wohl gegen Ende seiner Regierung, hat Herodes über dem Haupttor zu den Tempelanlagen einen goldenen Adler anbringen lassen, auf dessen Bedeutung wir noch zurückkommen werden.

Alles spricht dafür, daß Herodes mit dem Bau des Tempels nicht nur das jüdische Volk für sich gewinnen, sondern sich selbst als guter Jude zeigen wollte, der die jüdischen Gesetze achtete, ohne sich allerdings aus der römischen Ökumene auszuschließen. Ein weiteres Indiz für seine Bemühungen um die konservativen Kreise war sein Versuch, seine Familie als echt jüdisch hinzustellen. Der Tempelneubau dürfte bereits einige Jahre in Gang gewesen sein, als Herodes Nikolaos von Damaskus mit der literarischen Neufassung seines Stammbaumes und der Verschleierung seiner Herkunft beauftragte. Walter Otto meint dazu: »Diese Verleugnung der idumäischen Herkunft des Herodes durch seinen griechischen Hofhistoriographen in einem griechischen Geschichtswerk ist bei den engen Beziehungen, die der König mit der griechischen Welt unterhielt, und in Anbetracht der Geringschätzung der Juden durch diese als ein vielsagendes Zeugnis für seine Bemühungen um die Gunst seines Volkes zu bewerten.«

Noch ein weiteres Ereignis läßt diese Tendenz erkennen, das vermutlich in die zweite Hälfte der zwanziger Jahre fällt: Als der sehr mächtige und einflußreiche nabatäische Minister Syllaios um die verwitwete Salome, die Schwester des Herodes anhielt, wollte dieser einer Heirat nur unter der Bedingung zustimmen, daß Syllaios sich zum Judentum bekehrte. Als Syllaios darauf nicht eingehen wollte, wies ihn Herodes ab. Dies kann nicht gut als Vorwand abgetan werden, da eine verwandtschaftliche Beziehung zu dem mächtigen Nabatäer dem König aus politischen Gründen nur hätte willkommen sein können. Die Zurückweisung des Nabatäers hat denn auch das Verhältnis zu den Arabern sehr nachteilig beeinflußt, und Syllaios hat einige Jahre später – wie noch zu zeigen sein wird – den Herodes bei Augustus ziemlich in Mißkredit gebracht und ihm sehr geschadet.

Aber das war, wie gesagt, erst später. Zunächst stand Herodes, der Freund des Kaisers, in der Gunst des römischen Weltherrschers noch ganz oben. Das zeigte sich, als er nach etwa zwanzigjähriger Regierungszeit und inzwischen Mitte der Fünfzig seine zweite Romreise machte; auf der ersten, zweiundzwanzig Jahre zuvor, war er als Bittsteller gekommen, ja, als Flüchtling, jetzt kam er als erfolgreicher und anerkannter Bundesgenosse, und entsprechend wurde er empfangen. Der Kaiser, sagt Josephus, nahm ihn mit großer Freundlichkeit auf.

Anlaß der Reise waren die Söhne des Herodes aus der Ehe mit der ersten Mariamme, Alexandros und Aristobulos. Sie hatten ihre Ausbildung in Rom beendet, und Herodes holte sie nach fünf Jahren nun persönlich heim. Sie mögen inzwischen siebzehn bis neunzehn Jahre alt gewesen sein (ihre Geburtsdaten sind nicht bekannt). »Als sie nun in Judäa angelangt waren, empfing das Volk die beiden Jünglinge mit großer Begeisterung«, sagt Josephus in den ›Jüdischen Altertümern‹, »da sie ebenso durch ihre Geistesgaben wie durch ihre hoheitsvolle äußere Erscheinung imponierten, die eine wahrhaft königliche war.« Und im ›Jüdischen Krieg‹ heißt es: »Die Söhne erbten den Haß der Mutter, und als sie sich über die Untat ihres Vaters klar geworden waren, erachteten sie ihn nur noch als Feind, schon während ihrer Ausbildung in Rom, besonders aber nach ihrer Rückkehr nach Judäa.«

Es mußte zu Komplikationen kommen, aus vielerlei Gründen.

Von Herodes war es naiv, wenn er meinte, die erwachsenen Söhne jener Frau, die er zum Tode hatte verurteilen lassen, einfach in den Familienklan wieder aufnehmen zu können, als wäre nichts gewesen. Jetzt fing im Klan alles das wieder an, was schon einmal zu einer Katastrophe geführt hatte: die Eifersüchteleien und Sticheleien, die gegenseitigen Verdächtigungen und Bespitzelungen, die verhängnisvollen Verleumdungen. Vor allem Salome, die Schwester des Königs, scheint nun wieder eine bösartige Rolle gespielt zu haben. Sie und einige andere, sagt Josephus, »die durch ihre Verleumdungen Mariamme den Tod bereitet hatten, glaubten nämlich, daß, wenn die beiden Prinzen zu Macht und Einfluß kämen, sie selbst für ihre gegen deren Mutter begangenen Frevel Strafe erleiden würden. In dieser Besorgnis nahmen sie ihre Zuflucht zu Verleumdungen gegen die jungen Leute, indem sie ausstreuten, dieselben hätten durchaus keinen Gefallen daran, mit ihrem Vater zusammenzuleben, weil sie mit dem Mörder ihrer Mutter keine Gemeinschaft haben wollten.«

Ob die Atmosphäre schon gleich nach der Rückkehr der Prinzen aus Rom vergiftet war, ist zumindest fraglich. Es ist zwar unbekannt, wie die Prinzen in Rom gelebt hatten und ob sie dort sehr angesehen waren, ob sie als Juden gegolten hatten, ob sie – was wahrscheinlich ist – sich bewußt einer römisch-hellenistischen Lebensauffassung zugewandt hatten, aber mit Sicherheit ist anzunehmen, daß sie in Jerusalem ein größeres Ansehen als in Rom hatten. In Jerusalem waren sie die Erbprinzen, wenngleich noch nicht die designierten Nachfolger des Königs. Aber bei Hofe hatten sie natürlicherweise einen hohen Rang in der Gesellschaft, wodurch sie schon alles durcheinanderbrachten. Und sie hatten teil an der glänzenden Hofhaltung. Allerdings war Jerusalem nicht Rom, zumal jetzt nicht, da es sich als eine riesige Baustelle darstellte, doch mag eben das kleinere Jerusalem die Arroganz und Überheblichkeit der zu Welt- und Redegewandtheit erzogenen Prinzen noch gesteigert haben. Auch daraus erwuchsen Spannungen.

Unbekannt ist, wie die Prinzen über die Politik ihres Vaters dachten, über seine Liebe zu allem Griechischen und sein zwiespältiges Verhältnis zu den Juden. Für provinziell dürften sie ihn jedoch kaum gehalten haben; Rom war zwar um ein Vielfaches größer als Jerusalem, aber zu jener Zeit noch keineswegs prächtig, und Augustus residierte sehr viel bescheidener als ihr Vater.

Zunächst hatten die Prinzen nach ihrer fünfjährigen Abwesenheit einiges zu bestaunen, und Herodes, der sie an sich heranziehen wollte, wird ihnen vor allem seine baulichen Unternehmungen gezeigt haben, das, was in den vergangenen Jahren neu erstanden war, also den königlichen Palast, der ja gerade erst fertig gewesen sein kann, die Tempelburg, den Palast in Jericho und die dortigen landwirtschaftlichen Anlagen, dann Masada, Herodeion und andere Festungen, die Veteranenstädte Sebaste und Gaba, vor allem aber die noch mitten im Bau befindlichen Riesenunternehmen, also die Hafenstadt Caesarea und die Tempelanlagen. Für die Prinzen war das eine neue Welt, und es ist unwahrscheinlich, daß sie von alledem unbeeindruckt geblieben wären. Übrigens wurden sie schon bald verheiratet. Alexandros, der Ältere, heiratete eine Tochter des Königs von Kappadokien; sie hieß Glaphyra und scheint auf ihre Herkunft mächtig stolz gewesen zu sein. Und Aristobulos wurde mit einer Tochter von Herodes' Schwester Salome verheiratet; sie hieß Berenike und stammte aus Salomes zweiter Ehe mit Kostobar, den Herodes hatte hinrichten lassen. Aristobulos soll sich beklagt haben, daß man ihm nur ein Mädchen »von unedler Abkunft« gegeben habe, seinem Bruder aber eine Königstochter. Doch das geschah erst später, als im königlichen Palast schon wieder Neid und Intrigen an der Tagesordnung waren und dort viele Frauen und Söhne des Herodes lebten, unter denen die Vorstellung zu herrschen schien, Alexandros werde, wenn er seinem Vater auf dem Thron folge, alle Frauen des Herodes zu Weberinnen und ihre Söhne zu Dorfschreibern machen.

Daß die Voraussetzungen zu solchen Spannungen in dem eng zusammenlebenden und immer größer werdenden Klan nun einmal gegeben waren, scheint Herodes wieder nicht gesehen zu haben. Oder er wollte es einfach nicht wahrhaben, wobei indessen zu bedenken ist, daß er – wie es im patriarchalischen Zeitalter nun einmal üblich war – dem Klan als *pater familias* vorstand und deswegen von allen Familienmitgliedern unbedingten Gehorsam erwartete. Aber die Söhne wurden älter, und ihre Unzufriedenheit mag nicht zuletzt durch die ungebrochene Kraft und Aktivität ihres Vaters und dessen zunehmende Erfolge gewachsen sein. Und es sieht nicht so aus, als habe Herodes seinen Söhnen rechtzeitig irgendwelche Aufgaben übertragen, die sie hätten ausfüllen können. Selbst als er sie später zu Königen ernannte, scheinen sie noch wie Playboys gelebt zu haben; Herodes sagte aus jenem Anlaß in einer Rede: »Nicht königliche Macht, sondern königlichen Rang erteile ich meinen Söhnen, und sie können die Annehmlichkeiten wie regierende Herren genießen, die Last der Geschäfte aber fällt auf mich.«

Im Herbst des Jahres 15 v. Chr. machte Agrippa, zu der Zeit designierter Nachfolger und Schwiegersohn des Augustus, zum zweitenmal eine Inspektionsreise nach dem Osten, und auf Einladung des Herodes besuchte er diesmal Judäa. In den ›Jüdischen Altertümern‹ heißt es: »Herodes ließ es an nichts fehlen, was ihm, dem Agrippa, Vergnügen bereiten konnte, empfing ihn in den neuerbauten Städten und bewirtete ihn und seine Freunde, während er ihnen die Bauwerke zeigte, aufs köstlichste und prächtigste, sowohl in Sebaste und in dem neuerbauten Hafen Caesarea als in den mit großem Kostenaufwand wiederhergestellten Festungen Alexandreion, Herodeion und Hyrkania. Auch in die Stadt Jerusalem nahm er ihn mit, wo ihm das Volk in festlichem Aufzuge entgegenkam und ihn mit Segenswünschen empfing. Agrippa opferte Gott dem Herrn hundert Ochsen, gab dem Volke ein Festmahl und ließ es an dem denkbar größten Aufwand nicht fehlen.«

Nachdem Agrippa wieder abgereist war, verbrachte Herodes den folgenden Winter »ruhig in seinem Lande«. Im nächsten Jahr aber traf er wieder mit seinem Freund Agrippa zusammen, diesmal für länger. Er begleitete ihn nämlich auf einem Feldzug ans Schwarze Meer und zog dann mit ihm durch Kleinasien bis auf die Insel Samos, stets – so sagt Josephus – »an Agrippas Seite, im Kampfe als Bundesgenosse und Helfer, in Verlegenheiten als Ratgeber, bei der Erholung als guter und angenehmer Gesellschafter. Und so teilte er alles mit ihm, die Beschwerden aus Zuneigung und die Annehmlichkeiten der Ehre wegen.«

Auf dieser Reise durch Kleinasien an der Seite seines Freundes hat Herodes vielen Städten, durch die sie kamen, großzügige Geschenke gemacht. Überhaupt hat sich Herodes während seiner ganzen Regierungszeit gegenüber anderen, vor allem Griechen, von einmaliger Großzügigkeit gezeigt. Im ›Jüdischen Krieg‹ (I, 21,11) hat Josephus einmal die wichtigsten Spenden und Geschenke an ausländische Städte aufgezählt: »Den Städten Tripolis, Damaskus und Ptolemais errichtete er Gymnasien, Byblos eine Stadtmauer, Berytos und Tyros Hallen, Säulengänge und Marktplätze, Sidon und Damaskus sogar Theater, Laodicea am Meer eine Wasserleitung, Askalon Bäder und kostbare Brunnen, dazu noch Kolonnaden von bewundernswerter Kunstfertigkeit und Größe; einigen aber schenkte er Haine und Rasenplätze. Viele Städte empfingen aus seiner Hand Land, als wenn sie Teile seines Königreiches wären. Anderen Städten stiftete er dauernde Aufsichtsämter für alljährliche Wettspiele, wobei er dann, wie in Kos, auch Einkünfte für die Siegerauszeichnung sicherstellte, damit es daran niemals fehle. Getreide aber gewährte er vollends allen Bedürftigen, der Insel Rhodos spendete er wieder und wieder Mittel zum Aufbau ihrer Schiffahrt, auch baute er dort das vom Feuer zerstörte pythische Heiligtum auf seine Kosten schöner wieder auf. Was müssen noch die Geschenke an die Lykier und an die Bewohner von Samos erwähnt werden oder seine Großzügigkeit gegen ganz Ionien, wo nur jemand in Not war? Sind nicht Athen und Lakedämon, Nikopolis und Pergamon in Mysien voll von den Weihegeschenken des Herodes? Hat er nicht die Hauptstraße im syrischen Antiochien, die wegen ihres Schmutzes gemieden wurde, in einer Länge von 20 Stadien mit poliertem Marmor belegt und mit einer Säulenhalle gleicher Länge zum Schutz gegen Regen versehen?«

Auf der Reise durch Kleinasien half er in Ionien, wahrscheinlich in Ephesos, den vielen dort lebenden Juden, die sich bei Agrippa beklagten, weil die von den Römern dort eingesetzten Verwaltungsbeamten sie daran hinderten, nach ihren jüdischen Überzeugungen zu leben und ihre Gesetze einzuhalten. Zum Beispiel hatten die Beamten Juden an jüdischen Festtagen vor Gericht zitiert, sie hatten Juden zum Militärdienst gezwungen, sie hatten einigen von ihnen zur Übernahme kleiner öffentlicher Ämter veranlaßt, die für die Betroffenen mit großen finanziellen Opfern verbunden waren, sie hatten das von den Juden zum Jerusalemer Tempelbau gesammelte Geld einfach beschlagnahmt. Kurz, sie hatten auf die Juden immer weniger Rücksicht genommen, obwohl diesen von Rom aus das Privileg zugestanden worden war, nach ihren eigenen, also nach jüdischen Gesetzen leben zu dürfen.

Herodes nahm sich nun ihrer an oder vielmehr, er bat seinen Freund Agrippa, sich die Klagen der Juden anzuhören. Es wäre unbillig, ihm dabei zu unterstellen, er sei nur wegen der Tempelgelder an der Sache interessiert gewesen. Diese Beschwerden betrafen seine Rechte als König der Juden. Hier wurde – schreibt Samuel Sandmel – seine bestehende königliche Gewalt unterhöhlt. Herodes griff ein, indem er seinen Freund Nikolaos von Damaskus, der ihn auf dieser Reise begleitete, vor Agrippa als Anwalt der klagenden Juden auftreten ließ. Josephus hat das Plädoyer überliefert. Es ist belanglos, ob Nikolaos es wirklich so gehalten hat oder ob die Rede ihre Form erst später von ihm oder von Josephus erhielt. Sie ist wichtig wegen ihrer grundsätzlichen Haltung, wegen des Programms, das sie enthält. Einerseits werden da die Grundanschauungen der römischen Friedens- und Rechtspolitik dargestellt, andererseits wird ausdrücklich auf die uralten Sonderrechte der Juden verwiesen, und dabei wird die Möglichkeit eines friedlichen Zusammenlebens innerhalb der römischen Völkergemeinschaft von vornherein unterstellt. Heute würde man eine solche Rede, die wir hier in gekürzter Form wiedergeben, ein Grundsatzpapier nennen.

Nikolaos sprach also im Auftrag seines Königs zu Agrippa,

dem zweitmächtigsten Mann der Welt: »Wie alle Bedrängten, großmächtiger Agrippa, zu denen Zuflucht nehmen, die ihnen helfen können, so haben auch die, die jetzt hilfesuchend vor dir stehen, das größte Vertrauen zu dir, daß du dich ihnen gnädig erweisest. Sie haben ja schon früher oft erfahren, wie entgegenkommend ihr euch ihnen gezeigt habt, und sie bitten jetzt nur darum, daß ihnen die früheren Vergünstigungen nicht entrissen werden.«

Geschickt fügte Nikolaos ein, es seien nicht eigentlich die Römer, die den Juden ihre Rechte streitig machten, schon gar nicht die höhergestellten, vielmehr seien es in diesem Falle die den Römern untergebenen Griechen. Und er setzte hinzu: »Es steht ja außer Zweifel, daß diejenigen, die die Juden behelligen und bedrücken, beide Teile beleidigen«, nämlich die Juden und die Römer. Und er fuhr fort: »Wollte man nun die Juden fragen, was sie lieber verlieren möchten, ihr Leben oder ihre heimischen Gebräuche, Aufzüge, Opfer und Feste, womit sie ihre Gottheit ehren, so weiß ich bestimmt, daß sie eher alles Schlimme zu erdulden, als irgendeine ihrer väterlichen Satzungen aufzugeben bereit sind. Führen sie doch ihre meisten Kriege deshalb, weil sie dieselben schützen wollen. Das Glück nun, das jetzt das ganze Menschengeschlecht durch euch genießt, bemessen wir eben danach, daß es jedem einzelnen in eurem Gebiete freisteht, seinen Gottesdienst zu üben und nach seinen religiösen Grundsätzen zu leben ... Gibt es wohl eine Gemeinde, eine Stadt, eine Nation, die nicht den Schutz eurer Herrschaft und die römische Oberhoheit für das größte Glück hielte? Oder gibt es einen Menschen, der auf eure Wohltaten verzichten möchte? Sicherlich niemand, es müßte denn sein, daß er von Sinnen ist. Es findet sich auch in der Tat weder ein Gemeinwesen noch ein Privatmann, die nicht nach eurer Gunst strebten ... Vergleicht man die frühere Regierungsform mit der jetzigen, so muß unter den vielen Vorteilen, die die letztere gewährt, vor allem der anerkannt werden, daß die Untergebenen keine Sklaven mehr, sondern Freie sind.«

Nach dieser Lobeshymne auf die römischen Wohltäter

schilderte Nikolaos die besondere Lage der Juden, ihre religiösen Bräuche und Gesetze und wie man ihnen hier in Ionien Gewalt antue: »So gut es uns nun auch im allgemeinen geht, so ist doch unsere Lage nicht dazu angetan, daß wir deshalb zu beneiden wären. Denn wir erfreuen uns keines anderen Glückes, als ihr es auch den übrigen Völkern gewährt habt, und wir verlangen nur darin denselben gleichgestellt zu werden, daß wir ungehindert der Religion unserer Väter treu bleiben dürfen. Das ist an und für sich keine unbillige Forderung und liegt übrigens auch im Interesse derer, die sie zu bewilligen haben ... Wir machen auch aus den Vorschriften, nach denen wir unser Leben einrichten und die für unsere Frömmigkeit und unser gutes Benehmen gegen unsere Mitmenschen Zeugnis ablegen, durchaus kein Geheimnis. Der siebente Tag ist bei uns zur Unterweisung in unseren Gebräuchen und Gesetzen bestimmt, damit diese Gesetze, durch deren Befolgung wir vor Sünden bewahrt bleiben, ebenso wie alle anderen Vorschriften gehörig beachtet werden ... Diese Gesetze nun will man uns mit Gewalt und widerrechtlich rauben; man entreißt uns ferner das Geld, das wir zur Ehre Gottes sammeln, fordert Steuern von uns, ladet uns an heiligen Tagen vor Gericht, und das alles nicht etwa infolge vertragsmäßiger Abmachungen, sondern um unsere religiöse Überzeugung zu beleidigen und zu verfolgen ... «

Und nachdem Nikolaos das politische Programm der Römer auf diese Formel gebracht hatte: »Eure Weltherrschaft ist ja so beschaffen, daß sie gegenseitiges Wohlwollen fördert und dem Haß steuert«, bat er den großmächtigen Agrippa, dafür Sorge zu tragen, »daß wir kein Unrecht mehr zu erleiden haben, in der Befolgung unserer Satzungen nicht mehr gehindert, unserer Güter nicht mehr beraubt und von den Gewalthabern nicht mehr bedrückt werden.«

Wie vorteilhaft es gerade für die Römer sei, die Juden in ihrer Lebensweise nicht zu behindern, weil sie dann von den Juden auch entsprechende Gegenleistungen erhielten, das beweise doch wohl – sagte Nikolaos – am besten jener Mann, der hier jetzt an der Seite Agrippas sitze, nämlich Herodes. Und

Nikolaos rückte nun zugleich die Politik des Herodes ins rechte Licht: »Gibt es denn irgendeine Gefälligkeit oder einen Dienst, den er euch nicht erwiesen hätte? Oder habt ihr je seine Treue vermißt? Oder gibt es eine Ehrenbezeugung, die er euch nicht geleistet und zu der er nicht vor allen anderen sich angeschickt hätte? Wer wollte also leugnen, daß euren Wohltaten die größten Verdienste auf seiner Seite entsprechen?«

Zum Schluß erinnerte Nikolaos den Römer an seinen Besuch in Jerusalem im Jahr zuvor, bei dem es zwischen ihm und den Juden zu einem so guten, verständnisvollen, ja freundschaftlichen Verhältnis gekommen sei: »Haben wir doch von den Juden in Judäa gehört, mit welch gnädiger Gesinnung du ihr Land betreten, wie du Gott die gebührenden Opfer dargebracht, ihn mit Gebeten geehrt, das Volk festlich bewirtet und dessen Gastgeschenke nicht verschmäht hast. Eine solche Aufnahme, die ein Mann von deiner Stellung beim Volke und in der Stadt gefunden hat, muß als Beweis der zwischen dir und dem jüdischen Volke durch Vermittlung des Hauses Herodes bestehenden Freundschaft gelten. Indem wir dich daran erinnern und auf unseren König hinweisen, der hier anwesend ist und an deiner Seite sitzt, begehren wir nichts weiter, als daß ihr uns die Vergünstigungen, welche ihr uns bewilligt habt, durch die Gewalttätigkeit und den Übermut anderer nicht wollet rauben lassen.«

Diese raffiniert aufgebaute Rede des Nikolaos kam bei Agrippa gut an, während die Griechen – wie Josephus ausdrücklich betont – keinerlei Einwendungen vorzubringen wagten. Agrippa antwortete, er sei »wegen der ergebenen und freundschaftlichen Gesinnung des Herodes« bereit, alle Forderungen der Juden zu erfüllen. Ja, selbst wenn die Juden noch weitere Bitten vorzubringen hätten, würde er auch diese erfüllen, vorausgesetzt, »daß die römische Oberhoheit dadurch nicht benachteiligt würde«. Daraufhin »trat Herodes auf ihn zu, verneigte sich vor ihm und dankte ihm . . . Agrippa aber erwiderte voll Freude seine Ehrenbezeugung, indem er ihn umarmte und küßte«.

Dies war zugleich das Ende der gemeinsamen Reise, die den König von Judäa auf dem Gipfel seiner Macht zeigte. Sie macht deutlich, welche Stellung sich Herodes weit über die Grenzen seines Reiches hinaus im Osten errungen hatte und welche Bedeutung man ihm und seinem Staat in römischen Kreisen zuerkannte. Und sie zeigt ferner Herodes' enge Verbindung zum zweitmächtigsten Mann im römischen Weltreich.

Herodes fuhr nun zu Schiff wieder heim. Bei günstigem Wind erreichte er in einigen Tagen seinen neuen Hafen Caesarea und zog dann weiter nach Jerusalem. Dort, sagt Josephus, »berief er das gesamte Volk zu einer Versammlung. Er berichtete über seine ganze Reise und teilte mit, daß er den Juden in ganz Asien Gewährleistung ihrer Rechte erwirkt habe. Alsdann sprach er allgemein von seiner erfolgreichen Regierungszeit, wobei er seine Bemühungen um das Wohl des Volkes ins rechte Licht setzte, und dann erließ er in seiner Freude den vierten Teil der Abgaben für das verflossene Jahr.« Danach sei das Volk »unter Glückwünschen für seinen König in hellem Jubel« wieder auseinandergegangen.

Diese für Herodes überaus positive Darstellung wird freilich auf Nikolaos von Damaskus zurückgehen. Dennoch hat Josephus sie übernommen, ohne sie grundsätzlich in Frage zu stellen. Und eben dies spricht dafür, daß sich Herodes zu jener Zeit mit dem jüdischen Volk gut verstand und von den Juden anerkannt war. Natürlich änderte sich dieses Verhältnis auch wieder, zumal Herodes durch sein Verhalten gegenüber den Mariamme-Söhnen bald an Ansehen verlor. Aber grundsätzlich muß immer wieder davon ausgegangen werden, daß Herodes erst aus späterer Sicht total verdammt wurde und daß erst dann allen seinen Unternehmungen negative Beweggründe unterstellt wurden.

Bezeichnend ist eine Legende, die Josephus aus der herodesfeindlichen Literatur übernahm und der er große Bedeutung beimaß. Er erzählt sie nur in den ›Jüdischen Altertümern‹, im ›Jüdischen Krieg‹ erwähnt er sie mit keinem Wort. Josephus nimmt sie zugleich zum Anlaß, sich von Nikolaos von Damaskus grundsätzlich zu distanzieren, wobei er so weit geht, Nikolaos bewußte Geschichtsfälschung vorzuwerfen. Sein Vorwurf ist jedoch in dieser Form nicht berechtigt. Dazu Otto Michel und Otto Bauernfeind (im Vorwort ihrer kritischen Ausgabe des ›Jüdischen Kriegs‹): »Zwar sucht Nikolaos das grausame Vorgehen des Königs gegen dessen nächste Angehörige psychologisch verständlich zu machen und zu entschuldigen, allein er billigt es keineswegs an jeder Stelle.« Nikolaos war ja durchaus in der Lage, sich zu distanzieren; er schrieb den größten Teil seines Werkes in Rom nach dem Tode des Herodes, ohne also von ihm oder seinem Hause noch irgendwie abhängig zu sein.

Dennoch ist nicht zu leugnen, daß Nikolaos, der ja lange Jahre in Herodes' Diensten gestanden und nicht nur als sein Hofhistoriograph, sondern mehrmals auch in diplomatischer Mission für ihn gewirkt hatte, der sein Ratgeber, Lehrer und Freund gewesen war, im Sinne des Königs geschrieben hat. Für die Herodes-Darstellungen des Josephus stellte sein Werk eine der Hauptquellen dar, für die im ›Jüdischen Krieg‹ war es sogar *die* Hauptquelle. Dennoch hat Josephus den Nikolaos darin nicht ein einziges Mal genannt. Und wenn er ihn später, in den ›Jüdischen Altertümern‹ so sehr abqualifiziert, dann ist das – wie G. Hölscher schon vor sechs Jahrzehnten in seinem Aufsatz über Josephus geschrieben hat – »die beliebte Art mittelmäßiger Skribenten, gegen diejenigen zu prahlen, die man am gründlichsten ausgeschrieben hat«.

Und hier nun die von Josephus (J.A. XVI, 7,1) erzählte Legende, in der behauptet wird, Herodes sei in das Grab des Königs David eingedrungen, weil er dort Geld vermutet habe: »Herodes, der sowohl innerhalb wie außerhalb seines Reiches einen kolossalen Aufwand machte, hatte schon früher einmal vernommen, daß sein Vorgänger Hyrkanos Davids Grab geöffnet und daraus dreitausend Talente Silber entnommen habe, sowie auch, daß darin noch einmal soviel Silber vorhanden sei, mit dem er seinen ganzen jetzigen Bedarf zu decken hoffte. Er ließ daher in einer Nacht das Grab öffnen und begab sich mit seinen vertrautesten Freunden hinein, jedoch in aller Stille, damit man in der Stadt nichts davon merke. Aber er fand ebensowenig Geld darin wie Hyrkanos, doch nahm er eine Menge goldener Schmucksachen und kostbarer Geräte mit, die er dort fand. Um nun nichts undurchsucht zu lassen, wollte er noch weiter bis zu den Grabkammern vordringen, in denen Davids und Salomons Gebeine ruhten. Dabei verlor er zwei seiner Leibwächter, wie man sagt, durch eine Feuerflamme, die ihnen von innen entgegenschlug. Im größten Schrecken eilte Herodes aus dem Grabmal hinaus und ließ, um die Gottheit zu versöhnen, am Eingang desselben ein Denkmal aus weißem Marmor errichten.«

An diese Erzählung, auf deren historischen Kern wir anschließend kommen werden, hängt Josephus seine Kritik an Nikolaos an: »Dieses Denkmal erwähnt auch der Geschichtsschreiber Nikolaos, der zur Zeit des Herodes lebte. Doch berichtet er nicht, daß der König in das Grab eingedrungen sei, da er wohl weiß, wie unziemlich ein solches Benehmen ist. Diese Art, Geschichte zu schreiben, behält Nikolaos auch im übrigen bei. Denn weil er im Reich des Herodes lebte und mit ihm verkehrte, schrieb er, um sich ihm gefällig zu erweisen und ihm zu schmeicheln, nur das nieder, was zum Ruhm des Königs beitragen konnte, und ließ viele seiner offenbarsten Ungerechtigkeiten in günstigerem Lichte erscheinen oder verschwieg sie auch gänzlich. Er unternimmt es sogar, die grausame Ermordung Mariammes und ihrer Söhne zu beschönigen, indem er die Mutter beschuldigt, einen schamlosen Lebenswandel geführt, und die Söhne, ihrem Vater nach dem Leben getrachtet zu haben. Überhaupt verfährt er mit seinem ganzen Werk so, daß er alle guten Taten des Königs übermäßig lobt, seine Frevel dagegen zu entschuldigen sucht. Gleichwohl kann man ihm das nachsehen; er hatte es sich ja nicht zur Aufgabe gemacht, für andere Geschichte zu schreiben, sondern wollte nur dem König sich gefällig erzeigen.«

Sich selbst hingegen stellt Josephus als den Vertreter der einzig richtigen Wahrheit dar: »Ich aber, der ich mit dem Königsgeschlecht der Hasmonäer verwandt bin und deshalb auch die

Priesterwürde besitze, habe es für unziemlich gehalten, anderen zulieb die Unwahrheit zu sagen, sondern berichte die Tatsachen sorgfältig und ungeschminkt. Zwar verehre ich viele von den Nachkommen des Königs, die den Thron innegehabt haben. Aber höher als diese Verehrung steht mir die Wahrheit, sollte ich mir dadurch auch den Zorn der Machthaber zuziehen.«

Dies war indessen allzu dick aufgetragen: Den Zorn welcher Machthaber sollte sich Josephus, der in Rom lebte, wohl zuziehen können, wenn er Nikolaos und Herodes Jahrzehnte nach deren Tod kritisierte? Da wollte er sich wohl als mutigen Schreiber verewigen. Und ob er wirklich nichts Besseres hätte finden können als diese unglaubwürdige Erzählung von der Grabschändung, um die Fälschungsabsichten des Nikolaos und die eigene Wahrheitsliebe unter Beweis zu stellen? Dazu war diese Legende nun wirklich nicht geeignet. Walter Otto sagt: »Die ganze Erzählung hat schon an und für sich einen wenig glaubhaften Charakter. Sie wird noch unglaubhafter, da die Beraubung des Davidgrabes auch Johannes Hyrkanos zugeschrieben wird; wir haben es hier offenbar mit einer Doublette zu tun.« Und zu dem vermutlichen historischen Kern sagte Otto: »Entstanden dürfte die Legende sein infolge der Errichtung des Marmordenkmals, das auch Nikolaos erwähnt hat: Herodes hat wohl hierdurch dem jüdischen Nationalgefühl schmeicheln wollen; es war eine seiner Handlungen, die das Volk für ihn gewinnen sollten. Dieses hat aber an keine uneigennützige Handlung seines Herrschers glauben können und hat daher in der Errichtung des Denkmals nur den Versuch der Sühnung einer königlichen Untat gesehen. Der Platz des Monuments sowie die Hyrkanoserzählung haben dann zur Bildung der obigen Legende geführt.«

Es ist in der Geschichte ja häufig so, daß berühmte Persönlichkeiten absolut einseitig dargestellt werden, die einen als groß, rein und gut, wobei alle negativen und möglicherweise peinlich wirkenden Züge verschwiegen werden, die anderen als absolut böse. Das mag in einem uralten Bedürfnis der Menschen nach vergöttlichten Vorbildern begründet sein, in einer Sehnsucht nach absoluter Reinheit und Vollkommenheit, die sich in einer radikalen Ablehnung des Bösen, in seiner Verteufelung ergänzt. An Helden werden sogar ganz allgemein menschliche Züge nur höchst ungern wahrgenommen. Zu schreiben, daß Bismarck als Student ein ziemliches Lotterleben führte, hohe Spielschulden machte und als Referendar ohne Urlaub zu nehmen für Monate verschwand, weil er sich in eine durch Europa reisende Engländerin verliebt hatte, der er nachreiste, und daß er später, als Reichskanzler, über den Wert seines Besitzes im Sachsenwald bewußt falsche Angaben machte, um Steuern zu sparen (obwohl er durch einen Geheimerlaß von den allgemeinen Steuern befreit war), das gilt eingefleischten Bismarck-Verehrern noch heute als Sakrileg. Noch schwieriger aber ist es, einen Bösewicht als Menschen darstellen zu wollen; das verstößt gegen das uralte Vorurteil, daß ein Bösewicht eben durch und durch böse sein muß. Aus diesem Vorurteil heraus und zugleich aus der Angst, er könnte entschuldigt werden, wird ihm, wie einem Sündenbock, immer mehr Schuld, Verbrechen, Unreines aufgeladen. Und über seine Schuld hinaus wird er verleumdet, so wie Herodes im Matthäus-Evangelium, wo ihm der bethlehemitische Kindermord angehängt wurde, und in der rabbinischen Literatur, wo es zum Beispiel heißt, er habe die hingerichtete Mariamme sieben Jahre lang in Honig aufbewahren lassen und wobei sogar von Nekrophilie die Rede ist.

XII. Kapitel
Familiensorgen und kaiserliche Ungnade

Gerüchte, daß die Mariamme-Söhne dem König ans Leben wollten · Plötzlich wie gelähmt und völlig hilflos · Gedanke an Rücktritt · Antipatros wieder am Hof · Fahrt nach Rom, wo Herodes die Mariamme-Söhne vor Augustus verklagt · Versöhnung · Herodes rettet die Olympischen Spiele · Aufstand in der Trachonitis und Ärger mit den Nabatäern · Beim Kaiser in Ungnade wegen seines Blitzfeldzugs gegen die Araber · Letzte Aussöhnung mit Alexandros und Aristobulos

Nach seiner glücklichen Heimkehr von der erfolgreichen Kleinasienreise im Jahre 14 v. Chr. und dem erfreulichen Empfang durch die Jerusalemer Bevölkerung traf Herodes der Familienärger, der mit der Rückkehr der beiden Prinzen aus Rom begonnen hatte, doppelt schwer, und er nahm nun bedrohliche Formen an. Aber wie schon einmal verhielt sich Herodes auch jetzt wieder nicht entschieden genug. Er war zu weich, sagt Samuel Sandmel, jedenfalls daheim, in der Familie, während er in der Politik hart durchgriff und dem Volk gegenüber als Tyrann auftrat. Im Palast ließ er zunächst wieder alles laufen, wie es lief, obwohl er von Anfang an geglaubt haben mag, was seine intrigante Schwester Salome an Gerüchten über Alexandros und Aristobulos in Umlauf gebracht hatte, nämlich daß sie ihrem Vater ans Leben wollten, um das Schicksal ihrer Mutter zu rächen.

Schon während der Abwesenheit des Königs hatten diese Gerüchte weite Verbreitung gefunden, ganz Jerusalem sprach davon, und sie kamen dem König sogleich bei seiner Rückkehr zu Ohren. Einzelheiten erfuhr er dann von Salome und seinem Bruder Pheroras, der diesmal an dem Streit innerhalb des Klans wesentlich beteiligt war. Salome und Pheroras behaupteten, die Prinzen wollten ihren Vater bei Augustus verklagen, und sie hätten dazu bereits alles in die Wege geleitet. Diese Behauptung versetzte den König in Bestürzung, sagt Josephus, und machte ihn »gänzlich ratlos«. Und das ist doch eigentlich seltsam. Herodes, dieser schnell denkende und schnell handelnde Politiker, der noch immer, obwohl er jetzt fast sechzig Jahre alt war, voll Aktivität und Kraft steckte, schien plötzlich wie gelähmt. Es war also nicht so, daß er die Warnung in den Wind geschlagen hätte, daß er, der noch Tag für Tag ein volles Programm bewältigte, sich mit den Intrigen in seinem Haus nur nicht befassen wollte. Nein, er fühlte sich bis ins Mark getroffen. Und Josephus behauptet sogar, Herodes habe überlegt, »ob er dieses wechselvolle Leben weiterführen oder ob er dem großen häuslichen Elend durch Verzichtleistung auf die Krone und ihren Glanz ein Ende machen sollte«.

Der vielleicht nur flüchtige Gedanke an Rücktritt – es besteht kein Grund, die Äußerung bei Josephus für erfunden zu halten – zeigt, daß Herodes sich durch das Verhalten seiner Söhne, die auf jeden Fall ihrer Unzufriedenheit ziemlich deutlich Ausdruck verliehen, persönlich verletzt fühlte. Er muß zutiefst enttäuscht gewesen sein, und es ist bezeichnend, daß er mit seinen Söhnen nicht gesprochen, daß er sie nicht gestellt hat; die Enttäuschung saß so tief, die Verwundung war so groß, daß ihm eine Wiedergutmachung, eine Heilung schlechterdings unmöglich zu sein schien. Herodes hing ja sehr an seinen Söhnen, wie überhaupt an allen Familienmitgliedern, man kann ruhig sagen, daß er sie liebte. Wie Josephus ausdrücklich erwähnt, liebte und verehrte er sehr seine Mutter, die ja deswegen all die Jahre immer in seiner unmittelbaren Nähe lebte, also im Familienklan, er verehrte seinen Vater, er hing sehr an seinen Brüdern, besonders an Phasael, dem Ältesten, aber auch an Joseph und Pheroras, sicherlich auch an seiner Schwester Salome. Und er liebte seine Frauen – zu dieser Zeit scheinen acht Frauen des Herodes im Palast gelebt zu haben – und seine Kinder, von denen uns insgesamt fünfzehn bekannt sind, zehn Söhne und fünf Töchter.

Er liebte sie alle, leidenschaftlich hatte er Mariamme geliebt, und er wollte seinerseits von allen so geliebt werden, wie er sie liebte. Wenn sich dies jedoch, aus welchen Gründen auch immer, nicht so ergab, wenn sich nur der Anschein von Zurücksetzung oder gar Untreue oder Verrat zeigte, wurde er verbittert und schließlich aggressiv.

Auch Abraham Schalit kommt zu der Überzeugung: »Wir können nicht bezweifeln, daß Herodes im Grunde seines Wesens ein gefühlvoller Mensch war, daß er sich im Tiefsten nach wahrer Liebe sehnte. Es genügt, wenn wir uns hier seine glühende Liebe zu der Hasmonäerin Mariamme vor Augen halten oder seine tiefe Anhänglichkeit an sein väterliches Haus, die liebevolle Behandlung, die er seiner Mutter entgegenbrachte, seine geradezu zärtliche Nachsicht gegen Bruder und Schwester, die derselben nicht würdig waren. Es ist auf den ersten Blick klar, wie sehr Herodes nach der leisesten Regung von Liebe von seiten seiner Söhne dürstete, und wie es ihn quälte, als er erkannte, daß diese ihm versagt war . . . «

Als Herodes sah, daß Alexandros und Aristobulos ihn nicht mochten, wandte er sich wieder seinem ältesten Sohn zu, Antipatros, den er zusammen mit seiner ersten Frau, Doris, weggeschickt hatte, als er die Hasmonäerin Mariamme heiratete, und die seitdem nur an Feiertagen bei Hofe erscheinen durften. Antipatros, der inzwischen dreißig, vielleicht schon fünfunddreißig Jahre alt gewesen sein mag, erkannte sofort seine Chance, die jüngeren Halbbrüder vollends auszustechen. Und er nutzte diese Chance rücksichtslos aus, obwohl Herodes ihn, wie Josephus sagt, eigentlich nur in der Absicht geholt hatte, »die Verwegenheit der Söhne Mariammes zu zügeln und ihnen damit eine Warnung zukommen zu lassen; denn er glaubte, sie würden sich weniger anmaßend benehmen, wenn sie sich überzeugten, daß die Thronfolge weder ihnen allein, noch unbedingt ihnen zukomme«.

Aber diese Rechnung ging nicht auf. Denn Antipatros, den Josephus als einen »hinterhältigen Menschen« bezeichnet und an dem er kein gutes Haar läßt, war bereit, über Leichen zu gehen, und ließ sich nicht mehr beeinflussen. Und für Alexandros und Aristobulos war dies nun freilich kein Anlaß, sich zurückzuhalten, zumal Antipatros sie jetzt sehr von oben herab behandelte. Kein Wunder, daß sie die Handlungsweise ihres Vaters als Beleidigung auffaßten und infolgedessen noch freier als zuvor ihre Meinung sagten, nicht ihm gegenüber – davon ist in den Quellen nicht die Rede –, aber in der Öffentlichkeit oder, genauer, innerhalb der Hofgesellschaft. Dabei waren sie nicht nur arrogant, sondern auch ausgesprochen unbedacht, während ihr Gegenspieler Antipatros, der als klug, schlau und verschlagen geschildert wird, mit List und Hinterlist gegen sie vorging.

Letztlich war entscheidend, daß die Mariamme-Söhne keine Beziehung zu ihrem Vater fanden, sich auch – was Josephus ausdrücklich betont (J. A. XVI, 11,8) – gar nicht bemühten, ihn zu verstehen, und ihn deswegen »ungerecht beurteilten«, während Antipatros in allem auf seinen Vater einging, ihn ständig umschmeichelte, ihn in Wahrheit jedoch steuerte. Antipatros sorgte dafür, daß seine Mutter, Doris, an den Hof zurückgeholt wurde, Josephus behauptet einmal sogar, daß Antipatros »seine Mutter in das Ehebett der Mariamme geführt habe«.

Antipatros war klug genug, seine Halbbrüder bei Herodes nicht selbst anzuschwärzen, sondern dafür zu sorgen, daß dies von anderen geschah, wodurch seine Verleumdungen nur desto glaubhafter wirkten. Es kam schließlich dahin, daß Herodes seinen Ältesten testamentarisch zum alleinigen Nachfolger bestimmte. Und als solchen schickte er ihn im Jahre 13 v. Chr. mit entsprechenden Empfehlungsschreiben nach Rom, wo Antipatros sich dem Kaiser vorstellen und sich mit den römischen Verhältnissen vertraut machen sollte. Von Rom aus setzte Antipatros seine Verleumdungskampagne fort, indem er seinem Vater häufig Briefe schrieb, in denen er immer wieder seiner Sorge Ausdruck gab, es könne Herodes von den Söhnen der Mariamme Schlimmes zustoßen. Herodes ließ sich so sehr beeinflussen, daß er bald gegen Alexandros und Aristobulos nur noch »den denkbar höchsten Groll hegte«, ja, Antipatros »drängte den König bis zu dem Gedanken des Mordes an seinen Söhnen«, heißt es im ›Jüdischen Krieg‹.

Und nun geschah etwas, was den König in seiner unvorstellbaren Hilflosigkeit zeigt: Herodes fuhr mit seinen Söhnen Alexandros und Aristobulos nach Italien und brachte die ganze Familiengeschichte, mit der er einfach nicht fertig wurde, vor den Kaiser. Allerdings war das Ganze ja keine rein interne Familienangelegenheit mehr, sondern es ging, da es die Frage der Nachfolge betraf, auch Rom an, hatte also einen völkerrechtlichen Aspekt. Doch die Klagen, die Herodes vor Augustus gegen seine Söhne erhob, waren zugleich sehr persönlicher Art. In den ›Jüdischen Altertümern‹ (XVI, 4,1–5) ist die Verhandlung, die nicht in Rom, sondern in Aquileja (im Jahre 12 v. Chr.) stattfand, ausführlich überliefert. Seine Söhne, sagte Herodes da in deren Beisein zu Augustus, seien »so feindselig, daß sie ihren Haß gegen den Vater auf alle mögliche Weise an den Tag legten; ja sie wollten ihn sogar umbringen und durch diese abscheuliche Tat den Thron an sich reißen, ... so ein unbändiger und grausamer Haß habe sich ihrer bemächtigt. Dieses Leid habe er lange genug getragen; jetzt aber sei er genötigt, es dem Kaiser mitzuteilen und sein Ohr mit solchen Reden zu belästigen.«

Nun führte Herodes für diese ungeheuerliche Anschuldigung aber nicht etwa Beweise oder Zeugenaussagen an, sondern ließ sie einfach so im Raum stehen. Er beklagte sich lediglich über die Undankbarkeit seiner Söhne. Er sei ihnen gegenüber doch über die Maßen großzügig gewesen, sei für ihre Ausstattung, ihre Dienerschaft, ihre Vergnügungen aufgekommen, habe ihnen die ehrenvollsten ehelichen Verbindungen ermöglicht, und die beiden sollten doch nun einmal offen heraussagen, was sie denn unter ihm auszustehen hätten. Und sie sollten erklären, ob sie es für richtig hielten, ihren Vater, der seine Herrschaft nun so lange besitze, nachdem er sie unter großen Gefahren erworben habe, vom Thron zu stoßen und ihn daran zu hindern, die Nachfolge auf den Würdigsten zu übertragen.

Nachdem Herodes noch angedeutet hatte, daß er »als beleidigter Vater und bedrohter König« mit seinen Söhnen auch anders hätte verfahren können, als ihnen Gelegenheit zu geben, sich hier zu rechtfertigen, bat er Augustus, »dafür zu sorgen, daß er, Herodes, nicht in so großer Angst sein Leben zubringen müsse«. Das heißt, er bat den Kaiser darum, seine Söhne zu bestrafen oder sie doch zumindest wieder zur Vernunft zu bringen.

Angeblich sind die Prinzen schon während der Ausführungen des Herodes in Tränen ausgebrochen, und vor lauter Tränen und Seufzern hätten sie auf die Beschuldigungen ihres Vaters gar nicht antworten können. Augustus habe aber erkannt, daß sie »mehr aus Unerfahrenheit und Beklemmung als aus Schuldbewußtsein schwiegen«. Und alle Anwesenden hatten Mitleid mit ihnen, ja, »selbst Herodes vermochte seine innere Bewegung darüber nicht zu verbergen«. Als sie merkten, daß sich die Stimmung zu ihren Gunsten entwickelte, hielt Alexandros, der als außergewöhnlich redegewandt geschildert wird, eine Verteidigungsrede, die nun nicht gerade jugendliche Unerfahrenheit erkennen läßt und die er so begann: »Vater, von deiner Liebe zu uns legt diese Verhandlung selbst Zeugnis ab. Denn wenn du etwas Schlimmes gegen uns im Sinne gehabt hättest, würdest du uns nicht zu dem Erretter aller Menschen geführt haben. Gemäß deiner königlichen und väterlichen Gewalt hättest du ja selbst die Schuldigen in Strafe nehmen können. Daß du uns aber hierher bringst und den Kaiser als Richter in Anspruch nimmst, ist ein Beweis dafür, daß du uns verschonen willst.«

Zum Hauptanklagepunkt sagte Alexandros: »Du sagst, wir trachteten nach deiner Königskrone; eine solche Beschuldigung indes läßt sich leicht gegen junge Leute erheben, und wenn noch das traurige Ende unserer Mutter damit in Verbindung gebracht wird, so ist das genug, um unser Elend voll zu machen. Aber ich bitte dich, sieh doch zu, ob das nicht in gleichen Fällen stets gesagt zu werden pflegt. Wenn ein König Söhne hat, die im Jünglingsalter stehen und ihre Mutter überleben, so steht ihm nichts im Wege, dieselben zu verdächtigen, als ob sie ihrem Vater nach dem Leben trachteten. Aber ein bloßer Verdacht reicht doch nicht hin, um eine solche Schlechtigkeit glaubhaft zu machen. Da müßte doch noch einer gefunden werden, der behaupten könnte, daß etwas von unserer Seite geschehen wäre, um einen so unglaublichen Verdacht zu rechtfertigen. Kann denn jemand uns beweisen, daß wir dir Gift bereitet oder uns mit Gleichgesinnten verschworen oder deine Diener mit Geld bestochen oder Schriften gegen dich verfaßt haben?«

Es sei ja doch durchaus unwahrscheinlich, daß sie versuchen sollten, über einen Vatermord zur Macht zu kommen, sagte Alexandros dann: »Die Treue der Untertanen und das Billigkeitsgefühl des gesamten Volkes würde es doch gewiß nicht geduldet haben, daß Vatermörder im Besitz der höchsten Gewalt wären und das Heiligtum des von dir erbauten Tempels betreten hätten. Aber auch abgesehen von allem anderen, könnte dein Mörder, solange der Kaiser lebt, seiner Strafe entgehen?« Und er fügte hinzu: »Deine Söhne sind weder so gottlos noch so töricht, wie du glaubst, aber vielleicht sind sie unglücklicher, als es dir frommt.«

Kurz, in dieser Rede, die in Wahrheit wohl kaum so gehalten wurde, die aber dennoch die Perspektive von seiten der Söhne wiedergibt, zeigte sich, daß die Anschuldigungen des Herodes auf schwachen Füßen standen. Das sah auch Augustus, und er forderte Herodes auf, allen Argwohn fahren zu lassen und sich mit seinen Söhnen wieder zu vertragen. Tatsächlich kam es dann zu einer großen Versöhnungsszene, bei der die Beteiligten einander in die Arme fielen, während sich die anderen Anwesenden der Rührung nicht erwehren konnten. Herodes dankte dem Kaiser für seine Vermittlung, spendete der Stadt Rom zur Finanzierung von Zirkusspielen dreihundert Talente, erhielt seinerseits von Augustus die Vollmacht, irgendeinen seiner Söhne zum Nachfolger zu ernennen oder auch die Regierung gleichmäßig unter alle zu verteilen. Schließlich schlossen Augustus und Herodes noch jenen bereits erwähnten Pachtvertrag über die Kupferbergwerke des Augustus auf Kypros (Zypern), an denen Herodes in den folgenden Jahren gut verdiente. Und dann reiste Herodes mit seinen Söhnen wieder heimwärts.

Auch Antipatros, der sich bis dahin in Rom aufgehalten hatte, segelte mit ihnen nach Hause. Unterwegs, auf der Insel Elaeusa, machten sie noch einen Besuch bei dem Kappadokierkönig Archelaos, dem Vater von Alexandros' Frau Glaphyra, der sich über die Aussöhnung ganz besonders freute; mit ihm wurden Geschenke ausgetauscht.

In Jerusalem berief Herodes gleich nach ihrer Ankunft eine Volksversammlung ein, vor der er über seine Reise zum Kaiser Bericht erstattete und der er jetzt seine drei ältesten Söhne als Thronfolger vorstellte; und zwar hatte er seinen ältesten Sohn als Oberkönig für den ganzen Staat in Aussicht genommen, unter dem Alexandros und Aristobulos bestimmte Landesteile beherrschen sollten. Doch machte Herodes dabei unmißverständlich klar, daß er noch keineswegs daran dachte, die Regierungsgeschäfte aus der Hand zu legen. »Denn«, sagte er, »ich bin noch nicht so alt, daß man mich bald aufgeben müßte, noch verfalle ich in Ausschweifungen, die auch junge Leute dahinraffen; die Gottheit aber habe ich so verehrt, daß ich zu einem Höchstmaß der Lebensdauer gelangen werde.« Seine Söhne ermahnte er, sich in Zukunft zu vertragen und Brüder zu bleiben, und während er ihnen von nun an »königliches Gewand und königlichen Hofstaat« zuzubilligen versprach, warnte er alle anderen zugleich, sich etwa schon jetzt an seine Nachfolger zu hängen; Herr und König sei weiterhin er.

Es schien also alles wieder ins Lot gekommen. Aber wie sich schon bald herausstellte, trog der Schein. Dies ist indessen keineswegs verwunderlich, denn die von Herodes geplante Nachfolgeregelung brachte für keine der beiden Parteien die erhoffte Lösung. Verwunderlich ist vielmehr, daß Herodes dies überhaupt für eine Lösung halten konnte. Offenbar wollte er diese leidige Angelegenheit nun endlich vom Tisch haben, und vielleicht meinte er, eine Entscheidung sei in jedem Falle besser, als die Sache weiterhin offen zu lassen. Aber erstaunlich ist es dennoch, daß dieser Mann, der sonst so mißtrauisch war, zu diesem Zeitpunkt glauben konnte, Alexandros und Aristobulos würden sich dieser Regelung fügen. Und vor allem muß er ja nun überzeugt gewesen sein, daß die beiden sich nicht mit Gewalt in den Besitz des Thrones bringen würden. Er muß seiner Sache sogar sehr sicher gewesen sein, denn immerhin wagte er es, noch in diesem Jahr sein Land ein zweites Mal für längere Zeit zu verlassen, und zwar fuhr er nach Griechenland zu den Olympischen Spielen.

Damals wurde Herodes – worauf wir schon einmal hingewiesen haben – zum Retter der Olympischen Spiele. Im ›Jüdischen Krieg‹ (I, 21,12) heißt es: »Als er nun sah, daß diese Spiele ganz in Auflösung begriffen waren und daß das letzte Stück vom alten Hellas versank, da übernahm er nicht nur das Amt des Kampfrichters in jenem Spieljahr, ... sondern er stiftete auch Einkünfte für dauernde Zeiten, damit die Erinnerung an ihn wachbleibe, die zugleich die regelmäßige Einrichtung von Spielen nicht vergessen ließ.«

Während der Abwesenheit des Königs kam es in der Trachonitis, wo noch immer Räuberbanden lebten, aufgrund eines Gerüchts, Herodes sei auf der Reise gestorben, zu Unruhen. Zwar wurde der Aufstand von königlichen Statthaltern niedergeschlagen, aber etwa vierzig Rädelsführer konnten fliehen und fanden bei den Nabatäern Asyl. Syllaios, der nabatäische Minister, der zu einem erbitterten Feind des Herodes geworden war, nachdem er vergeblich um Salome geworben hatte und nun unter dem schwachen König Obodas faktisch unumschränkt herrschte, überließ den Flüchtlingen in Raepta einen festen Platz. Dort erhielten sie bald größeren Zulauf, weil sie von diesem sicheren Ort aus und gleichsam unter dem Schutz der Araber ohne großes Risiko Überfälle auf jüdisches Gebiet unternehmen konnten. Es waren schließlich an die tausend Räuber, die die Juden in dem benachbarten Gebiet ständig bedrohten, sie ausraubten und ihre Dörfer brandschatzten.

Auch Herodes konnte – inzwischen in die Heimat zurückgekehrt – so gut wie nichts gegen sie ausrichten, weil sie sich immer wieder auf arabisches Gebiet zurückzogen. Seine Aufforderung an die Nabatäer, die Räuber auszuliefern, blieb unbeachtet. Und als Herodes versuchte, auf den Araberkönig Druck auszuüben, indem er eine ihm geliehene größere Geldsumme zurückforderte, führte auch das zu nichts. Die Araber nutzten es einfach aus, daß – wie weiter oben bereits ausgeführt – dem jüdischen König in der Außenpolitik die Hände gebunden waren und daß er sich auf gar keinen Fall zu irgendwelchen kriegerischen Unternehmen provozieren lassen durfte.

Tatsächlich hat Herodes zunächst nichts zu unternehmen gewagt. Aber schließlich wurde ihm die Sache doch zu bunt, und er bat die römischen Statthalter von Syrien, Saturninus und Volumnius, um Vermittlung. Die Römer setzten bei Syllaios folgende Abmachungen durch: Rückzahlung der Geldschuld an Herodes innerhalb von dreißig Tagen und die Verpflichtung, jüdische Untertanen, die sich im nabatäischen Reich befanden, gegen bei den Juden befindliche Araber auszutauschen. Von einer Verpflichtung, die Räuber an Herodes auszuliefern, wie dieser es gewollt hatte, war also nicht die Rede – vielleicht, um ein Blutbad zu verhindern –, doch ist das belanglos, da Syllaios sich um den Schiedsspruch des Saturninus ohnehin nicht kümmerte. Dies indessen ärgerte die Römer, und so erlaubten sie Herodes, sich endlich – nach über zwei Jahren – mit Gewalt Recht zu verschaffen.

Daraufhin drang Herodes mit einem Heer in arabisches Gebiet ein, eroberte Raepta, wo die Räuber sich eingenistet hatten, und zerstörte es. Eine den Räubern zu Hilfe kommende arabische Einheit schlug er in die Flucht, wobei es auf arabischer Seite fünfundzwanzig Tote gab. Danach zog er sich sofort wieder zurück. Und während er in der Trachonitis die Ansiedlung von etwa dreitausend Idumäern in die Wege leitete, um auf diese Weise sein Grenzland zu befestigen, schickte er an die römischen Statthalter in Syrien einen Bericht über seine erfolgreiche Aktion.

Die Sache war jedoch damit keineswegs erledigt, vielmehr hatte sie ein für Herodes höchst unerfreuliches und folgenreiches Nachspiel. Der nabatäische Minister Syllaios war nämlich nach Rom gefahren, schon bevor Herodes seine Strafexpedition veranstaltet hatte. Dorthin kamen nun Boten aus der Heimat zu ihm, die ihm von dem jüdischen Überfall berichteten, dabei aber gewaltig übertrieben. Syllaios beschwerte sich sofort bei Augustus: Herodes habe bei seinem kriegerischen Unternehmen das arabische Heer völlig aufgerieben; zweitausendfünfhundert der edelsten Araber seien von ihm niedergemacht worden. Augustus ließ den Vorgang seltsamerweise nicht genauer untersuchen, sondern fragte bei seinen Statthaltern lediglich nach, ob Herodes wirklich mit Waffengewalt auf arabisches Gebiet vorgedrungen sei; und als ihm das bestätigt wurde, schrieb er dem jüdischen König einen »in bitteren Worten abgefaßten Brief«, in dem es hieß, er, der Kaiser, werde Herodes künftig nicht mehr als Freund, sondern als Untertan behandeln. Herodes war also in Ungnade gefallen. Und das sollte sich für ihn und seine Politik verhängnisvoll auswirken.

Die schroffe Reaktion des Kaisers wird verständlich, wenn man die Vorgänge in Palästina mit gleichzeitigen Vorgängen an der Nordgrenze des Römischen Reiches in Zusammenhang bringt. Seit Jahren ging es dort bei dem großen Befriedungsunternehmen des Augustus um die Festigung der Grenze an Rhein und Donau. Um die beiden großen Hälften des Weltreichs, den Osten und den Westen, zu Lande fest miteinander zu verbinden, hatte Augustus Illyricum erobern lassen, etwa das heutige Jugoslawien. Dabei kam sein Freund, Schwiegersohn und designierter Nachfolger, Agrippa, der auch der Freund des Herodes gewesen war, ums Leben, nicht im Kampf, sondern er wurde dort krank und starb dann im Alter von einundfünfzig Jahren. Der Kampf um Illyricum erwies sich als schwierig, und es gab für die Römer viele Rückschläge. Auch an der germanischen Grenze hatte Augustus Pech. Dort kam nach einem Sturz vom Pferd sein geliebter Stiefsohn Drusus, der nach dem Tode Agrippas in der Nachfolge aufgerückt war, ums Leben. Überdies entstanden auch dort Unruhen. Augustus war ganz einfach nervös, weil im Norden der Friede nicht gesichert schien und weil durch den Tod Agrippas und noch einmal durch den Tod des jungen Drusus die Nachfolgefrage, mit der er sich ein Leben lang befaßte, völlig durcheinandergeraten war. Gerade zu dieser Zeit kamen ihm die Unruhen zwischen Juden und Arabern besonders ungelegen. Augustus war ja von seinem Friedensprogramm geradezu besessen. Und in dem Vorgehen des Herodes sah er einen mutwilligen Bruch des Landfriedens, eine Verletzung des Grundprinzips seiner Weltfriedenspolitik. Nur so wird seine überraschende, ungerechte Reaktion gegenüber Herodes verständlich. Allerdings ist zu bedenken, daß uns die wahren Vorgänge freilich nicht bekannt sind: Wenn Josephus, der sich hier wohl auf Nikolaos oder sogar auf die Memoiren des Königs stützt, nur fünfundzwanzig tote Nabatäer angibt, während die Nabatäer ihrerseits von zweitausendfünfhundert Opfern sprachen, die von Herodes niedergemetzelt worden seien, dann lag die Wahrheit sicher irgendwo dazwischen. Das wird auch der Kaiser so gesehen haben.

Unmittelbar zuvor hatte Augustus den König der Juden noch vor aller Welt ausgezeichnet: anläßlich der Einweihungsfeier der Hafenstadt Caesarea im März des Jahres 9 v. Chr., die nach neunjähriger Bauzeit nahezu fertig war. »Zu dieser Einweihung veranstaltete man ein großes Fest«, berichtet Josephus in den ›Jüdischen Altertümern‹ (XVI, 5,1): »Die glänzendsten Zurüstungen wurden getroffen, Wettstreit in der Musik und in gymnastischen Spielen angesagt, eine große Zahl von Gladiatoren und wilden Tieren beschafft und Wettrennen sowie alles, was in Rom und anderswo beliebt war, vorbereitet. Diese Wettspiele weihte er dem Kaiser und traf die Einrichtung, daß sie alle fünf Jahre wiederholt wurden. Der Kaiser dagegen bestritt, um seine Freigebigkeit zu zeigen, den Aufwand zu den Spielen aus seinen eigenen Mitteln, und auch seine Frau, Livia, ließ eine Menge von Dingen hersenden, die in Italien als größte Kostbarkeiten galten, damit die Spiele möglichst glänzend würden. Der Gesamtaufwand betrug wohl an die fünfhundert Talente. Die ganze ungeheure Menge, die in die Stadt zum Zuschauen strömte, sowie die Gesandtschaften, die die einzelnen Völkerschaften zum Dank für empfangene Wohltaten schickten, erhielten Herberge und Verpflegung und genossen andauernde Unterhaltung. Bei Tage ergötzte sich die Menge an den Spielen, bei Nacht an sonstigen rauschenden Vergnügungen, so daß die Freigebigkeit des Herodes allgemeines Lob fand. Dieser bemühte sich aber auch, alles zu überbieten, was früher in dieser Beziehung geleistet worden war.«

Mehr als einmal habe Kaiser Augustus gesagt, fügt Josephus an dieser Stelle hinzu, des Herodes Reich sei für seine Prachtliebe viel zu klein; es müßten eigentlich noch Syrien und Ägypten hinzukommen. Aber nun kam plötzlich und wie aus heiterem Himmel von Augustus dieser Brief, in dem der Kaiser dem König der Juden die Freundschaft aufkündigte. Wie ernst er gemeint war, zeigte sich, als die ständigen Vertreter des Herodes in Rom sowie eine Sonderabordnung, die die Gründe seines Unternehmens gegen die Araber darlegen sollten, bei Augustus gar nicht erst vorgelassen wurden. Das sprach sich natürlich herum, und Herodes' Stellung wurde dadurch stark erschüttert. Infolgedessen kam es in der Trachonitis wieder zu Überfällen, und die Nabatäer beschlagnahmten jetzt sogar den alten herodianischen Familienbesitz in Arabien, den Herodes von seiner Mutter geerbt hatte. Und Herodes konnte dagegen nichts unternehmen.

Erst im nächsten Jahr – gegen Ende des Jahres 8 v. Chr. – brachte Nikolaos, der inzwischen zum Gesandten in Rom ernannt worden war, die leidige Sache bei Augustus wieder in Ordnung. In einer regelrechten Verhandlung vor dem Kaiser beschuldigte Nikolaos den nabatäischen Minister, in Rom über Herodes nichts als Lügen verbreitet zu haben. Zum Beweis legte Nikolaos den Kreditvertrag über jene Summe vor, die die Nabatäer von Herodes geliehen, ihm aber trotz der Aufforderung der römischen Statthalter von Syrien nicht zurückgezahlt hatten. Weiter zeigte Nikolaos die Briefe der Statthalter an Herodes und die Beschwerden der von den Räubern geschädigten Städte. Diesmal entschied Augustus gegen Syllaios, gegen den inzwischen noch weitere Klagen vorlagen, und zwar von den Nabatäern selbst, die ihn nämlich beschuldigten, den König Obodas vergiftet zu haben. Syllaios wurde schuldig gesprochen; vier Jahre später haben die Römer ihn hingerichtet, allerdings – worauf wir noch zurückkommen werden – aus anderen Gründen. Und Herodes war endlich rehabilitiert.

Aber diese Aussöhnung mit dem Kaiser kam spät, vielleicht schon zu spät. Zweifellos war die kaiserliche Ungnade inzwischen auch für das Familienleben im Jerusalemer Königspalast nicht ohne Folgen geblieben. Denn gerade da konnte es nicht verborgen bleiben, wie sehr die Macht des Herodes und sein Ansehen vom Wohlwollen des Kaisers abhingen. Und je ungesicherter, ungeschützter Herodes zu sein schien, desto freier fühlten sich einige seiner Verwandten. Der Streit, der zu dieser Zeit im Palast ausbrach, »sah schon fast einem Bürgerkrieg ähnlich«, sagt Josephus in den ›Jüdischen Altertümern‹ (XVI, 7,2), »und infolge der gegenseitigen Verleumdungen steigerte sich der Haß zu unsäglicher Erbitterung. Antipatros brütete stets neue Anschläge gegen seine Brüder aus und bewies eine gewisse verbrecherische Verschlagenheit darin, die beiden von anderen verleumden zu lassen, während er selbst sie heuchlerischerweise verteidigte und unter dem Deckmantel des wohlwollenden Beschützers seine giftigen Pfeile nur desto besser anzubringen versuchte«.

Auf diese Weise habe Antipatros auch seinen Vater umgarnt, so daß dieser zu der Überzeugung kam, daß nur Antipatros auf sein, Herodes', Wohl bedacht gewesen sei. Deswegen wurde Antipatros immer mehr zum Mitarbeiter und Vertrauten des Königs, und der größere Teil der Hofgesellschaft machte diese Wende zu Antipatros mit. Auf der anderen Seite hätten sich die Söhne der Mariamme von Tag zu Tag verbitterter gezeigt, zumal der König häufig – heißt es im ›Jüdischen Krieg‹ – seinen jüngeren Frauen eines von den Gewändern der Mariamme schenkte. Hinzu kam, daß Glaphyra, die Frau des Alexandros, ständig mit Salome Streit hatte. Und Salome hielt sich wiederum an ihren und Herodes' Bruder Pheroras, der zu dieser Zeit für Herodes ein Ärgernis war, und zwar deswegen, weil er sich in eine Sklavin verliebt hatte und ihretwegen eine Tochter des Herodes als Frau verschmähte. Herodes habe sich deswegen von Pheroras beleidigt gefühlt, um so mehr, als Pheroras einige Zeit zuvor im Verdacht gestanden hatte, Herodes zu vergiften.

Was von Josephus da im einzelnen geschildert wird, ist zum Teil kaum glaubhaft. Aber vielleicht sind diese Klatschgeschichten gar nicht wörtlich, sondern gleichsam bildhaft gemeint, um die von Gerüchten, Lügen und Anschuldigungen beherrschte Atmosphäre bei Hofe – Josephus spricht sogar von »fürchterlichen Verbrechen« – wiederzugeben. Betrachtet man die einzelnen Geschichten für sich, dann erweisen sie sich fast immer als unwahrscheinlich; sie sind einfach schlecht erfunden. Zum Beispiel heißt es da einmal, Pheroras und Salome hätten Alexandros, um ihn gegen Herodes aufzuhetzen, erzählt, Herodes habe mit Glaphyra, der jungen Frau des Alexandros, ein intimes Verhältnis. Das wäre nun zwar nicht unmöglich gewesen, wenngleich Herodes inzwischen fünfundsechzig Jahre alt war, aber die Verleumdung erfolgte ja in der erklärten Absicht, den Sohn gegen den Vater aufzubringen; sie hätte ihn aber in erster Linie gegen seine Frau aufbringen können, doch ist davon überhaupt nicht die Rede.

Noch unwahrscheinlicher ist die angebliche Aussage Alexandros', seine Tante Salome sei »in der Nacht zu ihm gekommen und habe ihn mit Gewalt zum Beischlaf gezwungen«; leider verschweigt der oft so geschwätzige Josephus, wie denn die etwa Sechzigjährige eine Vergewaltigung des Mittzwanzigers, der noch dazu wenige Seiten weiter als besonders kräftig und sportlich geschildert wird, wohl zustande gebracht haben mag. In der Herodes-Forschung ist diese einfache Frage nie gestellt worden, und folglich blieb Alexandros' Behauptung unangefochten im Raum.

Ähnlich bedenkenlos wurde eine andere Geschichte angenommen, der man sogar eine große Bedeutung beimaß. Da ging es um drei Eunuchen des Königs, von denen Josephus im

›Jüdischen Krieg‹ (I, 24,7) sagt, daß sie bei Herodes »in besonderen Ehren standen: Der eine nämlich hatte das Amt, den Wein auszuschenken, der andere die Speisen aufzutragen, während der dritte ihn zu Bett brachte und bei ihm schlief.« Nach einer Angabe in den ›Jüdischen Altertümern‹ liebte der König alle drei Eunuchen wegen ihrer großen Schönheit. Damit soll eine Neigung des Königs zu sinnlichen Ausschweifungen suggeriert werden, noch dazu für eine Variante, die nach altjüdischem Gesetz als todeswürdiges Verbrechen galt. Herodes hatte zu dieser Zeit neun Frauen im Palast, von denen zwar Doris für die Liebe schon etwas alt gewesen sein dürfte, aber die anderen acht waren wesentlich jünger, und nun soll sich der im übrigen ja noch immer hart arbeitende Mittsechziger auch noch mit Eunuchen vergnügt haben.

Aber wie immer das gewesen sein mag, die von Josephus überlieferte Geschichte ging folgendermaßen weiter: »Alexandros verführte die Eunuchen des Königs durch große Geschenke zu geschlechtlichem Umgang mit ihm.« Der italienische Josephus-Experte G. Ricciotti zieht aus dieser Angabe den Schluß, Alexandros habe auf solche Weise nicht nur die Eunuchen für sich gewinnen, sondern sich das Ansehen eines Thronerben geben wollen; denn an orientalischen Fürstenhöfen sei es Sitte gewesen, daß der Thronerbe mit den Personen geschlechtlich verkehrte, die dem Herrscher gehörten. Zu den vielen Ungereimtheiten in den Herodes-Darstellungen, angefangen von denen des Josephus, gehört es, daß man dem Nichtjuden Herodes den Verkehr mit den Eunuchen verübelte, dasselbe aber seinem Sohn Alexandros, der dem Gesetz nach als Jude galt und für den es ein grober Verstoß gegen das Gesetz darstellte, durchgehen ließ; bei Alexandros wurde es zu einem Versuch, hohe Politik zu machen, umgedeutet. Wahrscheinlich indessen waren all jene seltsamen Sex-Geschichten bei Josephus (oder in der ihm für diesen Abschnitt vorliegenden Quelle) von dem damals wie heute beliebten Klischee geprägt, daß sexuelle Ausschweifungen den Boden bereiten für Mord und Totschlag. Und überdies sahen wir ja bereits, daß Josephus für Sex- und

Klatschgeschichten offenbar eine Vorliebe hatte. Der historische Kern der Vorgänge am Jerusalemer Königshof wird in Wahrheit sehr viel trockener gewesen sein.

Josephus erzählt nun weiter, wie jene drei Eunuchen unter peinlicher Befragung, das heißt unter Anwendung der Folter, nicht nur den geschlechtlichen Umgang mit Alexandros eingestanden, sondern – »als sie Antipatros zu Gefallen von den Henkersknechten immer grausamer gequält wurden« – darüber hinaus zugaben, »Alexandros, der gegen seinen Vater höchst feindselig eingestellt sei, habe sie beredet, sich von Herodes loszusagen, da er sich überlebt habe und sein hohes Alter damit zu vertuschen trachte, daß er sich das Haar schwärze«. Weiter gaben die Eunuchen an, Alexandros habe gesagt, er werde entgegen der von Herodes getroffenen Nachfolgeregelung nach dessen Tod der einzige und alleinige König sein, und er könne dabei auf die Unterstützung des Heeres und zahlreicher Großen des Reiches rechnen.

Darüber geriet Herodes in große Wut, und er ließ unter den Freunden des Alexandros Untersuchungen, Verhöre, Folterungen anstellen. Einer der Freunde gab an, Alexandros habe sogar die Ermordung seines Vaters geplant. Zunächst sagte er nur, Alexandros habe oft, »wenn er wegen seiner körperlichen Gewandtheit, seiner Fertigkeit im Schießen und wegen anderer vorzüglicher Eigenschaften gelobt worden sei, geklagt, daß diese Gaben der Natur für ihn mehr ehrenvoll als nutzbringend seien, da sein Vater ihn deswegen beneide und hasse; daher pflege er bei Spaziergängen mit seinem Vater sich zu bücken, um nicht größer als dieser zu erscheinen, und bei Jagden, die er mit dem Vater unternehme, absichtlich das Wild zu verfehlen, da er dessen Ehrgeiz kenne, der anderen keinen Ruhm gönne.«

Auch hier tauchen wieder merkwürdige Ungereimtheiten auf: Da gab es also trotz des gegenseitigen Hasses, von dem Josephus immer wieder schreibt, trotz der angeblich unüberbrückbaren Spaltung des Familienklans in zwei todfeindliche Parteien, noch gemeinsame Spaziergänge des Vaters mit Alexandros; und beide gingen auch noch gemeinsam auf die Jagd. Um Erinnerungen aus der Vergangenheit kann es sich hier nicht handeln; daß sie noch jetzt gemeinsam auf die Jagd gingen, zeigt die Fortsetzung der Aussage, in der es heißt, Alexandros habe in Gemeinschaft mit Aristobulos »den Plan gefaßt, den Vater auf der Jagd aus dem Hinterhalt zu töten, nach vollbrachter Tat nach Rom zu fliehen und dort um Verleihung der Königswürde zu bitten«. Und jetzt, sagt Josephus, »da sich nun auch noch ein Brief Alexandros' an seinen Bruder vorfand, worin er sich darüber beklagte, daß sein Vater dem Antipatros gegen alles Recht ein Gebiet mit zweihundert Talenten Einkünften geschenkt habe, glaubte Herodes endlich den sicheren Beweis für die Richtigkeit des gegen die jungen Leute gefaßten Verdachts zu besitzen, und ließ daher den Alexandros ergreifen und einkerkern.«

Seltsam ist nun wiederum, daß Aristobulos, obwohl er doch jener Aussage zufolge mit seinem Bruder gemeinsame Sache machen wollte, nicht verhaftet wurde. Allerdings trat Alexandros in der ganzen Geschichte als der Führende auf. Das ergab sich auch nach weiteren Untersuchungen und Verhören, zu denen sich Herodes veranlaßt sah, weil er – wie Josephus sagt – »einen deutlicheren Beweis für die Schuld seines Sohnes haben wollte und weil er den Anschein fürchtete, als ob er ihn voreilig in Ketten gelegt habe«. Was dabei herauskam, war wenig, und das Wenige dürfte noch dazu das Ergebnis von Folterungen gewesen sein, die nun vor allem im Namen des Antipatros durchgeführt wurden. Dennoch scheint es Alexandros – noch nicht Herodes – genügt zu haben, so daß er sich für verloren hielt. Überraschenderweise hat er nicht geleugnet. Vielmehr gab er alles zu, und zwar schriftlich, in vier Briefen an den Vater, vielleicht – so deutet es Walter Otto – um nicht allein zu fallen, sondern auch einige seiner Gegner mit ins Verderben hineinzuziehen. Alexandros gab nämlich – und das war nun freilich sehr raffiniert – als Mitverschworene höchste Würdenträger des Reiches und mit ihnen auch Pheroras und Salome an.

Aufgrund dieser Angaben, die wohl kaum ein wirkliches Schuldeingeständnis als vielmehr die Folge von Verzweiflung waren – in einem dieser Briefe stellte er die bereits angeführte

Behauptung auf, von Salome zum Beischlaf gezwungen worden zu sein –, geriet Herodes in wahnsinnige Angst, weil er sich, was allerdings nicht verwunderlich ist, jetzt total verunsichert fühlte. Er ließ die Untersuchungen immer weiter ausdehnen, ließ verhaften, foltern, hinrichten. Allerdings dürften die Angaben über Hinrichtungen, die Josephus ohne weitere Einzelheiten macht, das heißt, ohne Namen oder Ämter der Hingerichteten zu nennen, übertrieben sein. Richtig ist dennoch, daß kaum jemand in der Umgebung des Königs sich vor Verdächtigungen noch sicher fühlen konnte. Sogar die engsten und treuesten Mitarbeiter des Königs, nämlich Ptolemaios und Sapinnius, die in der Verwaltungshierarchie an höchster Stelle gestanden haben, wurden in den Briefen von Alexandros beschuldigt, an der Verschwörung beteiligt gewesen zu sein. »Es war«, heißt es bei Josephus in den ›Jüdischen Altertümern‹ (XVI, 8,5), »als hätte Raserei den Hof befallen, so wüteten die gegeneinander, welche früher die besten Freunde gewesen waren. Weder Verteidigung noch Widerlegung zur Aufdeckung der Wahrheit waren möglich, sondern ohne jedes Verhör wurde die Todesstrafe verhängt. Und während die einen in Ketten lagen, die anderen ihren baldigen Tod und noch andere beides unvermeidlich zu erwarten hatten, erfüllte den Hof im Gegensatz zu dem früheren glücklichen Leben nur Trauer und Wehklage.«

Herodes selbst scheint die Nerven verloren zu haben: »Er verzehrte sich in Bitterkeit, und die beständigen Intrigen sowie sein Mißtrauen gegen jedermann ließen ihn von der Zukunft nichts Gutes erwarten. Oft bildete er sich ein, sein Sohn komme auf ihn zu und stehe mit gezücktem Schwerte vor ihm, und da ähnliche Vorstellungen ihn Tag und Nacht verfolgten, war er dem Wahnsinn und der Tobsucht nahe.«

Abraham Schalit kommt aufgrund der Angaben bei Josephus zu der Überzeugung, daß Herodes wirklich wahnsinnig geworden sei und daß sein Sohn Antipatros dies sehr deutlich erkannt und für sich und seine Intrigen ausgenutzt habe. Es läßt sich vermuten, sagt Schalit, »daß der König in sehr bedeutendem Maße zu Verfolgungswahn (Paranoia) neigte«. Aber hier ist größte Vorsicht angebracht. Man darf nicht übersehen, daß die entsprechenden Angaben bei Josephus, die möglicherweise für eine Paranoia sprechen könnten, größtenteils übertrieben sein dürften. Und selbst wenn Herodes sich – was indessen nicht erwiesen ist – zu Unrecht von seinen Söhnen verfolgt fühlte, ist das noch kein Beweis für einen echten Verfolgungswahn, der ja immer dadurch gekennzeichnet ist, daß die Vorstellung, verfolgt zu sein, durch Gegeneinwände schlechterdings nicht zu entkräften ist, weil das wahnhaft ausgebaute System in sich völlig logisch und nach außen absolut geschlossen bleibt. Herodes aber war lange Zeit von einer Schuld seiner Söhne gar nicht überzeugt, ja, er hoffte auf deren Entlastung, und es kam trotz des Schuldgeständnisses, das Alexandros abgelegt hatte, noch einmal – und dies vor allem spricht gegen einen echten Verfolgungswahn – zu einer Aussöhnung zwischen Herodes und den Mariamme-Söhnen.

Diese Versöhnung kam durch den Kappadokierkönig Archelaos zustande, den Schwiegervater des Alexandros, der sofort nach Jerusalem geeilt war, als er von der Verhaftung seines Schwiegersohns hörte. Er hat sich bei seiner Intervention eines psychologischen Tricks bedient, indem er sich nämlich mit aller Entschiedenheit und Härte gegen Alexandros aussprach und dadurch den Widerspruch des Herodes hervorrief. Dem ›Jüdischen Krieg‹ (I, 25,1) zufolge habe Archelaos gleich nach seiner Ankunft in Jerusalem Herodes zugerufen:

»Wo ist denn mein verruchter Schwiegersohn? Wo kann ich das Haupt des Vatermörders sehen, daß ich es mit meinen eigenen Händen zermalmen kann? Meine eigene Tochter will ich ihrem sauberen Gatten nachschicken. Denn auch wenn sie an seiner Absicht nicht teilhatte, ist sie, weil sie die Frau eines solchen Mannes ist, doch befleckt. Da du das Ziel eines solchen Anschlag warst, kann ich nur deine Langmut bewundern, wenn Alexander doch noch am Leben ist. Denn ich eilte von Kappadokien unter der Voraussetzung hierher, ihn schon abgeurteilt zu finden, und lediglich mit der Absicht, zusammen mit dir das Verfahren gegen meine Tochter durchzuführen, die ich jenem nur im Hinblick auf deine hohe Würde vermählte. Nun aber bleibt uns noch, über beide zu richten, und wenn du allzusehr Vater und zu weichherzig bist, um einen aufrühreri- schen Sohn zu bestrafen, so wollen wir uns wechselseitig die Hand leihen und jeder es übernehmen, den Zorn des anderen zu vollstrecken.«

Diese Rede hatte die von Archelaos gewünschte Wirkung, indem jetzt Herodes selbst sich für die Verteidigung seines Sohnes einsetzte und »der väterlichen Liebe in seinem Herzen wieder Raum gab«. Und nun schob Archelaos geschickt die Schuld an der ganzen Affäre auf andere: »Man müßte sich doch überlegen«, sagte er zu Herodes, »ob nicht ein Anschlag all dieser Schurken auf den Prinzen vorliegt, statt des Prinzen auf dich. Denn es ist keineswegs einzusehen, aus welchem Grunde er sich so weit in den Frevel verrannt hat, wo er doch schon im Genuß der Königswürde steht und sich Hoffnung auf die Nachfolge machen darf, wenn es nicht einige gibt, die ihn aufstacheln und die Bereitwilligkeit der Jugend zum Schlechten ausnutzen. Denn durch Leute solchen Schlages werden nicht nur junge Männer, sondern auch Greise hinters Licht geführt, ja, vornehmste Häuser und ganze Königreiche zugrunde ge- richtet.«

Als Hauptschuldiger an der ganzen Geschichte wurde von Archelaos der Bruder des Königs hingestellt, Pheroras; ja, es gelang dem Kappadokier sogar, Pheroras dahin zu beeinflussen, sich selbst vor Herodes als Hauptschuldigen anzuklagen. Archelaos hatte ihm für diesen Fall seine Fürbitte bei Herodes versprochen. Pheroras zog zum Zeichen seiner Schuld und Trauer ein schwarzes Gewand an und – so heißt es bei Josephus (J. K., ebd.) – »warf sich unter Tränen dem Herodes zu Füßen, wie er schon oft getan hatte: Er bat um Verzeihung und bekannte sich als verbrecherischen Menschen, er habe alles getan, wessen er bezichtigt werde; dabei klagte er über Zerrüttung seines Geistes, ja über Wahnsinn, wofür er als Ursache die Liebe zu seiner Frau angab.«

Archelaos setzte sich dann, wie er es versprochen hatte, bei

Herodes für Pheroras ein, indem er – so Josephus – auf Beispiele aus seiner eigenen Familie hinwies: »Auch er selbst habe bei noch viel schlimmeren Erfahrungen mit seinem Bruder doch dem Gebot der Natur vor der Rache den Vorrang gegeben«, was Archelaos so begründete: »In den Königreichen gerate wie in großen Körpern immer irgendein Teil infolge der besonderen Belastung in Entzündungszustand; diesen Teil abzuschneiden sei nicht nötig, es genüge vielmehr eine vorsichtige Heilbehandlung.« Und damit hat er Herodes überzeugt.

Wieder einmal endete alles in einer großen Versöhnungsszene, ähnlich wie drei Jahre zuvor in Rom vor Kaiser Augustus. Herodes nahm seinen Sohn in Gnaden wieder an, er verzieh sogar seinem Bruder Pheroras. Vielleicht war diese Versöhnung der Anlaß, daß Alexandros oder Aristobulos zu Herodes sagte (was Josephus an anderer Stelle einmal erwähnt), nämlich »es müsse aber auch der König die Klatschereien unterbinden und ihnen nicht mehr so leicht Glauben schenken; es werde ihnen, seinen Söhnen, nämlich nicht an Verleumdern fehlen, solange einer da ist, der ihnen glaubt«.

Über den friedlichen Ausgang der angeblichen Verschwörung schien keiner fröhlicher zu sein als Herodes. Er sorgte dafür, daß die restliche Zeit, die Archelaos noch in Jerusalem zubrachte, mit Gastmählern und gegenseitigen Freundschaftsbeweisen zugebracht wurde. Beim Abschied schenkte Herodes dem Kappadokier zum Dank für die Vermittlung in dem Familienstreit siebzig Talente, einen goldenen, mit Edelsteinen geschmückten Thron, dazu einige Eunuchen und eine Haremsfrau. Alle Angehörigen des jüdischen Königshauses mußten Archelaos ebenfalls beschenken, und Herodes beschenkte überdies alle seine Freunde, und zwar »einen jeden nach seinem Rang«. Dann gab der König zusammen mit den Großen seines Reiches dem Archelaos bis in die Stadt Antiochia im Norden von Syrien das Geleit, um noch einen Streit zwischen Archelaos und dem syrischen Statthalter zu schlichten. Zufrieden kehrte er nach Jerusalem zurück.

Dieser märchenhafte Schluß, der zwar noch nicht das bittere

Ende der Geschichte war, zu dem es zwei Jahre später kam, ist freilich in höchstem Maße überraschend. Plötzlich war also alles im Sande verlaufen. Das bedeutet indessen nichts anderes, als daß die Angaben bei Josephus über die verbrecherischen Vorgänge im Palast, über die vielen Verhaftungen und Hinrichtungen stark übertrieben sein müssen. Wenn es so gewesen wäre, wie Josephus es geschildert hat, daß »der Palast voll der schrecklichsten Greueltaten« gewesen sei, daß Herodes in seiner Mordgier jeden, der nur irgendwie »verdächtig war, unverzüglich habe töten« lassen, daß die »Strafen noch schneller als die Verleumdungen« gekommen seien, daß »einer, der eben noch Ankläger war, zum Angeklagten wurde und zusammen mit dem von ihm Beschuldigten abgeführt« worden sei, daß »die einen in Ketten lagen und die anderen auf den Tod warteten«: Dies alles und dazu die vielen Beschuldigungen hätte sich nicht einfach so freundlich auflösen können, indem einer für alles die Schuld auf sich nahm und dann noch straffrei ausging. Und der vor Angst angeblich wahnsinnige König verließ dann wieder einmal für mehrere Wochen sein erschüttertes Reich, ohne befürchten zu müssen, daß es schließlich doch noch zu einer Verschwörung gegen ihn kommen könnte.

Nein, dieser Schluß paßt nicht zum Vorhergehenden. Oder genauer: Das Vorhergehende paßt nicht zu diesem Schluß. Der historische Kern dieser ganzen Affäre dürfte in Wahrheit sehr viel weniger dramatisch gewesen sein. Alexandros und Aristobulos waren – daran ist nicht zu zweifeln – erneut in Verdacht geraten, sich mit der Nachfolgeregelung nicht abfinden zu wollen. In diesem Punkt könnte Pheroras, der mit Antipatros inzwischen auch nicht mehr allzugut stand, ihnen für den Fall des Machtwechsels seine Unterstützung zugesagt haben. Dann mag der Verdacht entstanden sein, es könne mehr dahinter stecken, also der Plan eines Attentats auf den König. Da Alexandros als die treibende Kraft erschien, wurde er in Haft genommen. Und zweifelsohne kam es zu Untersuchungen, zu Verhören unter Anwendung der Folter, vielleicht sogar zu übertriebenen Schuldeingeständnissen von seiten Alexandros', die jedoch unglaubhaft gewirkt haben dürften. Das ganze Drumherum aber hat Josephus (oder sein Gewährsmann) hinzuerfunden. Dafür spricht ja schon, daß bei den angeblichen Hinrichtungen nicht ein einziger Name oder ein Amtstitel genannt wird und daß auch von irgendwelchen Umbesetzungen in der Verwaltungsspitze oder im Heer, deren Führungsgruppe doch zu den von Alexandros Beschuldigten gehörte, nicht die Rede ist.

Übertrieben ist andererseits wohl auch die Darstellung der Versöhnung. Zwar mögen die Freude des Herodes über diesen Ausgang und seine Dankbarkeit gegenüber Archelaos wirklich so groß gewesen sein, aber die Probleme waren damit ja keineswegs aus der Welt. Das Mißtrauen des Königs blieb, die Frustration der Prinzen blieb, und es blieb das rücksichtslose Streben des ältesten Herodes-Sohnes nach der Alleinherrschaft. Wie damals in Rom war auch diesmal eine Lösung nicht gefunden worden. Und so konnte der Friede in der Familie, der mit soviel Mühe wiederhergestellt worden war, nicht lange dauern.

XIII. Kapitel
Der Prozeß gegen die Mariamme-Söhne

Weiterhin wirtschaftlicher Aufstieg · Vorbildliche Wasserversorgung · Verbesserung der Münzen · Kolonisierung der Trachonitis · Besuch aus Sparta · Wieder Streit mit den Söhnen: Herodes verklagt sie wegen Hochverrats · Aussöhnung mit dem Kaiser · Ein Gericht in Berytos unter römischem Vorsitz spricht die Söhne schuldig · Josephus unterschlägt die Verteidigung, und die Forschung folgt ihm allzu gläubig · Von Mord kann nicht die Rede sein · Sorge um die Enkel

Die nochmalige Aussöhnung mit seinen Söhnen in der zweiten Hälfte des Jahres 9 v. Chr. mag den König nicht zuletzt deswegen so glücklich gemacht haben, weil er, wie bereits gezeigt, während dieser ganzen Periode in der Ungnade des Kaisers stand und weil auch der Ärger mit den Arabern noch andauerte. Er hatte also ohnehin genug Sorgen, und so war er froh, im eigenen Haus endlich wieder Ruhe zu haben. Herodes hätte sich jetzt Zeit nehmen können, seine Söhne in die Regierungsgeschäfte einzuarbeiten. Seine großen, zeitraubenden Projekte liefen inzwischen aus. Der Umbau des Tempelbezirks war im wesentlichen abgeschlossen, und die neue Anlage war mit einer großen Feier eingeweiht worden. Gut ein Jahr darauf waren auch Stadt und Hafen von Caesarea so weit vollendet, daß das bereits beschriebene Einweihungsfest stattfinden konnte.

Rasch entwickelte sich Caesarea zu einem gewinnbringenden

Warenumschlagsplatz. Auch die im Jahre 12 von Augustus gepachteten Kupferbergwerke auf Zypern warfen für Herodes gute Gewinne ab so wie bereits seit vielen Jahren die Balsampflanzungen von Jericho und die Asphaltgewinnung am Toten Meer. Wirtschaftlich lief alles ganz ausgezeichnet, und seit dem Tempelneubau klagten die Juden auch nicht mehr darüber, daß Herodes die Steuergelder vor allem zum Wohl seiner hellenistischen Städte verbrauche. Dieser Vorwurf war ohnehin unberechtigt gewesen. Insbesondere die Jerusalemer konnten sich nicht beschweren, denn Jerusalem hatte er wirklich ganz wesentlich verschönert. Vorbildlich war auch die von ihm ausgebaute Wasserversorgung der Stadt, für die allerdings schon von seinen Vorgängern viel geleistet worden war. Herodes ließ nicht nur die ältere, aus den Teichen Salomos an der Straße Hebron–Bethlehem kommende Leitung ausbessern, sondern eine zweite Wasserleitung bauen, die auf weitem Umweg Brunnen und unterirdische Wasserbehälter im Tempelbereich versorgte. Einige der auf dem Tempelplatz bis in die Gegenwart erhalten gebliebenen Bassins für Regenwasser sind ebenfalls sein Werk. Und wahrscheinlich hat er auch den 25 Meter tiefen, mehr als hunderttausend Kubikmeter fassenden Behälter im Nordosten des Platzes anlegen lassen. Technisch vollendet waren die Wasserleitungen für Caesarea, eine fünf, eine zweite 13 Kilometer lang, die in teils offenen, teils überdeckten Tonröhren verliefen und Täler durch weite Brückenbögen überwanden. Die raffinierten Bewässerungsanlagen von Jericho und in Masada hatten wir bereits erwähnt.

Nicht weniger wichtig waren der Straßenbau und die Sicherung der alten Verkehrswege. Auch auf diesem Gebiet hat Herodes viel geleistet. Und so gelang es ihm, Israel zu einer wirtschaftlichen Blüte zu bringen, wie es sie in Jahrhunderten nicht erreicht hatte.

Der wirtschaftliche Wohlstand des Landes zeigte sich nicht zuletzt in seinen Münzen, die in der Legierung sehr viel wertvoller waren als die seiner Vorgänger. Während zum Beispiel – worauf Hugo Willrich hinweist – die Münzen des

Antigonos einen Bleizusatz von 27 Prozent enthielten, was die Münzen im Wert sinken ließ, enthielten die von Herodes geprägten nur noch knapp 13 Prozent Blei, dafür aber mehr wertvolles Zinn. Diese Münzverbesserung wirkte inflationshemmend. Vorbild war ihm – wie überhaupt – in seiner Finanzpolitik Rom: Dort hatte Augustus dafür gesorgt, daß der wertmindernde Bleizusatz, der in der Zeit der Republik gelegentlich über 20 Prozent lag, zugunsten wertvollerer Metalle herabgesetzt wurde. In Israel stieg nach dem Tode des Herodes der Bleigehalt in Münzen wieder an, während gleichzeitig der Zinngehalt gemindert wurde.

Zur Zeit der zweiten Aussöhnung mit den Mariamme-Söhnen arbeitete Herodes noch an einem besonders schwierigen Problem seiner Kolonisationspolitik. Es ging um die schon mehrmals erwähnte Trachonitis, jenes Gebiet zwischen Libanon und Antilibanon, in dem ursprünglich die von Zenodoros unterstützten Räuber und Schmuggler hausten, die sich dann ins arabische Raepta zurückgezogen hatten. Um die Trachonitis und die südlich anschließende Batanäa zu sichern, legte Herodes dort Militärkolonien an. In die Trachonitis ließ er dreitausend Idumäer kommen, für die Batanäa aber holte er Juden von Babylon. Zum Schutz dieser neuen Bevölkerung ließ er mehrere Kastelle sowie eine größere Ortschaft bauen. Und er gewährte den Neusiedlern Steuerfreiheit. Bald kamen andere Siedler hinzu, und so entstand hier eine Bevölkerung, die sich dem königlichen Hause treu verbunden fühlte. Auf diese Weise wurden jene bis dahin öden Landschaften kultiviert, und zugleich wurden die Handelswege zwischen Arabien und Damaskus und zwischen Babylonien und Palästina gesichert. Und diese Wege waren wegen der Zölle, die für den Transport von Waren erhoben wurden, für den Staat eine weitere wichtige Einnahmequelle. Zunächst jedoch hatte Herodes mit diesen Grenzlanden noch allerhand Sorgen, weil – wie weiter oben dargestellt – von arabischen Nachbargebieten aus dorthin noch lange Zeit Überfälle stattfanden.

Zu einer wirklichen Aussöhnung, zu einer wirksamen Zusammenarbeit mit seinen Söhnen ist es freilich doch nicht gekommen. Schon bald nach der Intervention des Archelaos bauten sich in der Familie des Herodes die alten Spannungen wieder auf. Aktiviert wurde die sich anbahnende Tragödie angeblich durch einen Besucher aus Sparta, der sich für einige Zeit als Ehrengast am Jerusalemer Hof einnistete. Er hieß Eurykles und herrschte als Tyrann über Sparta, wie es schon sein Vater getan hatte, der jedoch von Antonius hingerichtet worden war. Aus Rache hatte Eurykles sich damals auf die Seite Oktavians geschlagen und ihn in der Schlacht von Aktium militärisch unterstützt. Oktavian verlieh ihm zum Dank das römische Bürgerrecht und bestätigte ihm die Herrschaft über Sparta. Dieser Mann wird von Josephus als ein ziemlich übler Zeitgenosse geschildert, als ein »verruchter, wollüstiger und kriecherischer Mensch«. Offenbar verstand der Spartaner es jedoch, sich mit allen bei Hofe zu befreunden, und zwar so, »daß jeder, mit dem er verkehrte, ihn für seinen alleinigen Freund hielt, der nur ihm zu Gefallen auch mit anderen Beziehungen pflege«. Durch »sein höfliches Benehmen« gewann Eurykles das Vertrauen des Königs ebenso wie das der Mariamme-Söhne, und er befreundete sich zugleich mit Antipatros. Aber er hat die verfeindeten Parteien nicht etwa einander näher gebracht, sondern er hat sie erst richtig gegeneinander aufgehetzt, indem er Aussagen der einen den anderen hinterbrachte. Was Alexandros ihm im Vertrauen erzählt haben soll, gab er sofort an Antipatros weiter, aber übertrieben und entstellt.

Nach Josephus – in den ›Jüdischen Altertümern‹ (XVI, 10,1) – hatte Alexandros ihm lediglich angedeutet, »wie sehr das Herz des Vaters ihm entfremdet sei, wie es seiner Mutter ergangen und wie Antipatros alle Gewalt an sich gerissen habe, nachdem er ihn und seinen Bruder um ihre Vorrechte gebracht; das alles sei nicht zu ertragen, besonders da sein Vater bereits so sehr von Haß gegen sie erfüllt sei, daß er weder gemeinschaftlich mit ihnen speisen noch überhaupt mit ihnen reden wolle.« Als Eurykles dies Antipatros weitererzählte, fügte er hinzu, »dies seien keine absichtslos hingeworfenen Worte gewesen, vielmehr hätten sie deutlich erkennen lassen, daß hinter ihnen ein entschlossener Wille sich verberge«. Antipatros veranlaßte daraufhin den Spartaner, den er zu diesem Zweck reichlich beschenkte, die Sache auch dem König vorzutragen. So geschah es, und bei Herodes fand Eurykles leicht Glauben; er habe den König »durch seine schlau gewählten Redewendungen so in Wallung« gebracht, daß »diesen ein unversöhnlicher Haß gegen seinen Sohn erfaßte«.

Was Eurykles, der aufgrund seiner Mitteilungen von Herodes reich beschenkt wurde, und zwar angeblich mit fünfzig Talenten, und der dann zu Archelaos von Kappadokien fuhr, wo er Josephus zufolge weitere Intrigen spann, eigentlich gesagt hat, wird nicht hier, sondern nur im ›Jüdischen Krieg‹ deutlich. Da heißt es (I, 26,2): »Außerdem fügte er noch einen völlig erdichteten Bericht über einen Anschlag bei, als wenn die Brüder ihm, dem Herodes, nach dem Leben trachteten und lediglich ihre Schwerter noch nicht gegen ihn erhoben hätten.«

Unübersehbar ist, wie sehr Josephus und mit ihm die ja durchweg herodesfeindliche Tradition bemüht sind, das Verhalten der Prinzen zu verharmlosen. Alexandros und Aristobulos gelten für Josephus als absolut unschuldig. Josephus gibt allenfalls zu, daß die Brüder sich nicht sehr klug verhalten haben, daß sie vielleicht zu stolz waren, daß sie zu vertrauensselig gewesen seien, aber die Möglichkeit einer Schuld wird – wie einst die Möglichkeit eines Unfalls beim Tode des jungen Hohepriesters Aristobulos – überhaupt nicht in Erwägung gezogen. Und wenn jemand, wie der Spartaner Eurykles, anderer Meinung zu sein scheint, dann muß er ein verruchter, wollüstiger Mensch sein, der nichts als Lügen verbreitet, und zwar noch dazu in der Hoffnung auf reiche Geldgeschenke, und was er sagt, ist »völlig erdichtet«, ist »abenteuerliches Gespinst«. Es könnte freilich so gewesen sein, wie Josephus es darstellt, aber überzeugend ist seine Schilderung keinesfalls.

Im ›Jüdischen Krieg‹ läßt Josephus den Spartaner sagen, er wolle dem Herodes als Dank für die Gastfreundschaft das Leben retten; deswegen unterrichte er ihn über die Gedanken und

Absichten seines Sohnes Alexandros. Dieser habe nämlich gesagt, »Herodes sei nicht etwa damit zufrieden, auf einem fremden Thron zu sitzen und nach dem Morde an ihrer Mutter deren Herrschaft zu verschleudern, sondern er führe auch noch einen Bastard als Nachfolger ein, indem er die Krone ihrer Ahnen dieser Pest Antipatros darreiche. Er werde auf jeden Fall die Rache für die Geister des Hyrkanos und der Mariamme übernehmen; denn es sei nicht einmal recht, wenn er von einem solchen Vater die Herrschaft ohne Mord übernehme.« Weiter habe Alexandros ihm gestanden, sagte Eurykles, er wolle, wenn er seinen Vater getötet habe, zunächst zu seinem Schwiegervater Archelaos von Kappadokien fliehen. Dann aber wolle er nach Rom gehen, um dem Kaiser »den Fall seines Urgroßvaters und seiner Mutter zur Untersuchung zu bringen und die Greuel des Königtums alle enthüllen; unter diesen Umständen werde er nicht als Vatermörder verurteilt werden.«

Gewiß hat Josephus recht, wenn er dies als »abenteuerliches Gespinst« abtut; es ist ja nicht gut vorstellbar, daß Alexandros einem wildfremden Menschen eingestanden haben sollte, seinen Vater ermorden zu wollen. Die Frage ist aber doch, ob dieses Gespinst nicht aus einer herodesfeindlichen Quelle stammt, erfunden in der Absicht, Konkreteres dafür auslassen und das Verhalten der Prinzen auf diese Weise gänzlich verharmlosen zu können. Die Frage muß offenbleiben. Aber es darf unterstellt werden, daß sich das Verhalten der Prinzen für Herodes keineswegs so harmlos ausnahm, ja, daß die Prinzen tatsächlich etwas vorbereiteten, vielleicht nur eine Flucht ins Ausland, möglicherweise aber doch einen Anschlag auf das Leben des Königs. Zu diesem Ergebnis kommt auch Abraham Schalit.

Was den König schließlich veranlaßt haben soll, die Prinzen in Haft nehmen zu lassen, waren deren Beziehungen zu zwei bei ihm in Ungnade entlassenen Leibwächtern (an anderer Stelle werden sie als Reiterobersten bezeichnet). Die Verhaftung der Prinzen erfolgte allerdings erst, nachdem die beiden – unter der Folter – ausgesagt hatten, Alexandros habe ihnen Geld gegeben, damit sie Herodes töteten. Das Geld fand sich in dem von ihnen angegebenen Versteck. Weitere Geständnisse brachten schließlich die Spur auf einen Brief Alexandros' an den Kommandanten der Festung Alexandreion, in dem er darum bat, »ihn mit seinem Bruder Aristobulos« – so in den ›Jüdischen Altertümern‹ – »nach der Ermordung seines Vaters in der Festung aufzunehmen«. Alexandros erklärte diesen Brief für eine Fälschung. Herodes glaubte ihm jedoch nicht und hielt daran fest, Alexandros habe einen Anschlag auf sein Leben geplant.

Die meisten Forscher folgten der Meinung des Josephus, daß dieser Brief eine Fälschung im Auftrag des Antipatros gewesen sei, der seine Halbbrüder damit habe vernichten wollen. Oder sie nahmen die in den ›Jüdischen Altertümern‹ wiedergegebene Fassung des Briefes an, in der von Mord nicht die Rede ist, sondern es nur heißt: »Wenn wir mit Gottes Hilfe alles, was wir beabsichtigen, ausgeführt haben, so kommen wir zu euch. Sorgt dann nur dafür, daß ihr uns eurem Versprechen gemäß in die Festung aufnehmen könnt.« In der Tat ist es ja nicht wahrscheinlich, daß Alexandros in einem Brief offen von dem Mordplan geschrieben haben sollte. Abraham Schalit hält dies dennoch für möglich: »Wir haben nicht den mindesten Grund, anzunehmen, daß Alexandros und Aristobulos, beides Männer, die, wie wir immer wieder gesehen haben, keine Geheimnisse zu bewahren verstanden, nicht auch damals ihre Absicht eindeutig ausgedrückt hätten. Wahrscheinlich hielten sie ihre Lage für höchst bedenklich, und sie beschlossen, den auf ihnen nun schon seit Jahren lastenden Druck endlich abzuschütteln und ein für alle Mal die ständig über ihnen schwebende Drohung loszuwerden, indem sie den Vater töteten, zu Archelaos und weiter nach Rom kämen, wo sie ein offenes Ohr und Verständnis für die Umstände, die sie zu ihrer Tat gezwungen hätten, zu finden hofften.«

Es ist dennoch unwahrscheinlich. Auch haben die Brüder, die getrennt in Haft gehalten wurden, immer wieder beteuert, einen Anschlag auf das Leben des Vaters nicht beabsichtigt zu haben. Als Herodes sie anwies, ein schriftliches Geständnis aller gegen ihn gerichteten Verbrechen abzulegen, gestanden sie nur das eine, »nämlich daß sie ihre Flucht vorbereitet hätten, und zwar aus dem zwingenden Grund, weil sie das Leben unter steten Verdächtigungen und Plackereien nicht mehr auszuhalten vermöchten«.

Dies klingt glaubhaft. Weitere Untersuchungen ergaben, daß auch Glaphyra, Alexandros' Frau, von der geplanten Flucht gewußt hat, nichts jedoch, so sagte sie, von einem Mordanschlag. Und ebenso scheint ihr Vater Archelaos, der König von Kappadokien, zu dem sie ja fliehen wollten, von dem Fluchtplan gewußt zu haben, was Herodes ihm sehr übel nahm. Denn Herodes glaubte natürlich, daß mehr dahinter steckte. Er war überzeugt, daß die Söhne der Mariamme einen Mordanschlag gegen ihn vorbereitet hatten. Deswegen entschloß er sich, Alexandros und Aristobulos wegen Hochverrats vor Gericht zu stellen.

Doch wollte Herodes in dieser Angelegenheit nichts ohne Zustimmung des Kaisers unternehmen. Er schrieb also für Augustus einen Bericht, in dem er den Verdacht gegen seine Söhne, ihn zu töten und dann zu fliehen, darlegte. Mit diesem Bericht schickte er zwei Gesandte nach Rom. Auf dem Wege dorthin sollten sie den Kappadokierkönig Archelaos aufsuchen und ihm die Entrüstung des Herodes darüber mitteilen, daß Archelaos sich in das Komplott hatte hineinziehen lassen. Archelaos erklärte den Gesandten, er sei lediglich bereit gewesen, die Prinzen bei sich aufzunehmen, doch habe er sie nicht zum Kaiser bringen wollen und ihnen auch keinerlei Versprechungen gemacht, die sich etwa gegen Herodes gerichtet hätten. Gegen Herodes habe er nichts, und er habe den Prinzen nur zu dessen Besten helfen wollen.

In Rom sollten die Gesandten, so hatte Herodes sie angewiesen, sich erst bei Nikolaos von Damaskus, der dort seit einiger Zeit als ständiger Gesandter des jüdischen Königs tätig war, nach dem Stand des Rechtsstreits gegen den Nabatäer Syllaios erkundigen; nur wenn der Kaiser ihm, Herodes, nicht mehr zürnte, sollten sie ihm den Bericht übergeben. Nun war eben jetzt in diesem alten Streit, zu dem es nach der jüdischen

Militäroperation gegen die Araber gekommen war, von Augustus gegen Syllaios entschieden worden. Herodes war voll rehabilitiert. Augustus entschuldigte sich sogar für sein damaliges, voreiliges Verhalten; ja, er soll sogar daran gedacht haben, Herodes auch als Herrscher über das Reich der Nabatäer einzusetzen, mit dessen neuem König Aretas man in Rom zunächst nicht einverstanden war. Da aber kamen die Gesandten aus Jerusalem mit dem Bericht über die Familientragödie, und Augustus entschied sich anders. »Nach Lesung des Briefes«, sagt Josephus, »hielt der Kaiser es nicht mehr für geraten, einem alternden und mit seinen Söhnen in Zwietracht lebenden Manne noch ein zweites Reich anzuweisen.«

Auf den schriftlichen Bericht des Herodes über Alexandros und Aristobulos antwortete Augustus ebenfalls schriftlich, doch ist seine Antwort nur in der indirekten Wiedergabe durch Josephus bekannt. In den ›Jüdischen Altertümern‹ (XVI, 11,1) heißt es: »Nachdem der Kaiser nun mit Herodes ausgesöhnt war, schrieb er an ihn, er bedauere, daß er solche Söhne habe, und falls sie sich ein Verbrechen hätten zuschulden kommen lassen, müsse man gegen sie wie gegen Vatermörder einschreiten, wozu er ihm hiermit die Vollmacht gebe. Wenn sie aber nur die Flucht vorgehabt hätten, müsse man sie auf mildere Art zurechtweisen und es nicht zum Äußersten kommen lassen. Übrigens rate er ihm, wegen der Angelegenheit einen Gerichtstag nach Berytos, wo auch Römer lebten, anzusagen, die Statthalter, den Kappadokierkönig Archelaos sowie alle übrigen, die er liebe und achte, dorthin zu entbieten und nach deren Entscheidung das Urteil zu fällen.«

Herodes hat sich an den Rat des Kaisers gehalten. Er ließ die Gerichtsverhandlung, wie Augustus es vorgeschlagen hatte, in Berytos, dem heutigen Beirut, stattfinden. Berytos lag außerhalb seines Reiches, war also in diesem Fall, noch dazu als römische Kolonie, neutraler Boden. Das ist wichtig und darf nicht, wie offenbar von Samuel Sandmel, mißverstanden werden. Sandmel behauptet, Herodes habe Berytos deswegen als Gerichtsstand gewählt, weil es von Jerusalem, »wo sich Sympathien für die

Königssöhne hätten regen können«, weit weg war. Diese völlige Fehldeutung, die den wahren Grund ins Gegenteil ummünzt, ist ein Beweis dafür, wie weit die herodesfeindliche Tradition bis in die moderne Forschung hinein verfälschend nachwirkt. In Wahrheit hat Augustus – worauf schon Hugo Willrich hinwies – mit seinem Vorschlag für Berytos als Gerichtsort dem römischen Bürgerrecht der Prinzen Rechnung getragen.

Der Gerichtshof aus Freunden, Verwandten, römischen Beamten und Offizieren und – so Josephus – hundertfünfzig Beisitzern stand unter dem Vorsitz des römischen Statthalters von Syrien, Saturninus, der ja in dieser Eigenschaft stellvertretend für den Kaiser anwesend war, sowie seiner drei Söhne, die als Legaten teilnahmen, und des Legaten Pedanius. Jedenfalls werden diese von Josephus so aufgezählt. Von den Verwandten des Königs gehörten Salome und Pheroras dem Gerichtshof an. Archelaos, den Schwiegervater des Alexandros, hatte Herodes für befangen erklärt, da er unter dem Verdacht stand, an dem Komplott beteiligt gewesen zu sein.

Über den Prozeß hat Josephus, der die Vorgeschichte in großer Breite darlegte, nicht sehr ausführlich und vor allem auffallend ungenau berichtet. Im ›Jüdischen Krieg‹ (I, 27,2 u. 3) schreibt er: »Seine Söhne führte Herodes dem Gericht nicht vor, eine sehr vorsichtige Maßnahme, denn er wußte wohl, daß sie allein durch ihren Anblick ausschließlich Mitleid erwecken würden; wenn sie noch dazu das Wort erhielten, würde Alexandros die Anklagen leicht zerstreuen. Sie wurden vielmehr in dem sidonischen Dorf Platane in Haft gehalten. Der König erhob sich und redete heftig gegen sie, als wenn sie anwesend wären. Seine Anklage gegen ihren Anschlag war schwach, als wäre er in Verlegenheit, ihn zu beweisen. Schmäh- und Spottreden aber, Frechheiten und Entgleisungen, die ihm galten, trug er dem Gerichtshof in großer Zahl vor, Dinge, die ihm schwerer zu ertragen seien als der Tod. Als niemand widersprach, begann er zu klagen: er verliere den Prozeß, auch wenn er ihn gewinne; denn der Sieg über seine Kinder sei in jedem Fall bitter. Dann fragte er jeden nach seiner Meinung.« Und nun sprachen alle Richter nacheinander die Angeklagten schuldig.

Die Darstellung in den ›Jüdischen Altertümern‹ (XVI, 11,2) ist etwas ausführlicher: »Als nun die Statthalter sowie die sämtlichen aus den Städten zur Teilnahme an der Gerichtssitzung berufenen Personen in Berytos zusammengekommen waren, ließ Herodes seine Söhne, die er nicht vor die Schranken führen lassen wollte, in dem nahe bei der Stadt gelegenen Dorfe Platane unterbringen, um sie, wenn nötig, vor Gericht schaffen zu lassen. Er selbst kam ohne Begleitung in den Gerichtssaal und führte nun vor hundertfünfzig Beisitzern eine Klage, die zur Abwehr unvermeidlichen Unheils wohl am Platze gewesen wäre, hier aber den Vater entehrte, der seine Söhne beschuldigte. Er benahm sich nämlich außerordentlich aufgeregt, führte den Beweis unter stürmischen Gestikulationen und legte die Anzeichen der höchsten Wut und Grausamkeit an den Tag. Den Beisitzern gestattete er gar nicht, die Beweismittel zu prüfen, sondern verteidigte selbst deren Gültigkeit in einer Weise, die dem Vater seinen Söhnen gegenüber recht schlecht anstand, und las die von letzteren verfaßten Schriftstücke vor, in denen keineswegs von Nachstellungen oder einem geplanten Verbrechen, sondern nur von der beabsichtigten Flucht und einigen durch des Herodes Strenge veranlaßten Schmähungen die Rede war. Wenn er an solche Stelle kam, schrie er noch lauter, suchte jedes Wort auf die vermeintliche Verschwörung zu deuten und schwor, er wolle lieber sein Leben verlieren, als so etwas noch länger ertragen. Schließlich erklärte er, daß er sowohl nach natürlichem Rechte wie infolge der Bewilligung des Kaisers alle Macht in Händen habe, und fügte hinzu, ein Gesetz seines Landes schreibe vor, daß, wenn die Eltern einem angeklagten Sohne die Hand aufs Haupt legten, alle Umstehenden denselben mit Steinwürfen töten müßten. Obgleich er nun seiner väterlichen und königlichen Gewalt gemäß handeln könne, so wolle er doch die Entscheidung des Gerichtshofes abwarten.«

Seltsam ist, daß Josephus von einer Verteidigung der Angeklagten, wie sie doch einige Jahre zuvor in Rom vor Augustus erfolgte, überhaupt nichts sagt. Daraus nun etwa wie Abraham

Schalit und Samuel Sandmel schließen zu wollen, eine Verteidigung habe nicht stattgefunden, ist jedoch unmöglich. Nach römischem Recht – und hier in Berytos ging es um die Wahrung römischen Rechts, und dies sogar unter dem Vorsitz hoher römischer Beamter – bestand ein Prozeß grundsätzlich aus der Anklage- und der Verteidigungsrede und den etwaigen Erwiderungen. Zwischendurch fand die Verlesung des Beweismaterials und das Verhör der Zeugen statt. Herodes, der hier lediglich als Ankläger auftrat, hatte gar nicht das Recht und nicht die Macht, die Beisitzer – wie Josephus behauptet – daran zu hindern, die Beweismittel zu prüfen. Dies wäre allenfalls in Jerusalem möglich gewesen, aber selbst da nur innerhalb eines auf die Mitglieder seines Klans beschränkten Familiengerichts, dem er als *pater familias* zugleich vorgestanden haben würde. Eben dies hatte Augustus ja verhindert.

Wenn Josephus von einer Verteidigung nichts berichtet, so bedeutet das, daß er sie ganz einfach unterschlagen hat. Josephus folgt in diesem Abschnitt seiner Darstellung der herodesfeindlichen Tradition; er hat sich ja – wie bereits ausgeführt – gerade in der Behandlung dieses ganzen Familienstreits von der ihm vorliegenden Darstellung von Nikolaos von Damaskus ausdrücklich distanziert: »Nikolaos unternimmt es sogar«, warf er dem Hofhistoriographen vor, »die grausame Ermordung Mariammes und ihrer Söhne zu beschönigen, indem er die Mutter beschuldigt, einen schamlosen Lebenswandel geführt, und die Söhne, ihrem Vater nach dem Leben getrachtet zu haben.« So gesehen, ist es sehr gut möglich, daß bei Nikolaos eine vollständige Darstellung der Gerichtsverhandlung gestanden hat, daß aber Josephus, der sich den Hasmonäer-Prinzen ja immerhin verwandt fühlte, alles, was die Prinzen belastete, bagatellisierte, indem er die Anklage des Herodes als unglaubwürdig darstellte. Dabei kann er durchaus so weit gegangen sein, daß er die Verteidigung der Söhne, die übrigens nicht durch sie persönlich erfolgt sein muß und die offenbar zu ihrer Entlastung nicht ausreichte, verschwiegen hat; statt dessen tat er dann so, als habe das Gericht eine Verteidigung gar nicht zugelassen.

Daß eine Verteidigung nicht stattfand, ist für einen von römischen Beamten in der rechtsbewußten Ära des Kaisers Augustus geleiteten Prozeß, der noch dazu von der ganzen damaligen Welt mit größter Neugier verfolgt wurde, weil es schließlich um das Leben königlicher Prinzen ging, schlechterdings unmöglich. Und ebenso unmöglich ist es, daß die römischen Beamten ihren Schuldspruch lediglich aufgrund jener – wie Josephus es dargestellt hat – schwachen Anklagerede des Königs gefällt haben sollen. Und schon gar nicht taten sie es aus Kriecherei; sie waren als römische Bürger und hohe römische Staatsbeamte von Herodes doch in keiner Weise abhängig. Die Forschung jedoch ist Josephus hier gläubig gefolgt. Samuel Sandmel bezeichnet den ganzen Prozeß als eine Farce, wie es auch Walter Otto getan hatte. Und Abraham Schalit, der es doch sogar für wahrscheinlich hält, daß die Prinzen ihren Vater umbringen wollten, kann sich ebensowenig von Josephus lösen, ja, er überbietet dessen Angaben noch, indem er sagt: »Die Anklage des Herodes war ein einziger Schrei nach Blut und geradezu ein Tobsuchtsanfall. Herodes ließ keine sachliche Untersuchung zu, sondern forderte unmittelbar die Bestrafung der Söhne ... Die Söhne hatten keinerlei Gelegenheit, sich zur Anklage zu äußern, da sie den Richtern überhaupt nicht vorgeführt wurden.« Nur Hugo Willrich kam schon vor einem halben Jahrhundert zu einer abweichenden, kritischen Meinung.

Die Richter sprachen die Söhne schuldig, und zwar alle Richter. Unterschiedliche Auffassungen zeigten sich nur im Hinblick auf die Strafe: »Zunächst sprach Saturninus, ein ehemaliger Konsul, der großes Ansehen genoß, seine Meinung in sehr gemäßigtem Sinne aus. Er erklärte nämlich, er halte des Herodes Söhne wohl für schuldig, wolle jedoch nicht für die Todesstrafe stimmen, weil er selbst Söhne habe und die Strafe im Hinblick auf das, was der König von ihnen erlitten, zu schwer sei. Dieselbe Meinung äußerten auch die drei Söhne des Saturninus, die er als Legaten bei sich hatte. Volumnius dagegen meinte, solche Verbrechen gegen den eigenen Vater verdienten unbedingt die Todesstrafe. In gleicher Weise wie Volumnius stimmten dann auch der Reihe nach die meisten anderen ... «

Nach dem Todesurteil für Alexandros und Aristobulos reiste Herodes mit seinen Söhnen von Berytos ab. Irgendwo an der Küste stieß Nikolaos von Damaskus zu ihm, der aus Rom zurückgekommen war. Nikolaos riet dem König, das Todesurteil noch nicht vollstrecken zu lassen; er solle nicht den Eindruck erwecken, etwa nur aus Wut und Ärger zu handeln. Nikolaos berief sich dabei auf die in Rom vorherrschende Meinung zu diesem Fall, nach der Herodes sich ausdrücklich erkundigte. In Rom, sagte Nikolaos, überwiege zwar die Ansicht, »daß die Anschläge der Prinzen fluchwürdige Verbrechen seien, daß es jedoch vorläufig genüge, die beiden in strengem Gewahrsam zu halten«. Mit dem Tod könne Herodes seine Söhne schließlich noch immer bestrafen, doch könne er sie andererseits, »wenn er ein milderes Verfahren gegen sie einschlagen wolle«, auch einmal wieder freilassen, um nicht, fügte Nikolaos hinzu, »namenloses Unheil heraufzubeschwören«.

Herodes soll daraufhin eine Zeitlang »in tiefem Nachdenken verharrt« haben. Aber falls er tatsächlich überlegt haben sollte, das Todesurteil auszusetzen, dann ist er spätestens in Caesarea von solchen Überlegungen wieder abgekommen. Dort zeigte sich nämlich, daß nicht alle das Urteil von Berytos für gerechtfertigt hielten. Angeblich wagte sich dort ein ehemaliger Soldat des Königs, von dem Josephus, vielleicht um ihn glaubwürdiger erscheinen zu lassen, sagt, er habe einen mit Alexandros befreundeten Sohn, vor Herodes und bat, ihn unter vier Augen sprechen zu dürfen, was ihm dann sogleich gestattet worden sei. Und dann sagte er (J. A., XVI, 11,5):

»Ich vermag, o König, diese Seelenqual nicht länger zu ertragen und muß daher selbst auf die Gefahr hin, mein Leben zu verlieren, freimütig mit dir sprechen, woraus du übrigens, wenn du auf dein Interesse bedacht bist, nur Nutzen ziehen kannst. Bist du überhaupt noch bei Sinnen? Und wo ist jener ausgezeichnete Geist, mit dem du so Großes vollbracht hast, wo sind deine Freunde und Verwandten geblieben? Aber wären sie auch zugegen – ich kann doch diejenigen nicht als deine Freunde und

Verwandten betrachten, die zu einer solchen Freveltat in diesem einst so glücklichen Reiche ihre Zustimmung geben. Willst du denn nicht einsehen, was du eigentlich zu tun vorhast? Zwei mit allen Vorzügen geschmückte junge Leute, welche eine aus königlichem Geschlecht stammende Gattin dir geboren, willst du morden und dich im Alter dem einen Sohne, der die auf ihn gesetzten Hoffnung schlecht rechtfertigen wird, und deinen Verwandten, die du selbst schon so oft zum Tode verurteilt hast, anvertrauen? Denkst du denn nicht daran, daß das Volk, wenn es auch schweigt, doch deine Tat sieht und deinen Frevel verabscheut, und daß das ganze Heer, besonders aber die Anführer, die Unglücklichen bemitleiden und den Urheber ihres Unglücks hassen?«

Dieser Veteran, Teron mit Namen, ist in der Herodes-Forschung unsterblich geworden, weil selbst jene Historiker, die in Herodes einen blutgierigen, mordlustigen aber feigen Tyrannen sehen, nicht daran zweifeln, daß irgendwer daherkommen und den König unter vier Augen sprechen konnte – und dies in jenen Tagen, da angeblich das ganze Land den Atem anhielt, während der König sich mehr denn je verfolgt glaubte. In Wahrheit erzählt Josephus hier wieder einmal eine hübsche Geschichte, die er entweder erfunden oder unkritisch übernommen hat. Sie ging noch weiter: Als Teron dem König erzählte, daß viele Soldaten und Offiziere über das Urteil entrüstet seien, wurde Herodes wütend und befahl, Teron und alle, die er verdächtigt hatte, festzunehmen. Und nun meldete sich auch der Barbier des Königs zu Wort und sagte, jener Teron habe ihn mehrmals zu überreden versucht, dem König mit dem Rasiermesser die Kehle durchzuschneiden. Dies überraschende Geständnis bedeutete nicht nur das Ende des tapferen Teron, sondern auch das des vorlauten Barbiers. Und mit ihnen sollen in Caesarea dreihundert Offiziere gestorben sein, die bei einer von Herodes angeordneten Untersuchung als unzuverlässig entlarvt worden waren. Sie alle wurden – so Josephus – von der aufgebrachten Volksmenge, die demnach auf seiten des Herodes gestanden haben muß, zu Tode gesteinigt.

Was damals in Caesarea wirklich geschah, ist im einzelnen nicht mehr erkennbar. Es darf aber wohl ganz allgemein unterstellt werden, daß Herodes dort den Eindruck gewann, ein Teil der Offiziere sympathisiere noch jetzt mit den Verurteilten. Das mag ihn veranlaßt haben, die Vollstreckung des Urteils nicht mehr länger hinauszuzögern. Er ließ Alexandros und Aristobulos nach Sebaste, das alte Samaria, bringen und sie dort erdrosseln. Ihre Leichen wurden in die Festung Alexandreion übergeführt, wo sie neben Alexander, dem Vater ihrer Mutter, bestattet wurden.

Seit Josephus, genauer seit Nikolaos von Damaskus, ist immer wieder gefragt worden, wie es zu dieser Tragödie hat kommen können, und vor allem, was sie über Herodes aussagt. Die am weitesten verbreitete Ansicht war und ist noch heute, daß dies der endgültige Beweis für die maßlose Grausamkeit des Herodes sei, der seine eigenen Kinder ermordet und damit, wie Samuel Sandmel sagt, »die Hand an sich selbst gelegt hat«. Josephus unterstellt, daß die Prinzen unschuldig gewesen seien. Allerdings habe ihre jugendliche Überheblichkeit, ihr Pochen auf die königliche Abstammung, sie dazu verleitet, den Vater und seine Handlungen ungerecht zu beurteilen, und aus dieser Spannung sei dann alles andere gefolgt. Im Grunde sei es Schicksal gewesen, meinte Josephus, der sich hier vermutlich an Nikolaos anlehnt: »Müssen wir doch annehmen, daß die menschlichen Handlungen durch eine gewisse Notwendigkeit vorherbestimmt werden, welche wir das Schicksal nennen, weil nichts geschieht, das nicht durch sie bewirkt worden wäre.«

Aber, fragt Josephus weiter, mußte Herodes gleich bis zur letzten Konsequenz gehen? »Wollte Herodes seine Söhne nun einmal verurteilen, so wäre es sicher genug gewesen, sie im Gefängnis zu halten oder aus dem Reiche zu verbannen, besonders da die römische Oberhoheit ihm hinreichenden Schutz gewährte, so daß er einen plötzlichen Überfall oder offene Gewalttätigkeit wohl nicht zu fürchten brauchte.« Und Josephus kam dann zu folgendem Schluß: »Die Söhne aber so schnell und aus unbezwinglicher Leidenschaft zu morden, was war das anders als ein Beweis anmaßender Grausamkeit, zumal da Herodes die Tat beging, als er schon in vorgerücktem Alter stand?« Josephus konnte darin nichts anderes sehen als ein »Zeichen eines blutdürstigen und durchaus verrohten Gemütes«.

Aber Josephus ging, wie gesagt, davon aus, daß die Prinzen unschuldig waren. Darin ist ihm die Forschung nicht gefolgt. Abraham Schalit kommt, wie bereits gezeigt, zu der Überzeugung, daß Alexandros und Aristobulos ihren Vater wirklich töten wollten. Und schon Hugo Willrich schrieb: »Daß die Brüder ihr Geschick verdient hatten, ergibt sich aus dem Urteil der unparteiischen Römer ... «, und er meint: »Wenn jemand hier zu bemitleiden ist, so sind es nicht die törichten und hochmütigen Prinzen, sondern der Vater, der ihnen trotz des seit Jahren gehegten berechtigten Mißtrauens eine große Liebe gewidmet ... hat.« Dies ist nun freilich das andere Extrem in der Beurteilung des Falles.

Fest steht, daß von Mord des Vaters an seinen Söhnen nicht die Rede sein kann, denn zugrunde lag das Urteil eines von Herodes weitgehend unabhängigen Gerichts. Fest steht weiter, daß zumindest die Indizien, die für eine Schuld der Prinzen sprachen, erdrückend gewesen sein müssen; sonst wären die Angeklagten nicht von allen oder doch fast allen Richtern schuldig gesprochen worden. Bleibt noch die schon von Josephus gestellte Frage, ob nicht Kerkerhaft oder Verbannung ins Ausland als Strafe ausgereicht haben würde. Aber dann hätten die Prinzen mit ihren weltweiten Beziehungen für die Zukunft einen stets drohenden Risikofaktor darstellen können; zumindest eine Verbannung ins Ausland wäre keine Lösung gewesen. Und die dritte Möglichkeit, sich unliebsamer Verwandter zu entledigen, gab es damals noch nicht, sie kam erst mit dem Christentum auf, und als einer der ersten hat der merowingische König Chlodwig, der Gründer des Frankenreiches, von ihr Gebrauch gemacht: Chlodwig steckte alle Verwandten, die ihm hätten gefährlich werden können, ins Kloster. Und darin fand er viele Nachahmer. Es war eine humane und zugleich völlig sichere Methode, sicherer jedenfalls als Inhaftierung. Denn aus einem Kloster kam niemand wieder heraus. Das – auch unter Zwang abgelegte – Gelübde band ihn lebenslänglich.

Im übrigen ist zu bedenken, daß die Todesstrafe vor zweitausend Jahren nichts Außergewöhnliches war. Heute ist sie in sehr vielen Ländern ganz abgeschafft, und wo es sie noch gibt, wird sie allenfalls für Mord verhängt. Im Römischen Reich stand sie damals keineswegs nur auf Mord, sondern auf zahlreiche andere Verbrechen auch, so zum Beispiel auf Brandstiftung in der Stadt, auf Tempelraub, Überlaufen zum Feind, Liebestrank mit tödlichem Ausgang, Magie in allen möglichen Formen, Volksaufwiegelung, Majestätsverbrechen, Grabschändung, Menschenraub, Münz- und Urkundenfälschung, Frauen- und Knabenschändung, schweren Einbruch, Beschneidung von Nichtjuden, Sektenstiftung, Besitz von Zauberbüchern, Führen falscher Standesabzeichen, auf schweren Viehdiebstahl. Und die jüdischen Gesetze waren, wie oben bereits ausgeführt, in manchen Dingen sogar noch härter. Danach stand auch auf Ehebruch die Todesstrafe. Verwandtenmord wurde übrigens nach römischem Recht mit geschärfter Todesstrafe geahndet, das bedeutete Kreuzigung, Verbrennung oder Volksfesthinrichtung.

Aber wenngleich die Todesstrafe zur damaligen Zeit recht häufig ausgesprochen und auch vollstreckt wurde, war der Fall der Mariamme-Söhne dennoch etwas Besonderes, weil es um ein Vater-Sohn-Problem ging. Auch solche Probleme hat es in der Geschichte häufiger gegeben, allerdings nur selten mit so konsequentem Ausgang. Zu den bekanntesten, vergleichbaren Fällen gehören Philipp II. von Spanien und Don Carlos, Peter der Große und sein Sohn Alekseij sowie Friedrich Wilhelm von Preußen und Kronprinz Friedrich. Doch kam es in diesen drei berühmten Fällen nicht zu einer Vollstreckung der Todesstrafe.

Philipp ließ seinen Sohn, der außer Landes fliehen wollte, aber auch Mordabsichten gegen den Vater gestanden hatte, nach langem Zögern gefangensetzen; Carlos scheint indessen geisteskrank gewesen zu sein, und auf jeden Fall ist er völlig zu Unrecht zu einem Freiheitshelden emporstilisiert worden. Er ist, noch bevor es zu einem Prozeß gegen ihn kam, in der Haft gestorben.

Anders war es im Fall des russischen Thronfolgers. Der achtundzwanzigjährige Alekseij, der nach Wien geflohen war und dort um Asyl gebeten hatte, dann aber nach Rußland zurückgekehrt war, wurde nach seinem unter der Folter ausgesagten »Geständnis«, den Tod seines Vaters beabsichtigt zu haben, von einem Gericht zum Tode verurteilt. Noch bevor das Urteil von seinem Vater bestätigt worden war, ist Alekseij in der Haft gestorben, vermutlich an den Folgen von Folterungen.

Im dritten Fall, bei dem jungen Friedrich von Preußen, der zusammen mit seinem Freund, dem Leutnant v. Katte, aus Preußen fliehen wollte, hat ebenfalls ein Prozeß stattgefunden, vor einem Kriegsgericht. Katte wurde zu lebenslanger Festungsstrafe verurteilt; über den Kronprinzen zu urteilen, lehnten die preußischen Generäle schlichtweg ab. Der Preußenkönig erkannte das Urteil nicht an, er ließ erneut verhandeln und änderte das Urteil gegen Katte schließlich in eigener Machtvollkommenheit in die Todesstrafe um, die er auch für seinen Sohn erwartete, ja verlangte – nicht aus blindem Haß, wie später oft behauptet wurde, sondern weil er das Recht sehr hoch stellte. Dem Leutnant Katte ließ er sagen, es tue ihm leid, aber es sei besser, daß er sterbe, als daß das Recht aus der Welt komme. Seinen Sohn hat er nur unter dem Druck der regierenden Höfe Europas, vor allem des kaiserlichen zu Wien, begnadigt.

Herodes hatte sich härter gezeigt. Dazu meint Hugo Willrich, »Herodes tat nur, was jeder andere orientalische Herrscher jener Zeit in seiner Lage auch getan haben würde«. Und Abraham Schalit hält es »für unzweifelhaft, daß in Anbetracht der Lebensumstände des Alexandros und Aristobulos ihr gewaltsamer tragischer Tod durch ihren Vater unvermeidlich war«. Nicht bekannt ist, ob Herodes seinen Entschluß je bereut hat. Josephus deutet so etwas allerdings einmal an, und jedenfalls ist nicht zu übersehen, wie sehr Herodes sich jetzt den Kindern der Hingerichteten zuwandte, also seinen Enkeln. Josephus stellt es indessen so dar: »Es beschlich ihn aber eine beträchtliche Angst beim Anblick der heranwachsenden Kinder der Ermordeten.«

Von Alexandros und Glaphyra stammten zwei Söhne, Tigranes und Alexander. Und aus der Ehe des Aristobulos mit Berenike, der Tochter Salomes, waren es drei Söhne (Herodes, Agrippa und Aristobulos) und zwei Töchter (Herodias und Mariamme). Herodes hat sich sogleich darum bemüht, diese Halbwaisen in den Familienklan wieder fest einzufügen. Das war notwendig, zumal er Glaphyra, die Witwe des Alexandros, mit ihrer Mitgift zu ihrem Vater, dem Kappadokierkönig, zurückgeschickt hatte. Und so befahl er innerhalb seines Klans neue Verbindungen, die deutlich erkennen lassen, daß er die Hoffnung, aus diesem gespaltenen Sippenverband doch noch eine geschlossene Einheit zu machen, keineswegs aufgegeben hatte. Eines Tages, erzählt Josephus im ›Jüdischen Krieg‹ (I, 28,2), versammelte Herodes seine Verwandten und »stellte ihnen mit Tränen in den Augen die Kinder vor« und sagte:

»Es hat mir ein finsterer Geist die Väter dieser Kinder geraubt, und so legt mir dieser Umstand ganz abgesehen von der Blutsverwandtschaft diese Waisen ans Herz. Ich will versuchen, wenn ich auch ein sehr unglücklicher Vater war, ein um so achtsamerer Großvater zu sein und ihnen nach meinem Tode als Schutzherrn die zu hinterlassen, die mir die liebsten sind. Pheroras, ich verlobe deine Tochter dem ältesten dieser Brüder, der Söhne Alexandros', damit du ihm ein durch die Bande der Verwandtschaft gegebener Vormund seist. Deinem Sohn, Antipatros, verlobe ich die Tochter des Aristobulos, denn es ist mein Wunsch, daß du an dieser Waise Vaterstelle versehest. Und ihre Schwester wird mein Sohn Herodes zur Frau nehmen, die mütterlicherseits einen Hohepriester zum Großvater hat. Mein ganzer Hofstaat soll sich an diese Entscheidung halten; keiner meiner Freunde soll sich unterfangen, sie umzustoßen. Ich flehe aber auch zu Gott, er möge diese Ehen zusammenfügen zum Besten meines Königreiches und meiner Nachkommen, und er möge diese Kinder mit freundlicheren Augen ansehen als ihre Väter. Noch während der Worte brach er in Tränen aus und legte die Hände der Kinder ineinander. Dann umarmte er jeden freundlich und entließ die Versammlung.« Dies geschah wohl noch im Jahre 7 v. Chr., als Herodes Mitte der Sechzig war.

Daß Herodes solche Verbindungen einfach befahl, ohne irgendwen zu fragen, war zu seiner Zeit üblich. Doch ändert dies nichts daran, daß es den Betroffenen in höchstem Maße mißfallen konnte. Das zeigt sich zum Beispiel auch im Hause des Augustus. Der Kaiser war ja ähnlich wie Herodes ein Leben lang um die Nachfolge besorgt. Zu seinem Kummer aber hatte er keine Söhne. Er hatte nur, aus seiner ersten Ehe, eine Tochter, Julia. Sie war seine Erbtochter, über die er im Interesse der Nachfolge wie über einen Gegenstand verfügte. Dreimal hat er sie aus dynastischen Gründen verheiratet. Das erste Mal, als sie vierzehn Jahre alt war, mit dem siebzehnjährigen Marcellus, der damit fast als designierter Nachfolger des Princeps galt; dann, nach dessen Tod, mit dem vierundzwanzig Jahre älteren Agrippa (dem Freund des Herodes); und das dritte Mal, nachdem Agrippa gestorben war, mit Tiberius, seinem Stiefsohn, der dann schließlich auch der Nachfolger des Augustus geworden ist. Kein Wunder, daß Julia, die eine der bezauberndsten Frauen Roms war, schön, charmant, geistreich, sehr gebildet, sich um die ihr anbefohlenen Männer bald nicht mehr kümmerte, zumindest nicht mehr um den dritten, Tiberius. Mit Agrippa hatte sie allerdings fünf Kinder, aber Agrippa war ja viel auf Reisen, und Julia vergnügte sich dann, was in Rom jeder wußte, mit anderen Männern. Alles soll sich darüber gewundert haben, daß ihre Kinder trotzdem ihrem Ehemann so ähnlich sahen, und als man sie fragte, wie sie das fertig gebracht habe, soll sie die klassisch gewordene Antwort gegeben haben, die ein deutscher Gelehrter des 19. Jahrhunderts nur lateinisch wiederzugeben wagte: »Numquam enim nisi navi plena tollo vectorem« – »weil ich nur als beladenes Schiff den Fahrgast trage«. Seneca und Plinius behaupten, Julia habe schließlich das Leben einer Dirne geführt. Das war sicherlich übertrieben, doch sah Augustus, der mit seinen strengen Gesetzen die Sitten bessern wollte, sich eines Tages gezwungen, Julia zusammen mit einer Gruppe junger Leute vor Gericht zu stellen: möglicherweise wegen staatsgefährdender Umtriebe. Die eigentlichen Hintergründe der Familienaffäre, die zur Staatsaffäre geworden war, sind bis heute unklar. Man weiß nur, daß Julia und die meisten jener jungen Leute verbannt wurden. Julia mußte auf die Insel Pandatoria. Nach Rom durfte sie nie wieder zurück. Und Augustus schickte ihr im Namen des Tiberius – übrigens ohne diesen gefragt zu haben – den Scheidungsbrief. Dies geschah im Jahre 2 v. Chr., und Julia war damals siebenunddreißig Jahre alt. Zwei Jahre zuvor soll Augustus, als er von Herodes wegen dessen neuer Familientragödie, daß heißt wegen seines Ärgers mit dem ältesten Sohn, Antipatros, um Rat gebeten wurde, einen griechischen Wortwitz gemacht haben: Es sei besser, das Schwein des Herodes zu sein als dessen Sohn. Da ahnte Augustus noch nicht, daß er wenig später den Wunsch aussprechen sollte, seine mit Schuld und Schmach beladene Tochter möge sich erhenkt haben, und daß er ernstlich daran denken würde, gegen sein einziges Kind die Todesstrafe auszusprechen.

So hatte auch Augustus seinen Kummer mit der Familie. Doch während es bei ihm nur die eine Tochter war, die er mit seinen rücksichtslosen Befehlen schließlich zum Ungehorsam brachte, saß Herodes mit seinem riesigen Klan da, bis zuletzt in dem Glauben, alle müßten ihm bedingungslos gehorchen. Aber auch bei ihm dachten die Betroffenen anders. Die neue Regelung nach dem Tod von Alexandros und Aristobulos, also die wohlüberlegte Einbindung von deren Kindern in die Familie, verunsicherte seinen Ältesten, Antipatros. Zwar war Antipatros testamentarisch zum alleinigen Nachfolger vorgesehen, und er war jetzt neben Herodes der mächtigste Mann im Staat, der es noch dazu verstand, seinen Vater zu beeinflussen, aber diese frühzeitige Verlobung der Erben seiner ehemaligen Todfeinde machte ihn nervös. In den Heranwachsenden, vor allem in Alexander, dem Ältesten von Alexandros, sah er neue Rivalen. Und außerdem waren da ja noch die Söhne des Herodes, die ebenfalls als Konkurrenten in Frage kommen konnten: Herodes, der Sohn von der zweiten Mariamme, der in der Erbfolge jetzt an zweiter Stelle stand, dann Herodes Archelaos, Herodes Antipas, Philippos, Phasael und noch ein Herodes. Daß sie eines Tages nicht leer ausgehen wollten, war klar, und insofern ist Antipatros' Furcht vor ihnen nicht verwunderlich. An der neuen Heiratsordnung des Königs beunruhigte ihn am meisten, daß Alexander, der älteste Sohn des Alexandros, »zu dem Großvater Archelaos auch noch Pheroras zum Schwiegervater bekäme«. Das heißt, auf diese Weise wäre Alexander sehr viel fester in der Familie verankert gewesen als er, Antipatros. Deswegen fürchtete er ernstlich, unter solchen Umständen gar nicht zur Herrschaft zu kommen. Und so bat er seinen Vater, die Heiratspläne zu ändern; die Familie sei ja schließlich groß genug, so daß man auch andere Verbindungen herstellen könne.

Herodes wollte darauf zunächst nicht eingehen: »Der König brauste heftig auf«, schreibt Josephus im ›Jüdischen Krieg‹, »weil er Antipatros' Haltung gegen die Waisen durchschaute, und es kam ihm der Gedanke, ob nicht auch die Getöteten Opfer der Ränke des Antipatros gewesen seien. Zunächst gab er ihm eine längere, zornige Antwort und wies ihm die Tür, später aber wurde er durch die Schmeichelreden des Antipatros zu einer anderen Planung bestimmt ...«

Herodes' Nachgiebigkeit gegenüber seinem Ältesten hat sich nicht ausgezahlt. Antipatros erkannte, wie leicht sich alles noch zu seinen Ungunsten ändern konnte. Daraus folgerte er, sagt Josephus, daß nur ein baldiger Tod seines Vaters ihm die Nachfolge sichern konnte. Und es heißt, er habe nun angefangen, diesen Tod vorzubereiten. Damit begann die letzte Tragödie im Leben des Herodes.

XIV. Kapitel
Dritte und letzte Familientragödie

Die Intrigen des Antipatros · Auseinandersetzung mit den Pharisäern · Streit mit Pheroras und dessen rätselhafter Tod · Sollte Herodes ermordet werden? · Jetzt wird Antipatros zum eigentlichen Bösewicht gestempelt, zum Mörder der Mariamme-Söhne · Antipatros vor Gericht, dem Varus vorsitzt · Nikolaos als Vertreter der Anklage · Eine höchst verworrene und phantastische Briefintrige zeigt, wie sehr Josephus immer wieder zu maßlosen Übertreibungen neigt

Antipatros, der jetzt neben seinem Vater der mächtigste und für viele sogar der wichtigere Mann im Staat war, wurde immer unbeliebter. Josephus begründet dies ziemlich lapidar mit der Feststellung: »Jedermann wußte, daß er es gewesen war, der alle Anschläge gegen seine Brüder angezettelt hatte.« Das war sicher nicht ganz korrekt. Herodes zum Beispiel wußte es nicht, er baute vielmehr auf die Anhänglichkeit und Treue seines Ältesten, während Antipatros nun systematisch an der Ausweitung seiner Macht und seines Einflusses arbeitete, und zwar mit Erfolg: »Bald war er überall ein Gegenstand des Schreckens«, sagt Josephus, aber »nicht so sehr durch die Größe seines Einflusses als vielmehr durch seine ränkevolle Bosheit«. Andererseits heißt es, Antipatros habe sich durch großzügige Geschenke allenthalben beliebt zu machen versucht. Dies sei ihm jedoch nicht gelungen: »Je mehr er aber schenkte, um so mehr wurde er gehaßt, weil man den Eindruck hatte, daß er nicht freigebig sei aus Edelmut, sondern ein Verschwender aus Angst.«

Einige hielten sich aber doch mehr an Antipatros, den künftigen Alleinherrscher, als an den alternden Herodes. Zu diesen gehörte Pheroras, der Bruder des Königs, mit seiner jungen Frau, die er gegen den Willen des Königs geheiratet hatte, indem er ihr vor einer Tochter des Herodes den Vorzug gab. Zu Antipatros' Gegnern aber gehörte Herodes' streitsüchtige und intrigante Schwester Salome, die von Josephus als ausgesprochen intelligent dargestellt wird. Sie registrierte mit mißtrauischer Aufmerksamkeit die häufigen Zusammenkünfte zwischen Antipatros und Pheroras, an denen oft auch deren Frauen teilhatten. Als Antipatros und Pheroras sich von Salome beobachtet fühlten, trafen sie sich heimlich, bei Nacht, während sie bei Tage in der Öffentlichkeit so taten, als hätten sie sich entzweit. Salome merkte auch das. Sie wußte alles zu erspähen, sagt Josephus (J. A. XVII, 2,4), »und mit ausschmückender Übertreibung berichtete sie ihrem Bruder Herodes von geheimen Zusammenkünften, Trinkgelagen und versteckten Anschlägen, die, wie sie sagte, gewiß nicht die Öffentlichkeit zu scheuen hätten, wenn sie nicht seinen Untergang bezweckten«. Herodes hörte sich das an, unternahm jedoch nichts, »weil er den Reden seiner Schwester nicht so ganz traute«.

Es ist übrigens auffallend, daß Herodes in dieser ersten Zeit nach der Hinrichtung der Mariamme-Söhne sehr viel menschlicher geschildert wird als in den Abschnitten zuvor. Und zwar gilt dies sowohl für die Darstellung im ›Jüdischen Krieg‹ als auch für die in den ›Altertümern‹. Allein mit dem Hinweis darauf, daß Josephus hier einer herodesfreundlichen Quelle folgt, ist das kaum zu erklären, denn dies hinderte ihn an anderen Stellen auch nicht, wenigstens in Nebensätzen oder eingeschobenen Bemerkungen auf die Grausamkeit des Herodes hinzuweisen, auf sein abgrundtiefes Mißtrauen, auf seine angebliche Mordgier und seine Bösartigkeit. Hier nun fehlt das alles, hier ist Herodes ein sorgender Familienvater, der zwar wie eh und je Befehle gibt, aber doch bereit ist, sie auf Bitten anderer und zu deren Gunsten zu ändern, und der keineswegs auf jedes Gerücht hereinfällt, das man ihm zuträgt. Anzunehmen, Herodes habe sich geändert, wäre falsch. Der Grund liegt woanders: Josephus hat einen neuen und wirklichen Bösewicht, nämlich Antipatros, und während er ihn durch und durch böse darstellt – wobei er sich mit Sicherheit an Nikolaos hält, der den Antipatros nicht ausstehen konnte –, erlaubt er es sich gewissermaßen, Herodes jetzt einen ganz normalen Menschen sein zu lassen.

In diese Zeit fiel die schon einmal erwähnte Auseinandersetzung des Königs mit den Pharisäern, die – so Josephus – »sich für besondere Lieblinge Gottes ausgaben«. Ihnen stand die Frau des Pheroras nahe. Das zeigte sich, als Herodes die Pharisäer mit hohen Geldbußen belegte, weil sie sich geweigert hatten, einen Treueid auf Augustus und ihn abzulegen: Da bezahlte Pheroras' Frau für sie das Geld. Sie glaubte an die messianische Weissagung der Pharisäer, die jetzt mit der Prophezeiung vom baldigen Sturz des Herodes verknüpft wurde. Herodes hat die schuldigen Pharisäer und mit ihnen einige Hofleute hinrichten lassen. Und weil die Frau des Pheroras mit den Pharisäern so sehr sympathisierte, forderte Herodes seinen Bruder während einer Staatsratssitzung auf, sich von seiner Frau zu trennen: »Wenn du noch auf ein brüderlich liebevolles Verhältnis Anspruch erhebst, so mußt du dieses Weib verstoßen. Denn nur unter dieser Bedingung kannst du in Wahrheit mein Bruder bleiben und auf meine Zuneigung rechnen.« Diese Frau, sagte Herodes, stifte Streit zwischen ihnen und stecke überhaupt hinter allem, was am Hofe vor sich gehe.

Pheroras antwortete, er werde weder aufhören, des Königs Bruder zu sein, noch auf die Liebe seiner Frau verzichten; lieber wolle er sterben, als ohne seine ihm so teure Frau leben. Herodes fühlte sich durch diese Antwort zwar beleidigt, gab aber wieder einmal nach; Josephus sagt: »Da wußte Herodes nicht, was er tun sollte, und wandte sich an Antipatros.« Und er verbot seinem Ältesten und dessen Mutter und Frau, weiterhin mit Pheroras und seiner Frau zusammenzukommen. Abraham

Schalit interpretiert an dieser Stelle: »Herodes entbrannte in Zorn.« Aber in Wahrheit war Herodes wieder einmal, wie so oft in Familienangelegenheiten, völlig hilflos. Das merkten auch die anderen; Antipatros und dessen Frauen kümmerten sich gar nicht um seine Anweisungen, sondern »kamen weiterhin zu Schmausereien und Gelagen zusammen; es ging sogar das Gerücht, Antipatros unterhalte unerlaubte Beziehungen zu Pheroras Frau, und Antipatros' Mutter spiele dabei die Kupplerin«.

Eines Tages scheint, wie Josephus es darstellt, dem Antipatros der Boden in Jerusalem zu heiß geworden zu sein, und er bemühte sich darum, für einige Zeit nach Rom zu gehen. Herodes war einverstanden. In Rom waren zu dieser Zeit übrigens auch seine jüngeren Söhne Herodes Archelaos und Philippos, und zwar zu Studienzwecken. Herodes gab seinem Ältesten reiche Geschenke für die römischen Freunde mit, außerdem ziemlich viel Geld, damit Antipatros standesgemäß leben konnte, und schließlich noch die testamentarische Thronfolgeregelung, die seinen Sohn zum königlichen Nachfolger deklarierte, was bei dieser Gelegenheit von Augustus bestätigt werden sollte.

Es gab allerdings auch einen wichtigen politischen Anlaß für Antipatros' Romreise, was Josephus, der hier wieder einmal Sex-and-Crime-Geschichten in den Vordergrund spielt, verschweigt. Und zwar mußte sich in Rom noch einmal der nabatäische Minister Syllaios, mit dem Herodes einige Jahre zuvor jenen verhängnisvollen Streit gehabt hatte, vor einem Gericht verantworten. Syllaios wurde beschuldigt, in der nabatäischen Hauptstadt Petra mehrere Männer aus der Umgebung seines Königs, Aretas IV., umgebracht zu haben, mit dem Ziel, sich selbst an die Macht zu bringen. Die Angelegenheit war zunächst vor dem römischen Statthalter in Syrien, Saturninus, verhandelt, von ihm aber nach Rom verwiesen worden. In dem Prozeß ging es auch noch einmal um jene Geldsumme, die Syllaios dem Herodes noch immer nicht zurückgezahlt hatte, obwohl er einige Jahre zuvor von Augustus dazu verurteilt worden war. Und es ging sogar um einen von Syllaios inszenierten Mordanschlag auf Herodes, der indessen vorzeitig entdeckt worden war. In diesem Prozeß war Herodes Nebenkläger. Folglich mußte er daran teilnehmen oder sich zumindest in Rom vertreten lassen, und er sah wohl keinen besseren Vertreter als Antipatros, seinen Nachfolger. Dies also war der eigentliche Grund für Antipatros' Romreise zu Beginn des Jahres 5 v. Chr.

Daheim, in Jerusalem, kam es unterdessen zwischen Herodes und seinem Bruder Pheroras zum Bruch. Herodes hatte sich über seine Schwägerin, die ehemalige Sklavin, die – nach Josephus – seinen Bruder durch Zaubertrank an sich band und zwei Töchter des Königs beleidigt hatte, immer wieder geärgert. Und eines Tages hat er sie und mit ihr Pheroras aus der Hauptstadt verbannt. Pheroras und seine Frau zogen sich nach Peräa zurück, in die Tetrarchie des Pheroras. Aber Pheroras fühlte sich durch die Verbannung so sehr beleidigt, daß er schwor, bei Lebzeiten seines Bruders nicht mehr an den Hof zurückzukommen.

Den Schwur hat Pheroras gehalten. Er kam selbst dann nicht, sagt Josephus, als Herodes schwer krank wurde und obwohl »dieser dringend darum bat, denn er wollte ihm angesichts des Todes noch einige Weisungen hinterlassen«. Wider alles Erwarten wurde Herodes damals wieder gesund, und als kurz darauf Pheroras erkrankte, zeigte Herodes sich seinerseits sehr viel versöhnlicher als zuvor sein Bruder: »Denn er kam zu ihm und pflegte ihn teilnahmsvoll«, sagt Josephus. Doch Pheroras starb nach wenigen Tagen. Herodes ließ den toten Bruder nach Jerusalem überführen und feierlich beisetzen.

Es entstand nun das Gerücht, Pheroras sei keines natürlichen Todes gestorben, sondern vergiftet worden. Einige scheinen Herodes als Täter verdächtigt zu haben. Andere waren jedoch überzeugt, daß Pheroras' Frau dahinter steckte, was zwei Freigelassene des Pheroras dem König auch ganz klar sagten (J. K. I, 30,3): »Pheroras' Frau habe ihm nämlich ein auf ungewöhnliche Weise zubereitetes Gericht vorgesetzt, nach dessen Genuß er sofort in Krankheit verfallen« sei. Und weiter meldeten die Freigelassenen: »Zwei Tage vorher hätten ihre Mutter und ihre Schwester aus Arabien ein Weib kommen lassen, das sich auf Zaubermittel verstand, damit sie dem Pheroras einen Liebestrank bereite; gegeben habe sie ihm statt dessen auf Veranlassung des Syllaios ein tödliches Gift.«

Nun war ja Syllaios zu dieser Zeit längst in Rom, und warum er Pheroras hätte ermorden lassen sollen, ist wirklich nicht einzusehen. Überhaupt ist die ganze Geschichte höchst unglaubhaft. Denn auch für Pheroras Frau lag eigentlich kein Grund vor, ihren Mann zu ermorden, im Gegenteil, sie hätte sich ihn möglichst lange erhalten müssen, denn ohne ihn hatte die ehemalige Sklavin keinerlei Bedeutung. Samuel Sandmel stellt es nun einfach als eine Tatsache hin, daß sie ihren alternden Mann wegen ihres Verhältnisses zu Antipatros vergiftet habe, aber damit übertrifft er noch Josephus mit seiner Vorliebe für Klatschgeschichten, der hier keineswegs so weit geht. Sicher ist lediglich, daß Herodes auf Grund der Gerüchte eine Untersuchung befahl. Vielleicht tat er es deswegen, weil er selbst in Verdacht geraten war, an Pheroras' Tod schuldig zu sein. Dabei kamen nun Dinge ans Licht, von denen Herodes keine Ahnung gehabt hatte und die ihn verständlicherweise entsetzten.

Während sich der Verdacht, Pheroras sei vergiftet worden, als unbegründet erwies, wurde bei den Verhören eine ganz andere Giftspur aufgedeckt. Es begann damit, daß eine der verhörten Frauen auf der Folter ausrief, sie flehe zu Gott, daß auch der Doris, der ersten Frau des Herodes und Mutter des Antipatros, solche Qualen bereitet würden; denn Doris sei an dem ganzen Unglück schuld. Und als diese Spur weiterverfolgt wurde, erfuhr Herodes – was er seiner Schwester Salome nicht hatte glauben wollen – von den heimlichen Zusammenkünften zwischen Pheroras und Antipatros, wie sie »ganze Nächte hindurch mit den Frauen Gelage abhielten, ohne die Anwesenheit eines Dieners oder einer Dienerin zu gestatten«, und Josephus fügt hinzu: »Dies war, wohlgemerkt, die Aussage einer Freien.«

Überraschend für Herodes war vor allem, was sein Sohn und sein Bruder bei solchen Gelagen alles gesagt hatten: »Oft hätten sie sich darüber unterhalten«, heißt es im ›Jüdischen Krieg‹ (I, 30,3), »daß Herodes sich nach Alexander und Aristobulos nun gegen sie und ihre Frauen wenden würde. Denn nach Mariamme und ihren Kindern hätte niemand Aussicht auf Schonung, deshalb sei es ratsam, zu fliehen, möglichst weit von diesem Untier weg. Oft habe Antipatros seiner Mutter geklagt, daß er selbst schon graue Haare habe, während sein Vater von Tag zu Tag jünger würde; er werde vielleicht sogar sterben, ehe er mit der Ausübung der wirklichen Königsherrschaft begonnen habe.« Die Behauptung, der König werde immer jünger, war sicherlich nicht nur ironisch gemeint, als Seitenhieb darauf, daß Herodes sich das Haar färbte, wie ihm an anderer Stelle vorgeworfen wurde, sondern sie bezog sich auf die ganze Lebenshaltung dieses Mannes, der sich – nach seinen eigenen Worten – auf ein langes Leben eingestellt hatte.

»Wenn Herodes aber doch einmal sterben sollte«, so habe Antipatros weiter geklagt, sagte die Frau im Verhör, »dann hätte er, Antipatros, auf jeden Fall nur eine kurze Freude an der Nachfolge. Unterdessen wüchsen die Köpfe der Hydra, die Kinder Aristobulos' und Alexandros', nach. Auch habe der Vater ihm die Zukunftshoffnungen für seine Nachkommen genommen, denn als Nachfolger sei nach seinem Tod keines seiner Kinder, sondern Herodes, der Sohn der Mariamme, im Testament bestimmt. Und hierin sei Herodes auf jeden Fall vergreist, wenn er meine, daß das Testament in Kraft bleiben werde. Denn Herodes selbst werde dafür sorgen, daß keiner seiner Familie übrig bleibe. Er hasse wirklich seine Kinder mehr als je ein Vater vor ihm, aber seine Geschwister hasse er noch stärker. Er habe ihm kürzlich hundert Talente gegeben mit der Bedingung, nicht mehr mit Pheroras zu sprechen. Und als Pheroras bemerkt habe: ›Was haben wir ihm denn getan‹? sei die Antwort des Antipatros gewesen: ›Wenn er uns doch, nachdem er uns alles genommen hat, das nackte Leben ließe! Aber es ist unmöglich, einem so mörderischen Untier zu entgehen, vor dessen Augen man nicht einmal Freunde haben kann. Jetzt können wir nur heimlich zusammen sein, aber wir werden es auch in aller Offenheit können, wenn wir je in Wort und Tat zu Männern werden.‹«

Herodes schenkte diesen Aussagen Glauben, mußte ihnen Glauben schenken, weil dabei Dinge zur Sprache kamen, die er mit seinem Ältesten im geheimen abgemacht hatte, wie zum Beispiel die Sache mit den hundert Talenten. Und dann erfuhr er noch sehr viel Schlimmeres, nämlich daß Antipatros aus Ägypten Gift hatte kommen lassen. Das Gift hatte er Pheroras gegeben, der damit Herodes aus der Welt schaffen sollte, während Antipatros sich in Rom aufhielt. Als man die Witwe des Pheroras befragte, was sie davon wisse, bestätigte sie diese Angaben, und nachdem Herodes ihr Straffreiheit zugesichert hatte, wenn sie als Zeugin der Anklage aussagen würde, packte sie aus, was Josephus im ›Jüdischen Krieg‹ (I, 30,6) so wiedergibt: »Wozu sollte ich nach dem Tode des Pheroras die Geheimnisse noch hüten, es sei denn, um Antipatros zu retten, der uns alle ins Verderben gebracht hat? So höre denn, König, und mit dir möge Gott es hören, der mir Wahrheitszeuge ist und nicht getäuscht werden kann: Als du, in Tränen aufgelöst, am Sterbebett des Pheroras saßest, da ließ er mich rufen und sprach zu mir: ›Mein Weib! Stark habe ich die Gesinnung meines Bruders gegen mich verkannt; denn ich habe den gehaßt, der mich so sehr liebt, und ich plante, den zu töten, der meinetwegen, obwohl mein Tod noch gar nicht eingetreten ist, so bekümmert ist. Ich habe jetzt den Lohn für meine Ruchlosigkeit. Du bewahrst doch das uns von Antipatros hinterlassene Gift auf, das Herodes zugedacht war; hole es und vernichte es schnell vor meinen Augen, damit ich nicht im Hades noch den Rachegeist auf dem Halse habe!‹ Auf seinen Befehl brachte ich es und schüttete das meiste, während er zusah, ins Feuer; ein wenig aber bewahrte ich für mich auf gegen etwaige Überraschungen und aus Furcht vor dir.«

Herodes war entsetzt, zumal andere Verwandte bestätigende Aussagen machten. Während er Pheroras' Witwe, wie er es zugesagt hatte, ohne Strafe davonkommen ließ, wollte er Doris, seine erste Frau, verstoßen; ohne ihren Schmuck sollte sie den

Hof verlassen. Auch die zweite Mariamme wurde verbannt, weil sie von dem geplanten Anschlag gewußt, aber geschwiegen hatte. Und Mariammes Sohn Herodes, der in der Thronfolge an zweiter Stelle stand, wurde aus dem Testament gestrichen. Zugleich wurde Mariammes Vater, den Herodes zum Hohepriester gemacht hatte, bevor er Mariamme zur Frau nahm, seines Amtes enthoben.

Unterdessen gingen die Untersuchungen weiter. Gerade zu dieser Zeit kam ein Freigelassener des Antipatros von Rom nach Jerusalem. Bei ihm fand man ein gefährliches Gift, und zwar »Kobragift und Säfte von anderen Schlangen«, das er Doris oder Pheroras übergeben sollte. Es sei für den Fall gedacht, daß das andere Gift sich als zu schwach erweisen sollte. Dieser Mann, er hieß Bathyllos, brachte aus Rom auch Briefe für Herodes, von dessen dortigen Freunden und Antipatros. Darin wurden die in Rom studierenden Söhne des Herodes, Philippos und Herodes Archelaos, beschuldigt, sich wegen der Hinrichtung von Alexandros und Aristobulos voller Abscheu gegenüber ihrem Vater geäußert zu haben. Nach Josephus – und zwar nach beiden seiner Darstellungen – handelte es sich bei diesen Briefen um Fälschungen und Verleumdungen, die auf Antipatros' Betreiben entstanden waren. Auf diese Weise habe Antipatros seine jüngeren Brüder ausschalten wollen. Seine Absicht habe er höchst geschickt zu verbergen gewußt, indem er nämlich jene Briefe in einem eigenen Brief an Herodes kommentierte, wobei er manches als glatte Verleumdung bezeichnete, anderes auf die jugendliche Unreife der Prinzen schob, die in den Briefen erhobenen Beschuldigungen jedoch im wesentlichen bestätigte. Josephus sagt, daß die Briefe »einen Anschlag gegen das Leben der Brüder unüberhörbar bezeugten«. Also wollte Antipatros nicht nur den Vater, sondern auch die jüngeren Brüder umbringen, sagt Josephus.

Im übrigen schrieb Antipatros noch, er werde sich nun, da der Prozeß gegen Syllaios einen für Herodes günstigen Verlauf genommen habe, demnächst auf den Heimweg machen; vom Kaiser habe er sich schon verabschiedet. Von den Vorgängen in der Heimat hatte Antipatros zu jener Zeit noch nichts gehört. Erst unterwegs erreichte ihn ein Brief des Vaters mit der Nachricht von Pheroras' Tod. Von den Untersuchungen, die dieser Tod ausgelöst hatte, und von den Verdächtigungen ihm gegenüber erfuhr er nichts. Darüber zeigt Josephus sich verwundert. Aber Josephus macht offenbar einen Fehler. Er behauptet nämlich, zwischen dem Bekanntwerden der Verschwörung und der Heimkehr des Antipatros hätten sieben Monate gelegen. In so langer Zeit wären dem Antipatros die Vorgänge in Jerusalem mit Sicherheit nicht verborgen geblieben. Und Josephus meint nun einfach, es habe an den »Geistern der ermordeten Brüder« gelegen, daß Antipatros nichts erfuhr; sie »schlossen denen, die etwa eine Mitteilung beabsichtigt hätten, ... den Mund«. Die Geister der ermordeten Brüder hatte er schon zu den Untersuchungen ins Spiel gebracht: »Es gingen die Geister Alexandros' und Aristobulos' im ganzen Palast um, sie spürten auf und zeigten an, was verborgen war.«

Hier geschieht etwas sehr Wesentliches, das bisher überhaupt nicht beachtet wurde. Indem Josephus die Geister der Ermordeten bemüht, sie nach dem Schuldigen suchen und ihn langsam einkreisen läßt, verleiht er dem Ergebnis der Untersuchungen schon vor ihrem Abschluß den Stempel des absolut Gültigen. Und das Ergebnis, zu dem er mit Hilfe der Geister schließlich kommt, ist für ihn dies: Schuldig ist allein Antipatros, schuldig wegen versuchten Vatermordes und schuldig am Tod der Mariamme-Söhne. Damit aber ist Herodes unschuldig, der noch eben als blutrünstiger Mörder seiner eigenen Söhne dargestellt worden war. Als der eigentliche Bösewicht wird sein Ältester entlarvt, Antipatros: Er, nicht Herodes, hatte die Mariamme-Söhne aus dem Weg geräumt, er wollte auch die jüngeren Brüder und sogar den Vater töten.

Hier liegt ein Bruch in den Herodes-Darstellungen des Josephus, ein kaum lösbarer Widerspruch: Plötzlich ist Herodes nur noch ein hintergangener und bemitleidenswerter Vater, dessen Schuld allenfalls darin bestand, seinem Ältesten blind vertraut, sich um die Mariamme-Söhne aber zu wenig gekümmert zu haben; von Grausamkeit und Mordgier ist nicht mehr die Rede. Aber wie der Versuch, Herodes als durch und durch böse hinzustellen, voller Übertreibungen war, so ist es ebenfalls übertrieben, wenn Josephus jetzt alles Böse allein auf Antipatros lädt. Auch in seinem Fall sind Abstriche notwendig. Anders wären einige Seltsamkeiten dieser Kriminalgeschichte nicht gut erklärbar, wie etwa die schon erwähnte Ahnungslosigkeit des Antipatros bei seiner Rückkehr. Mit den Geistern der Ermordeten ist sie natürlich doch nicht zu erklären, und so nennt Josephus auch noch einen zweiten Grund: Um an Antipatros keine Nachricht kommen zu lassen, habe Herodes die Wege von Jerusalem nach Rom sorgfältig überwachen lassen. Aber für die angegebene Zeit von sieben Monaten wäre das unmöglich gewesen. Nun hat zwar schon Walter Otto in dieser Zeitangabe einen Fehler des Josephus gesehen; Walter Otto meint – wohl zu Recht – die sieben Monate umfaßten die Gesamtheit von Antipatros' Romreise, und da der Brief des Vaters mit der Nachricht von Pheroras Tod ihn erst auf der Rückreise erreichte, und zwar in Tarent, ist Pheroras Tod erst gegen Ende von Antipatros' Reise anzusetzen. Dann kann also zwischen der Aufdeckung der Mordverschwörung und Antipatros' Heimkehr nur wenig Zeit gelegen haben. Aber selbst wenn man dies annimmt, bleibt Antipatros' Uninformiertheit über die Vorgänge in Jerusalem immer noch verwunderlich, vorausgesetzt allerdings, daß man die Untersuchungsergebnisse für wahr hält. Denn wenn der Giftmord wirklich so fest geplant und im einzelnen verabredet gewesen wäre, dann hätte Antipatros in Rom die ganze Zeit auf die Meldung vom Tod seines Vaters gelauert. Wie ein Luchs hätte er dagesessen, um nur jede Nachricht, die aus der Heimat kam – etwa über eine Erkrankung des Königs – aufzufangen. Wahrscheinlich würden Pheroras und er sogar einen geheimen Nachrichtenweg verabredet haben, der auch für den Fall, daß der Anschlag mißlang, funktioniert hätte. Und auf diesem Weg hätte eine der eingeweihten Frauen den Antipatros als den Kopf der Verschwörung doch wohl sofort über Pheroras Tod und die aufgekommenen Gerüchte verständigt. Von alledem ist in dieser Mordgeschichte nicht die Rede.

Nun heißt es aber einmal bei Josephus: »Die Verstoßung der Mutter war Antipatros nicht unbekannt geblieben.« Wenn also Antipatros zwei so entscheidende Informationen besaß, die eine über den Tod seines Onkels Pheroras, die andere über die Verbannung seiner Mutter, dann hätte er damit rechnen müssen, daß da etwas schief gelaufen war, und dann hätte er – immer unterstellt, die Ermordung des Königs war fest geplant – die Heimkehr verzögert; das Schicksal seiner Brüder hatte ihm ja gezeigt, wie konsequent Herodes durchgreifen konnte. Statt dessen aber beeilte er sich aufgrund eines zweiten Briefes von Herodes, den er in Kilikien erhielt, noch mit der Heimkehr und zerstreute alle Bedenken, die einigen seiner Freunde offenbar gekommen waren: »Sie rieten ihm«, heißt es in den ›Jüdischen Altertümern‹, »den Ausgang der Dinge anderswo abzuwarten, andere hingegen meinten, er solle die Heimreise unverweilt fortsetzen, weil er in eigener Person alle Beschuldigungen widerlegen könne, während seine Abwesenheit nur den Mut seiner Verleumder stärke.« Bei der Landung in Caesarea kamen ihm selbst Bedenken: »Hier konnte Antipatros schon merken, was ihn erwartete, da niemand ihm entgegenkam, oder ihn begrüßte, während bei seiner Abreise allgemeine Segenswünsche ihn begleitet hatten. Jetzt dagegen stieß das Volk ungehindert Verwünschungen gegen ihn aus, weil es überzeugt war, er werde für die Ermordung seiner Brüder büßen müssen.«

Daß Antipatros sich unter diesen für ihn ungünstigen Anzeichen nach Jerusalem begab, ist nur so zu erklären: Entgegen der Darstellung von Josephus und der Herodes-Forschung, die ihm auch hier wieder allzu bedenkenlos gefolgt ist, hat es einen ausgearbeiteten und fest verabredeten Attentatsplan gar nicht gegeben. Hätte ein solcher tatsächlich bestanden, dann wäre Antipatros außer Landes geblieben.

Das heißt nun allerdings keineswegs, daß Antipatros völlig schuldlos gewesen wäre, vielmehr mag der Gedanke an eine Ermordung des Königs bei jenen Gelagen wirklich ausgesprochen worden sein, wahrscheinlich mehr als einmal, und auch das

Gift war bereits besorgt, und es wurden Möglichkeiten der Ausführung überlegt und vielleicht sogar besprochen. Daraus mögen dann in der engeren Umgebung des Thronfolgers und Pheroras' entsprechende Gerüchte entstanden sein, und die zum größten Teil unter der Folter gemachten Aussagen der Verhörten, vor allem die Angaben von Pheroras Witwe (der die Zusage der Straffreiheit desto sicherer erschienen sein dürfte, je mehr sie die Verdächtigten belastete), schienen sie zu bestätigen. Aber Beweise waren das noch keineswegs. Und so dürfte Antipatros sich ziemlich sicher gefühlt haben. Gerüchte und Verleumdungen meinte er entkräften zu können. Im übrigen scheint auch Herodes selbst nicht völlig sicher und hundertprozentig überzeugt gewesen zu sein; auffallend ist immerhin, daß er Antipatros nicht schon bei der Ankunft in Caesarea verhaften ließ, obwohl er doch, wie Josephus berichtet, »danach fieberte, den heimtückischen Verräter in die Hand zu bekommen«.

Aber als Antipatros den Jerusalemer Königspalast betrat, wo seine Freunde »in verletzender Weise zurückgewiesen worden waren«, und seinen Vater begrüßen wollte, warf dieser ihm sofort und mit großer Heftigkeit alle Beschuldigungen an den Kopf. Im ›Jüdischen Krieg‹ heißt es: »Antipatros trat zu seinem Vater ein, nahm seine ganze Frechheit zusammen und näherte sich dem König, um ihn zu umarmen. Dieser aber streckte seine Hände vor, neigte den Kopf zur Seite und schrie laut auf: ›Gehört auch das noch zum Vatermörder, mich umarmen zu wollen, ein Mensch, gegen den so schwere Anklagen erhoben werden? Verdirb, du ruchloses Haupt, und berühre mich nicht, es sei denn, du könntest dich der Wucht der Anklagen entziehen! Ich gewähre dir ein ordentliches Gericht und als Richter Varus, der gerade zur rechten Zeit gekommen ist. Geh nun und kümmere dich um deine Verteidigung bis morgen! Ich gönne dir sogar Zeit für deine schlauen Ausreden.‹ Darauf konnte Antipatros vor Bestürzung nicht antworten und zog sich zurück; allerdings hatten seine Mutter und seine Frau Zutritt zu ihm und berichteten ihm alle gegen ihn sprechenden Beweise. Da fand er wieder einen nüchternen Blick für die Lage und machte sich an seine Verteidigung.« – Nach dieser Darstellung des Flavius Josephus hatte also seine Mutter Doris, die zum zweitenmal verstoßene erste Frau des Herodes, den Hof noch nicht verlassen; vielleicht hatte der König ihr eine Frist gesetzt. Der hier von Herodes genannte P. Quintilius Varus war seit einiger Zeit Statthalter in Syrien, als Nachfolger des Saturninus. Er war auf Bitten des Herodes nach Jerusalem gekommen, »zur Besprechung der gegenwärtigen Lage«, was wohl heißen soll zur Beratung über die im Fall Antipatros zu ergreifenden Maßnahmen. Varus, dem fünfzehn Jahre später in Germanien, angeblich im Teutoburger Wald, jene berühmte Niederlage beigebracht wurde, übernahm den Vorsitz des Gerichts, das Herodes nach Jerusalem einberufen hatte. Zu den Richtern gehörten die Räte des Königs, seine Verwandten und Freunde, Mitarbeiter des Varus (also römische Verwaltungsbeamte und Militärs aus Syrien) und Freunde des Antipatros. Herodes und Nikolaos von Damaskus vertraten die Anklage.

Im ›Jüdischen Krieg‹ und noch mehr in den ›Jüdischen Altertümern‹ hat Josephus über diesen Prozeß sehr ausführlich berichtet. An der Schuld des Antipatros ließ er dabei nicht den geringsten Zweifel aufkommen. Es waren allerdings noch weitere Indizien hinzugekommen. Unter den Zeugen der Anklage waren außer jenen, die bereits während der vorausgegangenen Untersuchung belastende Aussagen gemacht hatten, auch mehrere Sklaven der Doris. Sie waren erst unmittelbar vor dem Prozeß verhaftet worden, weil bei ihnen ein Brief der Doris an Antipatros gefunden worden war, in dem es hieß, Antipatros möge nicht heimkommen, da sein Vater nun alles wisse.

Zu Beginn des Prozesses warf Antipatros sich seinem Vater zu Füßen und sagte: »Ich bitte dich inständig, Vater, mich nicht im voraus zu verdammen, sondern mir bei meiner Verteidigung unvoreingenommen Gehör zu schenken; denn ich werde meine Unschuld beweisen, vorausgesetzt, daß du es gestattest.« Aber Herodes wies ihn an, sich in die Mitte zu stellen, und begann mit seiner Anklagerede, in der er seinen Sohn sogleich als einen »durch und durch verdorbenen Menschen« bezeichnete und sich auch noch einmal über die hingerichteten Söhne beklagte. »Das ist ja gerade der Grund«, sagte er (I, 32,2), »aus dem man Mitleid mit mir haben sollte, weil ich so verworfenen Söhnen gegenüber auch noch ein liebevoller Vater war. Denn jenen anderen Söhnen, die ich in ihrer Jugend schon mit der Königswürde ehrte und in Rom unter beträchtlichen Kosten erziehen ließ, habe ich die Freundschaft des Kaisers verschafft und sie für andere Könige beneidenswert gemacht. Gerade sie mußte ich als Verschwörer erkennen ...«

Der Schlimmste aber sei Antipatros. Seinetwegen hätten Alexandros und Aristobulos sterben müssen: »Ich gestehe dir, Varus, ganz offen meine Verblendung. Habe ich doch selbst jene Söhne dadurch gegen mich aufgebracht, daß ich ihnen um Antipatros willen ihre berechtigten Hoffnungen abschnitt. Und wann hätte ich ihnen jemals so große Wohltaten erwiesen wie diesem hier? Es fehlte nicht viel, so hätte ich ihm noch bei Lebzeiten die Regierungsgewalt überlassen. Öffentlich habe ich ihn in meinem Testament zum Thronfolger bestimmt und ihm ein eigenständiges Einkommen von fünfzig Talenten ausgesetzt, ihm außerdem aus eigenen Mitteln unbegrenzte Zuschüsse gewährt ...«

Varus möge auf der Hut sein, sagte Herodes weiter, denn Antipatros verstehe es, »sich in Glaubwürdigkeit zu hüllen«. Auch er, Herodes, habe sich ja von Antipatros und seiner vorgetäuschten Fürsorge einfangen lassen: »Er ist es ja, der mich einst, als Alexandros noch lebte, vor ihm gewarnt hat, ich solle Leib und Leben nicht jedermann anvertrauen; er ist es, der mich zu Bett geleitete und noch Umschau hielt, ob mir jemand in einem Versteck auflauerte. Er war der Hüter meines Schlafs und Gewährsmann meiner Ruhe, er stillte meine Trauer über die Hingerichteten und beobachtete bei den noch lebenen Brüdern ihre Gesinnung gegen mich; er war mein Schildträger und mein Leibwächter.« Heute könne er kaum begreifen, daß er noch am Leben sei und »einer so abgründigen Verräterseele entrinnen konnte«, die sich so sehr auf Intrigen und Heuchelei verstehe. Alexandros und Aristobulos müsse er jetzt von aller Schuld freisprechen, nachdem Antipatros sich als der eigentliche Vatermörder entpuppt habe.

Nach diesem altbekannten Lied vom enttäuschten, weil von den Kindern ungeliebten, ja verratenen Vater war Herodes den Tränen nahe und bat Nikolaos, an seiner Stelle weiterzusprechen. Da aber meldete sich Antipatros zu Wort und hielt eine ganz ähnliche Verteidigungsrede wie seinerzeit Alexandros in Rom vor Kaiser Augustus und fragte: »Wie kann ich, den du zugestandenermaßen allezeit als Wächter gehabt hast, ein Vatermörder sein?« Und er argumentierte, für einen Mord ja überhaupt kein Motiv zu haben: »Was hätte mich denn gegen dich aufreizen sollen? Die Hoffnung auf die Königsherrschaft? Aber die Königswürde hatte ich ja. Oder der Argwohn, von dir gehaßt zu werden? Wurde ich denn nicht geliebt? Bestand ein anderer Grund, dich zu fürchten?«

Antipatros wies alles, was gegen ihn vorgebracht worden war, als Verleumdungen von Neidern zurück. Aber zum Schluß meinte er, es sei ja wohl nichts mehr zu machen, da der Stab über ihn bereits gebrochen sei, und er rief aus: »Als so Verdammter bitte ich dich, nicht auf Aussagen anderer zu vertrauen, die unter der Folter erpreßt sind, sondern das Feuer soll mir entgegenschlagen, die Marterwerkzeuge mögen meine Eingeweide zerreißen; kein Mitleid mit dem Wehgeschrei des befleckten Körpers! Denn wenn ich ein Vatermörder bin, dann verdiene ich es nicht, ohne Marter zu sterben.«

Mit dieser Rede und der Bereitschaft, sogar unter Anwendung der Folter auszusagen, sei es ihm, wie seinerzeit dem redegewandten Alexandros in Rom, gelungen, fast die ganze Versammlung zu Tränen zu rühren, auch Varus. »Nur Herodes verharrte in seinem Zorn ungerührt, da er genau wußte, daß die Beweise wohlbegründet waren«, behauptet Josephus; in den ›Jüdischen Altertümern‹ heißt es allerdings: »Auch Herodes vermochte, sosehr er sich Mühe gab, seine Rührung nicht zu verbergen.« Doch dann sprach Nikolaos und »zerstreute die Mitleidsregungen« für Antipatros, indem er dessen Durchtriebenheit aufdeckte und ihn für alle Staatsverbrechen im Lande verantwortlich machte. Und den Angeklagten direkt ansprechend, sagte Nikolaos (›Jüdische Altertümer‹, XVII, 5,5):

»Du bist es gewesen, Antipatros, der die Pläne seiner Brüder zuerst zur Anzeige gebracht hat, du hast die Beweismittel gegen sie zusammengetragen und nach Fällung des Urteils ihre Hinrichtung betrieben.« Und: »Auch hast du deine Brüder auf Grund der von dir erhobenen Beschuldigungen aus dem Wege geräumt, ohne Mitwisser und Helfer anzugeben, so daß die allgemeine Überzeugung dahin geht, du habest vor der Anklage dich mit ihnen ins Einvernehmen gesetzt, um die Früchte des Vatermordes allein zu genießen ... « Und: »Noch obendrein hast du deinen Vater umbringen wollen, um nicht der Verleumdung deiner Brüder überführt zu werden und den Tod, den du selbst verdientest, über deinen unglücklichen Vater zu bringen.« Und weiter warf Nikolaos dem Angeklagten vor: »Ja, du begnügtest dich nicht damit, deine Mutter in deine verbrecherischen Anschläge zu verwickeln, sondern zerstörtest auch das gute Einvernehmen zwischen deinen Brüdern und wagtest es, deinen Vater dem wilden Tiere zu vergleichen. Nein, du selbst bist gefährlicher als die giftigste Schlange, da du nicht bloß dein Gift gegen deine nächsten Blutsverwandten und deine größten Wohltäter verspritztest, sondern auch im Übermaß deiner Bosheit bewaffnete Scharen und alle möglichen Ränke von Männern wie von Weibern gegen einen schwachen Greis aufbotest.«

Im ›Jüdischen Krieg‹ heißt es, Nikolaos »ging dann zum Beweis des geplanten Giftmordes über, behandelte der Reihe nach die Zeugenaussagen und zeigte sich tief erschüttert über Pheroras, daß es Antipatros gelungen sei, ihn zum Brudermord anzustiften, daß er überhaupt die liebsten Freunde des Königs verführt und das ganze königliche Haus mit grauenhaften Verbrechen erfüllt habe. Außerdem brachte er noch vieles andere vor, das er beweisen konnte, und schloß dann seine Rede.«

Damit war die Anklage beendet, und der Vorsitzende Varus forderte jetzt den Angeklagten auf, sich zu verteidigen. Antipatros sagte nichts weiter als nur: »Gott ist mein Zeuge, daß ich unschuldig bin.« Dem fügt Josephus (in den ›Jüdischen Altertümern‹) hinzu: »Das ist allerdings das Verfahren aller Unholde: Schicken sie sich zu einem Verbrechen an, so kümmern sie sich nicht um Gottes Allgegenwart und handeln ihrer Willkür gemäß; werden sie aber ergriffen und vor Gericht gestellt, so wollen sie dadurch, daß sie Gott zum Zeugen anrufen, alle Schuld von sich abwälzen.«

Als Antipatros auch nach mehrmaliger Aufforderung des Vorsitzenden nichts zu seiner Verteidigung anführen konnte und sich weiterhin nur auf Gott berief, ließ Varus den Rest jenes Giftes holen, den die Frau des Pheroras für sich aufgehoben hatte und das ursprünglich Herodes zugedacht gewesen war. Um die Wirkung des Giftes zu testen, befahl er dann, es einem zum Tode verurteilten Verbrecher zu geben. Die Wirkung war tödlich; Josephus sagt, der Verbrecher, der von dem Gift getrunken hatte, »fiel sogleich entseelt nieder«.

Daraufhin schloß Varus die Gerichtssitzung. Samuel Sandmel schreibt: »Damit war für Varus die Schuld erwiesen.« Aber dies steht durchaus nicht fest. Denn ein Urteil sprach Varus noch keineswegs. Das war nach römischem Recht auch nicht gut möglich. Denn – so Theodor Mommsen in seinem ›Römischen Strafrecht‹ – »bei dem Verbrechen des Nächstenmordes sollte nicht anders als nach abgelegtem Geständnis verurteilt werden«. Varus führte noch ein kurzes Gespräch mit Herodes, und Herodes ließ dann seinen Sohn in Ketten legen, während Varus am nächsten Tag nach Syrien zurückreiste.

»Man wußte nicht recht, was Varus vor seiner Abreise dem König noch gesagt hatte«, schreibt Josephus, »doch war man vielfach der Meinung, er habe zu dem Verfahren, welches Herodes gegen Antipatros einschlug, seine Zustimmung gegeben. Als dieser nämlich eingekerkert war, schickte Herodes einen schriftlichen Bericht über die Vorgänge an den Kaiser und ließ ihm zugleich mündlich über Antipatros' Bosheit berichten.« Auch Varus schickte über den Prozeßverlauf einen Bericht nach Rom.

Während man in Jerusalem auf die Antwort des Kaisers wartete, kam noch eine weitere Intrige des Antipatros ans Licht. Und zwar hatte Antipatros Briefe fälschen lassen, Briefe der Salome an Livia, die Kaiserin, die den Eindruck erwecken sollten, als ob Salome bei der Kaiserin auf den Sturz ihres Bruders hinarbeitete. Im ›Jüdischen Krieg‹ (I, 32,6) hat Josephus es folgendermaßen dargestellt: »Es kam nämlich ein Sklave des Antiphilus aus Rom mit Briefen einer Kammerfrau der Livia, namens Akme. Diese hatte dem König brieflich eröffnet, sie habe unter den Schriftstücken der Livia Briefe der Salome gefunden, sie übersende ihm diese heimlich aus Ergebenheit. Die Briefe erhielten von seiten der Salome erbitterte Beschimpfungen und schwerwiegende Anklagen gegen den König. Antipatros hatte sie gefälscht und die Akme durch Bestechung dazu gebracht, sie dem Herodes zuzustellen. Durch den gleichzeitig an ihn gerichteten Brief wurde er überführt; denn ihm hatte diese Person folgendes mitgeteilt: ›Deinem Wunsch gemäß schrieb ich deinem Vater und lege besagte Briefe bei; ich bin fest überzeugt, daß der König, wenn er sie liest, seine Schwester nicht am Leben lassen wird. Du tust gut daran, wenn alles glatt abgelaufen ist, dich deiner Versprechung zu erinnern.‹«

Aufgrund dieses Anschlags gegen seine Schwester Salome und bei dem Gedanken – so weiter Josephus – »daß er beinahe seine Schwester wegen Antipatros ums Leben gebracht hätte«, sei Herodes »fast von Sinnen« gekommen. Im ersten Zorn habe er seinen Sohn sofort hinrichten lassen wollen. Dann wieder wollte er ihn nach Rom vor Augustus bringen, um ihn dort aburteilen zu lassen, doch habe er gefürchtet, Antipatros könne auf dem Wege dorthin entfliehen. Und so ließ er ihn im Gefängnis und schickte über diese neue Entdeckung sofort einen Bericht an den Kaiser.

Diese raffinierte Briefintrige ist – soweit ich sehe – in der Herodes-Forschung nie angezweifelt worden, obgleich sie doch schon auf den ersten Blick kaum glaubhaft ist. Selbst für sich allein ist sie unwahrscheinlich. Denn ein so überaus umständlicher und komplizierter Versuch, Salome aus dem Wege zu räumen, wäre viel zu unsicher gewesen. Außerdem barg er große Risiken, weil er Mitwisser erforderlich machte, wie zumindest die Kammerfrau der Livia und den Fälscher der Briefe. Noch unglaubhafter wirkt die Geschichte im Zusammenhang mit den anderen von Antipatros geplanten Verbrechen. Demnach wollte er also nicht nur Herodes umbringen (beziehungsweise ihn von Pheroras umbringen lassen), sondern ebenso seine jüngeren Halbbrüder Herodes Archelaos und Philippos und schließlich noch seine Tante Salome, nachdem er einige Jahre zuvor schon Alexandros und Aristobulos umgebracht hatte. Wenn allein schon diese Häufung von Verwandtenmorden unwahrscheinlich ist, so ist es die Kompliziertheit des Gesamtplans noch mehr. Da sollte Herodes vergiftet werden, aber erst, nachdem er seine Söhne Herodes Archelaos und Philippos, die sich indessen in Rom aufhielten, selber liquidiert haben sollte. Und auch seine Schwester sollte Herodes ja noch vor seinem eigenen Tode ausgeschaltet haben, wobei natürlich ein Denkfehler vorliegt: denn die gefälschten Briefe, die Salome entlarven sollten, kamen ja erst in die Hand des Königs, als dieser nach Plan längst hätte vergiftet sein sollen.

Es ist also alles höchst verworren und geradezu phantastisch, was Josephus da berichtet. Dennoch ist es wichtig, diese Dinge zu erwähnen. Denn sie zeigen die Methode, mit der Josephus vorging, um einen Menschen als absolut verbrecherisch erscheinen zu lassen. Sie liegt in der bedenkenlosen Anhäufung und maßlosen Übertreibung. So wie sie hier gegen Antipatros angewendet wird, so wurde sie für die vorausgehenden Zeitabschnitte gegen Herodes angewendet. Immer wieder kommt es also darauf an, solche Angaben und Behauptungen auf ein annehmbares Maß zurückzuschneiden. Bei Antipatros darf freilich unterstellt werden, daß er gegen seine Halbbrüder sehr stark intrigiert hat, mit dem Ziel, sie von der Thronfolge auszuschalten. Und auch gegen Salome mag er, sogar mit Hilfe gefälschter Briefe, intrigiert haben. Aber die dabei von Josephus oder schon von dem Ankläger Nikolaos unterstellten Ziele, nämlich die völlige Liquidierung dieser Personen, ihr Tod infolge von Hinrichtungen durch den König, sind nichts anderes als Hirngespinste.

Davon unberührt bleibt als denkbare Möglichkeit ein – wenngleich nicht in Einzelheiten geplanter – Mordanschlag gegen Herodes. Er konnte für eine Verurteilung Antipatros' ausreichen. Daß man indessen den Angeklagten darüber hinaus weiter belastete, mit Hilfe jener Übertreibungen, ja, ihn nach Abschluß der Beweisaufnahme noch mit der Briefgeschichte gegen Salome belastete und davon sofort den Kaiser unterrichtete, könnte auch dahingehend interpretiert werden, daß die Beweise gegen Antipatros nicht gar so überzeugend waren. Auf jeden Fall wartete Herodes nun auf die Stellungnahme des Kaisers.

XV. Kapitel
Der goldene Adler und das Ende

Herodes macht sein Testament · Aufruhr der Pharisäer und Zerstörung des goldenen Adlers über dem Tempeltor · Noch einmal als Ankläger vor Gericht · Die Bedeutung des Adlers · Herodes sterbenskrank · Topos vom gottlosen Sünder, den zur Strafe die Würmer fressen · Letzte Änderung des Testaments · Acht Millionen Mark für das Kaiserpaar · Selbstmordversuch · Antipatros hingerichtet · Tod des Herodes · Streit der Erben · Erste Verleumdungskampagne gegen Herodes · Die Epigonen und das Ende des jüdischen Reiches

Die Aufregungen um Antipatros hatten den alternden Herodes psychisch und physisch stark mitgenommen. Er erkrankte jetzt so schwer, daß man im Volk bereits mit seinem baldigen Tode rechnete. Auch der König selber, der nun fast siebzig Jahre alt war, scheint sein Ende für ziemlich wahrscheinlich gehalten zu haben: Er setzte ein neues Testament auf. Darin bestimmte er seinen Sohn Herodes Antipas zu seinem alleinigen Nachfolger, während er seine ein wenig älteren Söhne, Herodes Archelaos und Philippos, die noch in Rom weilten, leer ausgehen ließ. Also hatte Antipatros' Verleumdungskampagne doch noch eine Wirkung.

Seinen anderen Söhnen und seinen Enkeln vermachte Herodes Grundstücke, große Geldsummen und Leibrenten. Ebenso vermachte er dem Kaiser und der Kaiserin große Geldbeträge;

für Augustus bestimmte er eintausend Talente, für Livia fünfhundert. Und ähnlich großzügig bedachte er viele seiner Freunde. Große Reichtümer vermachte er vor allem seiner Schwester Salome, weil sie ihm, wie es bei Josephus heißt, »stets die höchste Treue bewahrt und niemals Ränke gegen ihn geschmiedet habe«.

Aber Herodes, obwohl wirklich sterbenskrank, sollte auch jetzt noch nicht zur Ruhe kommen. Vielleicht gerade weil er so krank war, kam es noch einmal zu einer Art Aufruhr der Pharisäer. Der Anlaß war ein vermutlich kurz zuvor über dem Haupttor zum Tempelbezirk angebrachter goldener Adler. Diese Darstellung eines lebenden Wesens verstieß nach Auffassung einiger frommer Pharisäer gegen das jüdische Gesetz. Zugleich mögen die Pharisäer den Adler als Symbol der römischen Herrschaft und des herodianischen Regimes abgelehnt haben; mit letzterem waren sie wenigstens zeitweise nicht einverstanden, obwohl sie – so Julius Wellhausen – »unter Herodes geradezu ihre Blütezeit gehabt haben« und auch im Synedrion mehr und mehr Einfluß gewannen. Zwei in Jerusalem sehr angesehene pharisäische Lehrer, Judas und Matthathias, stachelten ihre Schüler auf, den Adler herunterzureißen, was diese dann tatsächlich wagten, und zwar am hellichten Tage, während der Mittagszeit, als der Tempel besonders stark besucht war. Allerdings entschlossen sie sich zu dieser demonstrativen Aktion erst, als sich das Gerücht verbreitete, der König sei schon tot. Einige der jungen Leute kletterten auf das Dach des Tempels und ließen sich von dort an Seilen auf jenes Tor herunter, wo sie den großen goldenen Adler mit Äxten in Stücke schlugen. Von herbeigerufenen Tempelwächtern und diesen zu Hilfe eilenden Soldaten wurden die Täter und viele ihrer Freunde sowie die beiden Lehrer, die der Zerstörung zuschauten, festgenommen, insgesamt etwa vierzig Personen. Sie wurden verhört, wobei sie angaben, dies aus Sorge um das väterliche Gesetz getan zu haben. Es scheint, daß sie dann nach Jericho gebracht wurden, wo der kranke Herodes sich damals aufhielt, weil er dort auf den Rat seiner Ärzte warme Bäder besuchte.

Im Theater von Jericho – nach anderer Darstellung indessen in Jerusalem – ließ Herodes die Jugendlichen und ihre Lehrer vor Gericht stellen. Er selber trat als Ankläger auf, obwohl es ihm ziemlich schlecht ging und er schon nicht mehr stehen konnte. Auf einem Sofa liegend, trug er seine Anklage vor. Dabei erinnerte er daran, mit welch großen Kosten und Anstrengungen der Tempel erbaut worden sei, und daß ihm, Herodes, damit etwas gelungen sei, was seine Vorgänger, die Hasmonäer, in ihrer hundertfünfundzwanzigjährigen Regierungszeit nicht fertiggebracht hätten, und wie er den Tempel mit prachtvollen Weihgeschenken ausgestattet habe. Für alles dies habe er gehofft, über den Tod hinaus Lob und Dank zu ernten. Nun aber habe sich gezeigt, daß man ihn noch zu Lebzeiten öffentlich beleidige, indem man am hellen Tag seine Weihgeschenke herunterreiße und zerstöre. Doch sehe er darin mehr als nur eine persönliche Beleidigung, nämlich – und er müsse das schon beim richtigen Namen nennen – eine Tempelschändung. Und Herodes forderte vom Gericht nicht nur die Bestrafung der Täter, sondern vor allem die der schuldigen Lehrer, die jene aufgehetzt hatten, als Frevler gegen Gott.

Über die Zerstörung des goldenen Adlers, vor allem über die Bedeutung des Adlers selbst, ist in der Forschung viel diskutiert worden. Die meisten Historiker vermuten in der Anbringung des Adlers einen absichtlichen, ganz bewußten Verstoß des Königs gegen das jüdische Gesetz. Wenigstens in diesem einen Fall habe Herodes den Juden zeigen wollen, daß er die Macht hatte, ihren religiösen Vorurteilen zu trotzen, meinte Julius Wellhausen. Wir haben jedoch gesehen, wie vorsichtig Herodes sich gegenüber dem jüdischen Bilderverbot sonst immer verhalten hat. Auf keinem seiner vielen Bauten hat er Bilder anbringen lassen. Daß er es hier tat, über dem Haupteingang zur Tempelanlage, ist für Walter Otto ein Beweis für eine gewandelte Einstellung des Königs zum Judentum. Herodes habe jetzt, in den letzten Jahren seiner Regierung, keine Rücksicht mehr auf das jüdische Gesetz und auf die Juden genommen, sich vielmehr voll und ganz für den Hellenismus entschieden. Das würde bedeuten: Herodes hat den Versuch einer Verschmelzung, ja, nur einer Annäherung von Judentum und Hellenismus am Ende seines Lebens aufgegeben.

Samuel Sandmel sieht in dem Adler einen bewußten Verstoß gegen das jüdische Bilderverbot; er nennt es sogar die »hervorstechendste« der von Herodes gewagten Verletzungen jüdischer Gesetze. Sandmel erinnert dabei an das »Vorherrschen des Adlers in römischen Tempeln und auf den Standarten römischer Truppen«, und er sagt, der Adler habe sowohl die Macht des Herodes wie, in etwas weiterem Sinne, die des Zeus, des obersten Gottes des griechischen Pantheons, symbolisieren sollen.

Eine andere Interpretation bieten Otto Michel und Otto Bauernfeind an, wobei sie sich auf E. R. Goodenough berufen: »In hellenistischer Zeit war das Symbol des Adlers in Palästina vielfach über den Türen der Synagogen angebracht, gelegentlich findet es sich auch als Schmuck auf Mosaikfußböden und Sarkophagen ... Die Ausstattung des Symbols erinnert regelmäßig an geläufige syrische Urbilder ... In Syrien war der Adler Symbol der Sonnengötter, wie auch die goldene Ausstattung seit alters auf die Sonne hindeutet. Aber auch der Herrscherkult hatte sich des Adlersymbols bemächtigt, so daß der Adler ein Zeichen königlicher Macht werden konnte. Der Adler im Tempel zu Jerusalem gehörte zum ursprünglichen Schmucke, den Herodes hatte anbringen lassen, und wurde sicherlich nicht ohne weiteres vom Volk als Provokation empfunden. Immerhin konnte eine strengere Auffassung des Gesetzes an eine Übertretung des zweiten Gebotes denken ... «

Eine höchst interessante Deutung des Adlers bringt Abraham Schalit, der zunächst sagt: »Nach meiner Meinung hätte Herodes es nicht gewagt, eine Figur, die irgendwie auf Götzendienst hätte gedeutet werden können, anzubringen ... « Schalit hält es für möglich, daß »der Adler als der Vogel angesehen wurde, der das Volk auf seinen Flügeln zum ›auserwählten Haus‹, das heißt zum Heiligtum in Jerusalem getragen hat.« Er bringt den Adler mit rabbinischen Überlieferungen und altem Midrasch-Gut in Zusammenhang, wo es heißt: »Und ich trug euch auf Adlersflügeln ... « Und: » ... ich brachte euch zu mir zum auserwählten Haus.« Schalit meint, daß Herodes, der ja mitten im jüdischen Volk lebte und wohl manchmal auch exegetischen Vorträgen der Gelehrten zuhörte, diese Auslegung bekannt gewesen sei, und er folgert: »Sie wird ihn aus einem doppelten Grund angesprochen haben: erstens bot sie ihm eine geradezu verführerische Möglichkeit, sich dem jüdischen Volke gegenüber als aktiven Faktor in dem Verwirklichungsprozeß des von der jüdischen Theologie der Zeit des Zweiten Tempels als zentral betrachteten Zweck der heiligen Volksgeschichte hinzustellen.« Das heißt, »Herodes konnte sich sehr wohl der Hoffnung hingeben, daß die Anbringung eines goldenen Adlers über dem Eingang des von ihm so herrlich erneuerten Heiligtums dem Volke sinnfällig vor Augen führen werde, daß mit dieser Tat des Königs das neben der Offenbarung auf dem Berge Sinai heilgeschichtliche Haupt- und Endziel des Auszuges aus Ägypten, nämlich ›die Heimbringung des Volkes auf Adlersflügeln ins Haus der Erwählung‹ ... zum zweiten Male seit den Tagen Salomos erreicht sei. Zweitens gefiel ihm der Gedanke aus Gründen seiner reichsrömischen Politik. Der Adler war das geheiligte Symbol des Imperium Romanum, der römischen Legionen und ihres Imperators.«

Diese Interpretation steht in Einklang mit unserer Überzeugung, daß Herodes den Gedanken einer Verschmelzung von römisch-hellenistischen Ideen und Judentum bis ans Ende seines Lebens nicht aufgegeben hat. In dem Adler sah er zwei an sich richtige Seiten eines Symbols vereinigt. Als er merkte, daß andere – wie jetzt die beiden Pharisäer und ihre Schüler – es nicht so sahen, hat er sich, obwohl schwer krank und eigentlich bettlägerig, der Sache sofort selbst angenommen. Diese Angelegenheit war ihm offenbar sehr wichtig.

Über den Ausgang des Prozesses berichtet Josephus in seinen beiden Werken unterschiedlich. Im ›Jüdischen Krieg‹ heißt es, Herodes habe nach dem Schuldspruch des Gerichts jene, die den Adler zerstört hatten, sowie die beiden Gelehrten öffentlich verbrennen lassen. Und weiter heißt es dort: »Die übrigen

Verhafteten übergab er seinen Leibwächtern zur Hinrichtung.« Demnach hätte er also ein Blutbad angerichtet. In den ›Jüdischen Altertümern‹ hingegen – und diese Version ist glaubhafter – schreibt er: »Herodes verfuhr ziemlich gelinde.« Hiernach ließ er »einen der Gelehrten mit einigen seiner Genossen verbrennen«. Von den anderen Verhafteten ist nicht mehr die Rede. Und er löste den amtierenden Hohepriester »als den teilweisen Urheber des Vorfalls« ab und setzte einen neuen Hohepriester ein. Die Hinrichtung erfolgte am 13. März des Jahres 4 v. Chr.; dieses Datum ist deswegen so genau bekannt, weil Josephus sagt, daß am folgenden Tag eine Mondfinsternis gewesen sei.

Der jetzt fast siebzigjährige Herodes war inzwischen immer hinfälliger geworden, und seine Krankheit verschlimmerte sich noch weiter. Sie ergriff seinen ganzen Körper und machte sich an den verschiedensten Stellen durch mannigfache Beschwerden geltend, berichtet Josephus im ›Jüdischen Krieg‹ (I, 33,5) und fast genauso in den ›Jüdischen Altertümern‹ (XVII, 6,5): »Das Fieber war nicht heftig, es stellte sich aber auf der ganzen Haut ein unerträglicher Juckreiz ein; ununterbrochen quälten ihn schwere Leibschmerzen, an den Füßen bildeten sich Anschwellungen wie bei einem Wassersüchtigen, am Unterleib eine Entzündung und an den Geschlechtsteilen ein eiterndes Geschwür, das Würmer hervorbrachte. Atmen konnte er lediglich bei aufrechter Haltung, und auch dann nur mit Beschwerden, dazu kamen schließlich Krämpfe an allen Gliedern.« In den ›Altertümern‹ heißt es noch: »Dazu kam ein heftiges Verlangen, etwas zu nehmen, dem zu widerstehen unmöglich war.« Weiter ist da von Geschwüren in den Eingeweiden die Rede und von einem pestartigen Atem. Und während es in der anderen Darstellung heißt, Herodes habe nur in aufrechter Haltung atmen können, heißt es hier: »Wenn der Kranke sich aufrichtete, litt er an quälender Atemnot.«

Über die Art der Krankheit gehen die Meinungen der Mediziner, die aufgrund dieser Beschreibung des Josephus eine Diagnose zu stellen versucht haben, auseinander. Einige vermuten Darmkrebs, andere eine schwere Lebererkrankung, möglicherweise eine – so Max Neuburger – Zirrhose infolge Alkoholmißbrauchs. Ältere Diagnosen, wie die von Ernest Renan, der eine Vergiftung annahm, und von R. Bennet, der eine Darmperforation, kompliziert durch eine akute Peritonitis, vermutete, gelten als überholt. Zu Recht weist Ivo Buhač darauf hin, daß Herodes trotz seiner Leiden noch immer die Staatsgeschäfte führte und daß sich sein Zustand zwar ständig verschlechterte, jedoch von Zeit zu Zeit Besserungsabschnitte zu beobachten waren. Und daraus folgert er: »In Anbetracht dieser Merkmale kann es sich also weder um Vergiftung, noch um eine Peritonitis gehandelt haben.«

Buhač selbst, der es als schwierig bezeichnet, anhand der Angaben des Josephus »eine exakte Diagnose zu stellen, besonders da es sich um einen gastroenterologischen Fall handelt, bei dem man in der Diagnostik ohne komplizierte Untersuchungsmethoden oft nicht weit kommt«, neigt schließlich zu diesem Ergebnis: »Es scheint viel richtiger, in diesem Falle die Diagnose eines malignen Prozesses im Abdomen zu stellen, vornehmlich eines Pankreaskarzinoms. Natürlich können auch andere Malignome in diesem Gebiet differentialdiagnostisch nicht ausgeschlossen sein.«

Es gibt auch die Meinung, Herodes habe an Zuckerkrankheit gelitten. Der Mediziner Jost Willms unterstellt dabei, ohne es im einzelnen belegen zu können, daß Herodes ständig getrunken und gepraßt habe. Und er behauptet einfach, den sterbenskranken Herodes habe »ein brennender Durst« gequält. Aber eben von Durst ist bei Josephus überhaupt nicht die Rede. Für eine Zuckerkrankheit sprechen das ständige Hungergefühl, das Hautjucken und die Wunde am Genital. Was zu dieser Vermutung aber nicht gut paßt, ist die Unterleibsschwellung und – so Abraham Schalit – »die Nichterwähnung von Durst, der bei der Beschreibung eines Laien das am meisten in die Augen springende Symptom dieser Krankheit wäre«. Willms schloß voreilig, und er geht auf jeden Fall gänzlich in die Irre, wenn er Herodes überhaupt nur als Diabetiker versteht, das heißt, alle seine Taten und sein Verhalten als Folge dieser Krankheit hinstellt. Willms spricht von Säuferwahn und Delirium tremens mit Gesichtstäuschungen, Eifersuchtswahn, Mißtrauen, Anfällen von Grausamkeit bei Stimmungswechsel; er sieht Herodes also als Säufer, und er meint, die Ursache seines Trinkertums sei ein Diabetes gewesen. Gestorben sei Herodes infolge von Wassersucht. Diese Gesamtdeutung von Willms muß abgelehnt werden; hier wird lediglich das alte Märchen vom Bösewicht ins Medizinische übertragen, aber aufgrund einer nur oberflächlichen Lektüre der Quellen. Nicht auszuschließen ist indessen, daß Herodes auch Diabetiker war.

Letztlich reichen die Angaben des Josephus für eine Diagnosefindung nicht aus. Man muß dabei bedenken, daß seine Beschreibung durch ein literarisches Schema mitgeprägt ist. Dahinter steht der in der alten Geschichte immer wieder auf gottlose Sünder angewandte Topos, der auch in der Bibel anklingt, wo der Prophet Elias dem sündhaften israelischen König Jehoram verkündet, er werde zur Strafe für seine Sünden an einer furchtbaren Krankheit sterben: »Du aber wirst viel Krankheit haben in deinen Eingeweiden, bis deine Eingeweide herausgehen vor Krankheit Tage über Tage.« Und so kam es dann auch: »Und nach alledem sandte Jahwe eine Plage in seine Eingeweide, daß er unheilbar krank wurde. Und es währte Tage um Tage, und als die Zeit zweier Jahre um war, gingen seine Eingeweide samt seiner Krankheit aus ihm heraus, und er starb unter bösen Schmerzen ...«

Zu diesem Topos, in dem Krankheit als gerechte Strafe für begangene Sünden und Verbrechen verstanden wird, gehört oft auch der Würmerfraß. Die im Fall des Herodes erwähnten Würmer können allerdings anders erklärt werden, nämlich als Maden, die sich infolge der in jener Gegend herrschenden Fliegenplage und infolge Unreinlichkeit gebildet haben. Dazu Willms: »Seit den Weltkriegen wissen wir Ärzte, daß Fliegenmaden Wunden reinigen und heilen helfen, also geradezu nützlich sein können.«

Auf jeden Fall muß jedoch damit gerechnet werden, daß die Krankheitsbeschreibung von herodesfeindlicher Seite ausgeschmückt worden ist. Das Grundschema ist schließlich noch von dem russischen Arzt und Dichter Anton P. Tschechow übernommen worden, der sich 1892 in einem Aufsatz ›An welcher Krankheit ist Herodes gestorben?‹ der Meinung anschloß, Herodes »starb an einer widrigen Krankheit, welche in der Geschichte nur bei solchen Menschen vorgekommen ist, die sich durch ihren Blutdurst und ihre Grausamkeit entehrt haben«. Näher zu bezeichnen wußte Tschechow diese Krankheit nicht.

Offenbar haben schon Ärzte des Herodes nicht herausgefunden, woran der König litt. Auf jeden Fall waren sie ziemlich hilflos, und beinahe hätten sie ihn noch umgebracht, als sie ihn, vermutlich um die Körpertemperatur hochzutreiben, in heißem Öl baden ließen: Als sie ihn in die gefüllte Wanne setzten, wurde er ohnmächtig und verdrehte die Augen, sagt Josephus, so daß es den Anschein hatte, er sei schon tot. Er kam aber wieder zu sich, glaubte nun aber selber nicht mehr, daß er noch gesund werden könnte. Dies geschah bei den heißen Quellen zu Kallirrhoe am Toten Meer. Er ließ sich nach Jericho zurückbringen, voll galliger Erbitterung, sagt Josephus, was bedeutet, daß ihn jetzt die »schwarze Galle« befiel, also möglicherweise eine hochgradige Gelbsucht hinzugekommen war.

Zum letzten Mal änderte Herodes jetzt sein Testament und damit wiederum die Thronfolge. Jetzt wurde Herodes Archelaos mit dem Königstitel und der Oberherrschaft über das ganze Reich bedacht. Sein Bruder Herodes Antipas sollte den Tetrarchentitel und die Herrschaft über Galiläa und das jüdische Transjordanien, also Peräa, erhalten. Und Philippos wurde zum Tetrarchen über die Gebiete Gaulanitis, Trachonitis und Batanäa bestimmt. Herodes' Schwester Salome wurden die Städte Jamnia, Azotus und Phasaelis sowie fünfhundert geprägte Silberstücke zugesprochen. »Auch alle seine übrigen Verwandten bedachte er mit Legaten und Jahresrenten in reichem Maße«, sagt Josephus und: »Dem Kaiser vermachte er zehn Millionen Silberstücke nebst goldenen und silbernen Gefäßen und äußerst kostbaren Gewändern, der Gattin des Kaisers, Livia, aber und einigen anderen Personen fünf Millionen.« Zuvor hatte er bereits angeordnet, jedem Soldaten fünfzig Drachmen auszuzahlen.

Es waren beträchtliche Werte, die Herodes seinen Erben hinterließ. Sie in unsere Währung umzurechnen, ist nicht ganz einfach, da der Kaufwert des Silbergeldes damals ganz anders gewesen sein dürfte. Um nur eine ungefähre Vorstellung zu geben: Die fünfzehn Millionen Silberstücke – es handelte sich da um Drachmen –, die Herodes dem Kaiserpaar vermachte, entsprechen etwa acht Millionen Deutsche Mark.

Während Herodes noch mit seinem Testament beschäftigt war, kam aus Rom die erwartete Antwort im Fall Antipatros. Der Kaiser hatte schnell gehandelt, Akme, die Kammerfrau der Livia, die in die Brieffälschungen des Antipatros verwickelt gewesen war, sei inzwischen hingerichtet, hieß es in einem Brief des Augustus. Und was Antipatros betraf, so gab der Kaiser dem Herodes die Vollmacht, mit ihm nach Gutdünken zu verfahren, er könne ihn hinrichten oder verbannen. Im ›Jüdischen Krieg‹ (I, 33,7) wird konkret gesagt, Augustus habe »über Antipatros das Todesurteil ausgesprochen«, sei jedoch »auch mit seiner Verbannung einverstanden, wenn dies der Wunsch des Vaters sei«.

Zu diesem Zeitpunkt fühlte sich Herodes wieder etwas besser. Die ihm feindliche Tradition hat es so dargestellt, als habe ihn das Todesurteil so sehr gefreut und aufgemuntert. Aber das ist Unsinn. In Wahrheit hat es ihn – so auch Samuel Sandmel – eher deprimiert, jetzt selber das Urteil über seinen Ältesten fällen zu müssen. Und er hat wieder einmal gezögert. Aber da er Rom nun einmal in die Sache hineingezogen hatte, konnte er die Angelegenheit jetzt nicht einfach auf sich beruhen lassen. Vielleicht widerstrebte es ihm so sehr, die notwendige Entscheidung auszusprechen, daß er deswegen jenen Selbstmordversuch machte, von dem Josephus berichtet, der ihn indessen mit seinen inzwischen wieder zunehmenden Schmerzen begründet: »Von seinen Schmerzen überwältigt«, heißt es im ›Jüdischen Krieg‹, »beschloß er, dem Schicksal zuvorzukommen. Er nahm sich einen Apfel und verlangte ein Messer dazu; denn er hatte die Gewohnheit, sich beim Essen die einzelnen Stücke selbst abzuschneiden. Dann schaute er sich um, ob etwa einer in der

Nähe sei, der ihn zurückhalten könne, erhob seine Rechte und wollte sich erstechen. Jedoch sein Neffe Achiab eilte sofort herbei, fiel ihm in den Arm und hinderte ihn daran.«

Der Selbstmordversuch des Königs wurde nicht nur im ganzen Palast bekannt, sondern ebenso draußen in der Stadt. Sogar Antipatros, der im Gefängnis saß, hörte davon. Ihm kam jedoch zu Ohren, sein Vater habe dabei den Tod gefunden, und so setzte er jetzt alles daran, möglichst rasch auf freien Fuß zu kommen, in der Hoffnung, sich doch noch des Throns bemächtigen zu können. Verurteilt war er ja noch nicht. Er versuchte, die Wärter auf seine Seite zu ziehen, indem er ihnen für seine Freilassung große Geldbeträge versprach. Doch – und das zeigt, daß Herodes bis zuletzt fest im Sattel saß – ließen sie sich nicht darauf ein, vielmehr machten sie von seinen Bestechungsversuchen Meldung. Und so erfuhr auch Herodes davon, der daraufhin, ohne länger zu zögern, den Befehl gab, Antipatros sofort hinzurichten. Weiter befahl er, Antipatros' Leichnam in die Festung Hyrkania zu schaffen und ihn dort ohne alle Ehrenbezeugungen beizusetzen.

Herodes hat seinen Ältesten um nur fünf Tage überlebt. Für diese Zeit unmittelbar vor seinem Tod haben seine Gegner ihm noch eine Schandtat angehängt, einen geplanten Massenmord nämlich an den Adligen des Landes. Weil er gewußt habe, daß sein Tod für die Juden ein Freudenfest sein werde, habe er das Volk zwingen wollen, an seinem Todestag traurig zu sein. Und deswegen habe er befohlen, aus allen jüdischen Ortschaften die Vornehmsten ins Hippodrom von Jericho kommen zu lassen und sie dort einzusperren. Dann soll er seiner Schwester Salome gesagt haben: »Laßt jene in Haft gehaltenen Männer durch Soldaten umstellen und tötet sie, sobald ich den letzten Atemzug getan habe, damit ganz Judäa und jede Familie wider ihren Willen über mich weine.« Später, nach dem Tode des Königs, aber habe Salome die Gefangenen nicht töten, sondern in Freiheit setzen lassen.

Walter Otto hat in dieser Geschichte einen historischen Kern vermutet. Er meinte, hier einen letzten Beweis für des Königs

Weitblick und große Regierungskunst sehen zu können: Damit sich der Übergang der Regierungsgewalt auf seinen Nachfolger in aller Ruhe und Sicherheit vollziehen könne, habe er die Vornehmsten des Reiches in Jericho als Geiseln für seine Nachfolger inhaftieren lassen. Den Tötungsbefehl aber habe er mit Sicherheit nicht gegeben, meint Otto, denn: »Herodes war nicht der Mann der nutzlosen Grausamkeit.« Den Tötungsbefehl habe Salome hinzuerfunden, als sie die Inhaftierten freiließ, »um der Freilassung noch ein besonderes Relief zu geben« und um sich wichtig zu machen. Otto war überzeugt, daß die Geiseln in der Hand von Herodes' Nachfolgern den Aufstand verhindert haben würden, zu dem es nach Herodes' Tod kam. Andere Historiker – zunächst Wellhausen, dann Willrich und jetzt Schalit, ebenso Sandmel – haben die Erzählung von den im Hippodrom inhaftierten Vornehmen für erfunden erklärt. Gegen die Auffassung Ottos spricht, daß Salome nach dem Tod ihres Bruders gar nicht in der Lage gewesen wäre, einen Haftbefehl des verstorbenen Königs rückgängig zu machen; sie hatte keinerlei Amtsbefugnisse. Alle Macht ging nämlich sofort auf Herodes Archelaos über. Außerdem wurde eine ganz ähnliche Geschichte anläßlich des Todes von König Jannäus erzählt. Sie dürfte also von der herodesfeindlichen Tradition auf Herodes übertragen worden sein.

Herodes starb Ende März oder Anfang April des Jahres 4 v. Chr. in Jericho. Siebenunddreißig Jahre lang hatte er den Titel »Rex socius et amicus populi Romani« getragen, vierunddreißig Jahre lang hatte er wirklich regiert. Sein Sohn Herodes Archelaos sorgte für ein reiches und eindrucksvolles Begräbnis in der Grabstätte zu Herodeion, die der König sich zu Lebzeiten hatte bauen lassen. Josephus hat die Beisetzung beschrieben: »Herodes wurde auf einem goldenen, mit vielen und kostbaren Edelsteinen verzierten Tragbett zu Grabe getragen, dessen Decke von Purpur glänzte, und auch der Leichnam selbst war mit dem Königspurpur bekleidet. Auf dem Haupt ruhte ein Diadem mit überragender Krone von Gold, und die Rechte hielt das Szepter. Das Tragbett umgaben des Königs Söhne und die große Menge seiner Verwandten, an welche sich die nach Völkerschaften abgeteilten und mit deren Namen bezeichneten Soldaten anschlossen, und zwar in folgender Ordnung. Zuerst schritt die Leibwache einher, dann folgten der Reihe nach die Thraker, Germanen und Gallier, alle in voller Rüstung, und hieran schlossen sich die übrigen Krieger mit ihren Führern und Hauptleuten, wie zur Schlacht gerüstet. Den Schluß bildeten fünfhundert Diener, welche Spezereien trugen. So bewegte sich der Zug zweihundert Stadien weit bis nach Herodeion, wo der König seinem Befehle gemäß beigesetzt wurde.« Und Josephus fügt hinzu: »Dies war das Ende des Herodes.«

In Wahrheit war es mehr als nur das Ende dieses Mannes, es war zugleich das Ende eines Zeitalters, jedenfalls für das jüdische Volk. Das kündigte sich schon sehr bald an. Die Nachfolger des Herodes hatten sofort die größten Schwierigkeiten. Überdies waren sie sich nicht einig. Vor allem Antipas wollte die letzte Verfügung seines Vaters nicht anerkennen, weil ihm entgegen der früheren Regelung sein Bruder Archelaos vorgezogen worden war. Archelaos war der ältere, aber alle drei Brüder dürften nicht älter als höchstens zwanzig Jahre alt gewesen sein.

Nachdem Archelaos, der nach dem Wunsch des Vaters den Königstitel und die Oberherrschaft über das ganze Reich erben sollte, die Leitung der Regierungsgeschäfte übernommen hatte – zunächst nur vorläufig, als Reichsverweser, da das letzte Testament des Herodes noch erst von Augustus bestätigt werden mußte –, hat er sich als erstes darum bemüht, das jüdische Volk für sich zu gewinnen. Vor einer großen Volksversammlung im Tempel zu Jerusalem versprach er Steuererleichterungen und einige Verbesserungen des bestehenden Regimes. Durch seine anfängliche Nachgiebigkeit ermutigt, hat das Volk dann sofort weitere Forderungen gestellt. Dabei ging es um die Urteile im Prozeß gegen die beiden pharisäischen Lehrer und ihre Schüler, die den goldenen Adler zerstört hatten. Für diese Urteile sollten – so wurde jetzt gefordert – die Räte des Königs zur Verantwortung gezogen und bestraft werden. Weiter wurde die Amtsenthebung des in diesem Zusammenhang von Herodes neu eingesetzten Hohepriesters verlangt. Und schließlich wurden Forderungen nach Beseitigung der hellenistischen Elemente am Königshof laut. Dahinter steckten also offensichtlich die Pharisäer.

Archelaos wollte weder nachgeben noch einfach ablehnen. Deswegen hat er versucht, die Demonstranten durch Verhandlungen von diesen Forderungen abzubringen. Aber das ist ihm nicht gelungen. Es kam dann zu einem Aufstand, der wegen des bevorstehenden Passahfestes, zu dem von auswärts große Volksmengen nach Jerusalem strömten, besonders gefährlich zu werden drohte. Archelaos ist gegen die Aufständischen mit Truppen vorgegangen, anfänglich nur zögernd, dann aber mit aller Energie, und so wurde der Aufstand blutig niedergeschlagen.

Unmittelbar danach machte Archelaos sich auf den Weg nach Rom, um sich bei Augustus um die Bestätigung der königlichen Oberherrschaft zu bemühen. Seinen Halbbruder Philippos setzte er für die Zeit seiner Abwesenheit als Reichsverweser ein. Zu jener Zeit fuhr auch Herodes Antipas nach Rom, in der Absicht, seinerseits beim Kaiser Ansprüche auf den Königstitel und die Oberherrschaft geltend zu machen. Er gab an, Herodes könne nicht mehr zurechnungsfähig gewesen sein, als er das Testament wenige Tage vor seinem Tode zugunsten des Archelaos noch einmal geändert habe. Aber Archelaos hatte Nikolaos von Damaskus und den obersten Minister des Herodes, Ptolemaios, auf seiner Seite. Mit Archelaos fuhr auch Salome nach Rom, die wiederum ihre eigenen Ziele verfolgte.

Noch vor seiner Abreise, im Hafen von Caesarea, begegnete Archelaos dem kaiserlichen Prokurator für Syrien, Sabinus, der auf die Nachricht von Herodes' Tod gekommen war, um den jüdischen Staatsschatz zu beschlagnahmen und die Festungen mit römischen Truppen zu besetzen. Archelaos hat sich daraufhin sofort um Hilfe an Varus gewandt, den Statthalter von Syrien. Varus wies Sabinus an, von seinem Vorhaben abzulassen. Doch hatte Varus seinerseits seine Truppen – es handelte sich um drei Legionen – für einen Einmarsch nach Palästina bereitgestellt. Und er sollte auch in Kürze einmarschieren. Erst das Verhalten der Römer nach Herodes' Tod, die jetzt sich zeigende völlige Abhängigkeit der Juden von Rom machen verständlich, warum Herodes das Kaiserpaar in seinem Testament so großzügig bedacht hatte: Es war der über seinen Tod hinausgehende Versuch, den Kaiser für das jüdische Volk und dessen Zukunft günstig zu stimmen.

In Rom zeigte sich, wie sehr der Herodes-Klan zerstritten war. Jeder hetzte gegen jeden, und jeder vertrat nur seine eigenen Interessen. Vor allem wollte niemand, weder Antipas noch Salome, noch die Schwiegersöhne des Herodes, sich Archelaos unterordnen. Archelaos hatte also einen schweren Stand, der noch zusätzlich dadurch erschwert wurde, daß Abgeordnete mehrerer griechischer Städte, die zum Reich Herodes' des Großen gehörten, nach Rom kamen und Befreiung von der jüdischen Herrschaft und Eingliederung in das römische Provinzialregiment forderten. Und außerdem erschien vor dem Kaiser noch eine fünfzigköpfige Delegation aus Jerusalem, die ebenfalls den Wunsch vorbrachte, von der Herrschaft der Herodeer befreit und unter die unmittelbare Herrschaft Roms gestellt zu werden.

Mit den Vorwürfen und Argumenten dieser jüdischen Abgeordneten, in denen sich offensichtlich pharisäische Tendenzen verdichteten, die auf Abschaffung jeglicher einheimischen weltlichen Herrschaft hinausliefen und statt dessen nur ein geistliches Regiment wünschten, müssen wir uns etwas eingehender befassen. Denn mit den von dieser Delegation in Rom vorgebrachten Argumenten erreichten die Verleumdungen gegen Herodes einen ersten Höhepunkt. Und vieles davon ist bis heute geglaubt worden. Nach der Darstellung in den ›Jüdischen Altertümern‹ (XVII, 11,2) brachten die Juden folgendes vor:

»Als nun den Gesandten der Juden das Wort erteilt wurde, fürchteten sie sich, von Auflösung des Reiches zu sprechen, und begannen daher mit der Klage über die Ungerechtigkeiten des Herodes. Dem Namen nach, sagten sie, sei derselbe wohl König gewesen, in der Tat aber habe er die ärgste Tyrannei ausgeübt, vieles zum Verderben der Juden ersonnen und sich nicht gescheut, eine Menge willkürlich erdachter Neuerungen einzuführen. Eine große Anzahl Menschen habe er, was in früheren Zeiten niemals geschehen sei, auf verschiedene Art aus dem Wege geräumt. Diejenigen aber, welche er am Leben gelassen, seien noch viel unglücklicher, einmal wegen der Angst, die sein blutdürstiges Wesen ihnen eingeflößt habe, dann aber auch wegen der beständigen Besorgnis, ihr Vermögen zu verlieren. Die benachbarten, von Ausländern bewohnten Städte habe er verschönert, um die in seinem eigenen Reiche gelegenen durch Steuern zu erschöpfen und zu Grunde zu richten. Das Volk, das bei seinem Regierungsantritt sich noch eines besonderen Wohlstandes erfreut habe, habe er völlig verarmen, die Vornehmen um der geringfügigsten Ursache willen töten und ihr Vermögen einziehen lassen, und diejenigen, denen er wenigstens noch das Leben geschenkt, seien von ihm um Hab und Gut gebracht worden. Außerdem, daß er die den einzelnen auferlegten jährlichen Abgaben aufs strengste eingetrieben habe, sei man auch noch genötigt gewesen, ihm selbst, seinen Verwandten und Freunden sowie den Steuereinnehmern reiche Geschenke zu geben, weil man sich der Plackereien nur mit Aufopferung von Silber und Gold habe erwehren können. Nicht reden wolle man davon, wie er mit der größten Schamlosigkeit Frauen und Jungfrauen geschändet habe, weil es den Geschändeten fast mehr zum Trost gereiche, daß die Mißhandlungen verborgen blieben, als daß sie nicht geschehen sein möchten. Kurz, sie seien von Herodes so mißhandelt worden, daß ein wildes Tier ihnen wohl keine schlimmeren Unbilden hätte antun können, wenn es zur Herrschaft über sie gelangt wäre. Zwar sei ihr Volk auch schon früher von schweren Unglücksfällen heimgesucht und zu Auswanderungen gezwungen worden; aber es komme doch in der Geschichte kein Beispiel einer Drangsal vor, die mit dem gegenwärtigen Elend, welches Herodes heraufbeschworen, verglichen werden könne. Deshalb hätten sie auch zunächst mit gutem Grund den Archelaos freudig als König begrüßt, da sie überzeugt gewesen seien, es könne nicht leicht ein Nachfolger des Herodes, wer es auch sei, diesen an Härte übertreffen. Ja, sie hätten sogar dem Archelaos zulieb dessen Vater öffentlich betrauert, und sie würden noch mehr getan haben, um sich sein Wohlwollen zu sichern, wenn sie ihn nur dadurch etwas milder hätten stimmen können. Archelaos aber habe, gleich als ob er ängstlich gewesen sei, man möchte ihn nicht für den echten Sohn des Herodes halten, unverzüglich seine Gesinnung gegen das Volk dargelegt, und das zu einer Zeit, da er des Thrones noch gar nicht sicher gewesen sei, sondern es noch beim Kaiser gestanden habe, ob er ihm denselben geben oder verweigern wolle. Gleich zu Anfang seiner Regierung nämlich habe er seinen Untertanen eine Probe seiner Mäßigung und seines Gefühls für Recht und Billigkeit gegeben, indem er den Frevel gegen Gott und Menschen begangen habe, dreitausend seiner Landsleute im Tempel hinzumorden. Sei nun ihr Haß gegen Archelaos nicht vollkommen berechtigt, zumal noch der Umstand hinzu komme, daß er eine Anklage gegen sie erhoben habe, als ob sie sich seiner Herrschaft widersetzt hätten? Mit einem Wort, ihre Forderung gehe dahin, daß sie von solcher Herrschaft befreit, der Provinz Syrien zugeteilt und einem römischen Landpfleger unterstellt würden. Auf diese Weise werde es sich zeigen, ob sie aufrührerisch und umstürzlerisch, oder aber unter einer gerechten Regierung ruhig und zufrieden seien.«

Im ›Jüdischen Krieg‹ (II, 6,1 u. 2) ist die entsprechende Passage, vor allem soweit sie sich gegen Herodes richtet, sehr viel kürzer. Dennoch sind die Vorwürfe gegen Herodes dort ähnlich massiv. Man hat sie lange Zeit überbewertet, obgleich die meisten Forscher darin von Anfang an übertriebene Lügen sahen. Entscheidend ist hier einzig das Ziel der jüdischen Delegation. Es bestand darin, künftig ohne König leben zu wollen. Wie schon gesagt, lagen hier pharisäische Tendenzen vor, mit dem alten Ziel einer theokratischen Herrschaft über das jüdische Volk; die Pharisäer haben zu dieser Zeit offenbar geglaubt, selber herrschen und den Römern lediglich die Verwaltung überlassen zu können. Aber darin lag eine völlige Verkennung der Situation. Es war klar, und es hat sich dann ja auch gezeigt, daß die Römer, die das Sonderleben der Juden seit eh und je mit Mißtrauen verfolgten, sich eben damit nicht begnügen würden. Die Absicht der jüdischen Delegation lag im Grunde gar nicht darin, Herodes zu verunglimpfen. Herodes war Vergangenheit, jetzt aber ging es um die Zukunft. Die Verunglimpfung des toten Königs, die ungeheuerlichen Lügen, die gegen ihn vorgebracht wurden, waren Mittel zum Zweck. Nicht Herodes war gemeint, sondern jeder mögliche Nachfolger, zunächst insbesondere Herodes Archelaos.

Dies hat auch Nikolaos von Damaskus schon so gesehen, der vor Augustus für Archelaos eintrat und die Vorwürfe gegen seinen toten Freund Herodes mit einem einzigen Satz zurückwies. Herodes, antwortete er den Delegierten, »sei bei seinen Lebzeiten niemals wegen irgendeiner Sache von ihnen angeklagt worden, und es sei nicht recht, daß, da sie ihn während seines Lebens vor den gesetzmäßigen Richtern hätten verklagen und zur Verantwortung ziehen können, sie nun nach seinem Tode solche Anklagen gegen ihn vorbrächten«.

Das war alles. Aber diese kurze Entgegnung des Nikolaos zeigt zweierlei. Nämlich einmal, daß Nikolaos, wie schon gesagt, die Verleumdungen für absoluten Unsinn hielt. Doch wichtiger ist das zweite, nämlich daß es während der Regierungszeit des Herodes doch wohl möglich gewesen sein muß, gegen Übergriffe von königlicher Seite Einspruch einzulegen, ja, den König zu verklagen. Wenn diese Behauptung des Nikolaos jeglicher Grundlage entbehrt, wenn er sie also einfach aus der Luft gegriffen haben würde, dann hätte Josephus sie nicht unwidersprochen hingenommen. Auch sahen wir ja, wie die Juden, wenn sie mit königlichen Entscheidungen nicht einverstanden waren, ihre Meinung vorzubringen und sogar durchzusetzen wußten. Dies geschah zum Beispiel, als die Juden sich über die angeblichen Standbilder im Jerusalemer Amphitheater entrüsteten, und es geschah, als Herodes den Neubau des Tempels ankündigte.

Also kommt unter dem von der herodesfeindlichen Tradition gemalten Bild ein ganz anderes Bild von seiner Regierung hervor. Und eine ähnliche Korrektur entsteht jetzt für Herodes' romfreundliche Politik: Immer wieder hieß es, die Juden seien mit seiner »Romhörigkeit« nicht einverstanden gewesen, da die römisch-hellenistischen Elemente zu sehr im Widerspruch zu den jüdischen Gesetzen gestanden hätten. Und nun forderten die Juden selbst, noch dazu die frommen Juden, die unmittelbare Eingliederung ins Römische Reich, die direkte Unterstellung unter römische Verwaltungsbeamte und römisches Militär. Daraus muß gefolgert werden, daß die romfreundliche Politik des Herodes für die Juden bei weitem nicht so schlimm gewesen sein kann, wie es immer wieder dargestellt worden ist.

Bei dem Streit vor Augustus hat Nikolaos auch die Vorwürfe der jüdischen Delegation gegen Archelaos zurückgewiesen. Dabei gab er alle Schuld für die Vorkommnisse in Jerusalem, also auch für den Aufstand, den Archelaos so blutig hatte niederschlagen lassen, den Juden. »Was Archelaos getan«, läßt Josephus ihn sagen, »das komme auf Rechnung ihrer eigenen Ungerechtigkeit und Widersetzlichkeit. Denn nachdem sie sich ganz ungesetzmäßig benommen und diejenigen zu morden angefangen hätten, deren Beruf es gewesen sei, sie von ihren Ungerechtigkeiten abzuhalten, kämen sie nun und klagten, daß sie für diese Ungerechtigkeiten bestraft worden seien. Dann warf er ihnen vor, daß sie ihr Vergnügen an Neuerungen und Erregung von Aufständen hätten, und daß sie nicht verständen, Gerechtigkeit zu üben und den Gesetzen zu gehorchen, sondern überall vorgezogen sein und Recht haben wollten.«

Dies alles, auch die Versuche des Antipas, anstelle seines Bruders den Königstitel zu bekommen, und die Bemühungen der Salome um eine eigene Teilherrschaft, spielte sich vor Augustus ab. Und Augustus kam nach sorgfältiger Prüfung der ganzen Angelegenheit zu dem Ergebnis, daß es für alle Beteiligten, das hieß vor allem für Rom, besser sei, die jüdische Königsherrschaft nicht weiter bestehen zu lassen, also die Einheit des jüdischen Reiches zu beenden. »Der jüdische Vasallenstaat ist eben der römischen Regierung zu mächtig erschienen,« schrieb Walter Otto, »zumal er den Mittelpunkt der großen jüdischen Weltgemeinde darstellte. Die inneren Verhältnisse waren ferner besonders heikel, und offenbar glaubte man nur bei einer Persönlichkeit wie Herodes I. ohne Gefahr für sich den Einheitsstaat dulden zu können. Und so hat sich denn Augustus zur Teilung entschieden.«

Augustus hat also das letzte Testament seines Freundes Herodes nicht bestätigt. Archelaos erhielt nicht den Königstitel, wie sein Vater es gewünscht und gehofft hatte, er wurde nicht »Basileus« sondern nur Ethnarch, und er erhielt nicht die Oberherrschaft über das ganze Reich, sondern nur die Herrschaft über Judäa, Samaria und Idumäa. Antipas wurde zum selbständigen Herrscher über Galiläa und Peräa ernannt, Philippos erhielt die heidnischen Landschaften des Nordens, und Salome bekam die ihr von Herodes zugedachte Rente von sechzig Talenten jährlich und außerdem Einkünfte aus den Städten Jamnia, Asdod und Phasaelis sowie den Königspalast zu Askalon. Die den anderen Verwandten von Herodes zugedachten Legate wurden von Augustus bestätigt und um die Summe von eintausendfünfhundert Talenten erhöht; dies waren die eintausendfünfhundert Talente, die Herodes dem Kaiserpaar vermacht hatte und auf die Augustus jetzt zugunsten der Verwandten des Herodes verzichtete. Dem Archelaos, der bei der Teilung die wertvollsten, das heißt einträglichsten Gebiete erhalten hatte (mit den wichtigen Städten Caesarea, Sebaste, Joppe und Jerusalem), stellte der Kaiser für die Zukunft den Königstitel in Aussicht, »wenn er sich durch seine Tüchtigkeit dessen würdig zeige«.

Dazu ist es aber nie gekommen. Denn die Entwicklung der jüdischen Geschichte war inzwischen bereits in eine andere Richtung gegangen. Während sich der Herodes-Klan in Rom noch um das Erbe stritt, war daheim fast das ganze Reich in Unordnung geraten. Der Statthalter Varus war, um für Ruhe und Ordnung zu sorgen, mit seinen drei Legionen nach Jerusalem marschiert und hatte einen aufflackernden Aufruhr erstickt. In Jerusalem stationierte er eine Legion und zog mit den anderen beiden wieder ab. Dann aber kam doch noch der

Prokurator Sabinus und beschlagnahmte einen Teil des Tempelschatzes und besetzte die Jerusalemer Festungen. Das hat die Juden überaus erbittert, und so kam es zum Pfingstfest des Jahres 4 v. Chr. wieder zu Aufständen. Diesmal wurde das ganze Land, außer Samaria, davon ergriffen. Und wieder, noch bevor Archelaos aus Rom zurückkehrte, gingen die Truppen des Varus mit großer Rücksichtslosigkeit vor und warfen den Aufstand, an dem sich auch ein großer Teil der jüdischen Truppen beteiligt hatte, blutig nieder.

Danach war zwar wieder Ruhe, aber die Unzufriedenheit des gesamten jüdischen Volkes mit der römischen Besatzung, die nun immer im Land blieb und alle Festungen des Herodes besetzt hielt und von ihnen aus das Volk beherrschte, hat sich nie wieder gelegt. Sie wurde im Gegenteil immer größer. Sie übertrug sich zugleich auf die herrschenden Fürsten, also auf den Enthnarchen Herodes Archelaos und die Tetrarchen Herodes Antipas und Philippos. Denn in ihnen sah das Volk von nun an nichts anderes als römische Vasallen.

Und jetzt begann die bereits dargestellte Aspektverschiebung, bei der die Festungen des Herodes zu Zwingburgen, zu Bollwerken gegen das Volk wurden. Und nachträglich wurde Herodes der Große als Hauptschuldiger an der ganzen Entwicklung, also an der jetzt immer drückender und unangenehmer werdenden römischen Fremdherrschaft, mißverstanden. Dies lag nicht zuletzt daran, daß Archelaos und Antipas ihre Namen ablegten und – nach dem Vorbild der großen hellenistischen Dynastien – den Namen ihres Vaters zum Dynastienamen machten, und so nannten sie sich beide (und zwar zur selben Zeit) Herodes. Von ihnen, die in ihren Fähigkeiten und Leistungen weit hinter ihrem Vater zurückblieben und vor allem nicht seinen politischen Weitblick besaßen, ist wenig Positives überliefert. Ihr schlechtes Image aber ist aus späterer Sicht auf Herodes den Großen übertragen worden, aus dem einfachen Grund, weil er im allgemeinen Bewußtsein der bekanntere, für viele sogar der einzig bekannte Herodes war.

Die Söhne hatten auch in Rom kein gutes Ansehen. Wie der

zeitgenössische Geograph und Historiker Strabon berichtet, mußten sie sich im Jahre 6 n. Chr. vor Augustus wegen irgendwelcher, vermutlich schwerwiegender Pflichtverletzungen verantworten. Herodes Archelaos wurde damals von Augustus abgesetzt und nach Gallien in die Verbannung geschickt, wo er später auch gestorben ist. Sein Gebiet wurde prokuratorische Provinz, sein Privatvermögen eingezogen. Seine Brüder durften in ihre Gebiete zurückkehren. Philippos regierte dort bis zu seinem Tode im Jahre 34. Da er kinderlos starb, wurde sein Gebiet dann der römischen Provinz Syrien angeschlossen. Herodes Antipas (der Johannes den Täufer hinrichten ließ) wurde im Jahre 39 von Kaiser Caligula abgesetzt und in die Verbannung geschickt. Sein Gebiet fiel an Agrippa I., einen Enkel Herodes' des Großen, der in der Literatur häufig mit dem Dynastienamen Herodes versehen wurde, den er selber aber nicht geführt hat.

Dieser Agrippa (oder Herodes Agrippa) war ein Sohn des von Herodes hingerichteten Mariamme-Sohns Aristobulos. Er wurde am römischen Hof erzogen, und zwar zusammen mit Caius Caligula. Später, als Caligula Kaiser geworden war, erhielt er von diesem – das war im Jahr 37 – jenen Nordteil des ehemaligen herodianischen Reiches, der nach Philippos' Tod im Jahre 34 zunächst an Syrien gekommen war. Caligula verlieh seinem Freund den Königstitel, und Agrippa gelang es, noch einmal das ganze Gebiet seines Großvaters unter seinem Königtum zu vereinen. Agrippa I. erwies sich als energischer und gewandter Herrscher, und seine Regierungszeit brachte einen kurzen Schimmer der Besserung, aber – so Cecil Roth – es war »der letzte, den das jüdische Palästina erleben sollte«.

Auch unter ihm blieb der Schatten Roms nur zu deutlich über dem Land. Als Agrippa I. nach einer nur kurzen Regierungszeit starb, im Jahre 44 in Caesarea, hielten die Römer es für das beste, die Dynastie der Herodeer abzuschließen. Zwar gab es da noch Agrippas jungen Sohn, Herodes Agrippa II., doch ihm gestand Rom nur die Herrschaft über die nördlichen Gebiete zu, die früher Philippos gehört hatten. Er, der letzte Herodeer, durfte noch den Titel eines Basileus, eines Königs, führen, aber in dem eigentlichen jüdischen Gebiet hatte er lediglich das Recht, den Tempel zu überwachen und den Hohepriester zu ernennen. Die Regierungsgeschäfte lagen bei den in Caesarea residierenden römischen Prokuratoren. Und viele in ihrer langen Reihe regierten gegenüber den Juden mit brutaler Rücksichtslosigkeit, und besonders ärgerlich war die Ausbeutung durch die römischen Steuereinnehmer. Anders als Herodes der Große haben seine Epigonen das Volk vor Ausbeutung durch die Römer nicht mehr geschützt. Ihnen gelang es nicht mehr, was ihm so lange gelungen war, nämlich Rom trotz aller Freundschaft auf Distanz zu halten. Und so wuchs die Unzufriedenheit der Juden noch weiter.

Im Jahre 66 kam es zu dem oben bereits erwähnten Aufstand unter der Führung der Zeloten, einer römerfeindlichen Nationalpartei, der nach anfänglichen Erfolgen an der römischen Übermacht scheiterte. Im Jahre 70 eroberte Titus, der Sohn Kaiser Vespasians (und seit 79 selber Kaiser) Jerusalem. Er ließ den von Herodes erbauten Tempel völlig zerstören. Damit nahm er den Juden ihren religiösen und politischen Mittelpunkt. Eine Kerntruppe der Aufständischen hielt sich – wie bereits ausführlich geschildert – noch bis ins Jahr 73 in der herodianischen Felsenfestung Masada.

Das war die Katastrophe, die Herodes I. mit seiner Friedenspolitik innerhalb des Römischen Reiches und mit seiner Freundschaft zu Augustus und anderen römischen Politikern so lange verhindert hatte. Aber es war noch nicht ihr Ende. In den folgenden Jahrzehnten kam es zu immer neuen Auseinandersetzungen zwischen Juden und Römern, am schlimmsten nach Kaiser Hadrians Beschneidungsverbot im Jahre 130, das den großen Aufstand unter Führung von Bar Kochbā verursachte. Nachdem die Römer auch diesen Aufstand blutig niedergeschlagen hatten, machten sie Jerusalem zu einer römischen Militärkolonie. Juden durften von da an in Jerusalem nicht mehr leben. Und das bedeutete die Auflösung des jüdischen Volkstums für nahezu zwei Jahrtausende. Zwar haben in Palästina, das nach den Römern über Jahrhunderte von moslemischen Arabern besetzt war, immer Juden gelebt, und im vierzehnten Jahrhundert sind viele aus Spanien vertriebene Juden dorthin gezogen, aber der Gedanke, in Palästina wieder einen jüdischen Staat zu schaffen, erwuchs erst im neunzehnten Jahrhundert, und realisiert wurde er im zwanzigsten – unter Schwierigkeiten, die dort anzuknüpfen schienen, wo die Entwicklung beim Tode Herodes' I. abgebrochen worden war. Zu bald waren seine Städte verfallen, seine Häfen versandet, seine Paläste und Festungen zerstört worden, seine großen Taten in Vergessenheit geraten.

Nachwort

Am Ende bleibt die Frage, ob Herodes zu Recht der Große genannt werden kann. Sie ist schon oft gestellt und nahezu ebensooft verneint worden. Der Beiname geht auf Josephus zurück, doch scheint er ursprünglich nicht als Auszeichnung gemeint gewesen, sondern aus Gründen der Unterscheidung gebraucht worden zu sein: Josephus hat ihn nämlich nur ein einziges Mal verwendet, und zwar bei einer längeren genealogischen Darstellung der nachfolgenden Herodeer, und es ist möglich, daß nach hebräischem Brauch mit »der Große« eigentlich »der Ältere« gemeint war. So sieht es Walter Otto und fügt hinzu:

»Der Mensch in Herodes hat jedenfalls diesen Ehrentitel nicht verdient, wenn man auch die Lichtseiten seines Wesens nicht unterschätzen, sich dessen stets bewußt sein soll, daß auch bei ihm, wie gerade bei so vielen bedeutenden Männern, sehr viel Gegenteiliges, große Vorzüge und große Fehler, miteinander vereinigt waren.«

Auch Abraham Schalit möchte ihm den Beinamen der Große nicht zuerkennen. Und Samuel Sandmel kommt zu dem Ergebnis:

»Wie sehr man auch immer wieder seine Leistungen preisen oder mildernde Umstände für seine Gewalttaten anführen mag: im Grunde war Herodes doch ein verruchter Mensch.«

Aber es kann sich hier ja auch keineswegs um die Verleihung

eines Titels handeln; Herodes ist nun einmal als »der Große« in die Geschichtsbücher eingegangen, und so könnte man sich allenfalls darüber streiten, ob ihm dieses Prädikat nicht besser wieder abzuerkennen sei. Dabei nach moralischen Maßstäben zu verfahren, wäre weder berechtigt noch richtig, da man es in anderen Fällen auch nicht getan hat: nicht bei Peter dem Großen von Rußland, der sich den Beinamen übrigens selber zulegte, oder Katharina; nicht bei Kyros oder Tigranes, der im ersten vorchristlichen Jahrhundert König von Armenien war; ebensowenig bei Alexander, Theoderich oder Karl dem Großen, bei Kaiser Otto oder Sultan Suleiman, der mit seinen Türken 1529 vor Wien stand. Moral und menschliche Größe haben bei dieser Benennung kaum je eine Rolle gespielt – am ehesten noch bei den Päpsten: etwa Leo I., Gregor I. und Nikolaus I. Bei den weltlichen Herrschern waren es zumeist nur große, das heißt umfangreiche Eroberungen, also Machtstreben und Gewaltanwendung, die ihnen diese Auszeichnung eintrugen. Aber man sollte geschichtliche Größe nicht am Umfang der hinterlassenen Gräber- und Trümmerfelder messen. In Wahrheit meint der oft ja nur zufällig gegebene Beiname keinesfalls Größe, sondern allenfalls eine die engere Umgebung überragende Bedeutung, eine vielleicht einmalige, aber zeitlich und örtlich begrenzte Bedeutung für die geschichtliche Entwicklung eines Volkes. Unsinnig wäre es jedenfalls, sich die sogenannten »Großen« als Vertreter einer allesüberragenden Politiker-Elite vorzustellen. Wenn man Friedrich II. von Preußen als den Großen bezeichnet, dann heißt das nicht, daß er bedeutender gewesen wäre als etwa Friedrich II. von Hohenstaufen. Und Stephan der Große, Fürst der Moldau, der heute nahezu vergessen ist, aber doch die wohl bedeutendste Gestalt der rumänischen Geschichte in der vorosmanischen Zeit war, oder Hugo der Große, Herzog von Franzien, sowie Alfred der Große, Knut der Große, Ferdinand der Große von Kastilien waren ja durchaus nicht bedeutender als die vielen, die diesen Beinamen nicht erhielten. Wer Herodes als den Großen bezeichnet, hält ihn damit ja nicht für größer als Cäsar, Augustus oder Agrippa; aber er hält ihn für bedeutender als andere jüdische Könige vor und nach ihm, sicherlich auch als andere Klientelkönige des Römischen Reiches zu seiner Zeit. Und das ist zweifellos berechtigt.

Wenn Schalit und Sandmel ihm dennoch den Beinamen der Große nicht zuerkennen wollen, dann vor allem deswegen, weil beide noch an der von Josephus, dem Verwandten des Hasmonäer-Hauses, vertretenen Theorie festhalten, Herodes habe sich von Anfang an vorgenommen, alle Hasmonäer auszurotten, und dieses Ziel durch eine Reihe von Morden ganz systematisch verfolgt. Aber wir haben gesehen, daß bei all jenen angeblichen Mordfällen, angefangen mit dem Tod seines jungen Schwagers und Hohepriesters Aristobulos, bis zu der Hinrichtung der Mariamme-Söhne, die aufgrund des Schuldspruchs römischer Richter erfolgte, in Wahrheit von Mord überhaupt nicht die Rede sein kann. Herodes war kein blutrünstiger, mordgieriger Tyrann, der seine Regierungsmaßnahmen und die Möglichkeiten seiner Machtausübung nur für seine persönlichen Interessen zugeschnitten beziehungsweise ausgenutzt hätte, sondern er war ein umsichtiger Politiker, der seine Herrscherpflichten sehr ernst nahm. Stets stand für ihn das Wohl des Volkes im Vordergrund. Das zeigte sich bereits unmittelbar nach seinem Regierungsantritt, als er den Römern ihr Recht zur Plünderung Jerusalems abkaufte; es zeigte sich bei der großen Dürrekatastrophe, als er ein zweites Mal seine sämtlichen privaten Finanzmittel zur Verfügung stellte; es zeigte sich in der Kultivierung und Besiedlung brachliegender Landstriche, beim Bau von Verteidigungsanlagen, bei der Gründung neuer Städte und Häfen, bei der Anlage von Straßen und Wasserleitungen, auch beim Bau neuer Paläste, der zu seinem Arbeitsbeschaffungsprogramm gehörte, beim Bau von Theatern und Gymnasien, und nicht zuletzt bei der gewaltigen Vergrößerung des Jerusalemer Tempelbezirks.

Zur Realisierung dieses Bau- und Kultivierungsprogramms, bei dem nichts Fragment blieb, sondern alles vollendet wurde, brauchte Herodes natürlich viel Geld. Um es zu beschaffen, griff er bei der Erhebung von Steuern und Zöllen mit Hilfe einer straff organisierten Verwaltung zuweilen hart durch, aber er war

– wenn es ihm möglich oder gar notwendig zu sein schien – auch bereit, in entscheidenden Situationen auf Steuern zu verzichten. Daß er das Volk ausgepreßt und arm gemacht habe – wie nach seinem Tod behauptet wurde –, stellte sich als eine der vielen Lügen heraus, die über Herodes verbreitet wurden und bis heute geglaubt werden. Tatsache ist, daß es unter Herodes, der ein hervorragender Kaufmann, ja ein Finanzgenie gewesen sein muß, zu einer wirtschaftlichen Blüte und einem allgemeinen Wohlstand kam, wie es sie in der jüdischen Geschichte nie zuvor gegeben hatte. Der König der Juden konnte es sich sogar erlauben, ausländische Städte und die Olympischen Spiele auf großzügigste Weise finanziell zu unterstützen, wodurch er nicht nur sein persönliches Ansehen, sondern zugleich das seines Reiches und des jüdischen Volkes in der ganzen damaligen Welt entschieden gehoben hat.

Herodes war kein Eroberer wie Cäsar oder Alexander. Seine Politik war in ihrer Abhängigkeit von Rom auf Bewahren, auf friedlichen Ausbau, auf die Wiederherstellung und Sicherung von Recht und Ordnung gerichtet. Für die Realisierung seiner Friedenspolitik, die mit dem politischen Programm des römischen Kaisers völlig im Einklang stand, schien ihm das rein weltliche Königtum nach hellenistischem Vorbild das sicherste Mittel zur Festigung seiner Herrscherstellung. Walter Otto hat darauf hingewiesen, daß die Hellenisierungsbestrebungen des Königs nicht allein in seiner Vorliebe für alles Griechische begründet lagen, sondern daß sie einen wesentlichen Teil seines politischen Programms darstellten: Herodes, der selber nicht Jude war, wollte die in den Augen der Welt schwer verständliche ablehnende Exklusivität des jüdischen Volkes, eines – so muß hinzugefügt werden – weithin verachteten Volkes, abbauen. Er wollte, daß die Juden sich einfügten in die Ökumene des Römischen Reiches, in die Welt des Friedens und eines gesicherten Wohlstands. Herodes war zu sehr Realpolitiker, um hinter den verheißungsvollen Messias-Ideen der Juden etwas anderes sehen zu können, als eben die *pax Romana*. Hier lag indessen zugleich seine Begrenzung oder – wenn man so will

– sein Fehler; Herodes unterschätzte die Eigenwilligkeit der Juden, die prägende Kraft ihres Auserwähltheitsglaubens. Wir haben gesehen, daß er eine Verschmelzung der jüdischen Messias-Ideen mit den römischen Messias-Vorstellungen, die mit dem Werk des Wohltäters Augustus am Beginn ihrer Erfüllung standen, sein Leben lang für möglich gehalten hat.

Sein Irrtum berechtigt jedoch keinesfalls dazu, auch seine Politik für falsch zu erklären. Niemand weiß ja, was daraus geworden wäre, wenn seine Integrationspolitik, die indessen die jüdischen Besonderheiten nie außer acht ließ, zugleich jedoch die Römer auf Distanz hielt, noch einige Jahrzehnte lang fortgesetzt worden wäre; die noch heute oft wiederholte Behauptung, Herodes habe das jüdische Reich zu einem hellenistischen Staat innerhalb des römischen Weltreichs umgestalten wollen, beruht auf einer völligen Fehlinterpretation. Wir haben gesehen, daß die Nachfolger mit ihrer sehr viel weniger differenzierenden Politik eben das heraufbeschworen, was Herodes so lange zu verhindern gewußt hatte: statt einer aus der Koexistenz erwachsenden Verschmelzung die Fremdherrschaft über das jüdische Volk und schließlich seine Vernichtung.

Nach der herodesfeindlichen Tradition – und sie vor allem hat sich in den Quellen durchgesetzt – soll Herodes allen politischen Erfolgen zum Trotz bei der Bevölkerung, insbesondere bei den Juden, in höchstem Maße unbeliebt, ja verhaßt gewesen sein. Wir haben gezeigt, wie dieses negative Urteil im wesentlichen erst in der Zeit nach seinem Tod entstanden ist. Aber zu berücksichtigen ist in diesem Zusammenhang noch etwas anderes: Die Geschichte lehrt, daß lange, stabile Friedenszeiten – und Herodes schenkte dem jüdischen Volk einen etwa dreißigjährigen Frieden – die Völker unzufrieden werden oder sie zumindest so erscheinen läßt, selbst dann, wenn es ihnen wirtschaftlich gut geht. So war es auch unter Augustus: Je länger der Friede dauerte, der zunächst so sehr begrüßt worden war, als desto drückender wurden die Steuern und die von Augustus erlassenen Gesetze zur Wiederherstellung von Moral und Ordnung empfunden. Auch Augustus war nicht beliebt, und gegen Ende seiner langen Regierungszeit glaubte kaum noch jemand, daß mit ihm das Goldene Zeitalter begonnen habe. Noch größer wurde die Unzufriedenheit unter seinem Nachfolger Tiberius, der an der Friedenspolitik seines Stiefvaters konsequent festhielt; er war sogar bald noch sehr viel unbeliebter als Augustus und wurde übrigens ähnlich stark verleumdet wie Herodes. Seltsamerweise scheinen lange Friedenszeiten eher zu Staatsverdrossenheit zu führen als siegreiche Kriege.

Mehr noch als der Politiker wurde der Mensch Herodes immer wieder zu Unrecht verdammt. Dies ist vor allem auf die Legende vom bethlehemitischen Kindermord sowie auf die Hinrichtung Mariammes und ihrer Söhne zurückzuführen. Wir haben jedoch gesehen, daß ein kritisches Lesen der Quellen auch hier einen ganz anderen Herodes zeigt, als etwa die Dichtung ihn seit Jahrhunderten immer von neuem dargestellt hat: nicht den tobsüchtigen Paranoiker, der um sich nichts als Angst und Schrecken verbreitet, weil er im Blutrausch sinnlos tötet, sondern einen sorgenden Familienvater, der eher mit zuviel als zuwenig Liebe an seinen vielen Frauen, Kindern, Enkeln und an seinen Geschwistern hing, an diesem ganzen großen Klan, den er ständig um sich haben wollte, mit dessen Spannungen, Intrigen und Verleumdungen er jedoch nicht fertig geworden ist: Als *pater familias* war Herodes zu weich. Wir haben gesehen, wie oft er sich vergeblich nach Liebe, Verständnis, Anerkennung sehnte, wie mißtrauisch er jedoch andererseits auch sein konnte, wie verletzlich er war, und wie er – aus dem Gefühl übergroßer Enttäuschung – brutal zurückschlagen konnte, wenn er sich verraten fühlte. Hier ist indessen daran zu erinnern, daß Herodes in einem rücksichtslosen, gewalttätigen Zeitalter lebte, in dem ein Menschenleben wenig wog und man mit Todesurteilen schnell zur Hand war. Hinrichtungen aus Staatsräson, auch Morde und nicht selten Verwandtenmorde gehörten zum politischen Handwerk. Das gilt für Alexander und seine zahlreichen Nachfolger in den hellenistischen Staaten ebenso wie für Augustus und dessen Nachfolger. Wir haben gesehen, daß die tragischen Auseinandersetzungen mit den Söhnen letztlich keine Privataffären blieben, sondern daß es dabei um Politik ging und daß Herodes in diesen Fällen nichts ohne die Zustimmung des Kaisers entschied. Herodes herrschte zwar als Tyrann, aber keineswegs mit rücksichtsloser Willkür – auch dies gehört zu den zahlreichen Fehlinterpretationen über ihn, die seit nahezu zweitausend Jahren kritiklos wiederholt werden. Nicht nur sahen wir ihn auf besondere Wünsche der Juden Rücksicht nehmen, auch innerhalb der Familie zeigte er sich nachgiebig, ja, oft zu nachgiebig. Und wir haben gesehen, daß er Recht und Ordnung zwar mit Härte, aber – von jenem ersten Fall als Tetrarch von Galiläa einmal abgesehen – nie mit Willkür durchgesetzt hat: In allen Rechtsfragen hielt er sich strikt an die von Augustus gesetzten Normen.

Überhaupt folgte er – wie gezeigt – in seiner Politik eng dem römischen Vorbild: Rom war auch für ihn das Zentrum der Welt, von Rom hatte er sein Königtum empfangen, dem römischen Kaiser fühlte er sich verpflichtet, ihm war er untertan. Dieses Verhältnis zu Rom ist ihm oft als blinder Gehorsam, als Kriecherei ausgelegt worden. Aber auch hier waren Korrekturen anzubringen. Was sein persönliches Verhältnis zu Augustus und zuvor das zu Antonius und Agrippa angeht, so handelte es sich da um wirkliche Freundschaft. Man muß bedenken, daß dies die mächtigsten Männer der Welt waren, die von allen umschmeichelt wurden. Sie zu Freunden zu gewinnen, und zwar auf Dauer und nicht, wie manchmal behauptet worden ist, durch Geldgeschenke, sondern durch seine persönliche Ausstrahlung, vor allem aber durch seine überzeugenden Leistungen und durch seine Treue gegenüber der römischen Weltpolitik, das war schon etwas Besonderes. Die Freundschaft vor allem mit Agrippa und Augustus gründete letztlich in der Überzeugung von der Richtigkeit einer weltweiten Friedenspolitik. Herodes wollte wie Augustus ein Friedensbringer sein. Und vielleicht ist es kein Zufall, daß sein Lieblingstier nicht der Löwe, nicht der Adler und nicht der Falke, sondern die Taube war; in den Gärten seiner Paläste gab es immer auch Taubenhäuser, und im Talmud wird Herodes als Züchter einer neuen Taubenrasse genannt.

Zeittafel

Jahr v. Chr.	in Palästina	im Römischen Reich
um 73	Herodes geboren.	
67	Tod der Königin Alexandra. Bürgerkrieg. Herodes wird nach Petra gebracht.	
64		Pompeius in Syrien; Ende der Seleukidenherrschaft.
63	Pompeius erobert Jerusalem.	Geburt Oktavians (des späteren Kaisers Augustus) und Agrippas.
62	Hyrkanos Hohepriester; Herodes' Vater, Antipatros, sein Berater.	
59		Julius Cäsar Konsul.
54	Crassus plündert den Jerusalemer Tempel.	
49		Cäsar geht über den Rubikon.
48		Pompeius ermordet. Cäsar in Ägypten.
47	Herodes wird von seinem Vater als Statthalter von Galiläa eingesetzt. Sein Bruder Phasael wird Gouverneur von Jerusalem. Anklage vor dem Synedrion und Flucht nach Syrien.	Cäsar setzt Kleopatra als Königin von Ägypten ein.
45		Cäsar Alleinherrscher im Römischen Reich (Imperator); er adoptiert Gajus Oktavian, den späteren Augustus.

Jahr v. Chr.	in Palästina	im Römischen Reich
44		Cäsar infolge einer Verschwörung unter Brutus und Cassius im Senat ermordet.
43	Herodes' Vater ermordet. Herodes läßt den Mörder seines Vaters umbringen.	Triumvirat: Antonius, Oktavian und Lepidus. Cicero ermordet.
42	Herodes verlobt sich mit der Hasmonäerin Mariamme; Scheidung von seiner ersten Frau, Doris.	Oktavian und Antonius siegen in Makedonien über die Cäsar-Mörder Brutus und Cassius; diese begehen Selbstmord. Antonius geht nach Ägypten zu Kleopatra.
40	Einfall des Antigonos und der Parther in Palästina. Herodes flieht aus Jerusalem nach Masada. Seine erste Fahrt nach Rom: Ernennung zum König.	Antonius verwaltet die östliche, Oktavian die westliche Hälfte des Römischen Reiches.
39	Beginn des Krieges gegen Antigonos.	
37	Herodes heiratet Mariamme. Eroberung Jerusalems und Sieg über Antigonos; dessen Hinrichtung durch Antonius.	
36	Antonius schenkt Kleopatra das Gebiet um Jericho sowie Teile des phönikischen Küstenlandes. Herodes macht seinen Schwager Aristobulos zum Hohepriester. Dessen Tod. Herodes muß zu Antonius nach Laodikeia. Pachtverträge mit Kleopatra.	Offener Streit zwischen Oktavian und Antonius.
33	Kleopatra erhält auch Gaza.	
32	Beginn des jüdischen Feldzugs gegen die Nabatäer.	Rom erklärt Kleopatra und damit indirekt auch ihrem Mann Antonius den Krieg.
31	Schweres Erdbeben in Palästina. Herodes besiegt die Nabatäer. Herodes entscheidet sich gegen seinen Gönner Antonius für Oktavian.	Oktavians Sieg in der Seeschlacht bei Aktium über Antonius und Kleopatra.
30	Hinrichtung Hyrkanos II. Herodes wird auf Rhodos von Oktavian als König bestätigt.	Antonius und Kleopatra begehen Selbstmord. Oktavian läßt den 17jährigen Cä-

Jahr v. Chr.	in Palästina	im Römischen Reich
	Beginn des Konflikts mit Mariamme. Vergrößerung des herodianischen Reiches durch die Orte beziehungsweise Gebiete Jericho, Gaza, Anthedon, Joppe, Stratonsturm, Hippos und Gadara.	sarion, den Sohn Cäsars und Kleopatras, töten.
29	Mariammes Hinrichtung. Herodes schwer krank. Hinrichtung der Alexandra.	
28	Verschwörung des Kostobar und dessen Hinrichtung. Hinrichtung der Babas-Söhne. Festspiele in Jerusalem, wo Herodes ein Theater und ein Amphitheater bauen ließ.	
27	Attentatsversuch auf Herodes, der vor der Ausführung aufgedeckt wird. Beginn des Ausbaus von Samaria, das Herodes zu Ehren des Augustus in Sebaste umbenennt und wo er einen Augustus-Tempel errichten läßt.	Oktavian stellt die Republik wieder her. Der Senat bestätigt ihn als »Princeps«, als Alleinherrscher über das Römische Reich. Von nun an nennt Oktavian sich Augustus, der Erhabene.
25	Dürre, Hungersnot und Seuchen. Herodes kauft in Ägypten Getreide; vorbildliche Hilfsaktionen. Erlaß eines Drittels der Steuern.	Erfolgloser römischer Feldzug gegen das südliche Arabien, an dem auch eine jüdische Truppeneinheit teilnimmt (bis 24).
um 23	Bau des Königspalasts in Jerusalem. Herodes heiratet Mariamme (II). Erbauung der Residenz Herodeion in Judäa.	
22	Beginn des Ausbaus von Cäsarea und seines Hafens. Herodes schickt Alexandros und Aristobulos, seine Söhne von der ersten Mariamme, zum Studium nach Rom. Augustus überläßt Herodes die Landschaften Trachonitis, Batanäa und Auranitis. Herodes besucht Agrippa und schließt Freundschaft mit ihm.	
um 20	Beginn des Tempel-Neubaus.	

Jahr v. Chr.	in Palästina	im Römischen Reich
19		Augustus erläßt ein Gesetz gegen Luxus und Ehelosigkeit.
um 18	Herodes fährt nach Rom (zweite Romfahrt), um seine Söhne heimzuholen.	
um 16	Alexandros heiratet Glaphyra, eine Tochter des Kappadokier-Königs. Aristobulos heiratet Berenike, eine Tochter von Herodes' Schwester Salome.	
15	Agrippa besucht Palästina.	Die Römer unterwerfen das Alpenvorland bis zur Donau. Tiberius erobert Rätien (Graubünden und Tirol). Gründung von Augusta Vindelicorum (Augsburg) und Augusta Treverorum (Trier).
14	Herodes begleitet Agrippa durch Kleinasien bis ans Schwarze Meer und nach Samos. Geschenke an die griechischen Gemeinden und erfolgreicher Einsatz (zusammen mit Nikolaos von Damaskus) für die Juden in Kleinasien und in Kyrene. Erlaß eines Viertels der Steuern. Zerwürfnis mit seinen Söhnen Alexandros und Aristobulos. Rückberufung des ältesten Sohnes, Antipatros, und dessen Mutter, Doris, an den Hof.	
13	Herodes entsendet Antipatros nach Rom, nachdem er ihn testamentarisch zum erstberechtigten Nachfolger eingesetzt hat.	Drusus gründet auf keltischen Siedlungsresten das römische Kastell Maguntiacum (Mainz). Rom hat etwa 800 000 Einwohner.
12	Herodes fährt mit den Mariamme-Söhnen nach Italien, wo er sie in Aquileja vor Augustus anklagt, ihm ans Leben zu wollen. Augustus bringt eine Versöhnung zustande. Herodes in Olympia, wo er die Spiele durch finanzielle Zuwen-	Tod des Agrippa, des Schwiegersohns des Augustus und Freund des Herodes. Tiberius unterwirft Pannonien (Südwestungarn) und stellt damit (bis 9 v. Chr.) die Donaugrenze des Reiches her.

Jahr v. Chr.	in Palästina	im Römischen Reich
	dungen auch für die Zukunft sicherstellt. Er selber als Kampfrichter der Spiele. Unterdessen Aufstand in der Trachonitis. Flucht der Rädelsführer zu den Nabatäern, von denen sie in der Folgezeit bei ihren Raubzügen auf jüdisches Gebiet unterstützt werden. Dadurch kommt es zum Streit mit den Nabatäern. Herodes veröffentlicht in Jerusalem die Nachfolgeordnung: Alexandros und Aristobulos erhalten königlichen Rang; Antipatros aber soll Oberkönig werden. – Der Konflikt in der Familie entzündet sich von neuem.	
11		Die Römer gründen im Gebiet der Mattiaker die befestigte Stadt Aquae Mattiacae (Wiesbaden) und benutzen deren Heilquellen.
um 10	Einweihung des neuen Tempels. Blitzfeldzug gegen die von den Nabatäern unterstützten Räuber; Zerstörung Raeptas, wo die Räuber sich niedergelassen hatten, und Sieg über ein nabatäisches Heer.	
9	Glänzende Einweihung von Caesarea; Einrichtung von Festspielen. Herodes fällt bei Augustus infolge seines Feldzugs gegen die Nabatäer in Ungnade. Herodes setzt Alexandros gefangen; er beschuldigt ihn, seine Ermordung geplant zu haben. Aber noch einmal Aussöhnung mit den Mariamme-Söhnen, diesmal durch den Kappadokier-König Archelaos. Streit mit dem Bruder Pheroras.	Drusus dringt bis zur Elbe vor und gründet am Zusammenfluß von Rhein und Mosel ein Kastell (das spätere Koblenz). Drusus' Tod stellt den Kaiser vor neue dynastische Probleme.

Jahr v. Chr.	in Palästina	im Römischen Reich
8	Neuer Verdacht gegen die Mariamme-Söhne. Herodes klagt sie des Hochverrats an.	
	Aussöhnung mit Augustus. Der Kaiser gibt Herodes die Erlaubnis, gegen seine Söhne vorzugehen; er schlägt als Gerichtsort Berytos (Beirut) vor.	
7	Das in Berytos zusammengetretene Gericht, überwiegend aus römischen Beamten bestehend, spricht die Mariamme-Söhne schuldig. Vollstreckung des Todesurteils, nachdem es in Caesarea zu Gärungen unter den Offizieren gekommen zu sein scheint, in Sebaste, und zwar durch Erdrosselung.	
	Herodes ändert sein Testament: Antipatros alleiniger Nachfolger. Für den Fall von dessen vorzeitigem Tode wird der Sohn der zweiten Mariamme, Herodes, als Nachfolger in Aussicht genommen.	
	Antipatros intrigiert gegen seine jüngeren Halbbrüder, auch gegen seinen Vater. Verbündet sich mit dessen Bruder Pheroras.	
6	Herodes geht gegen Pharisäer vor, die geweissagt hatten, daß mit der Geburt des Messias das Ende für ihn und sein Haus nicht mehr fern sei.	
	Bruch mit Pheroras, der eine Sklavin geheiratet hatte. Pheroras vom Hof verbannt.	
5	Antipatros geht als Gesandter nach Rom, wahrscheinlich um Herodes in seinem Streit gegen den Nabatäer Syllaios zu vertreten.	
	Tod des Pheroras. Gerüchte, daß er ermordet worden sei. Unter-	

Jahr v. Chr.	in Palästina	im Römischen Reich
	suchungen lassen den Verdacht entstehen, daß Antipatros und Pheroras auf Herodes einen Anschlag geplant hatten.	
	Antipatros nach seiner Rückkehr aus Rom verhaftet und wegen beabsichtigten Mordes an Herodes vor Gericht gestellt (Vorsitzender ist der Römer Varus). Der Schuldspruch, mit Billigung des Kaisers, fällt erst später.	
	Herodes ändert wiederum sein Testament: Herodes Antipas soll alleiniger Nachfolger sein.	
	Herodes bereits schwer krank.	
4	Von pharisäischen Lehrern aufgehetzt, zerschlagen mehrere junge Leute den goldenen Adler über dem Haupteingang zur Tempelanlage. Herodes läßt die Schuldigen vor Gericht stellen und bestrafen.	
	Mit Genehmigung des Kaisers läßt Herodes seinen ältesten Sohn, Antipatros, hinrichten; in Antipatros wird jetzt der Hauptschuldige im Konflikt des Königs mit den Mariamme-Söhnen gesehen.	
	Herodes ändert noch einmal sein Testament: jetzt soll Herodes Archelaos als sein Nachfolger über das ganze Reich herrschen, während Antipas und Philippos als Tetrarchen für Galiläa und Peräa beziehungsweise für Gaulanitis, Trachonitis, Batanäa und Panias vorgesehen werden.	
Ende März oder Anf. Apr.	Herodes gestorben.	

Jahr v. Chr.	in Palästina	im Römischen Reich
4	Augustus bestätigt das Testament des jüdischen Königs nicht. Das heißt: niemand von Herodes Söhnen erhält den Königstitel.	

Für die chronologische Übersicht wurden benutzt die von Walter Otto aufgestellte Zeittafel (a. a. O., als Anhang) und Werner Stein, Kulturfahrplan, Berlin 1954.

HERODES DER GROSSE UND

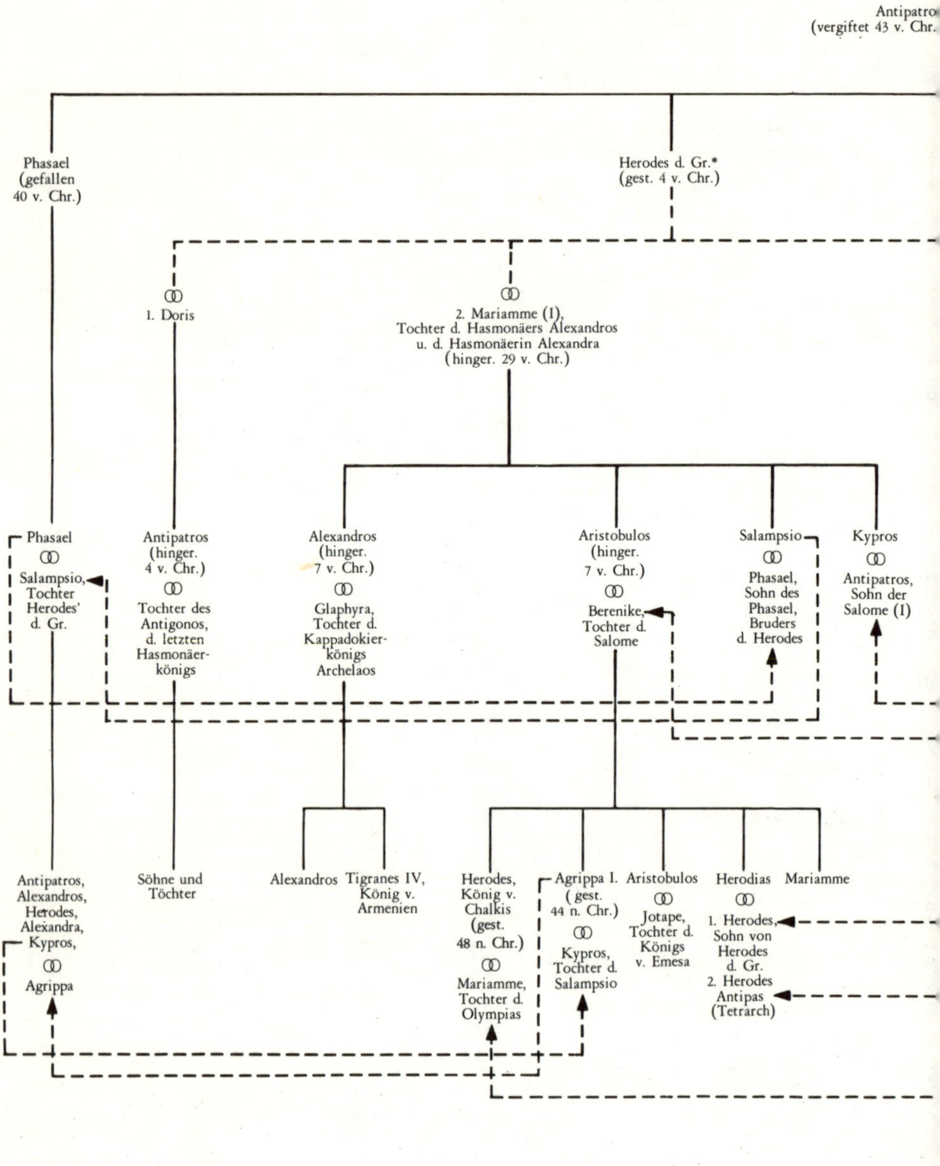

SEINE FAMILIE (bis zu den Enkeln)

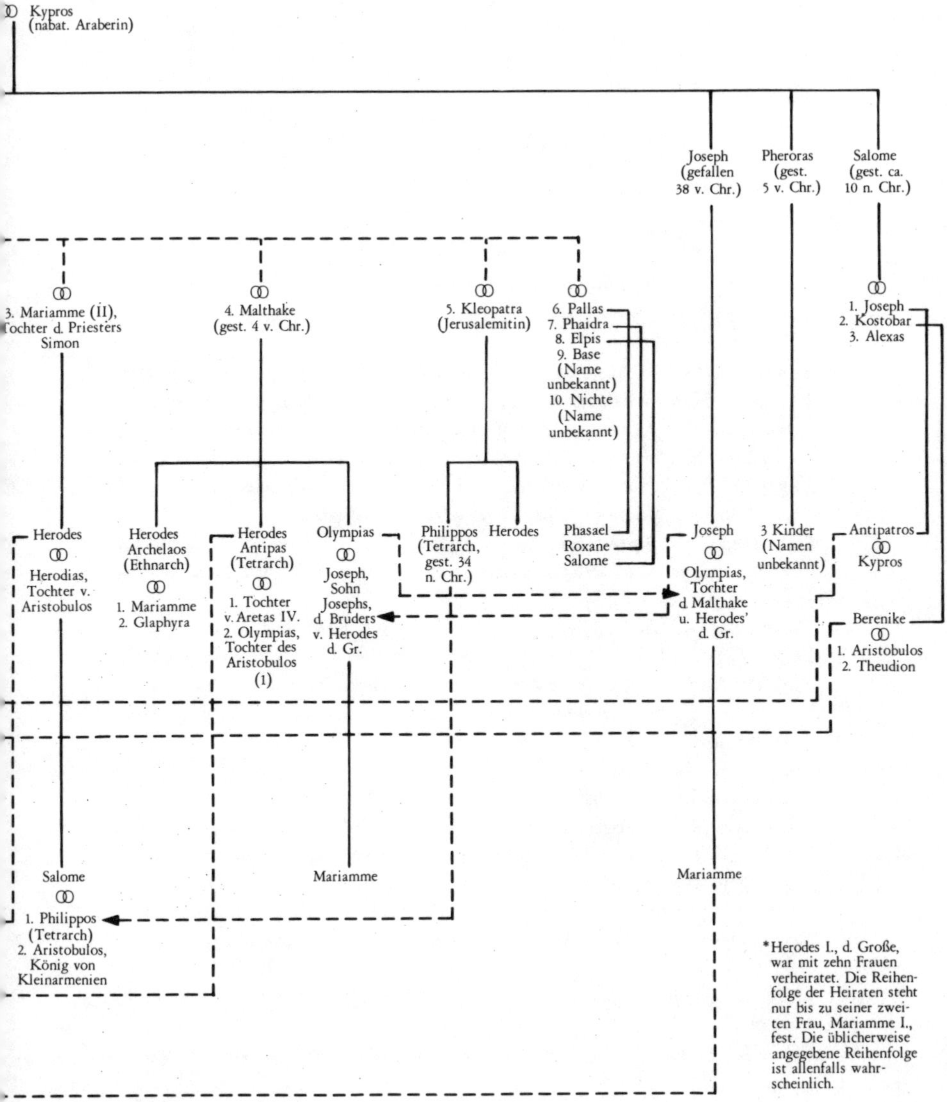

*Herodes I., d. Große, war mit zehn Frauen verheiratet. Die Reihenfolge der Heiraten steht nur bis zu seiner zweiten Frau, Mariamme I., fest. Die üblicherweise angegebene Reihenfolge ist allenfalls wahrscheinlich.

Quellen und Literatur

Aubin, H.: Vom Altertum zum Mittelalter, München 1949

Berve, H.: Das Alexanderreich auf prosopographischer Grundlage, 2 Bde., München 1926

Bowersock, G. W.: Augustus and the Greek World, Oxford 1965

Buchheim, H.: Die Orientpolitik des Triumvirn M. Antonius (Abhandlgn. der Heidelberger Akademie der Wiss., Philosophisch-histor. Kl., Jg. 1630, 3. Abh.), Heidelberg 1960

Buhač, I.: Über die Erkrankung und den Tod des Herodes, in: Deutsche medizinische Wochenschrift, 88. Jg., Nr. 6, Stuttgart 1963

Cornfeld, G. / Botterweck, G. J. (Hrsg.): Die Bibel und ihre Welt. Eine Enzyklopädie zur Heiligen Schrift. Bilder, Daten, Fakten, 2 Bde., Bergisch Gladbach 1969

Destinon, J. v.: Die Quellen des Flavius Josephus, Kiel 1882

Droysen, J. G.: Geschichte des Hellenismus, 3 Bde., 2. Aufl. Gotha 1877/78

Earl, D.: Augustus und seine Zeit (aus dem Englischen), Wiesbaden 1969

Fox, R. L.: Alexander der Große. Eine Biographie (aus dem Englischen), Düsseldorf/Wien 1974

Frenzel. E.: Stoffe der Weltliteratur. Ein Lexikon dichtungsgeschichtlicher Längsschnitte, Stuttgart 1962

Friedländer, L.: Sittengeschichte Roms, Köln 1957 (Neuausgabe)

Frischauer, P.: Knaurs Sittengeschichte der Welt, Bd. I: Vom Paradies bis Pompeji, Zürich 1968

Gaxotte, P.: Friedrich der Große (aus dem Französischen), Berlin 1973

Goodenough, E. R.: The Political Philosophy of Hellenistic Kingship, New Haven 1928

Goodenough, E. R.: Jewish symbols in the greco-roman period, New Haven 1959

Grant, M.: Caesar, Genie, Diktatur, Gentleman (aus dem Englischen), Hamburg 1970

Gurion, D. B. (Hrsg.): Die Juden in ihrem Land. Die Geschichte des Volkes

Israel von den Anfängen bis in unsere Zeit, Würzburg 1967 (Deutsche Ausgabe)
Josephus, Flavius: De bello judaico – Der Jüdische Krieg. Griechisch und deutsch, 3 Bde. in 4, hrsg. und mit einer Einleitung sowie Anmerkungen versehen von Otto Michel und Otto Bauernfeind, 2. Aufl. München 1962/69
Josephus, Flavius: Des Flavius Josephus Jüdische Altertümer, übersetzt von Heinrich Clementz, 2 Bde., Berlin/Wien 1923
Kenyon, K. M.: Jerusalem. Die heilige Stadt von David bis zu den Kreuzzügen. Ausgrabungen 1961–1967, Bergisch Gladbach 1968 (Deutsche Ausgabe)
Klausner, J.: Jesus von Nazareth, Berlin 1934
Konzelmann, G.: Aufbruch der Hebräer. Der Ursprung des biblischen Volkes, München 1976
Kornemann, E.: Tiberius, Stuttgart 1960
Landay, J. M.: Schweigende Städte, heilige Steine. Archäologische Entdeckungen im Land der Bibel (aus dem Englischen), Bergisch Gladbach 1973
Lange-Eichbaum, W. / Kurth, W.: Genie, Irrsinn und Ruhm. Genie-Mythos und Pathographie des Genies, 6., völlig umgearbeitete Aufl., München/Basel 1967
Laqueur, R.: Der jüdische Historiker Flavius Josephus. Ein biographischer Versuch auf neuer quellenkritischer Grundlage, Gießen 1920
Meyer, E.: Die Israeliten und ihre Nachbarstämme, Halle a. d. S. 1906
Mommsen, Th.: Römische Geschichte, hrsg. und bearbeitet von K. L. Walter-Schomburg, Berlin o. J.
Mommsen, Th.: Römisches Strafrecht (Systematisches Handbuch der Deutschen Rechtswissenschaft, 1. Abt. 4. Tl.), Leipzig 1899
Neuburger, M.: Die Medizin im Flavius Josephus, Reichenhall 1919
Nikolaos von Damaskus, in: F. Jacoby: Die Fragmente der griechischen Historiker, II A Nr. 90 (1926), und in: Fragmenta Historicorum Graecorum (C. Müller), III, 343–464; IV, 661–668
Oppermann, H.: Julius Caesar in Selbstzeugnissen und Bilddokumenten, Reinbek bei Hamburg 1968
Otto, W.: Herodes. Beiträge zur Geschichte des letzten jüdischen Königshauses, Stuttgart 1913
Perowne, St.: Herodes der Große (aus dem Englischen von Hartmut Schmökel), Stuttgart 1957
Perowne, St.: Herodier, Römer und Juden. Palästinas Schicksal zur Zeit Christi und der Apostel (aus dem Englischen von Hartmut Schmökel), Stuttgart 1958
Pflaum, H. G.: Das römische Kaiserreich (Propyläen-Weltgeschichte, hrsg. v. Golo Mann und Alfred Heuß, Band IV: Rom. Die römische Welt), Frankfurt/Berlin 1963
Prause, G.: Niemand hat Kolumbus ausgelacht. Fälschungen und Legenden der Geschichte richtiggestellt (1. Kapitel: Die Orgien des Kaisers Tiberius), 7., neubearbeitete und erweiterte Aufl., Düsseldorf/Wien 1976

Ranke, L. v.: Weltgeschichte. Dritter Theil: Das altrömische Kaiserthum. Mit kritischen Erörterungen zur alten Geschichte. Erste Abtheilung, Leipzig 1883
Renan, E.: Les apôtres, Paris 1886
Rostovtzeff, M.: Geschichte der alten Welt, 2 Bde., Wiesbaden 1942
Roth, C.: Geschichte der Juden von den Anfängen bis zum neuen Staate Israel, Teufen/Bregenz o. J.
Salvan, I. / Caporali, R.: Rom und seine große Zeit. Leben und Kultur im antiken Rom, Würzburg 1963
Sandmel, S.: Herodes. Bildnis eines Tyrannen, Stuttgart/Berlin/Köln/Mainz 1968
Schalit, A.: König Herodes. Der Mann und sein Werk (Studia Judaica. Forschungen zur Wissenschaft des Judentums, hrsg. v. E. L. Ehrlich, Basel, Bd. IV), Berlin 1969
Schürer, E.: Geschichte des jüdischen Volkes im Zeitalter Jesu Christi, 3 Bde., Leipzig 1901 ff.
Simon, E.: Friedrich der Große. Das Werden eines Königs (aus dem Englischen), Tübingen 1963
Speicher, G.: Doch sie können ihn nicht töten. Forscher und Theologen auf den Spuren Jesu, Düsseldorf/Wien 1966
Stauffer, E.: Jesus. Gestalt und Geschichte, Bern 1957
Suetonius, Gaius Tranquillus: Leben der Caesaren (übersetzt und hrsg. v. André Lambert), Reinbek bei Hamburg 1960
Valency, M. J.: The Tragedies of Herod and Mariamme, New York 1940
Watziger, C.: Denkmäler Palästinas. Eine Einführung in die Archäologie des Heiligen Landes, 2 Bde., Leipzig 1933, 1935
Wellhausen, J.: Israelitische und jüdische Geschichte, 4. Aufl. Berlin 1901
Wellhausen, J.: Die Pharisäer und die Sadducäer. Eine Untersuchung zur inneren jüdischen Geschichte, 2. Aufl. Hannover 1924
Wellhausen, J.: Einleitung in die drei ersten Evangelien, 2. Aufl. Berlin 1911
Willms, J.: König Herodes der Große. Läusesucht oder Zuckerkrankheit?, in: Der Diabetiker, 15. Jg., H. 8, Mainz 1965
Willrich, H.: Das Haus des Herodes zwischen Jerusalem und Rom (Bibliothek der klassischen Altertumswissenschaften, hrsg. v. J. Geffcken, Bd. VI), Heidelberg 1929
Wirth, G.: Alexander der Große in Selbstzeugnissen und Bilddokumenten, Reinbek bei Hamburg 1973
Yadin, Y.: Masada. Der letzte Kampf um die Festung des Herodes, Hamburg 1967 (deutsche Ausgabe nach dem Text der 3. Originalausg.)

Register*

Personenregister

* Zusammengestellt von Marina Hofmann

*Geographisches Register**

* Zusammengestellt von Marina Hofmann

Gerhard Prause

NIEMAND HAT KOLUMBUS AUSGELACHT

Fälschungen und Legenden der Geschichte richtiggestellt
320 Seiten mit 56 Abbildungen (Econ Verlag)

»Ein ganzes Bündel von Fälschungen, Lügen und Legenden der Geschichtsschreibung hat Prause in seinem Buch – einem künftigen Standardwerk für Besserwisser – entwirrt.«
Der Spiegel

»Das ist das Buch für unsere skeptische Zeit, für den zweifelnden, wissensdurstigen Leser. Prause gibt sich nicht mit Richtigstellungen zufrieden. Er sucht auch nach dem Sinn der historischen Lüge.«
Welt am Sonntag

GENIES IN DER SCHULE

Legende und Wahrheit über den Erfolg im Leben
310 Seiten mit 48 Abbildungen (Econ Verlag)

Prause zeigt die Gründe der schlechten Schulleistungen begabter Kinder: die Unfreiheit in der Schule, den Drill, der das Lernen vermiest, oder die häufige Unfähigkeit der Lehrer und Eltern, die wahre Begabung der Kinder zu erkennen und zu fördern.
Norddeutscher Rundfunk

Jetzt ist das Material zur Hand, mit dem sich Erziehungstheorien nicht nur beleben, sondern auch korrigieren lassen.
Weltwoche

Ungemein tröstlich, tröstlich für alle, denen die Erinnerung an die Schulzeit noch immer ein untilgbares Trauma bedeutet.
Westermanns Monatshefte

Vom gleichen Autor

Tratschke, alias Gerhard Prause, Dr. phil. und ZEIT-Redakteur, erzählt Woche für Woche seine Rätsel in der ZEIT und stellt jedesmal dabei die Frage ›Wer war's?‹

TRATSCHKE FRAGT: WER WAR'S?
Geschichtsrätsel mit ihren Antworten aus der ZEIT.
Band 1 und 2

TRATSCHKE FRAGT: WER WAR'S DIESMAL?
33 Rätsel von Dürers Geschäftstüchtigkeit über Gottfried Kellers Wirtshausprügeleien bis zu Picassos Angst vor Friseuren

TRATSCHKE FRAGT: WER WAR'S DENN NUN?
Lösungen in Spiegelschrift

TRATSCHKE FRAGT WEITER: WER WAR'S?
Aufs neue Geschichtsrätsel mit Weltberühmten

Alle Bücher sind erschienen in der Reihe
›Das kleine Geschenkbuch‹

»Wenn Tratschke seine hintersinnigen ›Wer-war's‹-Rätsel Woche für Woche in der ZEIT erzählt, dann nicht deshalb, um die Großen der Weltgeschichte an Hand ihrer kleinen oder großen Schwächen von ihren hohen Denkmälern zu stoßen, sondern um sie ganz einfach als Menschen zu zeigen. Tratschke betrachtet Geschichte nicht heroisierend, er sucht stets nach dem Menschlichen und findet manchmal Allzumenschliches.«
Lübecker Nachrichten

Hoffmann und Campe

Mare Germanicum
OCEANUS ATLANTICUS
BRITANNIA
Albis
Rhenus
Belgica
GERMANIA
Danuviu
GALLIA
Noricum
Raetia
Pannonia
Genua
Massilia
ILLYRIC
HISPANIA
ITALIA
Roma
Neapolis
Brundisium
MARE INTERN
Sicilia
Mauretania
Africa Proconsularis
DAS RÖMISCHE REICH
ZUR ZEIT VON KAISER AUGUSTUS
Grenze des Röm. Reiches
500 Kilometer